근대의 심층과 한국 시의 미학

근대의 심층과
한국 시의 미학

유성호

태학사

책머리에

　최근 우리 학계나 비평계에서 가장 두드러지는 현상 가운데 하나는 학문적, 비평적 규준의 다양화 혹은 한 시대를 표상할 수 있는 주류 미학의 부재에 있다. 이는 물론 하나의 강력한 담론 체계가 타자의 언어를 억압하고 단일한 중심 권역을 형성했던 시대에 대한 강렬한 반성의 형식으로 나타난 양상 중의 하나일 것이다. 지금 시대가 다양하기 그지없는 문화 간의 충돌과 교섭이 그 어느 때보다 활발하게 이루어지고 있고, 진영과 이념이 긋고 있던 구획도 느슨해져가고 있는 만큼, 그러한 규준의 이완과 소멸은 어느 정도 불가피한 것인지도 모른다. 그러나 학문적, 비평적 규준의 다양성이 그 활발한 외관에서 나타나는 것만큼 민주적 감각의 현실화에 기여하는 것은 아니다. 그것은 오히려 학문이나 비평의 존재 이유, 이를테면 미학적 공감이나 한 사회의 명료한 이해라는 근본적 지반을 흔들 수도 있기 때문이다. 이 책은 이러한 측면을 문제의식으로 가지면서 재해석의 코드를 풍부하게 내장하고 있는 근대 시인이나 텍스트에 대한 일차적 자료 제시와 해석을 통해 문학사적 천착을 수행한 결실이다. 그럼으로써 한국 근대시의 양상을 바라보는 역사적, 미학적 규준들을 그 나름으로 선명하게 제시해보고자 하였다.

해방 후 한국 근대문학 연구의 역사는 세 단계 정도의 변화상을 띠며 전개되었다. 맨 처음 그것은 서지 정리를 위주로 하는 실증주의적 노력으로 나타났다. 이러한 작업의 의의는, 문학 작품의 해석과 평가 이전 문제, 곧 연구 대상의 확정이라는 일종의 토대 문제를 해결했다는 데 있다. 김근수, 하동호, 송민호 등이 이 분야에 기여한 바는 자타가 공인하듯 매우 크다고 할 수 있다. 두 번째 단계는 실증을 넘어서는 구체적 해석론의 도입으로 나타났다. 특별히 시의 경우 1960년대 후반 들어 주로 영문학을 공부한 이들, 이를테면 백철, 송욱, 김종길 등에 의해 이른바 '신비평'이 집중적으로 소개되었는데, 이 방법에 이르러 우리 시 연구는 자료 조사나 실증적 정지 작업 이후의 단계 곧 '해석'과 '평가'로 나아갔다고 할 수 있다. 세 번째로 우리는 1970년대 이후 이른바 역사주의적 또는 현실주의적 연구 시각의 대두를 강렬하게 경험하게 된다. 그것은 우리의 근대사적 요구와 긴밀히 맞물려 하나의 강력한 배타적인 이념 및 방법적 자장을 형성하게 되는데, 그 나름으로 이념적 지형을 구성하면서 1970~80년대의 주류 담론인 민족문학론과 리얼리즘론으로 구체화되어 진행되었다.

이러한 근대문학 연구 과정에서 집중적으로 착목하였던 두 가지 기준은 '근대성'과 '국민국가'였다. 말하자면 한국 근대문학 연구는 '근대성'의 성취 및 좌절, 유보, 변형 등의 양상에 대해 강도 높은 천착을 보여왔고, 그 결과로 '리얼리즘론/모더니즘론/포스트모더니즘론' 혹은 '근대/반근대/탈근대'의 자장을 마련해왔다. 그런가 하면 '국민국가'의 상상력 안에서 '저항/협력', '모어/외국어', '순수/참여' 등의 연쇄적 자장을 형성하였다. 이렇듯 '근대성'과 '국민국가'라는 두 마리 토끼는, 근대 국민국가의 결여 상태였던 우리로서는 그것의 회복과 건설이 초미의 과제였기 때문에 그러한 근대사적 과제가 문학 연구에도 고스란히 틈입했던 결과라고 볼 수 있을 것이다. 하지만 이러한 사정은 일종의 대안 근대라고 생각되어왔던 현실 사회주의가 몰락하고,

국민국가 내적으로도 절차적 민주주의가 정착되어감에 따라 급속도로 그 지형이 바뀌게 된다. 말하자면 1980년대까지 일종의 담론 과잉을 보였던 리얼리즘론이 소강상태로 들어서고 근대성 담론도 한 획을 그은 후, 우리 문학 연구는 급속하게 이론 편향이나 문화론적 연구로 접어들게 된 것이다. 최근 우리는 이러한 급격한 지형 변화 속에서 한국 근대문학의 전체상을 다시 한번 천천히 재구(再構)하려는 실증적, 비평적, 문학사적 노력을 경주하고 있다. 이제 다시 시작인 셈이다. 그 힘으로 우리의 근대가 누리고 성취했던 위대한 흔적들이 비교적 분명하게 드러나게 될 것이다. 이 책에서는 근대시의 형성 맥락에 대한 역사적 검토에서 시작하여 신경향파와 프로문학을 거쳐 다양한 근대성의 문양을 성취한 중요한 시인들의 미학을 정치하게 분석함으로써 이러한 목표에 부응하고자 하였다. 근대 초기의 시인들과 함께 이상화, 권환, 임화, 이하윤, 이찬, 이상, 유치환, 윤곤강, 장만영, 황순원, 윤동주, 김광균, 오장환, 박목월, 박두진 등을 대상으로 삼았다. 굵직한 문학사적 자취와 후속 과제를 숱하게 파생시켜간 근대성의 산증인들이라 할 수 있을 것이다.

최근 공공연한 수사가 되어버린 학문이나 비평의 위기 국면에도 불구하고, 우리 시대의 해석 주체들은 자기 자신만의 독자적 문채(文彩)와 감식안으로 상업주의와 문학의 평균적 비속성에 줄곧 저항해왔다. 앞으로도 이러한 학문과 비평의 정예성은 꾸준히 지속되고 심화하면서 한국문학의 위의(威儀)를 지켜갈 것이다. 오래전부터 낱낱 시편의 미학적 독자성을 적출하고 분석해내는 안목이 결여된 좋은 해석은 애초에 불가능하다는 생각을 해왔다. 시인들의 생각과 경험의 언어적 결실인 작품의 리듬이나 숨결 같은 미세한 장치들을 새로운 언어로 읽어내는 데서 그 감식안의 일차적 자질이 달려 있다는 생각 말이다. 그것은 다시 말하면 학문이나 비평의 최종 심급은 낱낱 작품을 '보아(읽어)내는 능력'에 있다는 것을 말한다. 그 점에서 해석 행위는 텍스트에 이론적 체계를 부여하려는 '랑그'가 아니고 스스로 독자적 텍스트로 몸을 바꾸려는 자의식을 가진 '파롤'이 된다. 갈수록 시를 해석하는 과정에 담론 추수의 속성이 점증하고 있는 때에, 시를 더 정확하고 풍부하게 읽어내는 안목이 더없이 중요함을 다시 한번 강조하고자 한다. 설익은 논쟁적 면모보다는 충실한 독해와 예각적 해석이 학문과 비평의 핵심이고, 엄정하고도 단정한 시선과 필치가 그 과정적 요체요 궁극적 성취일 것이다. 학문이나 비평이 한국문학에 대한 자의식이자 반성적 행위의 소산이라는 점에서, 늘 엄정한 실증과 논리의 자의식을 잃지 않고 시를 읽어가고자 다짐해본다. 더불어, 불우한 삶의 조건에서 근대의 심층을 통과해갔던 빛나는 우리 시인들에 대한 헌정의 마음을 그 안에 정성스럽게 간직하고자 한다.

2020년 4월
인적이 드문 봄날의 교정에서
유 성 호

차례

책머리에 ·· 5

근대시 형성 과정의 제문제 ··· 13
  1. '근대성' 논의의 지형 ··· 13
  2. 근대로의 이행기에 대한 연구사 ································ 15
  3. 근대 초기의 시와 근대적 주체 ·································· 19
  4. 근대시의 착근과 확충 ·· 22
  5. 맺음말 ·· 34

현실과 꿈을 결속한 낭만적 페이소스 ································ 36

프로시의 미학 ··· 57
  1. 프로시의 역사적 맥락 ·· 57
  2. 미적 범주로서의 비극성과 방법으로서의 리얼리즘 ········ 59
  3. 프로시에서의 비극성과 리얼리즘 ····························· 64
  4. 마무리 ·· 74

권환과 임화 ··· 76
  1. 권환의 문학적 편력 ·· 76
  2. 권환과 임화의 프로시론 ·· 78
  3. 임화의 '단편서사시'와 권환의 '뼉다귀시'-감정의 전면화와 소거 ·· 85
  4. 권환과 임화의 같은 길, 다른 길 ······························· 94

이하윤과 해외문학파 ··· 96
  1. 근대문학사와 해외문학파 ······································ 96
  2. 이하윤의 매체 활동과 번역 활동 ···························· 98
  3. 순수서정의 퇴행적 귀착 ······································ 106
  4. 근대문학사적 위상 ··· 116

이찬 시의 낭만성과 비극성 ······································· 118
  1. 이찬의 생애와 시적 궤적 ···································· 118
  2. 낭만성과 프로시 ·· 119
  3. 비극성의 구현과 변형 ·· 125
  4. 새로운 '화원'을 찾아 ·· 134

최후의 모더니스트 이상(李箱) ···································· 140
  1. 최초와 최후의 모더니즘 ····································· 140
  2. 부정 정신을 통한 해체와 통합의 양가적 가능성 ········· 142
  3. 몸의 상상력으로서의 이상 시 ······························ 148
  4. 아방가르디즘으로서의 이상 ································· 156

순정과 의지의 친화와 결속 ······································· 160
  1. 청마 시의 자장과 연구사적 흐름 ·························· 160
  2. 순정과 사랑의 시학 ··· 165
  3. 의지와 현실 비판의 시학 ···································· 173

현실과의 길항, 격정적 자의식 ···································· 183
  1. 근대문학사와 윤곤강 ·· 183
  2. 생애와 시적 동선 ·· 185
  3. 시론적 기획과 변모 ··· 187

4. 생성과 소멸의 변증 ·················· 190
　5. 서정과 자의식의 밀도 ·················· 196
　6. 고려적 하늘로의 귀환과 분단 의식 ·················· 202

회귀와 환상의 이미지즘 ·················· 208
　1. 1930년대의 시사적 지형과 '역사적 모더니즘' ·················· 208
　2. 장만영의 생애와 이미지즘 ·················· 210
　3. 회귀의 이미지즘 ·················· 213
　4. 환상의 이미지즘 ·················· 218
　5. 장만영 시편의 독자성 ·················· 223

견고하고 역동적인 생명 의지 ·················· 226
　1. 황순원 문학에서 '시'의 존재론 ·················· 226
　2. 견고한 생명 의지의 알레고리 ·················· 228
　3. 자기 기원의 상상과 생의 기억 ·················· 234
　4. 황순원 문학의 어떤 원형 ·················· 239
　5. 남는 문제 ·················· 242

윤동주 시의 보편성과 특수성 ·················· 243
　1. 저항시인의 상(像)을 넘어서 ·················· 243
　2. 윤동주 시의 원천으로서의 북간도 ·················· 247
　3. 북간도에서 일본까지 ·················· 251
　4. 윤동주 시가 남긴 유산 ·················· 254

김광균과 방법적 모더니즘 ·················· 263
　1. 모더니즘과 근대문학사 ·················· 263
　2. 상실감과 비극성의 의미 ·················· 265

3. 이미지즘의 수용과 변형 …………………………… 273
  4. 보유 ………………………………………………………… 280

오장환 시의 흐름과 위상 ……………………………………… 293
  1. 문제제기 ……………………………………………………… 293
  2. 오장환의 시적 편력 ……………………………………… 296
  3. 오장환과 임화 ……………………………………………… 299
  4. 해방기의 오장환 …………………………………………… 306
  5. 맺음말 ………………………………………………………… 313

박목월 문학과 문학장(場) …………………………………… 315
  1. 자기 확인의 노정기(路程記) …………………………… 315
  2. 박목월 문학의 원류 ……………………………………… 317
  3. 해방 직후의 박목월 ……………………………………… 326
  4. 『청록집』과 박목월 ……………………………………… 332
  5. 박목월 문학과 문학장의 의미 ………………………… 335

박두진의 시적 형이상학 ……………………………………… 337
  1. '청록파'에 대한 평가의 두 갈래 ……………………… 337
  2. 역동적인 생명력의 원천으로서의 자연 …………… 339
  3. 자연 형상 안에 드리운 심미적 격조 ………………… 345
  4. 역사의 흐름에 대한 대응으로서의 윤리적 원리 … 350
  5. 시적 형이상학의 계보 …………………………………… 354

근대시 형성 과정의 제문제

1. '근대성' 논의의 지형

　최근 우리 학계에서 이루어지고 있는 일련의 논의들은, 우리 시대가 쟁점 빈곤의 시대임을 확연하게 말해주고 있다. 한국연구재단의 등재지 정책 이후 개별 학회 모임은 그 어느 때보다도 성황을 이루고 있지만, 빈번하게 치러지는 학술대회를 달구는 뜨거운 쟁점을 찾아보기는 어렵다. 대개는 문학사의 쟁점이 되어왔던 고전적 논의들을 다른 시각에서 재조명하거나, 아니면 평단에서 이루어지는 논의들을 근대문학사에 매개해보는 선에서 연구 방향이 머물러 있다. 이러한 현상을 지난 시대와 비교해보면 그 쟁점 빈곤의 외관은 더욱 뚜렷해진다. 1960-70년대의 순수참여문학론이나 민족문학론, 1980년대의 노동문학론, 농민문학론, 민족문학 주체 논쟁, 1990년대 이후의 포스트모더니즘 논쟁, 동아시아 논쟁, 신세대문학 논쟁, 근대성 논의 등 쟁점 목록에 비추면 요즘 제기되는 미학적 논의들은 그 열도가 매우 약하고 줄기가 다양하지 못한 것이 사실이다. 그래서인지 문학 연구의 기율이 미시사를 중시하는 풍속사적 실증으로 기울거나 아니면 개개 텍스트에 대한 충실하고도 꼼꼼한 읽기의 방향으로 진행되는 쪽으로 그

대안이 마련되어가고 있다고 할 수 있다. 그 점에서 근대성 논의는 일정하게 논쟁적 패러다임을 생성하면서 한국문학의 속성과 지향을 검토했던 자기 역사를 가지고 있다 할 것이다.

그렇게 역사학계는 물론 국문학계에까지도 뜨거운 쟁점으로 대두되었던 근대성 논의는, 그것이 텍스트 차원이었든 콘텍스트 차원이었든 이제 논의의 정점을 지나 새로운 논의의 틀을 만들기 위한 잠복기에 접어든 감이 없지 않다. 물론 근대문학 연구자들에 한정하여 말한다면, 이는 그동안의 리얼리즘 미학이 일정하게 견지했던 전망에 대한 일종의 대체 담론으로 제기된 측면이 없지 않았다. 예상치 못했던 현실 사회주의의 급작스런 해체와 이완은, 대안적 사회주의 자장 안에서 문학적 실천 국면을 고민했던 많은 이들로 하여금 보다 더 원론적이고 근원적인 범주에 대해 천착하게끔 만들었는데, 근대성 논의는 그 가운데 가장 대표적인 사례라고 할 수 있을 것이다. 그 결과 우리는 단선성과 명료성에서 불연속성과 복합성을 핵심으로 하는 근대 인식의 장으로 편입하게 되었다. 이러한 일정한 자기반성과 대안적 사유 방식 마련이라는 목표가 이를테면 근대성 논의의 장 안에 있었던 셈이다. 하지만 근대성의 개념 및 범주가 워낙 모호하고 광범위한 데다가, 해석과 평가의 편차도 여간 큰 게 아니어서, 근대성 논의는 하나하나씩 원론적 탐색을 진행해가기보다는 일정 정도 논쟁 형식을 띠면서 전개되었고, 또 저마다의 논리적 근거를 통해 심화된 각론으로 펼쳐지기도 했던 것이다.

우리가 근대를 다시 탐색하고 다시 성찰하고자 하는 이유도 바로 여기에 있을 것이다. 그 점에서 우리의 근대문학, 특히 근대 초기에 창작되었던 근대시의 세계는 우리 문학의 근대성 구현 정도를 가늠하는 중요한 척도가 아닐 수 없다. 여기서는 우리의 초기 근대시에 나타난 근대성의 국면들에 대한 반성적 검토를 통해 한국 근대시의 역사적 성격을 한 측면에서 밝혀보려고 한다.

2. 근대로의 이행기에 대한 연구사

일찍이 근대성 논의는 고전문학 연구자들에 의해 광범위하고 정치하게 해명되고 문제 제기되어왔다. 그중에서 문학사를 내재적 연속성으로 바라보려 했던 연구자들은 한결같이 사설시조나 잡가 등을 근대시의 전사(前史) 혹은 맹아 상태로 보려 하였다. 이는 말할 것도 없이 일련의 민족주의적 충동을 견지한 태도일 것이고, 문학사가 고대-중세-근대로 선형적 이월을 했다는 역사관을 반영하고 있다. 향가-속요-시조-가사-근대시라는 선형적 발전 도식이 그 주장을 선명하게 담고 있다. 그 가장 뚜렷한 사례로 조선 후기의 사설시조를 근대시의 동일 연속체로 간주하는 시각이 여러 차례 대두한 바 있다. 하지만 "사설시조의 파괴적, 냉소적 웃음과 성의 비속화는 그릇된 가치 규범에 대한 일탈적 저항으로서의 의의가 인정된다 하더라도, 그것이 곧장 근대적 가치를 보증할 수는 없다."[1]라는 견해가 말해주듯이, 이후 이러한 도식은 다분히 심정적 자문화중심주의를 짙게 반영한 것으로 평가받게 되었다.

가령 사설시조는 통념적으로 조선 후기에 성행한 반중세적, 근대 지향적, 서민적 양식이라고 인지되지만, 사설시조의 반중세적 성향이 곧바로 중세를 대체하는 근대적 삶의 형상 내지 세계관으로 이어진다고 할 수는 없다는 고미숙의 견해가 있었다. 그동안 사설시조를 봉건적 현실에 대한 비판, 저항, 서민적 삶의 진솔한 표현이라고 평가해왔지만, 기층적 삶을 그려낸다는 것만으로 그 미적 자질이 근대성을 담아냈다고 보는 것은 옳지 않다는 견해이다. 조선 후기 사회가 현실의 다양한 갈등과 대립의 시기였음을 외면하는 단면적, 추상적 사유의 결과라는 해명이다.[2] 이어서 사설시조와 근대시의 양식적 유사성에

---
[1] 김흥규, 『한국문학의 이해』, 민음사, 1986, 49-50면.

주목하면서도, 근대적 삶의 경험들이나 그 가치들을 반추할 때 사설시조의 성적 욕망이 문제 삼았던 가부장적 가족주의의 문제나 그러한 권력 하에서 왜곡된 섹슈얼리티는 오히려 근대에 이르러서도 해소될 수 없었다는 이형대의 견해가 있었다. 이는 사설시조의 성적 욕망을 핵심으로 하는 문제의식이, 근대적 가치로 온전히 이월했다기보다는 오히려 미래적 가치를 견지한다는 개성적 관점으로 이어지게 된다.[3] 이러한 견해들은 전근대와 근대가 그렇게 확연히 구분되는 것이 아닐 뿐만 아니라, 전근대에 나타난 진보적 인식이나 형상이 곧바로 근대성과 등치될 수 없다는 주장을 담고 있다 할 것이다.

그리고 근대성 담론에 의해 훼손되거나 평가 절하한 고전문학의 문학적 성취, 곧 고전문학의 중세적 특징을 새롭게 조망하려 한 정출헌은, 근대문학의 18세기 기점설을 받아들이면서 더욱 급물살을 탄 근대성 논의가 내재적 연속성, 자국적 변용, 한국적 특수성을 탐구해 온 결과라고 비판적으로 진단하였다.[4] 그리고 김홍규는 조선 후기 시조가 남녀 간 애정의 초기 국면에서 종종 나타날 수 있는 비대칭적 사랑의 고뇌와 안타까움을 노래했으며, 20세기 초에 나타나는 '연애 시대'를 향한 감정의 잠재적 에너지를 함축하였다고 논증함으로써, 근대의 속성이 이미 조선 후기 시조에 이미 배태되었다고 보고 있다.[5] 이러한 견해는 '연애 시대'를 근대의 독점물인 것처럼 논의한 최근 근대문학 연구자들에 대한 학문적 경종이 되고 있다. 또한 18-19세기에

---

2 고미숙,「사설시조의 역사적 성격과 그 계급적 기반 분석」,『어문논집』30집, 고려대학교 국어국문학과, 1991, 43-63면.
3 이형대,「사설시조와 성적 욕망의 지층들」,『민족문학사연구』17호, 민족문학사학회, 2000, 175-197면.
4 정출헌,「고전문학에서의 근대성 논의, 그 반성의 자리와 갱신의 계기」,『국제어문』35집, 국제어문학회, 2005, 98-128면.
5 김홍규,「조선후기 시조의 '불안한 사랑' 모티프와, '연애 시대'의 前史」,『한국시가연구』24집, 한국시가학회, 2008, 22-46면.

중세 봉건제가 해체하면서 서양과 다른 이종의 근대가 싹트기 시작하였으며, 시론에서도 유가의 전통적인 교화론적 시각을 넘어서 성정의 자유, 형식과 내용의 창신, 서민적 리얼리즘, 상대주의적 세계관을 추구하거나 긍정했던 흐름을 중시하면서, 그 안에 나타난 차이와 이종의 근대성을 발견하려는 의욕으로 이어지기도 하였다.[6]

반면 우리가 투쟁을 수단으로 하는 전복적 근대의 방향과는 정반대인 상생을 수단으로 하는 화평적 근대를 지향하는 동아시아적 근대를 이루어왔다면서, 중세적인 것의 이념과 가치를 바탕으로 하면서 법고창신의 방식으로 근대성을 추구해온 도정을 연구한 김학성의 견해도 있었다. 수직적 문화 질서가 수평적 질서로 재편되면서 시정의 다중에 의해 새로운 다중문화가 생겨나 그것을 중심으로 근대적 가치와 이념, 질서가 자리를 잡아가게 되었다는 것이다. 사설시조에 형상화된 인간상에는 물욕·성욕·문화욕을 추구하는 욕망의 인간과 유가적 윤리 도덕을 추구하는 인간이 공존하고, 주제에서도 중세적 가치의 것과 새로운 가치를 함께 포용함으로써 다중의 폭넓은 향유가 가능하게 되었다는 것이다.[7] 그의 견해는, 근대 기점을 18세기에서 찾는 역사학계의 동향과 맞물려 사설시조가 근대 자유시의 단초를 보인 것으로 판단한 기존의 관점을 재고하면서, 사설시조가 근대의식을 드러내는 이른바 자유시적 면모를 보였다는 견해의 비실증성을 비판한다. 사설시조가 18세기에 서민 계층의 시조 향유로 비로소 문학사의 전면에 부상했다거나 사대부층의 평시조에 대립하는 장르로서 근대시의 단초를 열었다는 이해는 잘못된 것이라는 것이다.[8] 결국 그동안 근대

---

[6] 이도흠, 「18-19세기 동아시아 시론의 변모 양상과 시조의 실체」, 『고전문학연구』 36집, 한국고전문학회, 2009, 29-30면.
[7] 김학성, 「근대론의 문제와 18세기 우리 시가」, 『한국시가연구』 28집, 한국시가학회, 2010, 8-26면.
[8] 김학성, 「사설시조의 전통과 미학」, 『유심』, 2014, 9, 2-4면.

의 단초를 사설시조에서 찾기 위해 몇몇 오도된 샘플링이 있었고, 그 추인 과정도 잇따랐다는 점이 여러 차례 비판된 것이고, 그러한 담론적 실증성이 놀라우리만치 축적된 것이다. 따라서 고전문학 연구 쪽에서는 이미 전근대와 근대의 순조로운 내적 진화에 대한 여러 차례의 의혹을 제기한 것이다.

그런데 일찍이 근대문학 연구 쪽에서도 사설시조를 근대시의 전사로 보려는 견해가 있었다. 대표적 견해로 "나는 우리의 근대시가 18세기 사설시조에서 비롯했다고 생각한다. 민족의 소멸이 없는 한, 전통의 단절이 있을 수 없다고 할 때, 우리 민족 문학의 서정 양식을 대변한 시조에서 현대시가 배태하였다고 보는 논리는 자연스럽다. 시조는 장구한 역사를 지녔음에도 불구하고 18세기 사회 변화를 겪으면서 그 양식이 해체되지 않을 수 없었다. 그것은 시조가 봉건 왕조의 문학 양식이라는 점에 비추어 봉건 사회 체제의 붕괴와 근대 의식의 자각이 문학 양식 면에서 반영되었던 것을 뜻한다."[9]라는 오세영의 발언을 들 수 있는데, 이는 많은 연구사의 축적으로 인해 이제 근대시의 다양한 복합성을 귀납하고 해석하는 쪽으로 정향되었다고 할 수 있다. 그런가 하면 김영민은 언문일치, 시민정신, 자유주의 사상, 시대적 모순, 개성 존중, 민족의식, 계몽적 성격, 분화된 장르의식, 전문적인 작가의 등장 등 여덟 가지를 들어 근대성의 개념으로 추출하고 정리하면서,[10] 이러한 속성을 구비한 근대문학의 연원을 탐구하고 있는데, 이럴 경우 근대시의 요건을 충족하는 것은 상당히 시기가 늦추어질 수밖에 없었을 것이다. 어쨌든 최근 근대문학 연구자들의 연구사는 크게 보아 사설시조 연원설, 개화기 시가 양식의 혼재설, 최남선의 신체시

---

9 오세영, 『20세기한국시연구』, 새문사, 1989, 25-26면.
10 김영민, 「춘원 이광수 문학의 근대성 연구」, 『민족문학과 근대성』, 문학과지성사, 1995, 337-364면.

의 영향설, 주요한이나 김억의 시에서 비롯하였다는 설 등 네 가지 정도로 근대시 이행기에 대한 판단을 개관할 수 있다. 이 가운데 사설시조 연원설은 부정, 극복된 상황이라 할 수 있을 것이다.

3. 근대 초기의 시와 근대적 주체

생각건대 우리 근대문학은 "텨……ㄹ썩, 텨……ㄹ썩, 텩, 쏴……아" 하는 최남선의 파도 소리와 더불어 그 역사를 연다. 서구 또는 일본으로부터 밀려오는 근대적 조류나 사조의 청각적 메타포인 이 의성어는 근대의 물질적, 제도적 측면은 물론 그것이 주는 정신적 충격까지 상징적으로 아우르고 있다. 따라서 이 현해탄의 파고는 그러한 근대의 침식 과정과 그에 따른 충격을 고스란히 보여주는 것이다. 백철의 다음 발언은 그러한 서구 혹은 일본으로부터 밀려오는 근대를 바라보는 근대주의자로서의 편모를 강하게 보이고 있다.

> 近代的인 의미의 新文學運動이 한국문학사에 등장한 것은 직접 近代思潮라는 세계 역사의 물결이 한국에 밀려들어온 것이 동기가 되었으며, 또한 그 近代思潮의 변천에 의하여 한국의 新文學이 성장되고 발달되어 온 것이다. 그러므로, 우리가 한국 新文學史를 쓸 때엔 그 近代思潮를 무시하고 쓸 수가 없을 뿐 아니라, 근대사조의 변천 과정에 대해 끊임없이 관찰하면서 써나가는 것이 文學史를 올바르게 쓰는 유일한 方法論이 되리라고 생각한다. 말하자면, <u>우리 新文學은 그 근대사조가 흘러가는 유역에 따라 자라난 수풀과 같은 것이다.</u>(밑줄 필자)[11]

이러한 그의 언급에는 서구 및 서구적 근대에 대한 다분히 맹목적

---

11 백철, 『신문학사조사』, 신구문화사, 1983, 17면.

이고 본능적인 추수 충동 또는 근대라는 선험적 미망에 빠져 있는 근대적 지식인의 자기 투영이 담겨 있다. 그럼에도 불구하고 그것은 최남선은 물론 주요 근대 문인들이 한결같이 일본 유학생이라는 신원적 한계에서 비롯된 실증성 있는 견해이기도 하다. 이 시대의 특성은 시인이 곧 지식인이었고 한 시대의 지도적 그룹을 자임했다는 데 있다. 근대의 징후가 전문화나 분화로 나타났던 데 비해, 우리 시단은 거대한 정치적 성향과 흡인력으로 편제되는 중앙집권적 속성을 띠었다. 따라서 시인들의 영향력이나 파장이 남달랐다는 것은 예상하기 어려운 일이 아니었고, 이는 지금 시인들과는 다른 그들만의 권력이자 명예였다. 가령 육당의 명예를 생각해보자. 그는 시인이자 학자이자 저널리스트이자 지사였지만, 역설적으로 근대적 의미의 시인도 학자도 저널리스트도 지사도 아니었다. 그의 불행은 우리 근대사의 파행이 빚은 짐의 무게에서 왔고, 그와 같은 '소년'들에게 지워진 짐은 그들 개인에게는 미답의 근대를 경험하는 천혜의 기회로 작용했겠지만, 우리 민족에게는 더없는 천격의 원천을 만드는 계기가 되었다.

따라서 최남선의 신체시 창작에서 우리의 근대성을 추출하는 논리는 근대문학을 서구 문학의 모델에 견주어 평가하고 재단하려는 안목으로 자연스럽게 나아가게 되었다. 하지만 내재적 자율성을 바탕으로 하여 전통 지속에 착목하는 것이나 타율성론을 근간으로 하는 서구의 이식론이나 모두 비변증법적이기는 마찬가지였다. 그것은 상대측 논리를 배제함으로써 실증성을 반감하는 일종의 신념적 차원의 논리가 되고 있기 때문이다. 물론 다양한 논거들이 선명한 예증을 이루고 있지만, 우리가 보기에 그것을 고스란히 반박할 수 있는 반대의 논거들도 산적해 있다고 할 수 있다. 그래서 우리로서는 이 양자의 견해를 넘어서는 사실성에 바탕을 둔 근대문학 형성 과정의 논리를 세워야 할 것이다. 그것은 자연스럽게 제도화된 추상적 체계로서의 근대문학의 원리에 입각하여 구체적 언어 구조물(text)을 해석 평가하고,

역으로 텍스트의 해석과 작품의 평가에 따라 그 가설 체계를 수정 보완하는 보다 정교한 과정이 될 것이다.

주지하듯 그동안 펼쳐진 한국 근대시는 그 역사가 그리 깊지 못함에도 불구하고, 몇 세기에 걸쳐 서서히 진행되었던 서구 근대시의 흐름을 경험하고 그 내질을 우리 모국어로 일관되게 표현하는 역사를 일구어냈다. 물론 이러한 현상은 우리에게 깊이 있는 성숙보다는 숨가쁜 변화를 가져다주었고, 순차적이고 온전한 축적보다는 '새로운 것'에 대한 미학적 조급증을 초래하기도 하였다. 또한 동지적 연대보다는 논쟁 위주의 배타성이 문학사에 걸쳐 승했던 것도 자연스러운 현상이었을 것이다. 따라서 시적 형상이 요구하는 이념과 방법이 지극한 혼류 현상을 빚을 수밖에 없었고, 또 그것이 식민지라는 가혹하기 짝이 없는 조건 속에서 진행되었기 때문에, 우리 근대시의 역정은 순탄한 선조적 진행이 아니라 무수한 갈등과 착종의 역사였다고 할 수 있다. 이처럼 국민국가의 상실과 그에 따른 모국어의 근원적 박탈감으로부터 시작한 우리 근대시의 역사는, 자연스럽게 근대적 국민국가의 완성(회복)과 인간다운 삶의 실현(탈환)을 목표로 삼게 되었던 것이다. 그 완성과 실현의 담지자로 자처했던 이들이 바로 이 시기의 근대적 주체들의 모습이었다고 할 수 있다.

따라서 우리는 근대적 주체의 형성 과정과 그 성격을 중심으로 근대 초기를 이해할 경우, 이 시기를 바라보는 전혀 새로운 지형도를 얻을 수 있다. 먼저 그것은 고전 시가와 근대 자유시 사이의 교량적 매개항을 신체시라는 과도적 양식으로 설정하려는 시사적 관행과의 결별을 가져온다. 이 시기의 시적 선편을 쥐었던 육당 시학은 형식에서의 새로움을 보이기는 했지만, 근대 자유시에 이르는 장르 의식까지는 가지지 못한 근대적 주체의 미달 양식이다. 그래서 육당의 준정형 시인 신체시는 근대 자유시로 나아가는 발전적 순기능을 했다기보다는 자연스런 발전 경로를 상당 부분 억압한 역기능의 측면이 더 많았다고 할 수 있다. 더구나 신체시가 가졌던 이념적 불구성, 예컨대 근대문명의 순기능에 대한 열렬한 예찬과 숭상은 그 자체로 식민지 근대에 대한 편향된 안목을 가지게 했던 것이다.

또 다른 하나는 1919년 동경 유학생들의 문예지였던 『창조』로 근대 자유시의 기원을 확정하려는 비역사적 태도의 수정으로 나타난다. 『창조』 이전에 『태서문예신보』나 『학지광』은 물론, 근대적 주체의 서정에 기반을 둔 자유로운 율격의 서정시가 왕성하게 이 시기를 수놓았다는 것을 밝힘으로써, 이 시기가 근대 자유시의 결여태가 아니라 풍부한 가능태였다는 사실이 일반화되기에 이른 것이다. 그러나 이러한 시사적 재인식에도 불구하고 우리는, 이 시기에 형성되고 착근되는 '근대적 주체'가 1920년대의 시인인 만해나 소월, 상화와 가지는 차별성에 주목하지 않을 수 없다. 그럴 경우 우리는 이 시기를 이해하는 데 '개화가사 → 창가 → 신체시 → 근대 자유시'라는 형식 중심의 편의적 도식이나, 또 '근대성'의 획득 자체가 시의 역사적 발전의 징표인 듯이 이해하는 편향에 대한 극복의 가능성을 가지게 된다. 그리고 이러한 근대시의 초기 양상은 1920년대를 전후하여 가장 왕성하고도 세련된 동인지 시대를 맞아 근대시의 확연한 착근과 확충의 시기로 이어지게 된다. 따라서 우리는 근대시의 형성 과정이 사설시조를 기원으로 하는 것도 아니며, 최남선의 신체시를 기원으로 하는 것도 아님을 강조할 수 있으며, 동시에 근대적 시가 양식의 혼재와 갈등 속에서 1919년 이후 동인지 시대를 맞으면서 진정한 착근을 이루어갔다고 정리할 수 있을 것이다.

4. 근대시의 착근과 확충

한국 근대문학사에서 최초의 문예 동인지인 『창조』는 일본 동경에서 1919년 2월에 창간되어 1921년 5월 종간호까지 3년 동안 모두 9호가 나왔다. 이 동인지는 순문예지였다는 점이 특징적이며, 구어체를 많이 써서 문체 면에서 커다란 변화를 가져왔다는 점에서 인상적이다. 동인 가운데 가장 중요한 시인인 주요한은 유학 기간 중인 1917년 『청춘』에 단편소설 「마을 집」을 발표했으며 「에튜우드」라는 이름으로 5편의 시를 발표하였다. 그는 김동인, 전영택 등과 함께 『창조』 동인을 결성하였는데, 이들은 모두 서북 출신이었고, 개신교와 밀접한 관계에 놓여 있는 인물들이다. 특별히 전영택이 목사였고, 오천석과 이일이 '천원(天園)'과 '동원(東園)' 같은 기독교적 함의의 필명을 쓴 것도 개신교의 강한 영향이었다고 할 수 있을 것이다. 『창조』 창간호에는 주요한이 쓴 다음과 같은 편집 후기가 실려 있다.

> 우리의 속에서 일어나는 막을 수 없는 요구로 인하여 이 잡지가 생겨났습니다. 갖가지 곡해와 오해는 처음부터 올 줄 믿고 있습니다. 그러나 우리는 참으로 우리 뜻을 알아주시는 적은 부분의 손을 잡고 나아가려 합니다. 우리의 가는 길이 곧은 동안은 우리는 아무런 암초도 두려워하지 않습니다. 우리는 모든 핍박과 모욕의 길로라도 용감하게 나아가겠습니다. 우리의 길을 막을 자가 누굽니까!

주요한은 자신들의 출발이 그 누구도 "막을 수 없는 요구"이며 따라서 "갖가지 곡해와 오해"에도 불구하고 "핍박과 모욕의 길로라도 용감하게" 나아가겠다는 의지를 피력한다. 그만큼 그들의 출발은 도전적이고 의욕적인 것이었다. 그는 『창조』 창간호에 자신의 초기 산문시 편인 「불놀이」를 발표하였는데, 이는 근대 초기에 펼쳐진 우리 시사의 일대 장관이 아닐 수 없었다.

> 아아 날이 저문다. 서편 하늘에, 외로운 강물 위에, 스러져가는 분홍빛 놀…… 아아 해가 저물면 해가 저물면, 날마다 살구나무 그늘에 혼자

우는 밤이 또 오건마는, 오늘은 사월이라 파일날 큰 길을 물밀어가는 사람 소리는 듣기만 하여도 흥성스러운 것을 왜 나만 혼자 가슴에 눈물을 참을 수 없는고?

(…)

아아 강물이 웃는다, 웃는다, 괴상한, 웃음이다, 차디찬 강물이 껌껌한 하늘을 보고 웃는 웃음이다. 아아 배가 올라온다, 배가 오른다, 바람이 불 적마다 슬프게 슬프게 삐걱거리는 배가 오른다……

저어라, 배를, 멀리서 잠자는 능라도까지, 물살 빠른 대동강을 저어 오르라. 거기 너의 애인이 맨발로 서서 기다리는 언덕으로 곧추 너의 뱃머리를 돌리라. 물결 끝에서 일어나는 추운 바람도 무엇이리오, 괴이한 웃음소리도 무엇이리오, 사랑 잃은 청년의 어두운 가슴속도 너에게야 무엇이리오, 그림자 없이는 '밝음'도 있을 수 없는 것을…… 오오 다만 네 확실한 오늘을 놓치지 말라.

오오 사르라, 사르라! 오늘밤! 너의 빨간 횃불을, 빨간 입술을, 눈동자를, 또한 너의 빨간 눈물을…….

— 주요한, 「불놀이」 중에서(『창조』, 1919. 2.)

미국의 민주주의 시인으로 정평이 난 휘트먼과 프랑스의 상징주의 시인 폴 포르의 영향을 받은 주요한은 근대 초기 자유시 지향을 대표하는 탁월한 시인이었다. 하지만 그의 자유시 의식은 당시 민족 현실과 긴밀하게 맞물리지 못한 채 우리 근대시가 나아가야 할 목표와 상합하지 못하였다. 오히려 그는 민요, 동요 등 조선어의 미와 힘을 지닌 정형 양식에서 우리 시의 앞길을 진단하는 쪽으로 변모하게 된다.

얼마 전까지만 해도 이 작품은 '최초의 자유시'라는 에피셋으로 통칭되어왔지만, 이제 그러한 견해는 그 비실증성으로 인해 폐기된 상태이다. 이 시편은 핵심 이미지를 '불'과 '물'로 삼고 있는데, 화자는 '사랑 잃은 청년'이며 그는 군중 속에서 깊은 고독과 죽음의 기운을 느끼고 있다. 하지만 그 '고독'과 '죽음'을 상징하는 '물'의 세계를 넘어 그는 '정열'과 '사랑'과 '밝음'을 향한 '불'의 에너지로 반전의 힘을 발휘한다. 따라서 우리는 이 시편 하나만으로도 『창조』가 꿈꾸었던 시적 지향, 곧 삶의 활달한 의지와 생의 충동을 동시에 느낄 수 있을 것이다. 이러한 지향은 『창조』의 후신 잡지였던 『영대』로 이어지게 된다.

한국 근대 문학사에서 두 번째 문예 동인지는 『폐허』다. 1920년 7월 창간하여 1921년 1월 통권 2호로 폐간되었다. 후신인 『폐허 이후』까지 합쳐도 3호로 종간한 단명의 동인지였다. 제호는 독일 시인 실러의 "옛 것은 멸하고 시대는 변한다. 새 생명은 이 폐허에서 피어난다."라는 구절에서 따온 것인데 그 안에는 부활이나 갱생의 뜻도 포함하고 있다. 이들의 문학적 경향은 퇴폐적 낭만주의로 요약할 수 있는데, 이는 3.1운동의 좌절과 극도의 경제적 궁핍을 경험한 식민지 청년 지식인들의 불안 의식이 반영된 결실일 것이다. 김억은 『폐허』의 상징적 존재였고, 동인으로는 변영로, 오상순, 황석우, 남궁벽 등이 활약하였다. 김억이 쓴 편집 후기의 일절을 보면 『폐허』가 지향했던 세계가 다가온다.

새 시대가 왔다. 새 사람의 부르짖음이 일어난다. 들어라, 여기에 한 부르짖음과, 저기에 한 부르짖음이 일어나지 않았는가. 나중에 우리의 부르짖음이 우러났다. 새 사상과 새 감정에 살려고 하는 우리의 작은 부르짖음이나마, 쓸쓸한 오랜 암흑의 긴 밤의 빛이 여명의 첫 별 아래에 꺼지려 할 때, 오려는 다사한 일광을 웃음으로 맞으며 그 첫소리를 냉랑한 빈들 위에 놓았다. 그 첫소리의 크고 크지 못함은 부르짖음 되는 그 자신은 모른다. 다만 다음에 오는 반향의 어떠한 것으로 말미암아서, 알 것뿐이다.

그들은 "새 시대"를 맞아 "새 사람의 부르짖음"을 반영해보려는 의지를 가졌고, "새 사상과 새 감정에 살려고 하는 우리의 작은 부르짖음"을 욕망하였다. 또한 "쓸쓸한 오랜 암흑의 긴 밤"을 지나 "다사한 일광"을 맞이하면서 바로 "다음에 오는 반향"을 적극 소망하였다. 동인들 가운데 변영로는 서울 출생으로서 3.1운동 당시 기미독립선언서를 영문으로 번역하기도 한 민족 시인이었다. 1924년에 발간된 첫 시집 『조선의 마음』은 우리말의 아름다움과 순화에 기여한 높은 시정신과 민족적 저항 정신의 소산으로 평가받았다. 또 그의 시편에는 섬세한 전통 정서와 기개 높은 민족정신이 배어 있기도 하다.

> 생시에 못 뵈올 님을 꿈에나 뵐까 하여
> 꿈 가는 푸른 고개 넘기는 넘었으나
> 꿈조차 흔들리우고 흔들리어
> 그립던 그대 가까울 듯 멀어라
>
> 아, 미끄러지지 않을 곳에 미끄러져
> 그대와 나 사이엔 만리가 격했어라
> 다시 못 뵐 그대의 고운 얼굴
> 사라지는 옛 꿈보다도 희미하여라
> ― 변영로, 「생시에 못 뵈올 님을」 전문(『폐허 이후』, 1924. 1.)

『폐허』의 일반적 기율이었던 낭만적 꿈과 그리움의 세계가 이 작품 안에 곡진하게 펼쳐져 있다. 이러한 '꿈'과 '그리움'의 세계는 같은 동인인 오상순이나 남궁벽에게도 이어지면서 다양한 음역을 선보이게 된다.

『장미촌』은 1921년 5월 24일 창간되었다. 동인으로 황석우, 변영로, 노자영 등이 참여하였다. 이 잡지는 표지에 '자유시의 선구'라는 부제를 달고, 그 아래 '선언'을 실어 명실상부하게 시 전문 동인지를 표방하였다. 황석우는 『장미촌』 표지 선언에서 "우리들은 인간으로의 참된 고뇌의 촌에 들어왔다. 우리들의 밟아나가는 길은 고독의 끝없이 묘막한 큰 설원이다. 우리는 이곳을 개척하여 우리의 영의 영원한 평화와 안식을 얻을 촌, 장미의 훈향 높은 신과 인간과의 경하로운 화혼의 향연의 열리는 촌을 세우려 한다. 우리는 이곳을 자못 우리들의 젊은 영의 열탕같이 뜨거운 괴로운 땀과 또는 철화같은 고도의 정한 정열로써 개척하여 나갈 뿐이다. 장미, 장미, 우리들의 손에 의하여 싹나고, 길리고, 또한 꽃피려는 장미."라고 말함으로써 이 잡지가 낭만적이고 유미적인 시정신을 담을 것을 천명하였다. 이러한 지향은 다음으로 등장한 문예 동인지『백조』로 계승된다. 그만큼『백조』는『장미촌』이 본격적으로 이어지고 개화한 결실이었으며,『장미촌』의 세계를 매우 근대적인 유통 방식에 의해 집결시켰다고 할 수 있다.

『백조』는 1922년 벽두에 창간되어 1923년 9월 3호까지 나왔다. 동인은 박종화, 홍사용, 노자영, 나도향, 박영희, 이상화, 현진건 등이었다. 3.1운동 실패 이후 암울했던 시대적 분위기를 반영하고 있으며, 낭만주의와 유미주의의 경향을 보여주었다. 편집과 발행을 주도한 이는 노작 홍사용이었는데 그가 쓴 편집 후기의 일절은 다음과 같다.

우리의 예술 동산에 한낮 밝음의 빛을 볼까 하여 다음날 꽃다운 화원에 정성된 원정이 될까 하여 뜻한 지 이미 사년, 꾀한 지 이미 사년 써 나머지에 비로소 멧낫 뜻이 같은 글동무와 두낫 뜻 깊은 후원자 김덕기, 홍사중 양씨를 얻어 이에 우리의 뜻하던 문화사가 출현케 되는 그 써 경영하는 바는 문예잡지『백조』와 사상잡지『흑조』를 간행하는 동시에 아울러 문예와 사상 두 방면을 목표로 하여 서적과 잡지를 출판하여 써 우리의 전적 문화생활에 만일의 보람이 있기를 바라는 바이다.

"나는 왕이로소이다 어머니의 외아들 나는 이렇게 왕이로소이다 / 그러나 그러나 눈물의 왕! 이 세상 어느 곳에든지 설움 있는 땅은 모두 왕의 나라로소이다"(「나는 왕이로소이다」)라고 노래했던 홍사용은 화성 출생으로서 3.1운동 후 박종화 등과 함께 문예지 『문우』 1920)를 창간하였고, 뒤이어 『백조』 창간호에 「백조는 흐르는데 별 하나 나 하나」를 발표하였다. 그 후 줄곧 향토적이고 민족주의적인 소재를 감상성에 실어 노래하였다. 일제의 압박으로 소외된 민중의 슬픔을 노래한 「나는 왕이로소이다」는 그의 대표작이다. 이 시편에 나타난 시적 자아는 '왕'으로 묘사되어 있지만 그가 다스리는 영역은 '눈물'로 표상되고 있다. 물론 이때의 '눈물'이 당대 민족 현실과 맺는 관련성을 우리는 상기할 수 있다. 그래서 주관적 영탄의 반복을 통해 시인이 객관 현실을 일정하게 반영하고 있다고 말할 수 있을 것이다. 그렇게 우리 근대 문학사 초기의 낭만주의 시운동을 적극 견인한 선구자였던 노작은 감상적 낭만주의의 시풍을 띠면서도 그 슬픔의 배면에 나라 잃은 이의 역사적, 낭만적, 몽환적 상처와 그 대응을 가라앉혔던 것이다. 그런 홍사용이 "우리의 예술 동산"에 "꽃다운 화원에 정성된 원정"의 역할을 자임하면서 "우리의 전적 문화생활에 만일의 보람"을 욕망하였던 것이다.

이상화의 초기 시세계는, 당대 시단의 편재적 현상이었던 감상적 낭만주의의 자장을 일관되게 보여준다. 그것은 다분히 감상과 니힐 그리고 퇴폐와 탐미 추구의 세계에서 비롯되는 것이었는데, 이상화 초기 시편 역시 이러한 세계에서 그다지 멀리 가 있지 않았던 것이다. 아니 그러한 세계를 가장 대표적으로 보여주는 실례였다고 할 수 있다. 어쨌든 그것이 현실의 무력감에서 온 것이든, 내적 번민에서 온 것이든, 이상화 초기 시편에는 우울과 탄식의 정서가 시편 구석구석을 물들이고 있다. 그는 등단작에서 불같은 열정과 낭만적 감상을 잘 보여준다. 가령 "가을의 병든 미풍의 품에다 / 아 — 꿈꾸는 미풍의 품에다 / 낮도 모르고 / 밤도 모르고 / 나는 술 취한 집을 세우련다 / 나는 속 아픈 웃음을 빚으련다."(「말세의 희탄」)라고 노래함으로써, '말세'라는 시대 인식이나 그것을 탄식과 울분으로 표제를 삼는 세기말적 낭만주의 감각을 보여준다. 이러한 낭만적 퇴행(regression)의 의지가 가장 확연하고 탐미적으로 발산된 작품이 아마도 다음 시편일 것이다.

「마돈나」 지금은 밤도, 모든 목거지에, 다니노라 피곤하여 돌아가려는도다,
　아, 너도, 먼동이 트기 전으로, 수밀도의 네 가슴에, 이슬이 맺도록 달려오너라.

「마돈나」 오려무나, 네 집에서 눈으로 유전하던 진주는, 다 두고 몸만 오너라,
　빨리 가자, 우리는 밝음이 오면, 어딘지 모르게 숨는 두 별이어라.

「마돈나」 구석지고도 어둔 마음의 거리에서, 나는 두려워 떨며 기다리노라,
　아, 어느덧 첫닭이 울고 — 뭇 개가 짖도다, 나의 아씨여, 너도 듣느냐.

「마돈나」 지난밤이 새도록, 내 손수 닦아 둔 침실로 가자, 침실로!
　낡은 달은 빠지려는데, 내 귀가 듣는 발자욱 — 오, 너의 것이냐?

「마돈나」 짧은 심지를 더우잡고, 눈물도 없이 하소연하는 내 마음의 촛불을 봐라,
　양털 같은 바람결에도 질식이 되어, 얄푸른 연기로 꺼지려는도다.

  (⋯)

 「마돈나」 언젠들 안 갈 수 있으랴, 갈 테면, 우리가 가자, 끄을려 가지 말고!
너는 내 말을 믿는 「마리아」 — 내 침실이 부활의 동굴임을 네야 알련만…….

 「마돈나」 밤이 주는 꿈, 우리가 얽는 꿈, 사람이 안고 궁그는 목숨의 꿈이 다르지 않으니,
 아, 어린애 가슴처럼 세월 모르는 나의 침실로 가자, 아름답고 오랜 거기로.

 「마돈나」 별들의 웃음도 흐려지려 하고, 어둔 밤 물결도 잦아지려는도다,
 아, 안개가 사라지기 전으로, 네가 와야지, 나의 아씨여, 너를 부른다.
       — 이상화, 「나의 침실로」 중에서(『백조』, 1923. 9.)

 이 시편은 1920년대 초기의 감상적 낭만주의의 흐름을 짙게 반영하고 있고, 또 그런 경향을 가장 높은 수준에서 성취한 사례로 남아 있다. "가장 아름답고 오—랜 것은 오직 꿈속에만 있어라"라는, 낭만주의 선언에 가까운 시인의 말은 매우 인상적이다. 이 선언은 시편 전체를 규율하는 궁극적 주제가 된다. 가장 아름답고 오랜 것이 '꿈'과 등가를 이루는 이 순간에 상화 시편의 낭만적 화자는 탐미적으로 태어난다. "우리도 이 밤과 같이, 오랜 나라로 가고 말자."는 청유야말로 그러한 탐미적 낭만성의 항구성을 증명한다. 부제에서 보았던 "가장 아름답고 오—랜 것은 오직 꿈속에만 있어라"라는 말에서의 그 "오—랜 것"과 "오랜 나라"는 금세 등가화된다. 그렇게 "뉘우침과 두려움의 외나무다리 건너 있는" 침실에서 오지 않는 마돈나를 기다리던 화자는 "몸에 피란 피 — 가슴의 샘이, 말라버린 듯"한 자아 소멸의 위기감 속에서 "언젠들 안 갈 수 있으랴, 갈 테면, 우리가 가자, 끄을려 가지

말고!"라고 선언한다. 어느새 시적 발화 전체가 '꿈속'의 텍스트로 변형된다. 그렇게 꿈속에서 침실은 "부활의 동굴"로 거듭나고 "아름답고 오랜" 침실은 성과 속의 결속을 완성하게 되는 것이다. 마돈나는 여전히 오지 않지만 말이다. 이렇게 '꿈'으로 집약되는 상상 속의 도피행을 취하고 있는 이상화 초기 시편은 그렇게 격정의 시학을 잘 보여준다.

다음으로 『금성』은 네 번째 동인지이자 최초의 시 전문 동인지였다. 그 주조로 낭만주의를 택하여 『백조』의 경향을 이었다고 할 수 있다. 통권 3호가 간행되는 동안 실질적 주재자는 양주동이었는데, 그를 포함하여 동인 대부분이 와세다 재학의 불문학 전공자들이었다. 『금성』 창간호의 일절은 다음과 같다.

우리들은 조선의 잡지들이, 창간호가 종간호가 된 것을 한두 예만 본 것이 아니올시다. 조균이나 하충 모양으로 스러져버리기도 하고, 혹은 혜성같이 났다가 혜성같이 말도 없이 없어지기도 하며, 또는 처음만 굉장히 떠들다가는 용두사미가 되고 마는 것도 있었습니다. 그 따위로 함보다는 우리들은 차라리 여러 가지 사정을 돌아보아, 처음부터 정직하게 온건하게 일을 시작키로 하였습니다. 그러므로 잡지는 격월간으로 하기로 하였습니다. 이것은 경제도 원인이 안 된 것이 아니지만, 동인 적은 것도 원인이었습니다. 몇 명 안 되는 사람이 어디 배달, 어지간한 자신이라도 있는 작품을 써낼 수가 있어야지요.

『금성』은 1923년 11월에 창간하여 1924년 5월 통권 3호를 끝으로 폐간하였다. 동인으로 양주동, 손진태, 백기만 등이 참여했다. '금성'의 의미는 여명을 상징하는 샛별과 사랑과 미의 여신인 비너스(Venus)의 뜻을 합친 것이다. 일정한 주의나 경향을 내세우지 않고, 당시 문단에 유행하던 우울과 퇴폐, 감상에서 벗어나 밝고 건강한 분위기를 보여준 점이 특징이었다. 아닌 게 아니라 그들은 경향을 굳이 따지지 않고 다만 "어지간한 자신이라도 있는 작품"을 쓰겠다고 다짐한 것이다. 그러한 목표를 일정하게 성취한 이들은 초기 동인들이 아니라, 3호에 동시에 동인으로 참여한 이장희와 김동환이었다.

꽃가루와 같이 부드러운 고양이의 털에
고운 봄의 향기가 어리우도다.

금방울과 같이 호동그란 고양이의 눈에
미친 봄의 불길이 흐르도다.

고요히 다물은 고양이의 입술에
포근한 봄졸음이 떠돌아라.

날카롭게 쭉 뻗은 고양이의 수염에
푸른 봄의 생기가 뛰놀아라.

— 이장희, 「봄은 고양이로다」 전문(『금성』, 1924. 5.)

감각적 충실을 기한 모더니즘의 선구적 작품을 남긴 이장희는 시집 하나 남기지 못했지만, 그의 인간과 문학에 관한 기록을 백기만이 편집하여 남긴 『상화와 고월』(1951)이 있다. 이 시편에 나타난 봄의 '향기', '불길', '졸음', '생기' 등은 이 시편을 1930년대 모더니즘의 선구를 이룬 작품으로 평가받게 하였다. 제목에도 나와 있듯이, '고양이'를 통해 감각적이고 생동감 있게 '봄'의 분위기를 표현하였다. 시인은 고양이의 '털'과 '눈'과 '입술'과 '수염'에서 각각 봄의 이미지들을 발견하고 있는데, 가령 봄의 '향기', '불길', '졸음', '생기'를 표현하고 있다. 그래서 이 시편은 시각(호동그란), 후각(봄의 향기), 촉각(부드러운 고양이의 털) 등이 서로 섞이면서 이미지를 잘 살린 경우가 되고 있다.

『금성』이 추구한 감각적 유미주의의 한 극점이 아닐 수 없을 것이다. 또한 『금성』 출신의 또 하나의 총아 김동환은 함북 경성 출생으로서 1923년 『금성』에 「적성을 손가락질하며」를 발표하며 등단하였다. 이 작품에서는 선 굵은 북방 정서가 매우 실감 있는 빛을 발하고 있다.

    북국에는 날마다 밤마다 눈이 오느니,
    회색 하늘 속으로 눈이 퍼부을 때마다
    눈 속에 파묻히는 하아얀 북조선이 보이느니.

    (…)

    백웅이 울고 북랑성이 눈 깜박일 때마다
    제비 가는 곳 그리워하는 우리네는
    서로 부둥켜안고 적성을 손가락질하며 빙원 벌에서 춤추느니.
    모닥불에 비치는 이방인의 새파란 눈알을 보면서,

    북국은 추워라, 이 추운 밤에도
    강녘에는 밀수입 마차의 지나는 소리 들리느니,
    얼음장 갈리는 소리에 방울 소리는
    잠겨지면서.

    오, 저 눈이 또 내리느니, 보오얀 눈이
    북새로 가는 이사꾼 짐 위에
    말없이 함박 같은 눈이 잘도 내리느니.
    — 김동환, 「적성(赤星)을 손가락질하며」 중에서(『금성』, 1924. 5.)

1925년 첫 시집 『국경의 밤』을 발간하여 향토색 짙은 민족 정서의 시풍을 보여준 김동환은, 특별히 북방 정서라는 특이한 권역을 거의 최초로 개척한 시인이다. 『국경의 밤』은 신문학 이후 최초의 서사시집으로서, 일제의 눈을 피해 밀수를 위해 두만강을 건너간 남편을 그리는 아내의 애타는 심정을 노래함으로써 피압박 민족의 비애를 표출하였다. 「적성을 손가락질하며」는 그러한 그의 문학사적 성취를 예감케 하는 전조의 작품이라고 할 수 있다. 이처럼 이장희와 김동환은 각각 우리 근대시의 역사에서 '섬세한 감각'과 '북방 정서'라는 이채로운 영역을 개척한 선구자들이다. 그들의 첫 무대가 되어준 곳이 바로 『금성』이었던 것이다. 이처럼 여러 동인지를 무대로 하여 펼쳐진 착근기 흐름은, 우리 근대시 초기 형태의 완연한 진화 양상을 보여주거니와, 이것을 귀납한 한국적 특수성의 천착은 우리 근대시사 서술의 중요한 내용이 된다. 이 점, 근대 이월기의 탐색과 함께 가장 중요한 근대시 서술의 내질이 될 것이다.

5. 맺음말

일찍이 근대성 논의는 고전문학 연구자들에 의해서 광범위하게 해명되고 문제 제기되어왔다. 그 견해들은 일찍이 사설시조나 잡가 등을 근대시의 전사 혹은 맹아 상태로 보려는 시각을 담고 있었다. 이는 한결같이 문학사를 일종의 내재적 연속성에서 파악하려는 민족주의적 충동을 담고 있고, 문학사가 고대-중세-근대로 선형적 이월을 했다는 역사관을 반영하고 있다. 그 가장 뚜렷한 사례로 조선 후기의 사설시조를 근대시의 동일 연속체로 간주하는 시각이 대두한 바 있다. 하지만 이러한 도식은 다분히 심정적 자문화중심주의를 짙게 반영한 것임을 후세대 연구자들이 여러 차례 증명하고 있다. 최근 연구사는 크게 보아 사설시조 연원설, 개화기 시가양식의 혼재설, 최남선의 신체시의 영향설, 주요한이나 김억의 시에서 비롯하였다는 설 등 네 가지

정도로 근대시 이행기에 대한 판단을 개관할 수 있을 것이다. 이 가운데 우리는 사설시조나 신체시로부터 기원을 설정하는 견해를 부정하면서, 근대 초기 전체에 혼합된 시가 양식들이 갈등하고 경쟁하면서 근대성을 이루어갔고, 동시에 근대 초기의 그것은 근대적 주체 형성에 미달하는 것이며, 그것은 1920년대라는 동인지 시대를 맞으면서 다양한 형상으로 개화한다는 것을 강조할 수 있다.

  한국 근대시에 나타난 근대성 논의는 이제 새로운 단계에 접어들고 있다. 대개 내용상의 개성 발견 그리고 형식상의 자유시 구현에서 근대성의 징후를 찾아내는 현상 기술적인 단계에서, 그것들이 진정한 근대성의 성취에 값하는 것인지에 대한 인식론적, 미학적 탐색이 전개되고 있는 것이다. 우리는 근대 초기의 시가 그 자체로 개성과 주체적 판단을 근거로 하는 근대적 주체의 형성 과정을 잘 보여주지만, 시대 상황을 총체적으로 바라보는 비판적 주체로서의 정립 과정에는 현저하게 미달한다는 점에서, 이 시기의 시적 주체들은 과도기적 성격에 머문다는 점을 알 수 있다. 그리고 이러한 근대시의 초기 양상은 1920년대를 전후하여 가장 왕성하고도 세련된 동인지 시대를 맞아 근대시의 확연한 착근과 확충의 시기로 이어지면서 발전을 거듭하게 된다는 사실에 상도하게 된다.

현실과 꿈을 결속한 낭만적 페이소스
이상화의 시세계

1.

　이상화(李相和, 1901-1943)는 우리 근대 시문학사에서 1920년대를 대표하는 시인의 한 사람이다. 그는 소월(素月), 만해(萬海)와 더불어 근대 초기의 민족 현실을 가장 구체적이고 아름다운 형상으로 담아냈을 뿐만 아니라, 생애를 통해서도 일관되게 '민족'이라는 범주를 가장 충실하게 상상하고 드러낸 선구자 가운데 한 시인으로 평가받고 있다.
　이상화는 대구에서 태어나 경성중앙학교와 동경외국어학교과를 졸업하였다. 1922년에 동향 문우인 현진건(玄鎭健)의 소개로 박종화(朴鍾和), 홍사용(洪思容), 나도향(羅稻香), 박영희(朴英熙) 등과 만나 『백조(白潮)』 동인을 결성하면서 창작 활동을 시작한 그는, 1925년 박영희, 김팔봉(金八峰) 등과 함께 카프(KAPF) 창립 회원으로 참여하기도 하였다. 이 시기에 그는 「빼앗긴 들에도 봄은 오는가」를 발표함으로써 가장 대표적인 민족시인으로 부상하게 된다. 1927년 의열단 사건에 연루되어 옥고를 치르기도 한 그는, 의외롭게도 살아서 시집 한 권도 펴내지 못한 불운의 시인이다. 그의 사후(死後)에 대구 문우였던 백기만(白基萬)이 그의 작품들을 수습하여 『상화(尙火)와 고월(古月)』

(1951)이라는 단행본을 출간함으로써 그의 작품들은 일반에게 읽힐 수 있게 되었다.

이상화는 호(號)를 몇 개 가지고 있었는데 그것들은 그의 삶의 과정을 상징적으로 암시해준다. 20세 이전에는 '무량(無量)'이라는 호를 가졌는데, '한량없는'이라는 뜻의 이 호는 무엇 하나 아쉬울 것 없었던 그의 호시절을 환기한다. 그러다가 문단 데뷔 후 가졌던 '상화(尙火)'라는 호는 그 말뜻대로 '항상 불같이' 생각하고 행동했던 그의 삶을 비유적으로 보여준다. 후기에는 '백아(白啞)'라는 호를 사용했는데, 말 그대로 '백치와 벙어리'처럼 살았던 그의 침묵과 도피행을 함축한다. 이것들 가운데 '상화(尙火)'가 그의 시적 성취를 웅변해주는 것이라 할 수 있는데, 그의 시비(詩碑)에도 역시 '상화시비(尙火詩碑)'라고 새겨져 있다. 그가 타계한 1943년에 세워진 시비에는 "詩人白啞李公諱相和之墓"라고 새겨 일제의 억압을 피했지만, 1948년에 '상화(尙火)'로 고쳐 새겼던 것이다.

일제 식민지 시대의 한복판을 불같은 열정으로 통과해왔던 이상화의 삶과 시는 그만큼 식민지라는 현실과 새로운 세계를 열망하는 꿈의 접점에서 피어오른 낭만적 페이소스(pathos)의 세계였다고 할 수 있다. 그와 그의 시를 '민족'이라는 범주와 떼어서 다룰 수밖에 없는 가장 큰 이유가 바로 여기에 있다.

2.

이상화의 초기 시세계는, 당대 시단의 편재적(遍在的) 현상이었던 감상적 낭만주의의 자장(磁場)을 일관되게 보여준다. 이른바 병적 관능의 세계로 대표되는 이러한 경향은, '폐허(廢墟)' 및 '백조' 동인들이 공유하던 미적 지향이기도 하였다. 그것은 다분히 감상과 니힐(nihil) 그리고 퇴폐와 탐미 추구의 세계에서 비롯되는 것이었는데, 이상화 초기 시편 역시 이러한 세계에서 그다지 멀리 가 있지 않았던 것이다. 아니 그러한 세계를 가장 대표적으로 보여주는 실례였다고 할 수 있다.

어쨌든 그것이 현실의 무력감에서 온 것이든, 내적 번민에서 온 것이든, 이상화 초기 시편에는 우울과 탄식의 정서가 시편 구석구석을 물들이고 있다. 그의 등단작이라고 할 수 있는 다음 시편에서 그러한 불같은 열정과 낭만적 감상이 잘 녹아 있다.

> 저녁의 피묻은 동굴(洞窟) 속으로
> 아 — 밑없는, 그 동굴 속으로
> 끝도 모르고
> 끝도 모르고
> 나는 거꾸러지련다
> 나는 파묻히이련다.
>
> 가을의 병든 미풍(微風)의 품에다
> 아 — 꿈꾸는 미풍의 품에다
> 낮도 모르고
> 밤도 모르고
> 나는 술 취한 집을 세우련다
> 나는 속 아픈 웃음을 빚으련다.
> ―「말세(末世)의 희탄(欷嘆)」(『백조』, 1922. 1.)

'말세(末世)'라는 시대 인식이나 그것을 탄식과 울분으로 표제를 삼는 감각은 모두 세기말적 낭만주의의 한 편린을 보여주는 사례이다. 화자는 첫 연에서 '저녁'의 '피' 묻은 '동굴(洞窟)'을 상상하고, 둘째 연에서는 '가을'의 '병'들어 있는 '미풍(微風)'을 상상한다. 이때 '저녁'이나 '가을'은 생성보다는 소멸의 시간대를 상징하는 것이고, '피'나 '병'

의 기표는 감상적 낭만주의가 가지는 울혈(鬱血)의 속성을 웅변한다. 화자는 '동굴'이나 '미풍'의 품처럼 아늑한 유폐의 공간을 지향하면서 "끝도 모르고" 거꾸러지고 낮도 모르고 밤도 모르고 '술 취한 집'을 세우려고 한다.

이러한 "속 아픈 웃음" 속에서 자해적(自害的) 이미지가 온전한 방향을 가지지 못한다는 점에서, 이 작품은 상화 초기의 경향을 두드러지게 집약하고 있는 시편이라 할 수 있다. 이러한 낭만적 퇴행(regression)의 의지가 가장 확연하고 탐미적으로 발산된 작품이 아마도 다음 시편일 것이다.

「마돈나」 지금은 밤도, 모든 목거지에, 다니노라 피곤(疲困)하여 돌아가려는도다,
아, 너도, 먼동이 트기 전으로, 수밀도(水蜜桃)의 네 가슴에, 이슬이 맺도록 달려오너라.

「마돈나」 오려무나, 네 집에서 눈으로 유전(遺傳)하던 진주(眞珠)는, 다 두고 몸만 오너라,
빨리 가자, 우리는 밝음이 오면, 어딘지 모르게 숨는 두 별이어라.

「마돈나」 구석지고도 어둔 마음의 거리에서, 나는 두려워 떨며 기다리노라,
아, 어느덧 첫닭이 울고 ― 뭇 개가 짖도다, 나의 아씨여, 너도 듣느냐.

「마돈나」 지난 밤이 새도록, 내 손수 닦아 둔 침실로 가자, 침실로!
낡은 달은 빠지려는데, 내 귀가 듣는 발자욱 ― 오, 너의 것이냐?

「마돈나」 짧은 심지를 더우잡고, 눈물도 없이 하소연하는 내 마음의

촉(燭)불을 봐라,
　양털 같은 바람결에도 질식(窒息)이 되어, 얄푸른 연기로 꺼지려는도다.

「마돈나」 오너라 가자, 앞산 그르매가, 도깨비처럼, 발도 없이 이곳 가까이 오도다,
　아, 행여나, 누가 볼는지 ― 가슴이 뛰누나, 나의 아씨여, 너를 부른다.

「마돈나」 날이 새련다, 빨리 오려무나, 사원(寺院)의 쇠북이, 우리를 비웃기 전에
　네 손이 내 목을 안아라, 우리도 이 밤과 같이, 오랜 나라로 가고 말자.

「마돈나」 뉘우침과 두려움의 외나무다리 건너 있는 내 침실 열 이도 없느니!
　아, 바람이 불도다, 그와 같이 가볍게 오려무나, 나의 아씨여, 네가 오느냐?

「마돈나」 가엾어라, 나는 미치고 말았는가, 없는 소리를 내 귀가 들음은 ―,
　내 몸에 피란 피 ― 가슴의 샘이, 말라버린 듯, 마음과 몸이 타려는도다.

「마돈나」 언젠들 안 갈 수 있으랴, 갈 테면, 우리가 가자, 끄을려 가지 말고!
　너는 내 말을 믿는「마리아」― 내 침실이 부활(復活)의 동굴(洞窟)임을 네야 알련만…….

「마돈나」 밤이 주는 꿈, 우리가 얽는 꿈, 사람이 안고 궁그는 목숨의 꿈이 다르지 않으니,

아, 어린애 가슴처럼 세월 모르는 나의 침실로 가자, 아름답고 오랜 거기로.

「마돈나」 별들의 웃음도 흐려지려 하고, 어둔 밤 물결도 잦아지려는도다,
아, 안개가 사라지기 전으로, 네가 와야지, 나의 아씨여, 너를 부른다.
―「나의 침실(寢室)로」(『백조』, 1923. 9.)

『상화와 고월』에서는 이 시편에 대해 "1919년 상화 18세 때의 처녀작"이라고 적고 있다. 하지만 이 작품은 1920년대라는 시대적 지평 위에서 창작된 것이 확실하다. 왜냐하면 상화는 시를 쓸 때마다 창작 시기를 밝혀 그 의식과 발성(發聲)의 기원(origin)을 정확하게 알려 놓곤 했는데, 이 시편의 말미에는 그런 흔적이 전혀 없기 때문이다. 따라서 이 시편은 발표 당시에 창작되었다고 보아야 한다. 그만큼 이 시편에는 1920년대 초기의 감상적 낭만주의의 흐름이 짙게 반영되어 있고, 또 그런 경향을 가장 높은 수준에서 성취한 시편으로 남아 있는 것이다.

"가장 아름답고 오―랜 것은 오직 꿈속에만 있어라"라는, 낭만주의 선언에 가까운 시인의 말은 매우 인상적이다. 이 선언은 시편 전체를 규율하는 지남(指南)이자 궁극적 주제가 되기도 한다. 가장 아름답고 오랜 것이 '꿈'과 등가를 이루는 이 순간에 상화 시편의 낭만적 화자는 탐미적으로 태어난다.

화자는 '마돈나'라는 여성을 절규하듯 부르고 있다. 물론 시편이 끝날 때까지 그 여인은 화자에게 오지 않는다. 그래서 이 작품은 전근대적인 유습과 억압으로부터 탈출하려는 '꿈'의 충동을 전면화하면서, 그리고 '침실'과 '동굴'을 등가화하면서, 성(聖)과 속(俗)의 일체화를 꿈꾼다. 오직 '꿈속'에서만 가능한 사랑, 현실에서는 불가능한 관능과 감상(感傷)이 작품 전체를 감싸고 있는 것이다.

밤도 깊은 시간에 화자는 지속적이고 반복적으로 마돈나를 부른다. 그 호명은 너무도 간절하여, 작품 곳곳에 지뢰밭처럼 배치되어 있는 쉼표(,)의 연쇄를 마치 화자의 가쁜 호흡과 절실함으로 읽히게끔 한다. 먼동이 틀 것이기 때문에 화자가 밤이 가기 전에 마돈나가 와주어야 한다고 상상하는 것은 그러한 감각의 점진적 강렬함을 보여준다. 이때 "수밀도(水蜜桃)의 네 가슴"이야말로 전근대적 유습으로 보이는 "눈으로 유전(遺傳)하던 진주(眞珠)"와 대조를 이루면서 꿈속에서 완성하는 사랑의 극점을 암시한다.

어둠이 걷히면 사라지는 별처럼 빛나는 그 사랑의 마음은 두려움과 떨림 그리고 뉘우침을 반복적으로 불러오면서, '침실'을 사랑의 장소로 완성한다. 두렵고 떨려 이제는 연기처럼 사라지려는 화자의 영혼은 오직 기다림으로만 존재감을 획득한다. "우리도 이 밤과 같이, 오랜 나라로 가고 말자."는 청유야말로 그러한 존재감의 항구성을 증명한다. 부제에서 보았던 "가장 아름답고 오─랜 것은 오직 꿈속에만 있어라"라는 말에서의 그 "오─랜 것"과 "오랜 나라"는 금세 등가화된다.

그렇게 "뉘우침과 두려움의 외나무다리 건너 있는" 침실에서 오지 않는 마돈나를 기다리던 화자는 "몸에 피란 피 ─ 가슴의 샘이, 말라버린 듯"한 자아 소멸의 위기감 속에서 "언젠들 안 갈 수 있으랴, 갈 테면, 우리가 가자, 끄을려 가지 말고!"라고 선언한다. 어느새 시적 발화 전체가 '꿈속'의 텍스트로 변형된다. 그렇게 꿈속에서 침실은 "부활(復活)의 동굴(洞窟)"로 거듭나고 "아름답고 오랜" 침실은 성(聖)과 속(俗)의 결속을 완성하게 되는 것이다. 마돈나는 여전히 오지 않지만 말이다.

이렇게 '꿈'으로 집약되는 상상 속의 도피행을 취하고 있는 이상화 초기 시편은 격정의 시학을 잘 보여준다. 우리가 알고 있듯이, 이상화 시편은 잔잔한 서정보다는 격정에 얹혀 펼쳐지는 경우가 대다수인데, 그 격정의 수원(水源)은 현실에 대한 울분과 자아의 내밀한 번민이 결합된 것이다. 그 울분과 번민이 그로 하여금 더욱 강렬한 민족적 통분(痛憤)으로 나아가 그 특유의 저항 시편들을 쏟아내게 하는 힘이 되고 있는 것이다.

3.

그 다음 시기의 이상화 시편은 낭만적 열정과 저항적 에너지를 결속하여 자신의 리얼리즘 시학을 완성하게 된다. 우리가 미학적으로 '리얼리즘시'를 범주화할 경우, 그것은 암울한 현실에 대한 미적 대응물로서 일정하게 객관 현실의 전체성에 대한 인식을 기초로 한 시편들을 가리킨다. 또한 그것은 현실을 당대 사회와의 폭 넓은 연관 속에서 그려내면서, 생의 순간적 고양을 통해 현실 인식을 담아내는 시편들을 가리킨다. 특별히 식민지 시대의 '리얼리즘시'는, 자본제적 생산 양식을 통한 식민지 근대의 양상을 담아내면서 그것을 일상 언어의 시어화(詩語化)를 통해 완성하고 있다. 식민지 시대 내내 모국어에 대한 근원적 박탈감을 겪으면서도, 이상화 시편 역시 패배적 복고주의나 비극적 상투형의 부단한 복제를 극복하면서 민족 현실의 전체성에 대한 인식을 보여준 시사적 실례로 기록된다. 이러한 이상화 시편은 당대 진보적 매체였던 『개벽(開闢)』에 주로 발표되고 있다.

> 아, 가도다, 가도다, 쫓겨가도다
> 잊음 속에 있는 간도와 요동(遼東)벌로
> 주린 목숨 움켜쥐고, 쫓겨가도다
> 진흙을 밥으로, 햇채를 마셔도
> 마구나, 가졌더면, 단잠은 얽맬 것을 ─
> 사람을 만든 검아, 하루 일찍
> 차라리 주린 목숨 빼어가거라!

아, 사노라, 사노라, 취해 사노라

자포(自暴) 속에 있는 서울과 시골로

멍든 목숨 행여 갈까, 취해 사노라

어둔 밤 말없는 돌을 안고서

피울음을 울더면, 설움은 풀릴 것을 —

사람을 만든 검아, 하루 일찍

차라리 취한 목숨, 죽여버려라!

　　　　—「가장 비통(悲痛)한 기욕(祈慾)」(『개벽』, 1925. 1.)

　'간도(間島) 이민(移民)을 보고'라는 부제를 달고 있는 이 작품은, 당대 민족 현실의 비극적 단면을 폭로하고 고발하는 목소리를 반영하고 있다. 간도와 요동으로 이리저리 이산(離散, diaspora)하는 식민지 백성들의 삶을 강렬한 동지적 연대로 감싸 안고 있다. 1연과 2연이 운율적 고려에 의해 병행되고 있는 이 시편은 "주린 목숨 움켜쥐고" 쫓겨가는 사람들의 참상을 반영하면서, "사람을 만든 검"에게 이러한 비극을 죽음으로라도 면케 해달라고 절규한다. 그렇게 "자포(自暴)"와 "멍든 목숨"으로 살아온 이들에게 "피울음"과 "설움"을 치유할 방도는 사실 없다. 죽음이라는 극한의 처방으로밖에는 타개할 수 없는 절망의 상황 아래서 예의 비극성은 점증(漸增)되는데, 따라서 우리는 죽음을 자청해 들일 수밖에 없는 현실에서 '가장 비통한 기욕'이 다시 발화되는 경험을 하게 되는 셈이다.

　이렇게 이 시편에는 경작할 토지를 잃고 타지로 유리걸식하는 농민의 처지와 심경이 잘 나타나 있다. 일제에 의한 식민지 수탈 정책의 결과로 인한 농민들의 몰락과 농촌 해체는 1920년대 식민지 조선의 가장 보편적인 현실이었는데, 이 작품은 이러한 상황에 대한 핍진한 증언이요 화자를 포함한 집체적 고단함을 드러내는 웅변의 목소리이기도 하다. 다음 시편도 그 같은 목소리의 연장선상에 있다.

오랜 오랜 옛적부터
아 몇백(百) 년 몇천(千) 년 옛적부터
호미와 가래에게 등심살을 벗기우고
감자와 기장에게 속기름을 빼앗기인
산촌(山村)의 뼈만 남은 땅바닥 위에서
아직도 사람은 수확(收穫)을 바라고 있다.

게으름을 빚어내는 이 늦은 봄날
「나는 이렇게도 시달렸노라……」
돌멩이를 내보이는 논과 밭 —
거기서 조으는 듯 호미질 하는
농사짓는 사람의 목숨을 나는 본다.

마음도 입도 없는 흙인 줄 알면서
얼마라도 더 달라고 정성껏 뒤지는
그들의 가슴엔 저주를 받을
숙명(宿命)이 주는 자족(自足)이 아직도 있다
자족(自足)이 시킨 굴종(屈從)이 아직도 있다.

하늘에도 게으른 흰구름이 돌고
땅에서도 고달픈 침묵(沈默)이 까라진
오 — 이런 날 이런 때에는
이 땅과 내 마음의 우울(憂鬱)을 부술
동해에서 폭풍우(暴風雨)나 쏟아져라 — 빈다.
　　　　　—「폭풍우(暴風雨)를 기다리는 마음」(『개벽』, 1925. 3.)

식민지 시대 농민들의 상황과 정서를 핍진하게 담고 있는 이 시편

현실과 꿈을 결속한 낭만적 페이소스 45

에서 화자는 "오랜 오랜 옛적부터" 착취와 수탈에서 살아온 사람들 곧 "산촌(山村)의 뼈만 남은 땅바닥" 위에서 고된 삶을 이어온 농민들에 주목한다. 물론 화자는 관찰자의 시선으로 "돌맹이를 내보이는 논과 밭 ─ / 거기서 조으는 듯 호미질 하는 / 농사짓는 사람의 목숨"을 그저 바라만 보고 있다. 하지만 그의 시선은 농민들의 삶을 짓누르는 "숙명(宿命)이 주는 자족(自足)"과 "자족(自足)이 시킨 굴종(屈從)"을 안타까이 바라보고 있다. 그것을 넘어설 열정을 외화(外化)하면서 "이 땅과 내 마음의 우울(憂鬱)을 부술 / 동해에서 폭풍우(暴風雨)나 쏟아져라"고 또 하나의 '가장 비통한 기욕'을 드러내고 있다.

이때 화자가 거부하고 있는 것은 '자족'과 '굴종'이다. 가령 다른 시편에서도 이상화는 "나는 몰랐노라 안일(安逸)한 세상이 자족(自足)에 있음을 / 나는 몰랐노라 행복(幸福)된 목숨이 굴종(屈從)에 있음을"[「극단(極端)」]이라면서 '자족'과 '굴종'이 가져다주는 '안일'과 '행복'을 비판하고 있다.

이렇게 농민들의 상황을 객관적으로 바라보면서 그것을 '폭풍우'라는 환각의 상징물로 대체하려는 화자의 마음은, 이 작품을 리얼리즘과 낭만주의의 결속으로 나아가게끔 하고 있다. 이러한 발상과 어법은 그의 대표작이라고 할 수 있는 「빼앗긴 들에도, 봄은 오는가」로 이어지는데, 아마도 '저항시'라는 것이 개념적 유효성을 항구적으로 띤다고 할 때 우리는 이 작품을 여전히 그 정상에 놓게 될 것이다.

지금은 남의 땅 ─ 빼앗긴 들에도 봄은 오는가?

나는 온몸에 햇살을 받고
푸른 하늘 푸른 들이 맞붙은 곳으로
가르마 같은 논길을 따라 꿈속을 가듯 걸어만 간다.

입술을 다문 하늘아 들아
내 맘에는 내 혼자 온 것 같지를 않구나
네가 끌었느냐 누가 부르더냐 답답워라 말을 해다오.

바람은 내 귀에 속삭이며
한 자욱도 섰지 마라 옷자락을 흔들고
종조리는 울타리 너머 아씨같이 구름 뒤에서 반갑다 웃네.

고맙게 잘 자란 보리밭아
간밤 자정이 넘어 내리던 고운 비로
너는 삼단 같은 머리를 감았구나 내 머리조차 가뿐하다.

혼자라도 가쁘게나 가자
마른 논을 안고 도는 착한 도랑이
젖먹이 달래는 노래를 하고 제 혼자 어깨춤만 추고 가네.

나비 제비야 깝치지 마라
맨드라미 들마꽃에도 인사를 해야지
아주까리 기름을 바른 이가 지심 매던 그 들이라 다 보고 싶다.

내 손에 호미를 쥐어다오
살진 젖가슴과 같은 부드러운 이 흙을
발목이 시도록 밟아도 보고 좋은 땀조차 흘리고 싶다.

강가에 나온 아이와 같이
짬도 모르고 끝도 없이 닫는 내 혼아
무엇을 찾느냐 어디로 가느냐 웃어웁다 답을 하려무나.

현실과 꿈을 결속한 낭만적 페이소스

나는 온몸에 풋내를 띠고
푸른 웃음 푸른 설움이 어우러진 사이로
다리를 절며 하루를 걷는다 아마도 봄 신령이 접혔나보다.

그러나 지금은 ─ 들을 빼앗겨 봄조차 빼앗기겠네
—「빼앗긴 들에도, 봄은 오는가」(『개벽』, 1926. 6.)

이 작품에서 상화 시편의 배경은 광활하고도 아름다운 국토 혹은 대자연으로 경사되고 있다. 이렇게 가장 구체적인 육체인 국토 혹은 자연을 통해 이상화가 전달하려고 한 것은 민족 정서의 시적 실현일 것이다. 이 작품은 그러한 구체성과 저항성을 거의 완벽하게 갖춘 한국 시사 전체에서 찾기 어려운 가편(佳篇)이라 할 것이다. 먼저 첫 연과 마지막 연은 "지금은 남의 땅 ─ 빼앗긴 들에도 봄은 오는가?"와 "그러나 지금은 ─ 들을 빼앗겨 봄조차 빼앗기겠네"로 확연하게 대칭을 이룬다. 봄이 왔지만 그 봄조차 빼앗길 위기에 처해 있는 민족 현실의 암담함이 수미상관 형식으로 잘 제시된 것이다. 또한 둘째 연과 10연 역시 확연한 구조적 대칭을 이룬다. 앞에서 "온몸에 햇살을 받고 / 푸른 하늘 푸른 들이 맞붙은 곳으로 / 가르마 같은 논길을 따라 꿈속을 가듯 걸어만" 간 화자와 마지막에서 "온몸에 풋내를 띠고 / 푸른 웃음 푸른 설움이 어우러진 사이로 / 다리를 절며 하루를" 걷는 화자는, 물론 동일한 사람이지만, 국토를 순례하고 현실을 자각하게 된 변화 과정을 치른 시인의 초상이기도 하다. 그 과정은 '푸른 하늘 푸른 들'이 '푸른 웃음 푸른 설움'으로 바뀌는 과정이고, 다리를 절면서 "아마도 봄 신령이 접혔나보다" 하고 외치는 화자의 고단함과 환각의 과정이기도 하다.

"입술을 다문" 하늘과 들, 속삭이는 바람과 종조리의 웃음, 보리밭의 일렁임과 도랑 그리고 깝치는 나비 제비 등으로 구성된 국토의 구체적 육체는 물론 비할 데 없이 아름답고 풍요로운 것이다. 하지만 그것은 실재하는 세계라기보다는 "꿈속을 가듯 걸어만" 가고 있는 화자의 상상적 환각에서 구성된 이상적(理想的) 형상으로 제시된다. 오히려 국토는 피폐하고("마른 논"), 사람들은 사라진("지심 매던 그 들이라 다 보고 싶다.") 부재의 공간이 우리의 국토일 뿐이기 때문이다. 그래서 화자가 "내 손에 호미를 쥐어다오 / 살진 젖가슴과 같은 부드러운 이 흙을 / 발목이 시도록 밟아도 보고 좋은 땀조차 흘리고 싶다."고 말할 때, 그것은 국토에 대한 육친애적 발언이기도 하겠지만, 오히려 그것은 그러한 노동의 기억이 멀리 뒤로 물러선 현실을 반어적으로 말한 것이기도 하다. 그러니 "강가에 나온 아이와 같이 / 짬도 모르고 끝도 없이 닫는 내 혼"에게 화자는 스스로 "무엇을 찾느냐 어디로 가느냐 웃어웁다 답을 하려무나."라는 자조적(自嘲的) 절규를 할 수 있는 것이다.

결국 이 시편은 냉철한 이성적 의지보다는 다분히 낭만적 비가(悲歌)의 속성이 우세하다. 그리고 이념 분석이나 전망 탐색보다는 화자 자신의 경험적 과정이 육박해 들어오는 작품이다. 그 스스로 "금강! 조선이 너를 뫼신 자랑 — 네가 조선에 있는 자랑 — 자연이 너를 놓은 자랑 — 이 모든 자랑을 속 깊이 깨치고 그를 깨친 때의 경이 속에서 집을 얽매고 노래를 부를 보배로운 한 정령(精靈)이 미래의 조선에서 나오리라, 나오리라."[「금강송가(金剛頌歌)」, 『여명(黎明)』, 1925. 6.] 고 외친 그 같은 낭만적 페이소스가 국권 상실과 농촌 해체라는 현실과 맞닥뜨리면서 강렬한 저항성과 구체성을 보여준 것이다. 이렇게 이 시기에 씌어진 상화 시편은 낭만성이라는 후경(後景) 속에서 리얼리즘의 시적 충동을 현재화한 성과라고 할 수 있을 것이다.

4.

상화의 후기 시편은 양과 질에서 모두 매우 영성한 편이다. 1927년에 「빼앗긴 들에도 봄은 오는가」를 발표한 이듬해부터 작고할 때까지 그가 발표한 시편은 겨우 10여 편에 불과하다. 그리고 질적으로 보아도 1927년에 피크를 이루었던 낭만적이고 저항적인 리얼리즘의 기율이 많이 이완되어 있다. 그만큼 1930년대 이후 이상화의 시작은 현저한 퇴행을 보여준다. 아쉬운 대로 상화의 시적 위의(威儀)를 유지하고 있는 실례들은 1935년에 발표된 「역천(逆天)」과 「병적(病的) 계절(季節)」 그리고 1941년의 「서러운 해조(諧調)」 정도라고 할 수 있을 것이다.

  이때야말로 이 나라의 보배로운 가을철이다
  더구나 그림도 같고 꿈과도 같은 좋은 밤이다
  초가을 열나흘 밤 열푸른 유리로 천장을 한 밤
  거기서 달은 마중왔다 얼굴을 쳐들고 별은 기다린다 눈짓을 한다
  그리고 실낱 같은 바람은 길을 끄으려 바래노라 이따금 성화를 하지 않은가.

  그러나 나는 오늘 밤에 좋아라 가고프지가 않다
  아니다 나는 오늘 밤에 좋아라 보고프지도 않다.

  이런 때 이런 밤 이 나라까지 복지게 보이는 저편 하늘을
  햇살이 못 쪼이는 그 땅에 나서 가슴 밑바닥으로 못 웃어본 나는 선듯만 보아도
  철모르는 나의 마음 홀아비자식 아비를 때리듯 불 본 나비가 되어
  꾀이는 얼굴과 같은 달에게로 웃는 이빨 같은 별에게로
  앞도 모르고 뒤도 모르고 곤두치듯 줄달음질을 쳐서 가더니.

그리하여 지금 내가 어디서 무엇 때문에 이 짓을 하는지
그것조차 잊고서도 낮이나 밤이나 노닐 것이 두려웁다.

걸림 없이 사는 듯하면서도 걸림뿐인 사람의 세상 —
아름다운 때가 오면 아름다운 그때와 어울려 한 뭉텅이가 못 되어지는 이 사리 —
꿈과도 같고 그림 같고 어린이 마음 위와 같은 나라가 있어
아무리 불러도 멋대로 못 가고 생각조차 못하게 지천을 떠는 이 설움
벙어리 같은 이 아픈 설움이 칡넝쿨같이 몇 날 몇 해나 얽히어 틀어진다.

보아라 오늘 밤에 하늘이 사람 배반하는 줄 알았다
아니다 오늘 밤에 사람이 하늘 배반하는 줄도 알았다.
—「역천(逆天)」[『시원(詩苑)』, 1935. 4.]

그야말로 보배로운 가을밤에 보름달이 환하게 떠 있다. 풍성하고 아름다운 밤이다. 하지만 화자는 달도 마중오고 별도 기다리는 이 풍요로운 밤에 "나는 오늘 밤에 좋아라 가고프지가 않다 / 아니다 나는 오늘 밤에 좋아라 보고프지도 않다."고 말한다. 화자를 풍요로운 밤에 이토록 동화(同化)하지 못하게 하는 원인은 아직 밝혀지지 않는다. 2연에서도 화자는 "이런 때 이런 밤 이 나라까지 복지게 보이는 저편 하늘"을 향해 "앞도 모르고 뒤도 모르고 곤두치듯 줄달음질을 쳐서" 가버린다. 자신도 "지금 내가 어디서 무엇 때문에 이 짓을 하는지"를 모르지만, 그래도 "걸림 없이 사는 듯하면서도 걸림뿐인 사람의 세상"에 대한 울분과 "아름다운 때가 오면 아름다운 그때와 어울려 한 뭉텅이가 못 되어지는 이 사리"가 자신을 끝없이 불편하게 만든다고 고백한다.

이처럼 "아무리 불러도 멋대로 못 가고 생각조차 못하게 지천을 떠

는 이 설움"이야말로 화자로 하여금 "벙어리 같은 이 아픈 설움"을 가지게 하는 직접적 원인이 된다. 그러니 "하늘이 사람 배반하는" 것과 "사람이 하늘 배반하는" 것을 강요하는 현실에 대한 낭만적 울분이야말로 상화 시편을 가능케 한 항구적 원질이었던 셈이다. 여기서 '벙어리'라는 기표는 그의 아호인 '백아(白啞)'가 함축하듯이, "나는 제 목숨이 아까운 줄 모르는 / 벙어리의 붉은 울음 속에서라도 / 살고는 말련다"[「독백(獨白)」, 『동아일보』, 1923. 9. 17.(陰)]는 그의 실존적 고백을 적극 함유한다.

　　하이얗던 해는
　　떨어지려 하여
　　헐떡이며
　　피 뭉텅이가 되다.

　　샛붉던 마음
　　늙어지려 하여
　　곯아지며
　　굼벵이 집이 되다.

　　하루 가운데
　　오는 저녁은
　　너그럽다는 하늘의
　　못 속일 멍통일러라.

　　일생 가운데
　　오는 젊음은
　　복스럽다는 인간의

못 감출 설움일러라.

　　　　　　　　―「서러운 해조(諧調)」[『문장(文章)』, 1941. 4.]

　결국 상화가 생전에 발표한 마지막 작품이 된 이 시편은, 제목에서도 암유되듯이, 한 평생 서럽게 살아온 시인 이상화의 비극적 초상을 상징한다. "하이얗던 해"는 피로 젖어 있고, "샛붉던 마음"도 늙어버렸다. 하루 가운데 '저녁'과 일생 가운데 '젊음'은 모두 '멍통'과 '설움'처럼 화자의 경험과 의식을 지배한다. 이러한 반복 과정이 그의 생애였다고 고백되면서, 그 고백은 어느새 '서러운 해조'가 되어 그의 육체를 리듬감 있게 감싸고 있는 것이다.

　이처럼 이상화의 작품 활동은 『백조』 창간호에 「말세의 희탄」을 발표하면서 시작되어, 「나의 침실로」의 탐미적 낭만성을 거쳐, 「빼앗긴 들에도 봄은 오는가」의 식민지하의 민족 현실을 바탕으로 한 저항 정신을 지나, 비극성의 시적 실현을 취하는 방향으로 흘러왔다. 그야말로 역사를 꿰뚫어보는 가운데 치열한 시대정신과 따뜻한 휴머니즘 정신을 아름다운 예술혼으로 상승시킨 결과였다고 할 수 있을 것이다. 그러한 그의 자화상 격인 다음 작품은, 상화의 견결한 창작 정신을 비유적으로 보여주는 실례일 것이다.

　　한 편의 시 그것으로
　　새로운 세계 하나를 낳아야 할 줄 깨칠 그때라야
　　시인아 너의 존재가
　　비로소 우주에게 없지 못할 너로 알려질 것이다
　　가뭄 든 논에게는 청개구리의 울음이 있어야 하듯 ―

　　새 세계란 속에서도
　　마음과 몸이 갈려 사는 줄풍류만 나와보아라

시인아 너의 목숨은
진저리나는 절름발이 노릇을 아직도 하는 것이다
언제든지 일식(日蝕)된 해가 돋으면 뭣하며 진들 어떠랴

시인아 너의 영광은
미친개 꼬리도 밟는 어린애의 짬 없는 그 마음이 되어
밤이라도 낮이라도
새 세계를 낳으려 손댄 자국이 시가 될 때에 — 있다
촛불로 날아들어 죽어도 아름다운 나비를 보아라

—「시인(詩人)에게」(『개벽』, 1926. 4.)

  상화는 이 시편을 통해 '시인'이라는 자의식 곧 궁극적 자아 탐구와 현실 지향적 발언으로 일관할 자신의 시적 생에 대한 예감을 전해준다. 그는 언어의 도구적 기능을 넘어서 현실 자체를 탐색하는 이가 시인이라고 상상하고 강조한다. 상화의 자의식이 여기를 확연하게 관통해 나아간다.

  그에게 시인은 "한 편의 시 그것으로 / 새로운 세계 하나를 낳아야 할 줄" 깨친 사람으로 다가온다. 그렇게 시인의 존재는 "비로소 우주에게 없지 못할" 차원으로 각인된다. 또한 시인은 가뭄 든 논에 들리는 "청개구리의 울음"처럼 새로운 세계를 개진하는 목소리로 충만한 존재이기도 하다. 그때 비로소 시인은 "어린애의 짬 없는 그 마음"이 되어 새로운 세계를 낳으려는 자국으로 충만한 영광을 누리게 된다. 그 영광을 화자는 "촛불로 날아들어 죽어도 아름다운 나비"의 형상으로 환기한다. 그렇게 산화(散華)해버린 '나비'처럼, 상화는 시인으로서의 치열한 자의식을 가지고 역사 저편으로 사라져간 것이다.

5.

　20세기 내내 식민지와 분단 체제를 경험했던 우리의 진보적 이상은, 부단히 그 체제들을 허무는 데로 역량과 지향이 모아졌다. 물론 그 이상은 한국 사회의 비상한 활력으로 작동해왔다. 그런데 최근 이러한 진보적 기율과 방법은 그 탄력과 영향력을 일정하게 소진하면서 탈근대론들의 줄기찬 도전에 직면하게 되었다. 그 점에서 일상과 욕망, 육체와 자기 정체성을 탐색하면서 진보적 충동을 여성, 지방, 자연 같은 근대의 항구적 타자들에게로 향하게 한 것은, 그동안 민족과 민중에 집중적으로 할애되었던 진보적 시선을 다양하게 분산하는 생성적 결과를 가져왔다.

　우리가 잘 알듯이, 진보는 인간 사회의 개별적 영역들이 낮은 차원에서 높은 차원으로 나아가 그 질적 전환을 통해 보다 더 큰 안정감과 행복을 구현하려는 노력과 방향의 총화이다. 그것은 비록 근대 부르주아 계몽주의의 철학적 산물로 나타난 것이기는 하지만, 역사적으로는 마르크스주의의 정치화(精緻化) 과정을 통해 역사 안으로 진입하였다. 그 핵심이 되는 것이 바로 '합리성'인데, 곧 세계를 합리적으로 규율하고 관리할 수 있는 사회적 관계와 그것을 형성하는 인간적 노력의 총체가 진보라는 표상에 담겨 있다. 또한 그 안에는 인간 이성에 대한 신뢰와 사회 변혁에 대한 이상주의적 원망(願望)이 함께 들어 있는데, 그래서 진보는 강력하고 활력 있는 세계관이자 에너지로 작동하는 것이다. 이상화 시편에는 그러한 에너지가 생성적으로 진하게 담겨 있다는 점에서 단연 현재적 텍스트로 우리가 읽을 만하다. 그래서 우리는 이상화 시편을 통해 한 시대의 현실을 정확하게 인식하고 그것에 대해 실천적으로 반응하는 일종의 진보적 이상주의 혹은 진보적 낭만주의의 핵심을 경험하게 되는 것이다. 그래서 이상화 시편의 현재성은 당당하게 보장된다.

식민지 시대 우리 근대시의 출발을 알리는 징후는, 일제라는 외압과의 간단없는 싸움이었다. 영향 관계의 수수(授受)보다 한층 근본적이었던 것이 이 '저항'의 논리였을 것이다. 그것은 독립운동 같은 정치적 반응으로 나타나기도 했지만, 시에서는 모국어를 끝까지 묵수(墨守)하고 다듬으려는 문화적 자의식으로 나타나기도 하였다. 이때 '모국어'는 한 공동체를 감각적으로 얽어매는 동류항이기도 했겠지만, 식민지라는 결여태의 상황에서 자기의 존재를 확인할 수 있는 가장 강력한 물리적 실체였던 것이다. 이러한 기준에서 단연 빛나는 이상화 시편들을 우리는 자랑스럽게 생각한다.

돌아보건대 한국 근대시가 목표로 삼은 것은 근대적 국민국가(nation state)의 완성(회복)과 인간다운 삶의 실현(탈환)이었다. 이상화의 삶과 시편은, 이러한 민족 현실을 시적으로 반영하고 아름다운 심미적 꿈을 때로는 낭만적 절규로 때로는 사실적 증언으로 보여주는 데 바쳐졌다. 그렇게 현실과 꿈을 통합하고 결속한 낭만적 페이소스를 저항성의 차원에서 가장 선명하게 보여준 실례로 이상화 시편들은 오래 기억될 것이다.

프로시의 미학

1. 프로시의 역사적 맥락

그동안 한국 근대 시사를 개괄해온 비평적 틀은 순수서정, 모더니즘, 리얼리즘이라는 세 가지 영역이었다. 이들은 각각 '내면', '언어', '현실'을 중요한 시적 기율로 삼아 한국 시의 지평을 넓혀온 지향이었다고 할 수 있다. 그런데 한국 근대 시사의 이러한 지속적 흐름 가운데, 당대의 주류 권력과 날카로운 대척점을 줄곧 형성하면서 예술적 실천을 수행해온 것은 '리얼리즘'이라는 자장이었다. 근대 이후 우리 사회의 핵심적인 인적 범주였던 '민중' 개념을 그 심층에서부터 탐구하고 표상해온 리얼리즘은, 그 점에서 근대 시사를 구성해온 매우 중요한 지표였다고 할 수 있다. 두루 알다시피 '민중' 개념은 우리 문학의 대사회적 맥락을 보여주는 가장 대표적인 가치론적 준거 역할을 지속적으로 수행하였다. 아닌 게 아니라 근대 이후 현실의 다양한 역학 관계를 구체적으로 관찰하여 형상화한 시인들의 이른바 역사적 상상력은, 폭 넓은 민중 지향적 내용과 형식을 우리 문학사에 구체화한 바 있다. 그것은 작품의 소재나 대상을 당대 민중으로 설정했다는 외재적 측면뿐만 아니라, 민중 지향성이라는 세계관을 작품 속에 일관되게 구현해온 내재적 측면과도 깊이 연관되는 것이다.

우리 역사에서 민중이란, 근대화의 첨병이면서 그 과정의 직접적 피해자로 각인되어 있다. 또한 그것은 노동의 실질적 주체이면서도 그 결과로부터 철저히 소외되어온 이율배반의 역사를 자신의 육체 안에 거느리고 있는 모순율의 개념이기도 하다. 이러한 민중의 이중성격은 근대주의 기획이 초래한 사회적 모순과 더불어 나타나게 되는데, 그만큼 민중의 사회적 위상에 대한 역사적 자각과 문학의 구체적 성취 과정은 고스란히 겹칠 수밖에 없었다고 할 수 있다. 이러한 흐름은 미학과 역사가 만나는 접점에서 발원하여 세계내적 존재들이 살아가는 삶의 구체성과 보편성을 하나로 관통하는 통합 과정으로 나타났는데, 그런 의미에서 우리의 근대는 문학적 주체들이 경험적 구체성과 민중적 자기 긍정에 기반을 둔 미학적 가능성을 심화하고 확충해온 시기로 기록될 만하다. 그 가운데 식민지 시대에 가장 넓은 외연과 폭을 보여준 프로문학의 시적 실재들은 매우 고유하고 열정적인 미적 원리로 조감되어야 할 것이다.

우리 근대 시사에서 3.1운동 전후에 펼쳐지는 1920년대 초반 시기는 수많은 신문, 잡지, 동인지 등을 중심으로 폭넓은 줄거리를 형성하게 된다. 그리고 시인이나 작품들도 양적으로 활발히 증폭되는 현상을 빚어내는 시기가 바로 이때다. 그런데 그렇게 방사적으로 넓게 퍼진 당대 창작 활동의 양태는 커다랗게 세 갈래로 나누어 범주화할 수 있을 것이다. 하나가 흔히 낭만주의시로 일컬어지는 경향이라면, 다른 하나는 민요시 혹은 전통주의 흐름의 계열이고, 마지막 하나는 빈궁한 현실 상황에 대한 비판적 인식의 시 경향이다. 그리고 이러한 굵은 줄기 외에도 실험적으로 분출되었던 상징주의, 다다이즘시 등을 떠올릴 수 있겠다. 이 가운데 현실 지향의 시편들은 1920년대 중반 이후 당대의 주요 담론으로 부상한 사회주의의 영향과 더불어 궁핍한 현실에 대한 강한 관심과 형상화로 보다 더 넓고 활발한 시적 축도를 가지게 된다.

　당시는 러시아혁명 후 일본을 경유하여 유입된 사회주의 사상이 민족 해방 운동의 주요 축으로 기능할 만큼 상당한 영향력을 지니고 있었다. 따라서 이른바 '신경향파시'의 기저에는 당시 지식인 사회에 만연되어 있던 사회주의 사상이 내재되어 있었으며, 이러한 시편들은 식민지 현실에 대한 시적 대응의 형태를 띠고 등장한 것이라고 할 수 있다. 그러다가 카프의 문예운동이 목적의식기로 방향전환을 하면서부터 우리 시에서는 이전의 신경향파시와는 변별되는 프로시가 창작되기 시작한다. 그렇게 프로시는 마르크시즘의 세계관을 수용하여 계급적 현실 인식과 프롤레타리아의 구체적 생활에 대한 묘사를 통해 전대보다 한층 진전된 시적 현실성을 확보해간다. 이러한 과정에서 씌어진 시편들을 귀납해볼 때 우리는, 프로시의 미학에 식민지 상황에 대한 반응으로서의 '비극성'과, 그것을 형상화하는 방법으로서의 '리얼리즘'이라는 내적 원리가 그 저류에 흐르고 있다는 것을 간취하게 된다.

2. 미적 범주로서의 비극성과 방법으로서의 리얼리즘

　원래 '미(美)'라는 것은, 좁은 의미에서 보면 존재의 조화·통일·균형·비례 등의 상태를 말하는 것이지만, 실제로는 대립·상쟁·모순·불균제 등의 일탈적 현상과 무수하게 매개된 모순적 역동의 개념이 아닐 수 없다. 말하자면 아폴론적 균제미와 함께 디오니소스적인 탈(脫)균제의 미가 편재적으로 존재한다는 것이다. 그래서 정격(正格)보다는 파격(破格)을 지향하는 미가 있고, '미 자체'와는 완전히 이질적인 '추의 미' 같은 역설적 범주가 있기도 하다. 아방가르드 미학이나 초현실주의 운동은 이러한 파격의 첨예한 사례가 될 것이다. 이처럼 '미'는 절대적 가치로 존재하는 것이 아니라, 역사적이고 이념적인 인식 및 실천에 의해 재구성되는 어떤 것이다. 우리의 관심 대상인 '프로시'에 나타난 미의식은, 그 점에서 단연 역사적이고 이념적인 것이다. 그것은 좁은 의미의 미적 반응이라기보다는, 근대 이후 새롭게 등장한 사회적 역학에 대한 반응으로 나타난 것이기 때문이다.

일찍이 조동일은 모든 문학 작품은 '있어야 할 것'과 '있는 것'의 조화와 대립으로 구성되며, 미적 범주는 외형적인 분류 기준이나 감정의 양식에 그치지 않고 그 자체로서 사상적 의미를 지닌다고 보았다. 또한 그는 '있어야 할 것'과 '있는 것'의 조화와 대립을 기준으로 하여, 우리 문학의 미의식의 양상을 숭고, 우아, 비장, 골계 등 네 가지 범주로 나눈 바 있다.[1] 이 가운데 우리 프로시의 미의식은 현저하게 '비장미'로 경사되었다고 할 수 있다. 중세의 사설시조에서 민중적 골계미가 상대적으로 많이 나타난 바 있지만, 근대문학에서는 '비극성'을 인간 존재의 특수한 운명으로 받아들이면서 그것에 반응하는 비장미가 단연 우세하게 된 것이다. 또한 프로시의 세계는 근본적으로 '계몽주

---

[1] 이를테면 그것들의 실질은 다음과 같다. '숭고미'는 대상이 위대하고 웅장하고 우월하여 인간의 감성적 단계를 초월한 이념에 기반을 두며, 대상에 대해 주체의 인식이 처음에는 대립을 이루지만 곧 대상의 위대성을 인정하고 그에 순응하며 조화를 이루게 되면서 생겨나는 미이다. '우아미'는 인간의 자유로운 조건에 따른 동적인 미의식으로 청초하면서도 소박한 아름다움이다. 결국 모든 존재들이 자유로운 조화를 이룰 때 나타나는 아름다움이다. '비장미'는 적극적 가치가 침해되고 소멸되는 과정 및 그 결과에서 격렬한 고뇌가 생기면서 이루어지는 것인데, 부정적 계기에 의해서 가치 감정이 한층 더 강해지고 높아질 때 생겨나는 특수한 미를 뜻한다. 이러한 가치 감정은 비극적 주체가 이것을 침해하여 파괴로 이끌어갈 때의 계기들보다도 높은 가치 담당자이며, 또한 그의 몰락은 인간 존재 내지 세계의 본질적 구조 연관 속에서 필연적으로 생기는 것으로서, 어떠한 힘으로도 불가피할 만큼 더욱 더 강력한 것으로 된다. '골계미'는 위대한 것을 헐뜯고 우월한 것을 깎아내리며 실추시키려는 인간의 요구에 대응하는 미이다. 현실과 이상의 갈등과 부조화 속에서 현실의 모순을 깨닫고 이를 공격적으로 비판하는 가운데 발생하는 웃음이 골계미를 이룬다. 조동일, 『한국문학 이해의 길잡이』, 집문당, 1996 참조.

의'의 산물이라고 할 수 있는데, 그래서 풍자의 미학이 발달하기도 하였다. '풍자'는 본래 모순과 허위에 찬 대상이 가지고 있는 부정성을 예리한 비판의 수단으로 교정할 것을 목적으로 하기 때문에, 언제나 적극적인 생에 대한 가치론적 계몽주의에서 출발하는 것이다. 이는 곧 풍자가 진리 옹호와 합리적인 세계를 강조하는 계몽성의 문학적 발현의 한 양식으로 인지될 수 있는 성격임을 말하는 것이다. 그러나 풍자 역시 이지적인 인식의 산물이기는 하지만, 그것은 주체의 승리를 예견하는 양식이라기보다는 주체의 예정된 패배를 전제로 그 존재의 비극성을 지적으로 승인하는 간접화의 한 양식이라고 할 수 있다. 그래서 프로시의 한 자질이 계몽성과 비극성에 모아지는 것은 자연스러운 것이다.

일반적으로 예술에서의 '비극성'이란 실재 세계 속에서의 이상적인 것의 몰락이자 실재하는 것 속에서의 이상적인 것의 패배로 규정된다. 동시에 비극적인 것은 실재하는 것과 이상적인 것 사이의 특수한 관계이기 때문에, 다른 모든 미적 범주들과 마찬가지로 항상 특수한 역사성을 견지하게 된다. 예컨대 중세 봉건 귀족들에게는 중세적 이념과 봉건적 지배 체제의 몰락이 비극적이었지만, 진보적 이상을 가진 사람들에게는 이상의 패배로 해석되는 사건들이 비극적인 것이다. 이것은 비극의 진정한 가치가 역사의 합법칙적 발전에 정향되어 있을 때 비로소 구현될 수 있다는 점을 보여준다. 엥겔스(F. Engels)가 비극을 "역사적으로 필요한 요구와 그 실현의 실제적 불가능 사이의 모순"이라 한 것은 바로 이 점을 지적한 것이다. 우리 근대문학사에 나타난 프로시의 미의식은, 바로 이러한 민중들의 비극적 운명을 승인하면서 동시에 그에 저항하는 역설의 자리에서 생성되고 전개되고 관철되어 왔던 것이다. 결국 프로시는 고전적인 정격과 질서의 미학 혹은 교양주의의 인간형을 지향하지 않는다. 또한 그것은 무절제한 아방가르드 의식의 과잉이나 가치론적 허무주의 그리고 상대주의나 난해성의 미학에 반대한다. 오히려 그것은 민중 개념을 탐구하고 표상하면서 민중을 향한 이념적·방법적 원리를 구심적으로 가지는 것이자, 낭만적 유토피아 충동과 리얼리즘의 냉엄한 재현의 원리를 결합하고 있는 실재라고 할 수 있다. 그 점에서 우리는 '미'라는 것이 매우 복합적이고 모순적인 힘의 역동을 스스로의 권역에 품고 있는 하나의 '장'이라고 볼 때, 프로시는 그 가운데 비극성의 미학을 가장 특수한 이념적 형식으로 가지는 권역이라고 말할 수 있을 것이다.

그런가 하면 프로시를 이해하는 핵심 기율 가운데 우리는 방법으로서의 리얼리즘을 생각해볼 수 있다. 그동안 우리는 서정시에서의 '리얼리즘'을 입론하는 과정에서 적지 않은 시행착오를 경험한 바 있다. 두루 알려져 있듯이, 우리 근대 비평사에서 '리얼리즘시'에 대한 관심은 납·월북 작가의 실질적 해금과 민주·민중 운동의 급속한 성장 그리고 진보적 원근법으로 근대 문학사를 설명해보려는 연구자들의 의욕과 방법적 자각의 산물로 출현하였다. 물론 여기서 말하는 '리얼리즘시'는 서정시의 하위 범주로서, 정치한 미학적 원리에 의해 수미일관하게 규정된 것이라기보다는, 개개 시편에 나타난 지배적 자질을 수렴하여 설정한 상대적·대타적 개념이라고 보아야 할 것이다. 이때 지배적 자질이란, 서정적 주체의 내면 심리나 사물을 통한 순수 서정보다는 동시대 사회 현실의 구체성을 형상화하려는 주제적이고 방법적인 의지들을 총칭한다. 물론 이는 서정적 주체 개개인의 정서나 사상 혹은 경험을 일정하게 반영함으로써 다양한 서정의 양상들을 보여주게 되지만, 근원적으로 사회 현실의 구체성이라는 매개항을 벗어나지는 않는다. 다시 말하면 그것은 '낭만주의시'나 '모더니즘시' 같은 대타 영역을 염두에 둔 일종의 상대적 개념으로서, '사회 현실의 구체성에 대한 탐구에 민감하고 그것을 형상화한 시' 정도의 내포를 거느린다고 할 수 있다. 또한 '리얼리즘시'는 폭 넓은 작품에 적용 가능한 일종의 보편 개념이라기보다는 하나의 가치 지향적 개념이자 주류 미학에 대한 정립 의지가 반영된 개념이라고 해야 할 것이다. '리얼리즘 시'가 정치한 이론보다는 문학사 안에서의 실천 개념을 중시하며, 시적 의장보다는 서정적 주체의 정서와 세계관을 중시하는 까닭도 이러한 사정과 무관치 않을 것이다. 가령 엥겔스가 언급한 리얼리즘의 고전적 규율("세부의 진실성 외에도 전형적 환경에서의 전형적 성격들의 진실한 재현")을 시에 매개하려는 노력들이 여기저기서 나타났는데, 이는 서정시의 장르적 특수성에 대한 몰이해로 인해 논의의 자기 심화를 이루지 못하게 되었다. 그리고 시에서의 '리얼리즘'이 일종의 가치 평가적 개념까지 아우르는 것인지 아니면 단순한 방법적 개념에 국한되는 것인지가 불분명한 채로 논의가 진행되었던 것도 오해의 편차를 크게 한 요인이 되었다.[2]

물론 우리는 리얼리즘이 지향하는 '리얼리티'가 '진리(진실)'의 뜻일 경우 시에서의 '리얼리즘'은 탁월한 시의 별칭이 될 수도 있다고 생각한다. 하지만 우리는 프로시에서는 그것이 방법적 의미에 국한된다는 점을 사실적으로 고려하여, 리얼리즘이 다양한 표현 '방법' 가운데 하나이며 결국 "예술 작품의 총체성은 오히려 내포적인 것이다. 그것은, 즉 형상화된 삶의 단편에 대해 결정적인 의미를 지니는, 전체적 삶의 과정 속에서 그것의 존재와 운동, 그것의 특질과 위치 등을 결정하는 여러 규정들의 자체 내적으로 완결되고 마무리된 연관관계이다."[3]라는 전언을 함의하는 규정을 택하려 한다. 이를 통해 우리는 심미성과 실사구시의 정신이 결합된 프로시의 가편들을 추출하여 그것들을 우리 시사의 중심적 자료로 삼는 일에 임해야 한다. 그러한 과정

---

2 유성호, 「한국 리얼리즘시의 범주와 미학」, 『현대문학이론연구』 24집, 현대문학이론학회, 2005, 180-181면.
3 루카치, 「예술과 객관적 진리」, 이춘길 편저, 『리얼리즘 미학의 기초 이론』, 한길사, 1985, 55면.

의 귀납 결과, 우리는 프로시의 기율 안에 '비극성'과 '리얼리즘'이라는 미적 범주와 방법이 결속해 있다고 말할 수 있을 것이다.

3. 프로시에서의 비극성과 리얼리즘

식민지 시대 민중들의 삶과 정서가 계급적 전망과 매개되어 형상화된 본격적 시편의 개화는, 카프가 결성되고 그들에 의해 조직적이고 이념적인 시 창작이 이루어지면서부터라고 할 수 있다. 그 가운데 가장 이채롭고 우뚝한 성취를 남긴 대표적 프로 시인은 단연 임화다. 여기서 우리는 임화를 문학 이론가나 문학사가(文學史家)보다는 시인으로 읽으려는 지향을 우선적으로 가지게 되는데, 그 가장 중요한 까닭은 다름 아닌 그의 생래적인 시인적 기질과 그에 따른 남다른 시적 성취에서 비롯된다. 대개 문학적 형상이 논리적 언어보다 한 사람의 정신이나 세계관 또는 생리를 더욱 생생하게 드러내준다는 점, 그리고 그중에서도 특히 시의 형상이 주체의 세계관이나 정서가 비교적 직접성을 가지고 드러나 있다는 점에서, 임화가 남긴 시편들은 그와 그로 대표되는 프로문학의 세계를 이해하는 데 더없이 좋은 매재가 될 수 있을 것이다.

이미 여러 연구사가 입증하고 있듯이, 임화의 시편들은 비교적 복합적이고 다채로운 과정으로 전개되었다.[4] 그의 초기 시편은 감상적

---

4 전체적으로 보면, 다다이즘의 열정을 매개한 초기 시편, 이른바 '단편서사시' 계열의 제2기 시편, 비극적 낭만성과 영웅적 목소리를 드러낸 이른바 '현해탄' 계열의 제3기 시편, 해방기와 전쟁을 겪으면서 표출된 강한 '정치시' 계열의 제4기 시편으로 요약할 수 있을 것이다. 이 가운데 임화가 후대 시인들에게 강한 영향력을 끼친 것은 당대의 후배들에게는 제2기이고, 후대의 후배들에게는 제4기라고 할 수 있을 것이다. 물론 임화의 가장 시인다운 성취는 제3기에 있다. 이 시기의 시적 성취 또한 다양하고 중층적인 영향 관계를 간취할 수 있는 영역이 아닐 수 없을 것이다.

낭만주의로 시작하여 당시 신흥 사조였던 다다이즘의 세례와 결합하는 양상을 빚는다. 다다이즘 역시 한 시대의 질곡을 넘어서려던 전위의 한 양식이었기 때문에, '조선의 발렌티노'로 불렸던 도시의 아들 임화가 그러한 새로운 사조에 경도되었던 것은 어쩌면 자연스러운 일이었을 것이다. 이러한 새로운 사조가 또 하나의 신흥 이념인 마르크스주의와 굳게 결합하여 그의 시는 프로시로 전회를 하게 되고, 이때로부터 임화 시의 제2기가 펼쳐진다. 이 시기는 "세계의 가장 위대한 푸로레타리아의 동모를 / 혁명가의 묘지로 몰아넣었다"고 노래한 「담-1927」(『예술운동』, 1927. 11.)로부터 시작되는데, "열아홉 살 때 가정의 파산과 더불어 그의 평화한 감상의 시대는 끝이 났"[5]다는 그의 고백처럼, 보다 더 커다란 세계로 그가 진입했음을 말해주는 사례이다. 이렇게 계급 사상에 바탕을 둔 임화의 성숙한 역량은 그의 시적 탐색을 '단편서사시'에 바치게끔 만든다. 이는 비록 편의적 명칭이기는 하였지만, 당시로서는 꽤 파장이 컸던 창작 방법이자 양식 명칭이기도 하였다. 특히 김기진이 임화의 「우리 오빠와 화로」를 보고 감격하여 상찬한 이후, 이 양식은 당시 프로시가 나아가야 할 올바른 대중화의 방향타를 제시한 것으로 평가받게 되었다. 임화의 에피고넨들이 수없이 양산된 것도 그가 가진 영향력과 함께, 단편서사시 양식의 문제성을 드러내는 국면이 아닐 수 없다.

　　사랑하는 우리 오빠 어저께 그만 그렇게 위하시던 오빠의 거북무늬
　(紋) 질화로가 깨어졌어요.
　　언제나 오빠가 우리들의 '피오닐' 조그만 기수라 부르는 영남이가
　　지구에 해가 비친 하루의 모든 시간을 담배의 독기 속에다
　　어린 몸을 잠그고 사온 그 거북무늬 화로가 깨어졌어요.

---

5 임화, 「어떤 청년의 참회」, 『문장』, 1940. 2.

그리하여 지금은 火젓가락만이 불쌍한 영남이하구 저하구처럼
똑 우리 사랑하는 오빠를 잃은 남매와 같이 외롭게 벽에 가 나란히 걸렸어요.

(…)

오빠! 그러나 염려는 마세요.
저는 용감한 이 나라 청년인 우리 오빠와 핏줄을 같이 한 계집애이고
영남이도 오빠도 늘 칭찬하던 쇠 같은 거북무늬 화로를 사온 오빠의 동생이 아니예요.
그리고 참 오빠 아까 그 젊은 나머지 오빠의 친구들이 왔다 갔습니다.
눈물 나는 우리 오빠 동무의 소식을 전해주고 갔어요
사랑스런 용감한 청년들이었습니다.
세상에 가장 위대한 청년들이었습니다.

(…)

오빠 오늘밤을 새어 이만 장을 붙이면 사흘 뒤엔 새 솜옷이 오빠의 떨리는 몸에 입혀질 것입니다.
이렇게 세상의 누이동생과 아우는 건강히 오늘날마다를 싸움에서 보냅니다.
영남이는 여태 잡니다 밤이 늦었어요 ― 누이동생
―「우리 오빠와 화로」중에서(『조선지광』, 1929. 2.)

김기진에 의해 '단편서사시'로 양식적 명칭을 부여받으면서, 이 작품은 이후 카프 시인들의 유력한 양식적 전범이 된다. 이 작품은 노동운동을 하다가 잡혀간 오빠를 생각하는 누이동생이 오빠에게 보내는

서간체 양식을 취하고 있다. 오빠를 여읜 두 오누이를 외롭게 벽에 걸린 "화(火)젓가락"으로 비유하는 신선한 감각을 보여주기도 하고, "세상에 가장 위대한 청년들"을 통해서 포기할 수 없는 노동 운동의 정당성을 표현하고 있기도 하다. '청년'은 임화 시의 아이콘으로서 이후 줄곧 등장하는데, 아름답고 용기 있고 위대한 긍정 속성을 한 몸에 안고 있는 역사적 주체로서의 모습을 띠고 있다. 이를 통해 임화는 계급적 전망을 바탕으로 한 식민지 근대 인식과 그에 대한 실천을 구상한 것이다. 하지만 이 작품에 나타난 과도한 '감상성'을 의제로 하여 논쟁을 치르는 과정에서 임화는 스스로 자기 비판까지 수행하면서 '감상성'을 넘어 새로운 리얼리티로 나아가야 한다는 견해를 제출하게 된다. 이러한 한계와 장처를 한꺼번에 보여준 대표작이 다음 시편일 것이다.

눈바람찬 불쌍한 도시 종로 복판의 순이야.
너와 나는 지나간 꽃피는 봄에 사랑하는 한 어머니를 눈물 나는 가난 속에 여의었지.
그리하여 너는 이 믿지 못할 얼굴 하얀 오빠를 염려하고 오빠는 너를 근심하는 가난한 그날 속에서도.
순이야 — 너는 네 마음을 둘 믿음성 있는 이 나라 청년을 가졌었고
내 사랑하는 동무는……
청년의 연인 근로하는 여자 너를 가졌었다.
(…)
자 좋다 바로 종로 네거리가 아니냐 —
어서 너와 나는 번개같이 손을 잡고 또 다음 일 계획하러 또 남은 동무와 함께 검은 골목으로 들어가자.
네 사나이를 찾고 또 근로하는 모든 여자의 연인인 용감한 청년을 찾으러……

그리하여 끊이지 않는 새로운 용의(用意)와 계획으로 젊은 날을 보내라.
— 「네거리의 순이」 중에서(『조선지광』, 1929. 1.)

이 작품에서도 시인은 어머니를 여읜 순이와 그 청년 연인, 그리고 순이와 오누이 관계에 있는 화자를 등장시켜 한 시대를 반영하고 그에 따른 비극성을 형상화한다. 엄혹한 상황에서도 이들은 "다음 일 계획하러" 그리고 "사나이를 찾고 또 근로하는 모든 여자의 연인인 용감한 청년을 찾으러" 단호한 의지를 추스르고 있다. 그러면서 화자는 누이동생에게 "끊이지 않는 새로운 용의와 계획으로 젊은 날을 보내라"는 권고를 잊지 않는다. 빼앗긴 동료를 되찾고 새로운 투쟁의 의지를 되찾으려는 화자의 시선은, 외적 상황의 열악함 속에서도 포기할 수 없는 진리 탐색의 의지를 강렬하게 노래하고 있다. 이처럼 이 시기 임화 시편을 통해 추구되고 형상화된 시편들은 계급 해방을 적극적인 매개로 한 것이었으며, 이러한 일제하 노동 현장에 대한 시적 형상화는 임화 외에도 권환, 이찬, 박세영 등에 의해 지속성을 얻게 된다. 그래서 우리는 단편서사시 양식을 통해 리얼리즘의 방법적 출현과 그 한계를 함께 경험한 셈이다. 그만큼 임화는 문학의 특수성과 리얼리즘의 방법적 속성에 대해 예민하게 성찰한 시인이었는데, 그 인식의 편폭을 다음과 같은 견해로 보여주었다.

추상적 논리에 의한 기록 대신에 생생한 생활의 구체적 형상을 가지고 묘사하고 표현하는 데에 그 특질이 있는 것이다. (…) 따라서 문학과 예술을 이해하는 데에 있어서 그것이 '기록'하는 것이 아니고 묘사하고 표현한다는 것, 또 그것이 형상에 의한다는 것, 동시에 예술적 형상에 대한 정당한 이해 없이는 예술문학은 이해되지 않는다는 것이다. (…) 동시에 신흥의 문학 작품은 다만 인간 생활의 주관적 인식이나 그 관계만을 묘사 표현하였을 뿐만 아니라 항상 일정한 정도로, 소여(所與)의 역

사적 시대의 객관적인 현실을 반영하고 있었다.[6]

구체성과 반영론 그리고 형상성과 시대성을 종횡으로 엮는 그의 인식 양상은 리얼리즘의 방법적 속성을 그가 잘 이해하고 있음을 보여준다. 이렇게 임화가 파악한 문학의 특수성과 리얼리즘의 속성은, "우리들이 객관적 현실의 반영으로서의 리얼리즘 가운데 표현할 주체성은 일개인의 국한된 주관이 아니라 현실의 묘사로서의 의식인 때문이다. 이러한 주체성만이 리얼리즘과 모순하지 않는 것이다. 그러면 이러한 주체성, 작자의 의식이 어떻게 현실의 반영인지 아닌지를 아는가? 그것은 예술적 생활인 실천을 통해서이다. (…) 그러므로 리얼리즘이란 (…) 객관적 인식에서 비롯하여 실천에 있어 자기를 증명하고 다시 객관적 현실 그것을 개변해가는 주체화의 대규모적 방법을 완성하는 문학적 경향이다."[7]라는 전언과 함께 프로시를 이끌어가는 핵심 기율로 자리 잡게 된다.

그러다가 임화는 카프 해소 후에 '낭만적 정신'으로 대표되는 작지 않은 변모를 처러낸다. 여기에는 식민지 파시즘에 맞닥뜨려 고투를 처러내는 지식인의 우울하고도 정직한 내면세계가 잘 드러나 있다. 이때 그는 특유의 '비극성'을 통해 자신만의 세계를 성취해간다. 원래 비극성이란 추구하던 가치가 침해되고 소멸되는 과정 및 그 결과에서 격렬한 고뇌가 생기면서 나타나게 된다. 또한 부정적 계기에 의해 가치 감정이 한층 더 강해지고 높아질 때 생겨나는 것이기도 하다. 이러한 가치 감정은 비극적 주체가 이것을 침해하는 이들보다 훨씬 높은 가치 담당자이며, 또한 그의 몰락이 인간 존재 내지 세계의 본질적 구조 연관 속에서 필연적으로 생기는 것일 때 발생하는 것이다. 그것을

---

6 임화, 「문학에 있어서 형상의 성질 문제」, 『조선일보』, 1933. 11. 26.
7 임화, 『문학의 논리』, 학예사, 1940, 93-94면.

임화는 '낭만적 정신'으로 응집한다. 가령 그는 "나는 문학상에서 주관적인 것으로 표현되는 모든 것을 낭만적인 것이라고 부르며, 그것이 사실적인 것의 객관성에 더하여 주관적인 것으로 현현하는 의미에서 '낭만적 정신'이라고 부르고 싶다. 따라서 이곳에서 부르는 낭만적 정신이란 개념은 어떤 특정의 시대, 특정의 문학상의 경향을 의미하는 것이 아니라 한 개의 원리적인 범주로서 호칭되는 것이다."[8]라면서 낭만 정신의 맥락과 함의를 설명한다. 이처럼 비극성 가득한 낭만 정신을 통해 임화는 카프가 해소되는 시점을 전후하여 전혀 새롭게 닥친 역사의 한계와 함께 양도할 수 없는 비장한 결의를 함께 보여준다. 그 핵심적 집약체가 바로 해방 전 유일 시집이었던 『현해탄』일 것이다. 객관과 주관, 운명과 의지는 이 순간 하나의 형상으로 스며든다. 그렇게 카프가 해소된 열악한 상황에서 그가 보여준 비극성은 매우 비장한 결의를 동반하면서 형상화된다.

오오 정다웁고 그리운 고향의 거리여!
너는 내 귀한 동생 순이와 같이
그가 사랑한 용감한 이 나라 청년과 같이
노하고 즐기고 위하고 싸울 줄 알며 네 위를 덮은 검은 ××을 ×수처럼 ××하던
저 위대하고 아름다운 청년들의 발길을 대체 오늘날까지 몇 사람이나 맞고 보냈는가.
고향의 거리여 …… 나는 지금
네 위에서 한 사람의 낯익은 얼굴도 찾을 수가 없다.

간판이 죽 매여 달렸던 낯익은 저 이계(二階) 지금은 신문사의 흰 기

---

8 임화, 위의 책, 7면.

가 죽지를 늘인 너른 마당에
 장꾼같이 웅성대며 확 불처럼 흩어지던 네 옛 친구들도
 아마 대부분은 멀리 가 버렸을지도 모를 것이다
 그리고 순이의 어린 딸이 죽어간 것처럼 쓰러져 갔을지도 모를 것이다
 허나 일찍이 우리가 다만 몇 사람의 위대한 청년들과 같이
 진실로 용감한 영웅의 단(열한) 발자욱이 네 위에 끊인 적이 있었는가? 나는 이들 모든 새로운 세대의 얼굴을 하나도 모른다.
 그러나 "정말 건재하라! 그대들의 쓰린 앞길에 광영이 있으라"고.
 원컨대 거리여! 그들 모두에게 전하여다오!
 잘 있거라! 고향의 거리여!
 그리고 그들 청년들에게 은혜로우라 지금 돌아가 내 다시 일어나지를 못한 채 죽어가도
 불쌍한 도시! 종로 네거리여! 사랑하는 내 순이야!
 나는 뉘우침도 부탁도 아무것도 유언장 위에 작지 않으리라
　　― 임화, 「다시 네거리에서」 중에서(『조선중앙일보』, 1935. 7. 27.)

 으스름달밤, 호젓한 길을 나는 홀로 걷는다.
 야트막한 장담을 끼고, 이 밤중에 나는 여우 냄새를 맡으며,
 옛 보금자리가 그리운지, 단잠을 깨는 물새소리를 들으며, 궤도를 가로지른다.

 차도 그치고, 사람의 자취 없건만, 홀로 깨어 껌벅이는 담배광고 ―
 너 붉은 내온은 지난날과 같구나!
 그러나 너는, 맞은편 이층 젊은이들의 소식은 모르리라.
 나는 한밤중 이 길을 지날 때마다 한참씩 안 서곤 못 견디겠구나.

 그 전날, 내가 이 길을 이층의 젊은이들의 우렁찬 소리가 하늘을 쩡쩡

울렸더니라.

   헬멧이 비스듬히 창에 비치고, 파초 잎 같은 창이 저 쪽에 벽에 비쳤더니라.

   그러면 나는 용감한 병사 짜-덴을 그려보면서,
먹물을 풀어 휘젓거린듯, 저 하늘로 휘파람을 날렸다.

그 번화스러웠던 때는 누가 다 앗아갔느냐?
지금은 바람만 지동치듯, 문 앞에는 바리케이드와 같이 겻섭이 둘리었고,
깨어진 창문으론 바람만이 기어드는데,

바람찬 꽃무늬보가 들먹일 때마다, 보이는 건 장롱,
어느 새 살림이 이곳을 차지했는가?
늬들의 단잠은, 여기다 깨어질 리 없건만,
지친 나의 걸음은 여기서 이 밤을 새고 싶다.

나의 동무여! 늬들은 탈주병은 아니었지마는
한번들 가선 소식이 없구나,
아— 무너진 참호를 나 혼자 보게 되다니—

나는 다만 부상병같이, 다리를 절며
지금은 폐허가 된 어지러운 싸움터를 헤매며, 전우를 찾기나 하듯—
그리하여 허물어진 이 터를 쌓으며
나는 늬들이 오기를 기다리겠다.
늬들이 올 때까지 지키고야 말겠다.
       — 박세영, 「화문보(花紋褓)로 가린 이층」 전문(『신동아』, 1935. 6.)

   이 두 시편은 거의 같은 시기에 씌어졌고 어쩌면 동일한 공간 배경

과 상황을 공유하고 있다고 할 수 있다. 임화 시편은 이전 시편인 「네 거리의 순이」의 후속 시편으로서 비장한 결의를 보여주는데, 특별히 "나는 뉘우침도 부탁도 아무것도 유언장 위에 작지 않으리라"라는 마지막 일갈이 그러한 의지를 힘차게 웅변해준다. 박세영 시편 역시 "허물어진 이 터를 쌓으며 / 나는 늬들이 오기를 기다리겠다. / 늬들이 올 때까지 지키고야 말겠다."라고 매듭지음으로써 한 시대의 정당했던 정신적 정향에 대한 응분의 자부심과 긍정을 보여준다. 여기 나타나는 시인들의 불퇴전 의식은 이후 펼쳐지는 일제 말기의 파시즘 체제 하에서 시인들 나름으로 현실 극복 의지를 가지는 내적 계기가 되어준다. 기실 파시즘 통치라는 가혹한 억압기에 처해 있는 시인들로서는 이러한 비장한 결의를 비치는 것만도 쉬운 일은 아니었을 터이다. 열정적으로 추구해오던 유토피아의 유예와 소멸 속에서, 시인들이 택한 비극성은 '낭만 정신'이라는 서정적 충동으로 선명하게 이월하고 있었던 것이다.

  일찍이 제임슨은 "유토피아의 기능은 우리를 도와 더 나은 미래를 상상하게 만드는 게 아니라, 도무지 그런 미래를 상상하지 못한다는, 다시 말해 역사성이나 미래가 없는 비유토피아적 현재에 갇혀 있다는 사실을 보여줌으로써 우리가 여하튼 옴짝달싹하지 못하고 갇혀 있는 체계의 이데올로기적 폐쇄성을 드러내는 데 있다."⁹라고 갈파한 바 있다. 식민지 파시즘 이데올로기의 본질을 예리하게 드러내면서 현실의 동력을 저류에서부터 관찰하고 표현하는 시인들의 비극성의 시선은, 그들 시편으로 하여금 이렇게 파시즘의 거센 압력을 역설적으로 드러내는 첨예한 장치가 되고 있었던 것이다.

---

9 제임슨, 「유토피아의 정치학」, 제임슨 외, 『뉴레프트 리뷰』, 길, 2009, 367면.

4. 마무리

　일반적으로 '이데올로기'란 존재론적으로 근원적 의미를 부여하는 가치 체계이고, 자신과 객관적인 조건들을 현실적으로 인식할 수 있게 해주는 분석 체계이며, 원망(願望)과 확신으로 자신에게 잠재해 있는 에너지를 의지적으로 활성화하는 신념 체계이고, 구체적인 사회적 쟁점에 대응하는 수단과 태도를 결정하게 해주는 선택 도식이다. 그 점에서 프로문학에 매진했던 일군의 문인들이 선택하고 집중했던 '이데올로기'란 제국과 식민, 자본과 노동, 지배와 피지배, 저항과 공모, 운명과 의지 등 다양한 의제들을 복합적으로 사유한 원천이자 결실이었다고 할 수 있다. 따라서 그동안 가해진 한국문학의 '생채기'라는 단도직입적인 부정 평가를 넘어 우리는 이러한 시적 실재들을 적극 평가해야 할 것이다. 인간을 사회적 존재로 이해하고, 동시대의 정치 지형에까지 두루 관심을 가지면서, 궁극적으로는 비극성의 내적 파토스로 귀결된 프로시의 실재는 그 점에서 매우 문제적이고 중요한 시사적 권역이라 할 수 있을 것이다.

　결국 한국 근대 문학사에서 프로시는 식민지 현실에 대한 비판적인 시적 대응의 형태를 띠고 등장하였다. 카프의 문예운동이 목적의식기로 방향전환하면서부터 프로시는 이전의 신경향파시와는 변별되는 경향을 띠기 시작한다. 그리고 볼셰비키화 방향전환 이후에는 계급투쟁이나 전위 운동을 담은 시편들이, 진전된 현실 인식을 토대로 하여 집중적으로 창작된다. 이러한 과정을 통해 프로시의 미학은 마르크시즘의 세계관을 적극 수용하여 계급적 현실 인식과 프롤레타리아의 구체적 생활 묘사를 통해 전대보다 한층 진전된 시적 현실성을 확보해간다. 그 프로시의 미학에는 '비극성'과 '리얼리즘'이라는 내적 원리가 저류에 흐르고 있다. '비극성'이란 어떤 이상적 상태를 바라는 주체의 소망이 좌절되고 나서 발생하는 일종의 미적 범주이다. 우리 근대시사에 나타난 비극성은 식민지 시대의 불가항력적 운명을 승인하면서도 동시에 그에 저항하는 역설에서 생성되어왔는데, 프로시는 이러한 비극성의 맥락과 범주를 한껏 충족하고 있다고 할 수 있다. 그런가 하면 프로시는 '리얼리즘'이라는 문제적 범주를 제기한다. 당대 현실을 핍진하게 담아내고 인간의 자기 규정성을 시대와의 맥락 속에서 파악하게 해주었다. 이렇게 프로시는 카프 시기는 물론 카프 해체 이후에도 비극성의 시편들로 이어지면서 우리 시의 자장을 넓혀 나간다. 이러한 자료들을 미학적 원리로 해명하고 우리 시사에 착근시키는 것은, 이러한 시적 지향에 인색했던 관행을 넘어, 비극성과 리얼리즘이라는 시의 문법을 우리 시사의 중요한 육체로 인지해가는 과정이 될 것이다.

권환과 임화

1. 권환의 문학적 편력

권환(權煥, 1903-1954)은 임화(林和, 1908-1953)와 더불어 식민지 시대와 해방기의 프로문학을 이끌었던 대표적인 시인 겸 비평가이다. 물론 임화에 비해 인지도나 평판 그리고 기억의 밀도에서 현저하게 떨어지는 것이 사실이지만, 우리는 권환 역시 당대 프로문학의 전개에 매우 중차대한 역할을 했다고 말할 수 있다. 일단 외관으로만 보면, 이들은 여러 모로 대척적 인상을 갖추고 있다. 가령 일본 야마가다고등학교를 거쳐 경도제국대학 독문과를 나온 최고엘리트 권환과 변변한 학력이라곤 보성고보 중퇴밖에는 없는 임화는, 그 자체로 확연한 대조적 배경을 가지고 있었다. 또한 경남 마산의 부호 아들이었던 권환과 적수공권의 고아였던 서울내기 임화는 그 태생과 성장 배경에서도 커다란 간극을 가지고 있었다. 이렇게 차이가 크게 나는 환경과 조건을 갖추었던 이들이 나란히 어깨를 겯고 근대문학사에 등장하는 것은, 그들이 1930년대 초두에 김남천, 안막 등과 함께 귀국하여 카프에 가담하는 순간이었다.

권환은 시 창작과 병행하여 펼친 프로문학 비평에서, 비교적 견고한 이념 우선의 창작론을 시종 펼친 것으로 잘 알려져 있다. 그리고 그의 비평은 볼셰비키화론에 따른 문예 대중화를 적극 주장하여 카프의 창작 방향을 정립해가는 데 커다란 영향을 끼쳤다. 이러한 태도는 시 창작으로도 굳건히 이어져 1930년대 초에 발표한 「가려거든 가거라」(『조선지광』, 1930. 3.), 「머리를 땅까지 숙일 때」(『음악과 시』, 1930. 8.) 등 시편에서 정치적 표어를 그대로 드러내는 속성을 보여 당대 여러 비평가들의 비판을 받기도 하였다. 그리고 그는 집단사 발행의 『카프시인집』(1931)에서 참여자들 중 최대인 일곱 편을 발표하는데 임화, 박세영, 안막, 김창술, 권환이 참여한 이 사화집에서 그가 단연 우대를 받은 것은 매우 이채로운 일이 아닐 수 없다.

그러다가 카프는 안막이 출판물 통제법에 저촉되는 카프 동경지부 발행 잡지 『무산자(無産者)』를 국내에 반입했다는 명목으로 1차 검거 사건을 치르게 되는데, 이 무렵 진행된 창작 방법에 대한 논의를 받아들이면서 권환은 독특한 풍자시를 시도하기도 하고 임화와 유사한 단편서사시 양식을 탐색하기도 하여 창작방법의 변화를 일정하게 찾기도 하였다. 그중 대표적인 것으로 국제적 파시즘을 비판한 「향락의 봄동산」, 풍자시 「모던 보이 모던 걸」 등이 있다. 그밖에 단편서사시 양식의 「30분간」, 「그대」 등은 도식성을 벗어난 개성적 시편으로 평가받기도 했다. 그리고 카프 2차 검거사건은 신건설사를 가동하여 연극 활동을 한 것이 빌미가 되었는데, 이때 권환이 1년간 옥고를 치르는 데 비해 임화는 검거당하여 경성역으로 이송하는 도중 졸도하여 마산으로 요양을 떠난다. 임화는 마산으로 오게 되고 정작 마산 출신인 권환은 전주에서 꼬박 1년간 감옥생활을 하는 아이러니가 이때 생겨난다. 결국 권환은 2차 검거 이후 그 견고했던 이념 우선, 현장 우선의 지향이 현저하고도 급속하게 약해지면서 창작의 내성화 길을 걷게 된다.

우리 프로문학의 역사는 1930년대 후반에 이르러, 임화처럼 변모하거나, 권환처럼 약화되거나, 김용제처럼 전향하거나, 다양한 양상으로 변모되어 전개되었다. 일찍이 경도에서 독문학을 공부했던 권환은 자신이 그동안 지향했던 프로문학의 반대편에 있다고도 할 수 있는 괴테의 『파우스트』를 번역 출간하려고 하였고,[1] 이어지는 개인 시집 두 권을 통해서도 지난 시절의 시적 경향과는 전혀 반대되는 섬약하고 내성화된 목소리를 보여주었다. 그 시집들이 바로 일제 말기에 출간된 『자화상(自畵像)』(조선출판사, 1943)과 『윤리(倫理)』(성문당서점, 1944)였다.

2. 권환과 임화의 프로시론

권환이 야심만만하게 1930년 벽두에 일갈했던 "프로문학의 내용을 부르문학의 형식으로 구성, 표현하지 못한다."[2]라는 선언은, 후속 논자들로 하여금 부르주아 문학 유산 계승을 거부함으로써 프로문학의 강경 노선을 이어가게 하는 커다란 힘이 되어주었다. 이는 부르주아의 이념과 결합한 형식이라 할지라도 대중화를 위해 이용할 수 있다고 본 김기진의 견해와는 전혀 다른 주장이었다. 이어서 권환은 「시평과 시론」이라는 그의 대표적인 글[3]에서 민요에 대하여 "봉건 사회의 영락 퇴폐한 자의 입에서 나온 것"이라고 말함으로써, 민요 계승을 통해 대중화를 실현하려 했던 당대 여러 논자의 견해에도 비판적 일침을 가하였다. 이러한 발본적 비판들은 부르주아 문학의 전통을 철저하게 거부하려는 프로문학의 입장을 극단적으로 대변하는 것이었다. 또한 권환은 김기진의 대중화론이 형식의 대중화에 그치지 않고

---

1 『시학』, 1939. 5, 33면.
2 권환, 「무산예술운동의 별고와 장래의 전개책」, 『중외일보』, 1930. 1. 10-31.
3 『대조』, 1930. 6.

내용의 대중화 곧 "이데올로기의 연화(軟化)"⁴로까지 나아가는 데 커다란 오류가 있다고 날카롭게 지적하기도 하였다. 이러한 권환의 대중화론 비판에는 임화의 시를 격찬했던 김기진에 대한 반감 혹은 비판의식이 깔려 있었다고 할 수 있다.

 1930년을 전후하여 프로시론은 새로운 단계로 접어들게 된다. 김기진의 「변증적 사실주의」⁵를 선두로 하여 프로문학론에 유물변증법적 세계관이 창작의 새로운 기준으로 자리 잡게 되었고, 그에 따라 창작방법론에 대한 논의가 다양하게 개화하게 된 것이다. 본격적 프로시의 모색은 김기진의 '변증적 사실주의' 계열에 속하는 「단편서사시의 길로」⁶라는 글을 통해 구체화한다. 주목할 만한 것은 김기진이 실제 비평을 통해 이러한 이론에 이르렀다는 점이다. 「변증적 사실주의」가 소설 분석을 통해 소설의 창작 방법을 귀납적으로 추출한 것이라면, 「단편서사시의 길로」는 당대 시편 분석을 통해 시에 관한 창작 방법을 역시 귀납적으로 도출한 산물이라 할 것이다. 곧 「변증적 사실주의」에서 비롯한 리얼리즘 구도를 본격 시론에 적용한 것이 「단편서사시의 길로」였던 셈이다. 이 글은 임화 시 「우리 오빠와 화로(火爐)」(1929)에서 받은 감동으로 시작하여, 그 감동의 원인을 분석하여 프로시가 지향해야 할 양식적 모본을 추출하고, 종내에는 그것을 '단편서사시'라는 양식 명칭으로 규정하는 순서를 취하고 있다. 이 글에서 김기진은 다음과 같이 말함으로써 프로시의 개척에 '감정'과 '사건'이라는 두 축이 필요함을 역설하였다.

 그러면 나를 감동케 한 것은 묻지 않아도 4, 5, 6에서 열거한 이 시의 감정의 주요 부분이었던 것이 명백하다. 사랑하는 오빠, 튼튼한 일꾼을

---

4 권환, 「조선 예술운동의 당면한 구체적 과정」, 『중외일보』, 1930. 9. 2-16.
5 『동아일보』, 1929. 2. 25-3. 7.
6 『조선문예』, 1929. 5.

잃어버리고서 조금도 슬퍼하지 아니하고 조금도 외로움을 느끼지 않고 건강히 잘 싸워 나가면서 고난 속에서 오빠의 새 솜옷을 장만하는 근로하는 여성 — 미래 사회를 가져오고야 말 여성 — 진실로 조선의 ****이 가져야 하면서도 보기 드문 여성의 절규에 가까운 감정과 감격에 넘치는 사건이 나로 하여금 눈물을 보게 하였다. 이것은 슬픈 눈물이 아니다. 이것은 뼈 없는 눈물이 아니었다.

그 가운데서도 김기진은 정서의 호소가 가지는 효과를 더욱 힘주어 강조하였다. 결국 김기진은 정서의 호소를 통해 문예대중화의 역할을 견인하고 나아가 그러기 위해 시인이 어떠한 미학적 장치를 사용해야 하는가를 분석적으로 제시하게 된다. 그에 의하면 「우리 오빠와 화로」의 형식적 장점은 "우리 오빠를 부르는 누이동생의 감정이 조금도 공상적, 과장적이 아니"라는 데 있었다. 그것은 그 감정이 '사건'에 토대를 두었기 때문인데, 더구나 그 사건은 현실적이요 실재적이다. 따라서 김기진의 '단편서사시' 개념은 사건 도입을 주장하는 데 그치지 않는다. 그가 요구하는 사건이 단순한 사건이 아니라 통일된 정서를 전파하는 사건 즉 감격으로 가득찬 사건이었기 때문이다. 다시 말해 여기서 '사건'이란 시의 형식적 조건을 위반하지 않고 그 조건인 감정에 종속되어야 하는 것이다. 하지만 이처럼 김기진에 의해 평가된 임화 시편에 대하여, 정작 권환은 그 안에 부르주아의 잔재가 숨어 있다고 지적하였다. 그는 비록 세련된 기교일지라도 반동 경향이 있는 것은 절대로 읽히지 말자고 주장하면서, 내용에 대한 엄선주의를 제창하기도 하였다. 그에게는 오직 노동자와 농민으로 하여금 주먹을 부르쥐고 전투의 불꽃 속으로 들어가게 하는 시편이 당장 필요하였던 것이다. 그렇게 볼 때 김기진이 격찬한 임화의 「우리 오빠와 화로」는 소부르주아를 독자로 삼았다는 점에서 대중화 원칙에 어긋난 것이었다. 그리고 그는 그것이 소부르주아로 하여금 감상적 동정을 가지게 할 뿐 전혀 진정한 대중의 프로파간다 효과는 없다고 판단하였다. 이처럼 권환의 비평안(眼)을 관통하는 것은 프로파간다 효과였고, 그는 어느새 극단적 편내용주의에 빠지게 된다. 그러나 임화 시에 대한 권환의 평가는 「시평과 시론」에 와서 달라지는데, 여기서 그는 과거 프로파간다 시에 대한 반성을 부가하면서 김기진의 평가를 부분적으로 인정하는 태도를 보여준다.

우리의 과거의 시들은 너무도 구체성 없는 추상적 시뿐이었다. 말하자면 막연한 **, 막연한 구호, 막연한 명일의 동경이었다. 이것을 일본의 동지들의 말을 빌리면, '지나치게 일반감정만을 노래했던 것'이라 하였고 또 어떤 동지들은 '일과 결합치 않고 머리로 지은 시'라고, 또 어떤 동지는 '막연한 감정 ― 단순한 심리상 충동'이라고 하였지만 모두 이어동의의 말이다. 그래서 작년의 어떤 동지는 '서사시의 길'하고 부르짖는 것도 아마 이 때문인 듯하다. 또 그러한 결점이 가장 적고 서사적 내용을 많이 가진 임화의 시를 높게 평가한 것인 듯하다.

권환의 이러한 태도 변경은 과거 프로파간다 시에 대한 카프 내부의 비판들이 상당하게 누적된 결과로도 볼 수 있다. 하지만 여전히 그것은 임화 시의 형식 장치에 대한 관심이었을 뿐, 그는 임화 시의 내용에 대해서는 여전히 비판적인 모습을 보여준다. 그에 의하면 임화 시의 내용은 이른바 '감상주의'에 불과한 것이고, 그럼에도 그러한 경향이 가끔 최근까지도 다른 동지들의 시 가운데에 발견된다는 것이 문제로 따라온다. 따라서 프로시가 감상주의를 넘어 과거 프로파간다 시로 회귀하지 않으면서 '프롤레타리아 리얼리즘'의 대열에 들어설 것을 그는 제언하게 된다. 하지만 권환은 임화 시의 형식에 대해서 깊은 재검토를 시도한다. 그는 그것을 서사, 감정, 문체 등 세 방면으로 나누어 살펴보고 있는데, 먼저 '서사화된 사실'과 '서사화되지 않은 사실'을 구분한다. 임화의 시는 사실을 서사화했지만 꼭 서사화되어야만 구체성을 획득하는 것은 아니라면서 감정을 일으키는 사실이 이미 구체적이라면 굳이 서사화하지 않아도 충분하다는 의견을 제시한다. 둘째 그는 이미 서사화되어서 구체성을 획득하였다고 하더라도 그 감정이 "센티멘탈한 헐가의 동정심"을 일으켜서는 안 된다는 주장을 이어간다. 프로파간다의 효과를 거둘 수 없기 때문이다. 셋째 그는 형식이 서사적이고 내용이 아무리 강렬해도 표현방식이 평이하지 못하면 대중에게 읽힐 수조차 없다고 주장하였다. 요컨대 권환은 서사 형식의 이용이나 혹은 서사적 사실의 체험에는 관심을 보이지만, 내용에서는 감상주의는 용납할 수 없다는 종전의 주장을 반복하고 있는 것이다. 그리고 권환은 시적 화자의 문제를 언급하고 있는데, 이는 일찍이 소설과 희곡에 한정하여 볼셰비키화에 합당한 제재의 요건을 제시한 적이 있는 그로서는, 제재 문제를 시에 연장하기 위해 '주인공'이라는 말을 도입하는 것으로 이어지게 된다.

> 시에 제재 운운은 좀 우습지만 노래의 주인공(예하면 노동자가 혹은 부르가 부르는 노래)과 노래의 대상적 주인공(예하면 부르주아지의 생활을 혹은 프롤레타리아의 생활을 노래하는 시)은 즉 창작의 주인공과 같이, 또 시의 서사의 내용은 창작의 소재와 같이 말할 수 있다.[7]

이처럼 권환은 임화 시의 감상성을 비판하면서도 그 서사성 도입에는 관심을 크게 보였다. 시의 구체성 획득의 방법으로 그는 소설적 방법의 도입을 염두에 두고 있었던 것이다. 시적 화자 대신 '주인공'이라는 소설적 용어를 선택한 이유도 그러하다. 하지만 그는 서사를 도입할 경우 시에는 '노래의 대상적 주인공' 외에도 '노래의 주인공'(=시

---

[7] 권환, 「조선 예술운동의 당면한 구체적 과정」, 『중외일보』, 1930. 9. 2-16.

적 화자)이 필요하다고 보았다. 이 또한 시적 화자를 통해 감상성을 극복할 수 있다고 본 생각의 연장선이라고 할 수 있다.

또한 우리는 권환이 프롤레타리아의 감정을 '전형적 감정'으로 발전시킨 논자라는 점에 주목해야 한다. 그는 「현실과 세계관 및 창작방법과의 관계」[8]에서 '시가의 리얼리즘'을 소제목으로 삼고 시의 특수성이 감정과 정서의 표현에 있다고 주장하였다. 따라서 프로시는 전형적 현실에서 울려나오는 전형적 감정과 정서를 거짓 없이 표현하면 그만이라고 말하였다.

예하면 어떤 나라의 농민의 노래를 부를 때엔 먼저 그 나라 농민의 전형적 생활이 어떤 것인가를 현실적으로 똑똑히 보아야 할 것이다. 즉 그들은 천층만층의 여러 가지 생활을 하고 있는 그들이지마는 가장 전형적 생활이 무엇인가(안락, 유족한 그것인가 혹은 빈곤, 참담한 그것인가)를 현실적으로 똑똑히 보아야 할 것이고 또 그 전형적 농민(유족한 혹은 빈곤한)도 사실은 만열, 비애 등 천종백종의 감정, 정서를 가지고 있지마는 가장 전형적 그것이 무엇인가(만열인가, 비애인가, 광희인가, 분노인가)를 현실적으로 똑똑히 알아서 '유물변증법주의' 이론가들처럼 철학적 선입관으로 만들지 말고 거짓 없이 노래할 것이다.

한편 신유인은 "문학이 아닌" 권환 시편과 "프로문학이 아닌" 임화 시편을 동시에 비판하였는데, 그는 「문학창작의 고정화에 항하여」[9]에서 "시가 다른 어떠한 문학보다도 정서적이 아니면 안 된다."라는 생각으로 권환 시를 비판하면서, 임화에 대해서는 그가 비록 "천재적 시인"이긴 하지만 시인이라는 고아한 문학적 호칭이 얼마나 프로문

---

[8] 『조선일보』, 1934. 6. 24-29.
[9] 『조선중앙일보』, 1931. 12. 1-9.

학 건설을 방해하는가를 반성해볼 필요가 있다고 하였다. 곧 임화의 시가 문학이긴 하지만 프로문학이 아닌 까닭은 그 관점에 근본적 원인이 있다고 본 것이다. 그에게 관점 선택은 작품에 반영된 현실의 객관성을 판가름하는 호환할 수 없는 기준점이었기 때문이다. 그런데 임화 시가 귀족적 시인의 눈을 관점으로 삼았다는 것은 그 자체만으로도 프로문학을 부정하는 것이었다. 그러나 신유인조차 "우리 나라의 어느 부르주아 시인보다도 우월한 예술적 기능"을 가졌던 임화가 왜 프로문학의 원칙적 노선이 아니라 부르주아의 관점과 형식을 취했는지는 해명하지 못했다.

이러한 비판들이 이어질 때 정작 임화는 「시인이여! 일보 전진하자!」[10]를 통해 자기반성을 시도하게 된다. 그는 강력한 지도부를 확립하고 소부르 개량주의와 구별되는 프로문학의 독자성을 확립해야 할 현 시점에 무엇보다 중요한 일이 시의 대중화라고 지적하였다. 하지만 자신의 시는 대중화의 대전제를 무시하고 "소시민층, 주로 학생 지식자 청년들의 가슴(?)을 흔들었는지 모르나" 노동자 농민에게는 낯선 손님에 불과했다고 반성하였다. 그 원인은 "자기의 예술을 직접 프롤레타리아의 성장과 결합하지 못한 데 있는 것"으로 그 결과 "진실한 생활상이 없는 곳에서 동지만을 부르는 그 자신 훌륭한 일개의 낭만적 개념을 형성하고 만 것"이라고 하였다. 물론 그 낭만주의는 개념적 절규의 낭만주의는 아니지만 감상주의에 해당되었던 것이다. 이러한 비판에 이어 그는 일정하게 대안을 제시하고 있는데, 노동자 농민의 생활 체험과 그 속에서 생활 감정을 얻어내겠다는 것이다. 결국 우리는 임화 시편을 둘러싼 김기진-권환-신유인-임화의 논전을 통해, 당대의 논의 지평에서 그네들이 겪었던 동류감과 차이점을 동시에 느끼게 된다.[11]

---

10 임화, 「시인이여! 일보 전진하자!」, 『조선지광』, 1930. 6.

3. 임화의 '단편서사시'와 권환의 '뼈다귀시' - 감정의 전면화와 소거

식민지 시대 민중들의 삶과 정서가 계급적 전망과 매개되어 형상화된 본격적 프로시의 개화는, 카프가 결성되고 그들에 의해 조직적이고 이념적인 창작이 이루어지면서부터라고 할 수 있다. 그 가운데 가장 이채롭고 우뚝한 성취를 남긴 대표적 시인은 임화다. 여기서 우리는 임화를 이론가나 문학사가(文學史家)보다는 시인으로 읽으려는 지향을 우선적으로 가지게 되는데, 그 가장 중요한 까닭은 다름아닌 그의 생래적인 시인적 기질과 그에 따른 남다른 시적 성취에서 비롯된다. 대개의 문학적 형상이 논리적 언어보다 한 사람의 정신이나 세계관 또는 생리를 더욱 생생하게 드러내준다는 점, 그리고 그중에서도 특히 시의 형상이 주체의 세계관이나 정서가 비교적 직접성을 가지고 드러나 있다는 점에서, 임화의 시편들은 그와 그로 대표되는 프로문학의 세계를 이해하는 데 더없이 좋은 매재가 되어준다.

이미 여러 연구가 입증하고 있듯이, 임화 시편들은 비교적 복합적이고 다채로운 과정으로 전개되었다. 그의 초기 시편은 감상적 낭만주의로 시작하여 당시 신흥 사조였던 다다이즘의 세례와 결합하는 양상을 빚는다. 다다이즘 역시 한 시대의 질곡을 넘어서려던 전위의 한 양식이었기 때문에, '조선의 발렌티노'로 불렸던 도시의 아들 임화가 그러한 새로운 사조에 경도되었던 것은 어쩌면 자연스러운 일이었을 것이다. 이러한 새로운 사조가 또 하나의 신흥 이념인 마르크스주의와 굳게 결합하여 그의 시는 프로시로 전회를 하게 되고, 이때로부터 임화 시의 제2기가 펼쳐진다. 이 시기는 "세계의 가장 위대한 푸로레타리아의 동모를 / 혁명가의 묘지로 몰아넣었다"고 노래한 「담(曇) -

---

11 오문석, 『근대시의 경계적 상상력』, 소명출판, 2008 참조.

1927」[『예술운동(藝術運動)』, 1927. 11.]로부터 시작되는데, "열아홉 살 때 가정의 파산과 더불어 그의 평화한 감상의 시대는 끝이 났"[12]다는 그의 고백처럼, 보다 더 커다란 세계로 그가 진입했음을 말해주는 사례이다. 이렇게 계급 사상에 바탕을 둔 임화의 성숙한 역량은 그의 시적 탐색을 '단편서사시'에 바치게끔 만든다. 이는 비록 편의적 명칭이기는 하였지만, 앞에서 보았듯이 당시로서는 꽤 파장이 컸던 창작 방법이자 양식 명칭이기도 하였다. 특히 김기진이 임화의 「우리 오빠와 화로」를 보고 감격하여 상찬한 이후, 이 양식은 당시 프로시가 나아가야 할 올바른 대중화의 방향타를 제시한 것으로 평가받게 되었다. 임화의 에피고넨들이 수없이 양산된 것도 그가 가진 영향력과 함께, 단편서사시 양식의 문제성을 드러내는 국면이 아닐 수 없을 것이다. 거기에는 시인 자신의 정서를 전면화하여 수용층을 공감케 하는 형질이 가득하게 되었던 것이다.

    사랑하는 우리 오빠 어저께 그만 그렇게 위하시던 오빠의 거북무늬(紋) 질화로가 깨어졌어요.
    언제나 오빠가 우리들의 '피오닐' 조그만 기수라 부르는 영남이가
    지구에 해가 비친 하루의 모든 시간을 담배의 독기 속에다
    어린 몸을 잠그고 사온 그 거북무늬 화로가 깨어졌어요.

    그리하여 지금은 火젓가락만이 불쌍한 영남이하구 저하구처럼
    똑 우리 사랑하는 오빠를 잃은 남매와 같이 외롭게 벽에 가 나란히 걸렸어요.

    (…)

---

12 임화, 「어떤 청년의 참회」, 『문장』, 1940. 2.

오빠! 그러나 염려는 마세요.
저는 용감한 이 나라 청년인 우리 오빠와 핏줄을 같이 한 계집애이고
영남이도 오빠도 늘 칭찬하던 쇠 같은 거북무늬 화로를 사온 오빠의 동생이 아니에요.
그리고 참 오빠 아까 그 젊은 나머지 오빠의 친구들이 왔다 갔습니다.
눈물 나는 우리 오빠 동무의 소식을 전해주고 갔어요
사랑스런 용감한 청년들이었습니다.
세상에 가장 위대한 청년들이었습니다.

(…)

오빠 오늘밤을 새어 이만 장을 붙이면 사흘 뒤엔 새 솜옷이 오빠의 떨리는 몸에 입혀질 것입니다.
이렇게 세상의 누이동생과 아우는 건강히 오늘날마다를 싸움에서 보냅니다.
영남이는 여태 잡니다 밤이 늦었어요 ― 누이동생
― 「우리 오빠와 화로」 중에서[13]

「우리 오빠와 화로」는 이후 카프 시인들의 유력한 양식적 전범이 되어간다. 이 작품은 노동 운동을 하다가 잡혀간 오빠를 생각하는 누이동생이 오빠에게 보내는 서간체 양식을 취하고 있다. 오빠를 여읜 두 오누이를 외롭게 벽에 걸린 "화젓가락"으로 비유하는 신선한 감각을 보여주기도 하고, "세상에 가장 위대한 청년들"을 통해서 포기할 수 없는 노동 운동의 정당성을 표현하고 있기도 하다. '청년'은 임화 시의 아이콘으로서 이후 줄곧 등장하는데, 아름답고 용기 있고 위대

---

[13] 『조선지광』, 1929. 2.

한 긍정 속성을 한 몸에 안고 있는 역사적 주체로서의 모습을 띠고 있다. 이를 통해 임화는 계급적 전망을 바탕으로 한 식민지 근대 인식과 그에 대한 실천을 구상한 것이다. 하지만 이 작품에 나타난 과도한 '감상성'을 의제로 하여 논쟁을 치르는 과정에서 임화는 스스로 자기비판까지 수행하면서 '감상성'을 넘어 새로운 리얼리티로 나아가야 한다는 견해를 제출하였다. 이처럼 이 시기 임화 시편을 통해 추구되고 형상화된 시편들은 계급 해방을 적극적인 매개로 한 것이었으며, 그래서 우리는 단편서사시 양식을 통해 리얼리즘의 방법적 출현과 그 한계를 함께 경험한 셈이다. 그만큼 임화는 문학의 특수성과 리얼리즘의 방법적 속성에 대해 예민하게 성찰한 시인이었는데, 그 인식의 편폭을 다음과 같은 견해로 보여주었다.

추상적 논리에 의한 기록 대신에 생생한 생활의 구체적 형상을 가지고 묘사하고 표현하는 데에 그 특질이 있는 것이다. (…) 따라서 문학과 예술을 이해하는 데에 있어서 그것이 '기록'하는 것이 아니고 묘사하고 표현한다는 것, 또 그것이 형상에 의한다는 것, 동시에 예술적 형상에 대한 정당한 이해 없이는 예술문학은 이해되지 않는다는 것이다. (…) 동시에 신흥의 문학 작품은 다만 인간 생활의 주관적 인식이나 그 관계만을 묘사 표현하였을 뿐만 아니라 항상 일정한 정도로, 소여의 역사적 시대의 객관적인 현실을 반영하고 있었다.[14]

구체성과 반영론 그리고 형상성과 시대성을 종횡으로 엮는 그의 인식 양상은 리얼리즘의 방법적 속성을 그가 잘 이해하고 있음을 보여준다. 이렇게 임화가 파악한 문학의 특수성과 리얼리즘의 속성은, "우리들이 객관적 현실의 반영으로서의 리얼리즘 가운데 표현할 주

---

[14] 임화, 「문학에 있어서 형상의 성질 문제」, 『조선일보』, 1933. 11. 26.

체성은 일개인의 국한된 주관이 아니라 현실의 묘사로서의 의식인 때문이다. 이러한 주체성만이 리얼리즘과 모순하지 않는 것이다. 그러면 이러한 주체성, 작자의 의식이 어떻게 현실의 반영인지 아닌지를 아는가? 그것은 예술적 생활인 실천을 통해서이다. (…) 그러므로 리얼리즘이란 (…) 객관적 인식에서 비롯하여 실천에 있어 자기를 증명하고 다시 객관적 현실 그것을 개변해가는 주체화의 대규모적 방법을 완성하는 문학적 경향이다."[15]라는 전언과 함께 프로시를 이끌어가는 핵심 기율로 자리 잡게 된다. 이러한 한계와 장처를 한꺼번에 보여준 대표작이 다음 시편일 것이다.

눈바람 찬 불쌍한 도시 종로 복판의 순이야.
너와 나는 지나간 꽃피는 봄에 사랑하는 한 어머니를 눈물 나는 가난 속에 여의었지.
그리하여 너는 이 믿지 못할 얼굴 하얀 오빠를 염려하고 오빠는 너를 근심하는 가난한 그날 속에서도.
순이야 ― 너는 네 마음을 둘 믿음성 있는 이 나라 청년을 가졌었고
내 사랑하는 동무는……
청년의 연인 근로하는 여자 너를 가졌었다.
(…)
자 좋다 바로 종로 네거리가 아니냐 ―
어서 너와 나는 번개같이 손을 잡고 또 다음 일 계획하러 또 남은 동무와 함께 검은 골목으로 들어가자.
네 사나이를 찾고 또 근로하는 모든 여자의 연인인 용감한 청년을 찾으러……

---

15 임화, 『문학의 논리』, 학예사, 1940, 93-94면.

그리하여 끊이지 않는 새로운 용의(用意)와 계획으로 젊은 날을 보내라.
―「네거리의 순이」중에서[16]

　이 작품에서도 시인은 어머니를 여읜 순이와 그 청년 연인, 그리고 순이와 오누이 관계에 있는 화자를 등장시켜 한 시대를 반영하고 그에 따른 비극성을 형상화한다. 엄혹한 상황에서도 이들은 "다음 일 계획하러" 그리고 "사나이를 찾고 또 근로하는 모든 여자의 연인인 용감한 청년을 찾으러" 단호한 의지를 추스르고 있다. 그러면서 화자는 누이동생에게 "끊이지 않는 새로운 용의와 계획으로 젊은 날을 보내라"는 권고를 잊지 않는다. 빼앗긴 동료를 되찾고 새로운 투쟁의 의지를 되찾으려는 화자의 시선은, 외적 상황의 열악함 속에서도 포기할 수 없는 진리 탐색의 의지를 강렬하게 노래하고 있다. 이처럼 이 시기 임화 시편을 통해 추구되고 형상화된 시편들은 계급 해방을 적극적인 매개로 한 것이었으며, 이러한 일제하 노동 현장에 대한 시적 형상화는 임화 외에도 이찬, 박세영 등에 의해 지속성을 얻게 된다.
　그러다가 임화는 카프 해소 후에 '낭만적 정신'으로 대표되는 작지 않은 변모를 치러낸다. 여기에는 식민지 파시즘에 맞닥뜨려 고투를 치러내는 지식인의 우울하고도 정직한 내면세계가 잘 드러나 있다. 이때 그는 특유의 '비극성'을 통해 자신만의 세계를 성취해간다. 원래 비극성이란 추구하던 가치가 침해되고 소멸되는 과정 및 그 결과에서 격렬한 고뇌가 생기면서 나타나게 된다. 또한 부정적 계기에 의해 가치 감정이 한층 더 강해지고 높아질 때 생겨나는 것이기도 하다. 이러한 가치 감정은 비극적 주체가 이것을 침해하는 이들보다 훨씬 높은 가치 담당자이며, 또한 그의 몰락이 인간 존재 내지 세계의 본질적 구조 연관 속에서 필연적으로 생기는 것일 때 발생하는 것이다. 그것을

---

16 『조선지광』, 1929. 1.

임화는 '낭만적 정신'으로 응집한다. 가령 그는 "나는 문학상에서 주관적인 것으로 표현되는 모든 것을 낭만적인 것이라고 부르며, 그것이 사실적인 것의 객관성에 더하여 주관적인 것으로 현현하는 의미에서 '낭만적 정신'이라고 부르고 싶다. 따라서 이곳에서 부르는 낭만적 정신이란 개념은 어떤 특정의 시대, 특정의 문학상의 경향을 의미하는 것이 아니라 한 개의 원리적인 범주로서 호칭되는 것이다."[17]라면서 낭만 정신이 맥락과 함의를 설명한다. 이처럼 비극성 가득한 낭만 정신을 통해 임화는 카프가 해소되는 시점을 전후하여 전혀 새롭게 닥친 역사의 한계와 함께 양도할 수 없는 비장한 결의를 함께 보여준다. 그 핵심적 집약체가 바로 해방 전 유일 시집이었던 『현해탄』(동광당서점, 1938)일 것이다.[18]

이때 임화는 두 개의 낭만성을 극복하고자 한다. 하나는 과거 프로파간다 시에 나타난 리얼리즘 '이전'의 낭만성, 다른 하나는 자신의 시에 나타난 리얼리즘 '이후'의 낭만성이다. 이에 대해 임화는 "그러나 이것은 대단히 힘드는 어려운 씨름이다. (중략) 소위 과거의 프롤레타리아 시 가운데 있던 낭만주의와 감상주의를 비판한다는 30년대의 운동이 우선 그 고액의 월사금을 지불했다고 생각한다. 그것은 프로 시로부터 부르주아적인 요소인 낭만주의를 비판한다고 우리들의 시로부터 시적인 것, 즉 감정적 정서적인 것을 축출해버리고 말았다. 그리하여 말라빠진 목편과 같은 이른바 '뼈다귀시'가 횡행한 것이다."[19]라고 말함으로써, 권환으로 대변되는 프로시의 경화(硬化) 현상을 비판하기에 이른다. 여기서 우리는 '시와 리얼리즘'의 문제가 우리 근대문학사에 처음 등장하는 초유의 장면을 목격하게 된다. 말하자면 프

---

[17] 임화, 앞의 책, 7면.
[18] 유성호, 「프로시의 미학」, 『한국시학연구』 38호, 한국시학회, 2013 참조.
[19] 임화, 「33년을 통하여 본 현대조선의 시문학」, 『조선중앙일보』, 1934. 1. 1-12.

로시에 리얼리즘이 도입되면서 생겨난 감상적 낭만성이 문제로 등장한 것이다. 임화는 감상성 제거를 이유로 정서를 소거한다면 그 결과는 다시 "말라빠진 목편과 같은" 이른바 '뼉다귀시'로 귀착할 수 있을 것이라고 말하고 있는데, 그 핵심 과녁에 권환의 시가 있었던 것이다. 임화가 지목한 '뼉다귀시'는 감정의 전면화인 '감상'이 문제가 아니라 감정을 전적으로 소거하는 말라빠진 이념의 형해(形骸)만 있었던 것이 문제였다.

> 소부르조아지들아
> 못나고 비겁한 소부르조아지들아
> 어서 가거라 너들 나라로
> 환멸의 나라로 몰락의 나라로
> 소부르조아지들아
> 부르조아의 서자식(庶子息) 프롤레타리아의 적인 소부르조아지들아
> 어서 가거라 너 갈 데로 가거라
> 홍등(紅燈)이 달린 카페로
> 따뜻한 너의 집 안방구석에로
> 부드러운 보금자리 여편네 무릎 위로!
> 그래서 환멸의 나라 속에서
> 달고 단 낮잠이나 자거라
> 가거라 가 가 어서!
> 작은 새앙쥐 같은 소부르조아지들아
> 늙은 여우같은 소부르조아지들아
> 너의 가면(假面) 너의 야욕 너의 모든 지식의 껍질을 짊어지고
> ―「가려거든 가거라」 전문

권환은 '소부르조아지'라는 부르주아와 프롤레타리아의 중간 개념

을 기회주의적 범주로 단정하고 그들에게 진영을 떠나 가버리라고 일 갈한다. "못나고 비겁한" 그들은 반드시 "환멸의 나라로 몰락의 나라 로" 가야 한다. 그 환멸과 몰락의 필연성이 권환이 믿었던 '소부르조 아지'들의 미래였던 것이다. 그렇게 "부르조아의 서자식(庶子息) 프롤 레타리아의 적"인 그들은 "홍등(紅燈)이 달린 카페"와 "따뜻한 너의 집 안방구석"으로 사라져야 한다고 더욱 힘주어 외친다. '가면(假面)'과 '야욕'과 '지식의 껍질'을 모두 짊어지고 사라져버려야 한다는 목소리 에는 수동적 감상이나 개인적 서정 등속은 아예 없게 되고 프롤레타 리아 계급주의의 단선성과 배타성만 강조되고 있을 뿐이다. 임화는 이러한 시편들을 일러 '뼉다귀시'라고 비판한 것이다.

이러한 권환 시에 대한 비판은 신유인에 의해서도 수행된다. 그는 시라는 것이 정서적 전염의 수단이라고 전제하고, 자신이 주장하는 유물변증법적 창작 방법은 "언제나 똑같은 단조로운 유형을 쓰고 나 오는 추상화된 정치적 슬로건의 히스테릭한 규환"에 불과한 권환의 시와 구별된다고 주장한다. 예술이란 현실의 본질을 추상화하는 것 을 목적으로 하는 사회과학이 아니라 '산 생활'을 제시하는 것인데, 권 환의 시에 나타난 "노출의 심각한 내용은 선전과 선동의 팜플렛은 되 어도 예술적 창작"은 아니라는 것이다. 따라서 예술로서의 '산 생활'과 시로서의 '정서'가 부족한 권환의 시는 노동자 농민을 질식시킬 뿐이 라고 비판하였다. 이러한 비판은 이미 김기진의 단편서사시론에서 비판되고 그 대안까지 제시된 바 있고, 또한 안막의 프롤레타리아 리 얼리즘에서도 형상론과 리얼리즘론 그리고 심리적 방면에 대한 강조 를 통해 극복된 바 있다. 하지만 앞에서도 보았듯이, 신유인은 권환의 시를 "문학이 아닌 길"로 비판하면서, 동시에 임화의 시를 "프로문학 이 아닌 길"로 제시하여 양쪽 편향을 극복의 과제로 명시했다는 점에 그 비평사적 의의를 가지고 있다고 말할 수 있을 것이다.

4. 권환과 임화의 같은 길, 다른 길

권환이 공들여 비판한 우선적 대상은, 당시 유화적인 대중화론을 폈던 팔봉 김기진이었다. 그 점에서 임화와 권환은 한통속이었다. 그들은 노동운동을 소부르주아로부터 분리해야 한다는 12월 테제를 수용함으로써, 김기진이 나아가고자 했던 부르주와의 연합전선을 적극 비판하였던 것이다. 요컨대 권환과 임화는 그 사이에 시의 내용과 형식 차원에서 미시적인 비판을 주고받았지만, 크게 보아 카프 안에서 노선의 친연성을 가지고 있었다고 할 수 있다. 이를 일러 우리는 프로문학의 주체들이 가지는 친연성이자, 그 주체가 사실은 어떤 특정한 사건 이후에 일종의 복수(複數) 형태로 생성된다는 바디우의 개념을 상기하게 된다.[20] 그렇게 그들은 복수적 주체로서의 이념적 공유를 소진하지 않았다.

그런데 우리는 북한문학사에서 권환의 시가 일제 식민지 정책에 적극 항거한 저항의 표본으로 서술되었다는 점을 주목하게 된다.[21] 그것은 권환이 임화 등이 추구한 "감상주의적 순수문학 노선"을 따르지 않았다는 것을 기반으로 한 평가였다. 하지만 우리는 권환이 일제 말기에 권전환(權田煥)이라는 이름으로 창씨개명 정책에 협력하였고, 제2시집 『윤리』를 일종의 전향자 조직인 대화숙(大和塾) 인쇄부에서 조판한 바 있다는 점을 잘 알고 있다. 물론 이러한 침잠 과정은 옥고와 병고에 따르게 된 육체적, 정신적 소진과 관계가 깊을 것이다. 그리고 해방 후에도 그는 문건과 프로예맹의 합동을 시종일관 주장하였고, 그 점에서 꾸준히 임화와 함께 활동하였다고 할 수 있다. 그는 문

---

20 양근애, 「'이후'의 연극, 애도에서 정치로」, 『대중서사연구』 39호, 대중서사학회, 2016, 11면.
21 김하명 외, 『조선문학사』, 백과사전출판사, 1981, 481-489면.

학가동맹의 주요 연간 시집이나 사화집에 빠짐없이 시를 썼고, 그만큼 여러 모로 임화와 인간적 유대를 유지해왔던 것이다. 아닌 게 아니라 『윤리』의 판권 난을 참조한다면 그 시집의 발행인은 임화였지 않은가. 따라서 임화와 권환을 분리하여 평가한 북한문학사의 시각은 사실과 어긋난다고 할 수 있다.

　그리고 권환은 8.15 후에도 일찍 프로예맹에 가입하였지만, 결국 임화가 주도한 문학가동맹에 나중에 합류하였다. 이러한 궤적을 통해 그들은 카프에 가담하면서부터 해방 직후까지 일정하게 같은 길을, 방법적 차이를 안은 채, 걸어왔다고 할 수 있을 것이다. 권환과 임화가 시와 시론을 통해 나누었던 방법적, 이념적 갈등과 논쟁 뒤로는 이러한 프로문학가로서의 연대와 동행의 흔적이 있었던 것이다. 이러한 관점을 토대로 권환과 임화에 대한 관계론적 후속 연구가 이루어질 때, 우리 프로문학 연구도 각론적 심화를 얻을 수 있을 것으로 생각된다.

이하윤과 해외문학파

1. 근대문학사와 해외문학파

한국 근대문학사에서 이른바 '해외문학파'라고 불리는 에콜에 대해서는 이미 여러 차례 연구가 행해진 바 있다. 가령 이들은 근대문학사에 처음으로 외국문학을 번역하고 소개한 일종의 집체적 속성을 가진 문학 그룹이었으며, 인적으로는 '시문학파'와 결속하여 순수서정시의 권역을 넓힌 공적을 두루 인정받고 있다. 그 점에서 이들은 근대문학 초창기의 외연을 넓혔고, 미학적으로는 '시문학파'의 전단계로서의 의미를 지니는 것으로 평가되어왔다. 하지만 이들은 특별한 구심적 강령이나 이념에 의해 결합된 실체가 아니라, 학연이나 인간관계에 의해 묶인 비교적 느슨한 인적 결속체였다고 할 수 있다. 사실 1926년 가을 동경에서 외국문학을 전공한 유학생들이 해외문학 번역, 소개, 연구를 목적으로 결성했던 '외국문학연구회'는 실제로 이하윤, 김진섭, 손우성 등 동경 호세이대학 출신 유학생들이 많았으며, 이들이 귀국하여 1927년 1월 서울에서 『해외문학』을 창간하는 과정에서도 '해외문학'을 번역하고 소개한다는 커다란 원칙적 지향 외에는 특별한 이념적 지남(指南)이 없었기 때문이다. 이들은 해외문학 이론과 작품을 광범위하게 수집하고 번역하고 소개하는 데 치중하는 동안 당시 카프 등 기성문인들로부터 많은 비판을 받았다. 결국 해외문학파는 카프와는 전혀 다른 길, 곧 러시아문학이나 일본 프로문학 같은 외국문학은 쳐다보지도 않고, 비교적 순수문학권에 가까운 외국문학 이론과 작품을 번역하고 소개하는 일에 집중한다. 이러한 순수문학 지향의 기율이 훗날 이들보다 늦게 『문예월간(文藝月刊)』(1931)과 극예술연구회(1931)에 관여한 이헌구, 함대훈, 김광섭, 서항석, 유치진 등도 해외문학파에 가담하는 근인(根因)이 된다. 이들의 미학적 출발은 다음과 같은 선언에서 그 지향을 충실히 엿볼 수 있다.

> 무릇 新文學의 創設은 外國文學 輸入으로 그 記錄을 비롯한다. 우리가 外國文學을 硏究하는 것은 決코 外國文學 그것만이 目的이 아니고 첫째에 우리 文學의 建設, 둘째로 世界文學의 互相 範圍를 넓히는 데 있다.[1]

외국문학 수입에서 근대문학사가 시작되었다는 인식, 외국문학에 대한 정당한 이해와 수렴이 우리 문학 건설에 창의적으로 기여할 것이라는 믿음, 그리고 조선문학 건설이 세계문학의 범위를 넓히는 데 기여하리라는 낙관 같은 것이 젊은 외국문학도들의 가슴 속에 있었다. 이러한 인식과 믿음과 낙관을 바탕으로 출발한 『해외문학』 창간호는 이하윤의 동향 후배인 이은송(李殷松)의 적극적 투자와 배려로 발간된다. 그리고 『해외문학』 2호는 1927년 7월, 동인들이 비용을 십시일반 하여 대는 우여곡절을 치른 끝에 출간된다. 『해외문학』은 비교적 뚜렷했던 이념적, 방법적 지향을, 2호 발간을 끝으로 일단 멈추게 된다.

뛰어난 외국어 실력과 전공 의식을 바탕으로 한국문학을 위한 외국문학의 연구와 수용을 기치로 내걸었던 해외문학파는 2호를 끝으

---

[1] 『해외문학』 1호, 1927. 1, 1면.

로 이완되면서 다른 매체로 이월되고 흡수되어간다. 이때 중요한 역할을 한 사람이 이하윤이다. 창간호에 이하윤은 베를렌의 시를 비롯하여 마테를링크의 시와 릴라당의 소설을 번역하여 싣는다. 2호에는 스티븐슨의 시 등 여러 작품들을 번역하여 싣는다. 그런 그가 해외문학파가 산일되고 재집결하는 매체적 구심으로 등장하게 된다.

> 우리는 가장 敬虔한 態度로 먼저 偉大한 外國의 作家를 청하며 作品을 研究하여서 우리 文學을 偉大히 充實히 세워노며 그 光彩를 독거 보자는 것이다. 이에 우리는 우리 新文學建設에 앞서 우리 荒蕪한 文壇에 外國文學을 받어 드리는 바이다.[2]

이렇게 위대한 외국문학의 범례들을 한국문학에 수용하려 했던 해외문학파의 기획은, 우리 신문학 건설 과정에서 특정 이념과 미학의 확산에 힘을 보태게 된다. 그 미학적 행로는『해외문학』·『시문학』·『문예월간』·『문학』·『시원(詩苑)』으로 이어지는 한국 순수서정시 라인을 충실하게 밟아간다. 그것은 시 장르 중심의 순수서정 지향에 핵심이 놓이며, 당대 문단의 주류였던 프로문학이나 민족주의를 모두 넘어선 미학주의 지향에 중심이 놓이게 된다. 이 흐름에 처음부터 마지막까지 참여한 인물이 이하윤이고, 그는 해외문학파 출범 당시의 미학적 기획을 창작과 번역 양쪽에서 지속적으로 실천해간 거의 유일한 시인이라 할 것이다.

2. 이하윤의 매체 활동과 번역 활동

연포(蓮圃) 이하윤(異河潤, 1906-1974)은, 해외문학파의 토대였던 외

---

[2] 위의 글, 1면.

국문학 번역에 남다른 공을 들여 근대 서정시 발전에 많은 영향을 주었다. 그는 이천공립보통학교, 경성제일고보를 거쳐 일본 호세이대학 법문학부 문학과를 마쳤으며, 유학 기간 동안 독일어, 불어, 이태리어 등을 두루 공부하였다. 귀국하여 중외일보 기자, 경성방송국 편성계, 콜롬비아주식회사 문예부장, 조선중앙일보 및 동아일보 학예부 기자 등을 지내면서 근대문학은 물론 가요를 비롯한 근대문화 전반에 걸쳐 많은 활약을 보였다.

무엇보다도 이하윤은 『해외문학』 초기 동인으로서, 여러 매체에 번역시편을 지속적으로 소개하는 데 주력한다. 주로 프랑스, 미국, 영국, 아일랜드 등에서 씌어진 서정시들을 번역했는데, 그가 나중에 집대성한 번역시집 『실향(失香)의 화원(花園)』(시문학사, 1933)에는 이러한 성과들이 한자리에 모아져 있다. 이 번역시집은 김안서의 『오뇌(懊惱)의 무도(舞蹈)』(광익서관, 1921)에 비해 원전 그대로에 충실하게 번역하였다는 평가를 받았고, 양적으로도 더욱 방대하다는 평언을 들었다. 이 번역시집에 그가 펼쳐놓은 번역관(觀)을 한번 살펴보자.

오로지 原義를 尊重하야 우리詩로서의 律格을 내깐에는 힘껏 가초아 보려고 애쓴 것이 事實인 것만을 알어주시면 할 따름이외다 (…) 이미 七八年前 飜譯文學을 爲主하야 나왓든 雜誌 『海外文學』 創刊辭와 그 餘言에서 말한 바도 잇거니와 建設期에 處하야 將來를 期할 뿐이오 現狀이 그지업시 貧弱한 우리로서는 이러케 벤벤치못한 出版이나마 좀더 뜻잇게 생각해주실 必要가 잇지나 안흘까 합니다 그러타고 나는 이것이 조흔 飜譯品이라고는 決코 하고십지 안습니다 試鍊에 試鍊을 加해야할 한 過程을 밟는데 지나지 안는 것이라고는 생각합니다만 그 사다리의 조고마한 못이라도 될수잇서서 將次 이런 일의 조흔 收穫이 잇게 된다면 이 또한 世界文學과 脈을 通하게되는 時代的必須事業의 하나가 되는 것이 아닐 수 업스니 우리 文學建設期에 끼치는 貢獻과 아울너 重大한 일이 됨

에 틀님업는 것이라 하겟습니다.³

원의를 존중하여 충실하게 번역했다는 것, 원작의 내용을 우리 시의 율격 자질과 결합하여 번역했다는 것, 그리고 이러한 방법과 태도가 우리 문학 건설에 유의미한 기여를 할 것이라는 믿음이 그의 번역 행위에 일관되게 관류하고 있었다. 그래서 이하윤은 아직 만족할 만한 수준의 번역은 못 되었지만, 일종의 시련 과정이라고 생각하면서 시집 출간을 서두르게 된다. 과정적 실체로서의 과도기적 번역, 이것이 곧 "世界文學과 脈을 通하게되는 時代的必須事業의 하나"임을 그는 믿었던 것이다. 이하윤은 이처럼 다양한 텍스트 선정을 통한 해외 근대시 전반에 걸친 소개와 번역의 새 차원을 열었다는 점, 해외시 및 해외문학을 통한 조선문학에의 관심을 보여준 것⁴ 등으로 근대문학 발전에 크게 기여했다고 할 수 있다.

하지만 번역가로서의 이하윤의 커다란 궤적 외에도 우리는 매체와 창작 차원에 걸쳐 있는 그의 활약을 폭 넓게 검토할 수 있다. 아닌 게 아니라 그는 해외문학파의 속성을 이후 매체들에서도 고스란히 이어간 주역일 뿐만 아니라, 해외문학파와 시문학파의 인적 유대를 가능케 했던 실질적 인물이기도 하였다. 그리고 그는 한껏 자신의 매체적 위상을 높인 『현대서정시선(現代抒情詩選)』(박문서관, 1939)을 펴낸 편집자였고, 창작시집인 『물레방아』(청색지사, 1940)도 펴낸 초기 해외문학파 유일의 시인이었다. 이러한 왕성한 활약이 그로 하여금 문제적 인물로 부상하게 한 것이다. 이 과정에서 그는 1926년 『시대일보』에 시 「일허진 무덤」을 발표한 이후 「애송(愛誦) 9편」(『해외문학』, 1927. 7.), 「물레방아」, 「노구(老狗)의 회상곡(回想曲)」(『시문학』, 1930.

---

3 이하윤, 「서(序)」, 『실향의 화원』, 시문학사, 1933, 3-4면.
4 김용직, 『한국현대시연구』, 일지사, 1982, 242면.

3.) 등을 발표하였다. 이 시편들은 주로 애상적이고 탈역사적인 회상의 세계를 전통적 가락에 담은 것이었다. 아닌 게 아니라 시집 『물레방아』에 실린 거의 모든 시편들이 대체로 순수서정의 세계를 정형에 가까운 리듬으로 담은 것이었다.

이하윤이 가담한 매체는 『해외문학』에서 시작하여 『시문학』, 『문예월간』, 『문학』으로 이어진다. 모두 순수서정의 울타리들이었다. 이러한 서정시 운동은 오일도 주재의 시전문지 『시원』으로까지 연결된다. 이처럼 한국 근대 순수서정시 운동은 이하윤의 동선을 따라 엮여져 있었다. 이 가운데 『시문학』은, 박용철이 출자하여 이하윤이 편집을 맡았다. 김윤식은 『시문학』의 바탕이 해외문학파라고 하였지만, 김용직은 『시문학』에 참여한 해외문학 동인이 이하윤뿐임을 들어 이를 부인하였다.[5] 우리는 『시문학』 동인의 바탕이 해외문학파라고는 할 수 없지만, 이후 매체들에서 해외문학파와 시문학파를 결속한 역할을 한 것이 박용철과 이하윤이라고 말하는 것이 옳다고 본다.

물론 일각에서는 해외문학파와 구인회를 이념적 연속체로 보는 시선도 있다. 당시 카프가 구인회와 극예술연구회를 '동체이명(同體異名)'으로 파악했다거나,[6] 해외문학파의 문학사적 의미를 받아들인 단체가 구인회라는 지적[7] 등은 '해외문학파-시문학파-구인회'의 이념적, 방법적 연속성을 말해준다는 것이다. 말할 것도 없이 그것은 미학주의적 완성을 기하려는 공통점일 것이다. 『시문학』의 이념이 될 만한 글을 한번 살펴보자.

---

[5] 김윤식, 『한국근대문예비평사연구』, 일지사, 1985, 139면; 김용직, 『한국현대시연구』, 일지사, 1982, 21면.
[6] 박승극, 「朝鮮文壇의 回顧와 批判」, 『新人文學』, 1935. 3.
[7] 김한식, 「구인회 소설 연구」, 고려대학교 석사학위논문, 1994. 16-17면; 구자황, 「'구인회'와 주변 단체」, 『상허학보』 3호, 상허학회, 1996, 144면에서 재인용.

美의追究 …… 우리의 감각에 녀릿녀릿한 깃븜을 일으키게 하는 刺戟을 傳하는美, 우리의 心懷에 빈틈업시 폭 드러안기는 感傷, 우리가 이러한 詩를追究하는것은 現代에잇서 헌거품 물려와 부듸치는 바회우의 古城에 서잇는 感이 잇슴니다. 우리는 조용히 거러 이 나라를 차저볼가 함니다.[8]

이들의 미학적 입장은 단연 심미주의적 추구에 놓여 있다. 이 글을 직접 쓴 박용철의 미학은, 비록 그것이 현대의 기율에서는 먼 것이지만, 미(美)를 순수하게 추구함으로써 감각적 희열에 도달하는 과정을 밟아간다. 그렇다면 구인회의 미학은 어떤 것인가. 그들은 비교적 전문성을 가진 미적 근대성의 체현자들이었다. 나중에 극예술연구회 멤버였던 유치진이 구인회에 참여하는 것으로 보아 해외문학파와 구인회의 인적 연속성이 어느 정도 인정되기도 한다. 하지만 우리는 해외문학파와 구인회의 직접적 연관성이나 선조적 영향 관계를 승인하기보다는, 이들이 미적 근대성의 여러 운동 형식을 다른 방향에서 추구했다고 보는 것이 알맞다고 생각한다. 그래서 이들 사이의 직접적인 인적, 이념적 연속성은 매우 약하다고 보는 것이 옳을 것이다.

어쨌든 『시문학』 창간호 편집 후기는 『해외문학』 창간호 서문에 담긴 "우리말의 統一과 發達을 期하야 우리 文學建設에 훌륭한 言語를 가지게 하여 보자는 것"[9]이라는 발언과 유력한 상동성을 지니고 있다. 그것은 언어의 자각을 통한 순수서정의 감각에 대한 승인이었다. 이러니 자연스럽게 해외문학파는 시문학파와 결속하여 1930년대 순수서정시 운동에 깊이 개입하게 되는 것이다.

이때 이하윤은 『시문학』 창간호에 폴 포르의 시를 번역하는 것을

---

8 박용철, 「편집후기」, 『시문학』 3호, 1931. 10, 32면.
9 『해외문학』 1호, 1927. 1, 1면.

시작으로, 2호(1930. 5.)에서는 알베르 사맹의 시를, 3호(1931. 10.)에서는 프랑시스 잠과 구르몽의 시편들을 각각 번역하여 싣는다. 주로 불어권 시인들임을 알 수 있다. 이처럼 창작과 번역 양쪽에서『시문학』에 적극 가담했던 이하윤은『문예월간』으로 활동 근거지를 옮기게 되는데, 저간의 사정은『시문학』3호 기사들이 잘 보여준다.

또 한가지 말해둘 것은 이번 우리 詩文學同人 中에서 異河潤 朴龍喆 兩人이 編輯을 마터『文藝月刊』이라는 文藝 全般을 取扱하는 雜誌를 十一月부터 創刊하기로 되엿슴니다. 여러분의 文藝知識을 널피고 文藝趣味를 涵養하는 데 조그마한 도움이 될가 함니다. 詩의 鑑賞을 깊게 하는데 文藝全般의 造詣를 必要로 하는 것은 多言을 要치 아니할 줄 암니다.[10]

今番 本社名을 文藝月刊社라 改稱라기로 되엿슴니다 理由는 詩文學의 姊妹紙로『文藝月刊』이라는 大衆의 一般文藝趣味 月刊雜誌를 한곧에서 發行하게 된 까닭임니다.『文藝月刊』誌의 趣意를 紹介하면 1. 內外文藝動向의 迅速한 攝取와 批判 2. 高尙한 趣味의 涵養 3. 文藝와 生活과의 接近 第一號는 지금 檢閱中에 잇슴으로 十月二十日頃에는 發行되겟슴니다 여러분이 만흔 期待를 가지서도 조흐리라고 밋슴니다.[11]

이하윤과 박용철이『문예월간』으로 옮겨가고,『시문학』4호는 결국 발간되지 않았다. 이 기사에 의하면 원래『시문학』자매지로『문예월간』을 펴내려고 하였지만, 결국『시문학』이 종간함에 따라 시문학파의 미학은『문예월간』으로 이월하게 되었고, 이때 김영랑이 박용철과 매체적으로 갈라서게 된다.『문예월간』은 1931년 11월에 창간하여 이하윤이 편집을 맡았다. 발행인은 박용철이었고 발행처는 문

---

10 박용철,「편집후기」,『시문학』3호, 1931. 10, 32면.
11 「사고(社告)」,『시문학』3호, 1931. 10, 26면.

예월간사였다. 이때 해외문학파와 박용철의 본격적 결속이 이루어진다고 할 수 있을 것이다.

그렇다면 『문예월간』의 방향은 어떤 것이었을까. 첫째 그들은 내외 문예 동향을 신속하게 섭취하고 비판하는 일종의 '소개자'로서의 자의식을 강하게 견지하였다. 해외문학파와의 연속성이 느껴지는 대목이다. 둘째로는 고상한 취미를 함양하는 일종의 대중 교양지로 탈바꿈을 선언하였다. 마지막으로 그들은 문예와 생활이 접근되도록 함으로써 상업적 성공을 염두에 두었다. 이러한 창간 과정에서 이하윤의 참여는 박용철의 경제적 배려와 만만찮은 병고가 겹치면서 이루어진 것이다. 물론 그동안 이하윤이 쌓은 매체적 경력이 적극 활용된 것이기도 하다. 『문예월간』 창간호 편집 후기에서 이하윤은 다음과 같이 말하였다.

> 우리는 標榜하기를 內外文藝動向의 迅速한 報道와批判 日常生活과 文藝와의接近 高尙한 趣味의涵養이라고 하엿습니다 그리하야 우리는 무엇보다도 이雜誌에 싯는 글에 큰 關心을 두고자합니다 그것은 在來와가치 所謂 旣成作家의 일홈만을 羅列하는 하펌나는 짓을하고자하지안흐며 따라서 될수잇는대로 아직發表하지안흔이 써보지안흔이의 글로써 우리의勇氣를 붓도다려고함니다 (…) 우리文壇은 沈滯에 멈추는 것이아니외다 언제 盛況햇기에 오늘沈滯하엿겟슴닛가 우리는 沈滯에서 打開策을 講究한다는이보다 새로히文學을 建設해보랴는 努力이 絶對로 必要할 줄암니다 그럼으로 우리는 우리의것을 創造하는一方 남의것을또알어야하겟슴니다 남의것을안다는것은 現在의우리로서는 두가지 必要가잇스니 하나는荒蕪한우리文壇에 잇서서그배홈이된다는것이오 둘은 그들과한潮流에 석길必要가잇는까닭에 現代世界人으로서의 必然的任務라하겟슴니다.[12]

---

12 『문예월간』 1호, 1931. 11, 94면.

이하윤은 『문예월간』이 신인 발굴을 통해 새로운 문학 건설에 이바지할 것을 다짐하였다. 물론 "內外文藝動向의 迅速한 報道와批判 日常生活과 文藝와의接近 高尙한 趣味의涵養"이라는 『시문학』 기사에 비친 이념을 계승하겠다는 뜻도 잊지 않았다. 우리 문학사가 일천하기 때문에 침체라는 말을 쓰기는 어렵고, 따라서 침체의 타개책보다는 새로운 문학을 건설하려는 노력이 더욱 필요하다고 그는 강조한다. 그 점에서 "우리의것을 創造하는一方 남의것을또알어야하겟슴니다"라는 발언은 고스란히 『해외문학』의 이념을 잇는 것이었다. 황무한 우리 문단에 도움이 되는 측면과 그네들과 한 조류로 가는 세계인으로서의 정체성 강화 측면에서라도 해외문학은 소개되어야 한다는 것이다. 그 점에서 우리는 『문예월간』이 『시문학』보다 훨씬 더 『해외문학』에 가까운 기획을 가졌다고 말할 수 있다. 물론 『문예월간』은 3호로 종간하였다. 그 후 이하윤은 해외문학파가 중심이 되어 조직된 연극 단체 '극예술연구회'에 가입하였다. 그 과정에서 『문학』이 창간되고, 역시 박용철 출자로 이하윤, 김진섭, 이헌구, 김광섭 등 해외문학파가 폭 넓게 관계하게 된다. 발행인은 박용철이었고, 발행처는 시문학사였다.

『문학』에는 김진섭, 김광섭, 조희순, 이헌구, 함대훈 등 해외문학파와 김영랑, 박용철, 신석정, 허보, 김현구 등 시문학파가 튼튼한 인적 결속을 이루고 공존하게 된다. 물론 이하윤이 이들의 인적 매개가 되었다. 또한 『문학』은 번역에도 지극한 공을 들였는데, 이에 대해 『문학』 2호 편집 후기에서는 이렇게 말한다.

또하나 이런말이 잇다한다. 『文學』誌는 朝鮮文壇에 對한 關心이 不足하다고. 아닌게아니라 『文學』誌는 文壇的關心을 意識的으로 節制하고 잇다. 그러나 所謂 文壇의關心과 朝鮮文學의 建設을爲한 熱意와는 全然別物인것이다. 우리가 실상 한줄의 創作을쓰고 한줄의 紹介文을 쓰고, 한

줄의 번역을 하는것이 모도 朝鮮文學의 建設을 위하는 熱意에서나온일
이 아니면 아니된다.[13]

『문학』은 3호를 내는 동안, 박용철, 조희순, 이헌구, 이하윤, 함대훈, 김진섭, 김광섭 등의 번역물을 집중적으로 실었다. 마치 『해외문학』이 속간된 듯한 느낌이 들 정도이다. 물론 창작은 시문학파가 맡았다. 이는 『시문학』이 이어진 듯한 느낌을 준다. 이렇게 이하윤이 옮겨가면서 박용철과 함께 꾸린 매체들은 모두 『해외문학』과 『시문학』을 연결한 듯한 모습을 보여준다. 이러한 매체적 흐름은 오일도 주재의 『시원』으로 이어지는데, 『시원』에는 정인섭, 김광섭, 정지용, 박용철, 신석정, 허보 등의 작품과 조희순, 이헌구, 서항석, 함대훈, 장기제 등의 번역이 실린다. 모두 『해외문학』과 『시문학』의 연속성이 환히 보이는 인적 구성이라 할 것이다. 이렇게 이하윤의 동선은 곧바로 한국 순수서정시의 맥락이나 해외문학 번역이라는 흐름과 그대로 상동성을 띠게 된다. 결국 이하윤의 매체적 이동과 활약은 『해외문학』의 기획을 연장시키면서 그것을 더욱 세련화하는 과정이었다고 할 것이다.

3. 순수서정의 퇴행적 귀착

그렇다면 『해외문학』의 지향으로서 번역에 가장 충실한 지속성을 보였던 이하윤이 정작 창작에서 보여준 성과는 어떤 것이었을까. 물론 그는 근대문학사에서 정지용, 김영랑, 신석정 같은 정통 시문학파가 거둔 시적 성취에는 이르지 못했다는 평가를 받는다. 하지만 그 경향만 일별해본다면 그는 순수서정의 지향을 지속적으로 지켜감으로

---

[13] 「후기」, 『문학』 2호, 1934. 2, 35면.

써, 시문학파로서의 속성을 매우 충실하게 이어간 시인이다. 그의 순수서정시들이 식민지 시대를 걸어간 경로를 따라가 볼 때, 우리는 순수서정시의 미학적 귀결점 하나를 선명하게 목도할 수 있게 된다. 다음은 이하윤이 쓴 첫 작품이다.

北門턱 외딴 길에
풀닙 거츠른
임자 일흔 무덤이
하나 잇더니

放浪의 손 외로이
지날 때마다
무덤 앞에 안저서
쉬고 가더니

원수의 新作路
생긴 이후로
패여간 무덤 자최
간 곳 업도다

무덤 우에 덥혓든
흙과 잔듸는
짓밟히고 짓밟히는
길이 되어서

묵어운 발자최에
눌닐 때마다

애닯은 녯놀애를
　　읍고 잇노라

　　임자 일흔 무덤이
　　하나 잇서서
　　흘러가는 行人이
　　쉬고 가더니

　　　　　　　—「일허진 무덤」 전문(『시대일보』, 1926. 6. 28.)

　　퇴락한 '무덤'을 소재로 택하여 존재론적 상실감을 노래한 일종의 감상 시편이다. "北門턱 외딴 길"에 놓여 풀잎 거칠게 덮인 임자 잃은 무덤의 이미지는 '방랑(放浪)'과 '외로움'을 이어가는 '손'의 처지를 닮았다. "원수의 新作路"가 가로놓이자 무덤의 자취는 '북문(北門)턱'으로부터 패여갔다. 여기서 "원수의 新作路 / 잃어진 무덤"의 대위는 문명/자연, 근대/반근대의 대립적 속성을 적나라하게 보여주면서 근대 순수서정시의 반근대적 감상 편향의 한 극점을 보여준다. 무덤 위에 덮였던 흙과 잔디는 모두 짓밟혀 "애닯은 녯놀애"를 읖고, 임자 잃은 무덤은 "흘러가는 行人"처럼 소실점을 향해가고 있는 풍경이 잔잔하게 거기 얼비친다. 뚜렷한 반근대적 원근법에도 불구하고 이하윤 시편은, 우리 근대시가 거둔 내면과 사물의 상호 결속에는 이르지 못한 상태를 보여준다. 이 시편을 쓸 때 이하윤 나이는 스물이었다. 그러다가 이하윤은 『시문학』에 적극 참여하여 그 창간호에 다음 두 편의 작품을 싣는다.

　　끗업시 도라가는 물네방아 박휘에
　　한닙식 한닙식 이내 추억을 걸면
　　물속에 잠겻다 나왓다 돌때,

한엽는 뭇기억이 닙닙이 나붓네

박휘는 끝업시돌며 소래치는데
맘속은 지나간 옛날을 차저가,
눈물과 한숨만을 지어서 줍니다
……………………………

나만흔 방아직이 머리는 흰데,
힘업는 視線은 무엇을 찻는지 —
확속이다 굉이소래 찌을적마다
요란히 소리내며 물은 흐른다.

—「물네방아」전문(『시문학』, 1930. 3.)

나중에 이하윤 시집 표제작이 되는 이 시편은 가장 토속적인 소재를 택함으로써, 역시 반근대적 속성을 여지없이 드러냈다. 이때 '물레방아'는 어떤 이념이나 가치를 환기하는 알레고리로 쓰인 것이 아니라, 그야말로 즉물적인 개별 심상으로 채택되었다. 물레방아 바퀴에 추억을 한 잎씩 걸치고 있는 화자의 심회는 물레방아의 순환적 움직임을 따라 번져간다. 바퀴의 순환과 옛날로의 시간적 역류가 만나면서 "눈물과 한숨"이 생겨나는데, 이어지는 말없음표는 그 눈물과 한숨 사이의 긴 휴지부를 암시한다. 나이 많은 방아지기 노인의 시선을 지나 여전히 지속적으로 큰소리를 내며 흐르는 물에 돌아가는 물레방아는 우리 전통사회 어디서나 볼 수 있는 풍경이면서, 동시에 "물레방아 바퀴에서 인생의 유전(流轉)을 생각하는 방아지기 노인의 시선"[14]이

---

14 조영식,「연포 이하윤의 시세계」,『인문학연구』3호, 경희대학교 인문학연구소, 1999, 268면.

어려운 현실을 견디면서 받아들이는 달관의 경지를 형상화하고 있다 할 것이다. 이처럼 이하윤 초기 시편들은 회고적이고 낭만적인 인생론적 고독과 달관을 노래하는 순수서정의 몫을 띠고 출발했다고 보아야 할 것이다.

>오랜 녯날의
>히미한 기억이
>새로운 喚起를
>돌려보낼때,
>오! 저개는
>저 늙은개는
>원한과 공포가
>떠올러와
>우렁차게도
>지저 오른다.
>
>저― 개는
>오! 늙은 저개는
>평화한 山村에
>騷亂을 다하는
>어려서 바든
>쓰린 기억이
>사라도 지렬때,
>비통의 과거
>애닯은 기억을
>끄러다 주어서.

곱게 무쳐진
점잔은 기억이
공포와 원한을 품고
새로 히미히
喚起될때에
무섭게 늙은 저개는
하날을 우러러
산을 맛보고
힘차게 우러낸다
그波動을 따라……

―「노구(老狗)의 회상곡(回想曲)」 전문(『시문학』, 1930. 3.)

이 특이한 시편은 그 제목에서부터 '늙음'과 '회상(回想)'이 아울러 있음으로써, 소멸해가는 것들에 대한 애잔한 마음을 담고 있다. "오랜 녯날의 / 히미한 기억"을 통해 "새로운 喚起"를 하려는 시인은 "원한과 공포" 때문에 늙은 개가 우는 장면을 목격한다. 늙은 개는 '평화/소란(騷亂)', '비통의 과거/애닯은 기억'을 관통하면서 울음의 파동을 하늘로 짖어 보낸다. 이때 늙은 개가 짖어 올리는 감각의 파동이야말로, 원한과 공포를 넘어, 지난날의 어두운 기억과 회상을 넘어, 어떤 새로운 역동성으로 나아가는 길목을 만들어준다. 하지만 이 시편은 이러한 얼개에도 불구하고, 그 형상의 구체화가 수반되지 않았고, 더구나 늙은 개의 원한과 공포와 기억과 회상의 실질적 구체가 나타나지 않아, 근대시의 높은 준령에 이르지는 못하였다. 이처럼 『시문학』에 창작시 두 편을 발표했던 이하윤은, 『시문학』에 대해 다음과 같은 견해를 제출하였다.

鄭寅普 鄭芝鎔 卞榮魯 朴龍喆 金允植 筆者等 六人이 同人이 되여 『詩文

學』을 隔月刊으로 發刊한 것(目下三號編輯中)은 文藝同人誌가 거의업든 今年에 한 特異한 存在에 틀님업섯스리라고 생각한다『詩文學』에서 새로이어든 朴龍喆 金允植 金炫(金炫耉-인용자 주)等 三人은 우리 詩壇에 드물게보는 忠實한 뮤즈의 使徒라고 나는 밋는다[15]

박용철, 김영랑, 김현구를 뮤즈로 상찬했던 이하윤은 스스로는 서정적 뮤즈로서의 정체성과 지속성을 지켜내지 못하고, 1930년대 중반 이후 일종의 가요적 발상과 형식을 담은 시를 써가게 된다.[16] 이상호는 이하윤 시의 음악성을 지적하면서 "그의 시에서 가장 두드러지게 나타나는 것이 시 형식의 固着性이라는 점을 감안한다면 그도 아직 시를 詩歌의 측면에서 생각하고 있었다고 할 것이다."[17]라고 지적한 바 있는데, 아닌 게 아니라 그의 시편들은 '정형'을 연상케 할 정도로 음악적 규율이 강하게 작동하고 있다.

  1
  백리길 이빈터에 雜草만이 욱어젓네
  뭃어진터 잔돌틈에 애처러운 저꽃송이
  네얼골 보고지워 이곧온것 아니것만

---

[15] 이하윤, 「1930년 중의 문단(文壇)」, 『별곤건(別乾坤)』, 1930. 12, 24면.
[16] 최근 이하윤이 1930년대에 여러 편의 가요시를 음반으로 취입했다는 연구가 있었다. 그의 1930년대 작품들 중 다수는 유성기라는 첨단 음향 기술에 힘입어, 문자 텍스트의 한계를 벗어나 일종의 음성 텍스트로서 창작되었다. 이러한 그의 가요시는 시가 대중적 가창 형식을 통해 향유된 실례라 할 것이다. 이하윤의 이 시기 시적 형식과 내용을 검토하는 데는 이러한 가요시 창작의 흐름이 중요한 참고 사항이 될 듯싶다. 구인모, 「이하윤의 가요시와 유성기음반」, 『한국근대문학연구』 18집, 한국근대문학회, 2008. 4 참조.
[17] 이상호, 「이하윤과 그의 문학」, 『한국문학연구』 8집, 동국대학교 한국문학연구소, 1985, 216면.

2
영화는 꿈일네라 버레소리 처량하다
달세 안밝아도 가을인줄 알겟거든
원수라 오늘마츰 보름달이 아니던가

3
어둔산 커저간다 내그림자 한이없네
자최나 없엇든들 저를아니 성할것을
찾어오는 젊은손의 가슴만을 설네누나

― 「녯터」(『고려시보』, 1933. 5. 16.)

일단 이 시편은 형식적으로 정형적 율동을 깊이 내장하고 있다. 시조를 연상시키는 4음보 율격을 충실하게 이어가면서, 마치 노랫말 3절을 풀어놓은 것 같은 형식을 갖추고 있다. 제목은 역시 회고적이고 퇴영적인 '옛터'로 삼았다. '빈터'와 '잡초(雜草)'와 '애처로운 꽃'은 마치 식민지 시대 불렸던 '황성옛터'의 퇴락한 풍경을 연상시키면서, '영화'가 다한 상태의 무상함을 드러낸다. 젊은 나그네가 취하고 있는 이러한 회고적 감각은, 외국문학 전공자로서의 자의식과는 전혀 다른 미학적 퇴행을 현저하게 보여준다는 점에서 매우 이채롭다. 이렇게 이하윤은 번역에서는 외국문학 수용을 통한 세계문학으로의 확장을 욕망하였고, 창작에서는 철저하게 회고적이고 퇴영적인 반근대적 감상에 머물렀다고 할 수 있다. 다음 작품도 마찬가지 형식과 내용을 견지하고 있는 사례이다.

아득한 꿈나라를 바라보면서
버드나무 그림자에 어리운얼골
지나온 그넷날이 어이그리 애닯하

넷기억 가지마다 피어오르네
그그림자 내얼골에 다시비쵸니
지나온 그시절이 어이그리 서러워

내압길 몽롱하기 안개갓구려
버드나무 그림자에 어러운이맘
지나온 젊은날이 어이그리 그리워
—「버드나무 그림자에」(『삼천리』, 1935. 11.)

버드나무 그림자에 어리는 것은 '그리움'이라는 원초적 정서이다. 이 그리움의 정서가 각 연에서 반복되는 동질적 형식의 연쇄에 담겼다. 각 연 1행은 7·5조, 2행은 8·5조, 마지막 행은 3·4·4·3으로 되어 있다. 가요를 염두에 둔 일종의 작사(作詞) 행위이다. "아득한 꿈나라"를 거쳐 "버드나무 그림자"에 어린 얼굴은 그대로 지나온 옛날을 환기한다. 그 옛 기억이 지난 시절을 서럽게 하고, 마침내는 몽롱한 내일도 버드나무 그림자에 어려, 화자는 젊은 날을 그리워한다는 원형적이고 추상화된 내용을 담고 있다. 이렇게 이하윤 가요시는 정형을 방불하게 하는 규칙성과 해묵은 원초적 정서를 동시에 담아내고 있었다.

山上에 고요한 黃昏을 마지하려고
나는 가을이 되면 산을 찾어가느니

바위에 누어 처다보는 하눌이어
구름은 머물너도 손은 채 다치않누나

山水畵 산 평풍 丹楓닢에 가렸노라
크다 아름답다 거룩한 沈默에 잠겨서

微弱한 내存在를 깨닫기 전에
미리 큰소리 한번 웨처보는 心思여

포플라나무 안개 검으는 마을 저편에
산줄기는 몇번이나 높고 나졌는고

물구비 숨었는가 그산 넘어로
아득한 바다 잠긴 붉은 꿈을 띠운다

山上에 고요한 黃昏을 마지하려고
나는 가을이 되면 산을 찾어가느니

—「산상음(山上吟)」(『조광』, 1939. 1.)

  산 위에 번져오는 황혼을 맞으려 화자는 가을 산을 찾는다. '하늘'과 '구름'을 바라보면서 가을 산의 깊은 침묵에 잠긴다. 크고 아름답고 거룩한 산의 '침묵(沈黙)'은, "微弱한 내存在"를 깨닫게 한다. 이처럼 산과 바다의 아득함에서 화자는 어떤 내면의 큰 국량에 가 닿는다. 이하윤 시세계의 어떤 깊이를 보여주는 듯한 세계가 아닐 수 없다. 하지만 이러한 세계는 더 이상 지속되지 못하고, 이하윤은 수필이나 가요 쪽으로 현저하게 몸을 돌린다. 이렇게 펼쳐진 이하윤 창작의 세계는, 순수서정의 속성을 지속적으로 지켜가면서, 후기에 가요 형식의 정형에 가까운 시편들을 창작한 도정으로 요약될 수 있다. 그 내용은 원초적 정서를 담은 것이었고, 그 형식은 전통적인 규율을 자청한 것이었다. 그 점에서 그는 전형적인 서정주의 시인이었다.
  여기서 우리는 '서정'과 '서정주의(리리시즘)'의 구별을 요하게 된다. 주지하듯 '서정주의'는 개별 작품에 나타나는 정조나 이념을 귀납하여 규정된다. '서정주의'는 대상에 대한 차분한 관조를 통해 융화의 세계를 그리거나 주체의 자족적 충일감이 갈등 없이 토로되는 '순수서정'의 경향에서 이루어진다. 그것은 '서정'의 원리가 가장 탈이념적이고 탈일상적인 순수한 물리적, 정서적 상황에서 실현된 어떤 정조나 분위기를 뜻한다. 따라서 우리는 '서정'을 '서정주의'의 정조나 분위기를 구현하는 원리로 인식해서는 안 된다. 그렇지 않을 경우 우리는 '서정적=감성적' 심지어는 '서정적=감상적'이라는 오도된 등식과 마주치게 되며, 다분히 부드럽고 따뜻하고 슬픔의 정조를 띤 작품들을 서정의 원리에 충실한 것으로 오인하게 된다. 더구나 역사의식이나 현실 감각이 다소 결여된 '순수서정'의 작품들이 서정의 본질인 것 같은 오해마저 팽배한 것을 감안하면, '순수서정'이 서정의 극단적 형식에 지나지 않는다는 것을 인지해야 할 필요성은 더욱 커진다. 따라서 '서정주의'를 서정의 가장 본원적인 발현 양태로 보는 것은 온당하지 않다. 그 점에서 우리는 이하윤의 시적 경로를 식민지 시대 '순수서정시'가 걸은 서정주의의 퇴행적 경로라고 보아, 서정의 구현과는 다르게 평가해야 할 것이다.

4. 근대문학사적 위상

이상에서 살핀 이하윤의 문학적 궤적은, 한국 근대문학사의 '외국문학'→'순수문학'의 일관된 관련성 아래서 펼쳐진 것이었다. 원래 해외문학파는 한국 근대문학사에 처음으로 외국문학을 번역하고 소개한 그룹이었다. 이들은 특별한 구심적 강령이나 이념에 의해 결합된 집단이라기보다는 비교적 느슨한 인적 결속체였다고 할 수 있다. 이들의 문학적 행로는 『해외문학』-『시문학』-『문예월간』-『문학』-『시원』으로 이어지는 순수서정시 계열에서 찾아지는데, 이때 이하윤의 매체적 역할과 시적 성취는 해외문학파가 1930년대 문단에서 자신들의 흔적을 남기는 중요한 준거가 되었다. 비교적 뛰어난 외국어 실력과 전공 의식을 바탕으로 한국문학을 위한 외국문학 연구와 수용을 기치로 내걸었던 해외문학파는 이렇게 다른 매체들로 이월되고 흡수되어간다. 이 매체들의 속성은 시 중심의 순수서정 지향으로 한껏 모아지는데, 이들은 그 당시 문단의 주류였던 프로문학과 민족주의를 모두 넘어선 곳에 미학주의의 지향을 일관되게 드리웠다.

　이때 중요한 역할을 한 사람이 이하윤이었다. 이하윤은 순수서정시의 지향을 지속적으로 지켜가면서, 후기에는 가요 형식에 가까운 시편들을 줄곧 창작하였다. 그 내용은 상실감과 그리움이라는 원초적 정서를 담은 것이었고, 그 형식은 정형에 가까운 가요적 속성을 가진 것이었다. 이러한 회고적 감각과 전통적 형식은, 외국문학 전공자로서의 자의식과는 정반대편에서 생성된 것이었고, 식민지 시대 순수서정시가 귀착한 퇴행적 경로를 확연하게 보여주는 것이었다.

이찬 시의 낭만성과 비극성

1. 이찬의 생애와 시적 궤적

시인 이찬(李燦, 1910-1974)을 우리가 지금 살피는 것은, '근대'의 여러 양상과 징후들을 매우 짧은 시간 동안 실험하고 폐기해온 한국 근대 시사의 음영(陰影)을 재현하는 일인 동시에, 지금까지 한국 근대사를 규율해온 여러 동인(動因)들을 '시(詩)'라는 창을 통해 들여다보는 일이기도 하다. 그만큼 이찬이 걸어온 60여 년의 시간은 불구적인 한국 근대 시사의 여러 표징들을 단층적으로 그리고 집약적으로 드러내는 표상이고, 그는 한국 근대시의 여러 궤적들을 단시간에 차례차례 구현해간 흔치 않은 시인이라고 할 수 있다.

이찬은 함경남도 북청 출신이다. 파인(巴人)의 「북청 물장수」로 유명한 바로 그곳이다. 그는 경성 제2고보를 졸업하고 연희전문과 릿쿄대학과 와세다대학에서 수학하였다. 동경에서 임화를 만나 사회주의 세례를 받았고, 1931년 '동지사'를 결성하여 카프에 가담하였다. 1932년 5월 귀국하여 검거되어 2년 가까운 세월을 수감되어 있었고, 만기 출소한 후 낙향하여 시집 『대망(待望)』(1937), 『분향(焚香)』(1938), 『망양(茫洋)』(1940) 등을 잇달아 펴냄으로써 당시 국경과 변방 지역의 정서를 첨예하게 보여주는 작품 세계를 구현한다. 일제 말기에는 몇 편의 친일시를 발표했으며, 해방 후에는 조선문학가동맹에 참여하였다가 고향으로 돌아가 북한문학의 맹장으로 활동하였다. 이처럼 그의 생애는 고향을 떠나, 서울과 동경에서 근대의 빛과 어둠을 두루 경험하고 표현한 후 고향으로 돌아간, 일종의 원환 회귀형의 것이라 할 수 있다.

그는 1928년 『신시단(新詩壇)』 창간호에 「잃어진 화원」, 「봄은 간다」 등을 발표하며 등단한다. 초기 시에서 강렬한 정치의식과 계층 의식을 결속한 세계를 보여준 그는, 구속과 수감 그리고 만기 출소라는 휴지기를 거치는 동안 시세계의 확연한 단층을 형성한다. 1937년 이후 그는 고향에 돌아가 한만 국경지대를 돌아다니면서 많은 시편을 썼다. 이때의 시세계가 바로 시인 이찬을 대표하는 경향으로 평가할 수 있는데, 실제 생활에 충실한 범부(凡夫)로서의 정서적 세목을 드러내는 성향과 식민지 시대의 비극성을 내면화하면서 그것을 북국 정서와 결합하는 성향을 동시에 보여주게 된다. 그가 펴낸 세 권의 시집은 이 시기를 집약한 성과라 할 것이다. 그러다가 해방과 분단이라는 경로를 거치는 동안, 이찬은 한 사람의 시인으로서는 감당하기 힘든 여러 험로를 다 걸어간 근대 시사의 흔치 않은 시인으로 귀결하게 된다.

여기서 우리는, 매우 단층적이면서도 변형과 굴절이 심한 성취를 이루어온 한 시인의 궤적을 통해, 한국 시의 모더니티가 얼마나 허약한 동일성과 자의식으로 구성되어왔는가 하는 뚜렷한 실증과 함께, 근대의 우울과 맞서면서 끝끝내 '시'라는 실천 행위를 놓지 않으려 했던 한 비극적 영혼과 만나게 될 것이다.

2. 낭만성과 프로시

이찬의 제1기 시편은 등단 후 보여준 초기 낭만성의 세계이다. 제2

기는 프로시와 옥중 체험을 담은 시편들을 쓴 때이고, 제3기는 이찬 시의 핵심이랄 수 있는 이른바 '북국 정서'가 드러난 비극성의 시편들을 쓴 때이고, 제4기는 내면 침잠과 전쟁 협력의 시편들을 쓴 때이며, 마지막 제5기는 월북 후 보여준 이른바 '수령 형상'의 문학적 단계라고 할 수 있을 것이다. 이러한 도정은 그가 우리 근대시의 여러 극단들 예컨대 '낭만주의시', '프로시', '옥중시', '친일시', '북한시'의 궤적을 두루 밟아온 예외적 시인이었음을 선명하게 알려준다. 이러한 극단적 변모와 굴절을, 그것도 길지 않은 시간 동안 치러온 그의 내면은 과연 어떤 기원을 가진 것이었을까. 등단작이라고 할 수 있는 다음 시편을 읽어보자.

> 북쪽 나라 ― 눈바람 불어치는 거칠은 벌판에
> 외로이 모여 선 산향나무의
> 남국을 그리우는 쓰린 마음을
> 뉘라서 알아주리!
> 두견 우는 비애의 호젓한 미지를
> 초생달의 엷은 빛만
> 입을 씻고 흘러라
> 말갛고 ― 노랗고 ― 또 ― 하얗고 ― 빨간 ―
> 채색의 풀꽃이 무르녹던 화원도
> 눈 나리기 전 그 옛날의 환상이어니
> 지금은 어둔 컴컴한 빛 속에 파묻혔어라
> 그렇다고 그대여! 내 마음은 막지 말아라
> 이 몸은 열두 번 죽어 두더지가 되어서라도
> 손발톱이 다 닳도록 눈벌판을 헤매어서
> 기어이 잃어진 화원을 찾아보고야 말려노라
> ―「잃어진 화원」 전문(『신시단』, 1928. 8.)

같은 지면에 발표된 작품에서 이찬은 "네가 왔다 해도 / 나라는 꽃은 피지도 않고"(「봄은 간다」)라는 의미심장한 알레고리를 내뱉는다. '춘래불사춘(春來不似春)'이라는 관용구를 "나라는 꽃은 피지도 않고"라고 표현함으로써, 식민지 지식인의 깊은 시대적 자의식을 드러낸 것이다. 그러한 자의식의 기저(基底) 위에서 그는, 눈바람 부는 거친 북국에 외롭게 서 있는 '산향나무'라는 상관물을 통해 "채색의 풀꽃이 무르녹던 화원"을 그리워하는 마음과, 어두움 속에 파묻혀버린 "잃어진 화원"을 두더지가 되어서라도 찾겠다는 만만찮은 결의를 동시에 내비친다. 그의 나이 스무 살 때이다. 그리고 그는 "거지반 빈주먹으로 현해탄을 건너는 키다리 청년"(「가라지의 설움」, 『대망』)의 모습으로 동경에 가서 그곳 유학생 기관지에 발표한 시편을 통해 "허물어진 그대들의 화원에 새로운 봄을 맞이하려거든 / 사벨을 펜을 뿔곽을 곡괭이를 가지고서 / 이곳으로 그대들의 일터로 줄달음질하여 나아오라!"(「일꾼의 노래」, 『학지광』, 1930. 4.)고 노래할 만큼, '잃어진 화원', '허물어진 화원'에 대한 동경과 갈망을 현저하게 보여준다. 이때 우리는 잃어버린(허물어진) 어떤 세계에 대한 동경과 갈망이야말로 이찬 시의 깊은 수원(水源)이며, 바로 이러한 지향이 '낭만성'의 핵심 요소라는 데 상도(想到)하게 된다.

우리는 흔히 낭만주의의 정신적 기조(基調)를 '동경(憧憬)'에서 찾는다.[1] 이러한 '동경'의 배경에는 '극성(極性)의 원리' 곧 양극적 대립에서 삶의 완성을 기하는 운동 혹은 그러한 대립을 고차원적 제3자로 극복하는 운동의 원리가 놓여 있고, 그만큼 모든 것을 포괄하는 통일성을 추구하는 것이 낭만주의의 핵심이 됨을 알 수 있다.[2] 유토피아적

---

[1] 지명렬, 『독일낭만주의연구』, 일지사, 1988, 14면.
[2] 지명렬, 「낭만주의와 동경의 문제」, 김용직 외 편, 『문예사조』, 문학과지성사, 1983, 61면.

열망을 토대로 통일성을 지향하는 이러한 낭만적 상상력은, 찰스 테일러가 한 "우리 감정에서 발견하는 진리의 개념들은 다양한 형태의 낭만주의적 충동을 정당화하는 중요한 개념"[3]이라는 지적에서 보듯이, '진리'에 가까운 어떤 세계를 열망하는 충동과 태도를 핵심 요소로 삼게 된다. 바로 그 '낭만성'의 충동과 에너지가 이찬 시편으로 하여금 오래도록 여러 차원의 '화원(花園)'을 향하게끔 한 것이다.

이러한 낭만적 속성이 극단화되고 고조화한 것이 바로 '프로시'의 형식일 것이다. 이찬은 와세다대학 재학 시절 '무산자사'와 깊은 관계를 맺었고, 이때 비로소 식민지 조선의 구체적 현실로 직핍해 들어가게 된다. 그의 이러한 변화는 당대 노동자들의 삶에 대한 관심으로 적극 이월하게 된다. 그때 『무산자(無産者)』가 발매 금지되고 임화가 구속되는데, 그때의 심회를 이찬은 "우리의 유일한 기관지요 전위적 지도적 임무에 노력하는 '무산자'는 어떠하냐. 발금(發禁)에 또 발금 위 없는 경제적 곤궁과 피압(被壓)에 탄식하고 있다. 카페 바에서 웨이트리스의 값싼 웃음을 살 돈은 있어도 부유한 우리 학생 분들의 고국을 위한, 인류를 위한, 우리의 일에는 일문의 기조(寄助)가 없다 개탄함은 활동하는 어느 동무의 말이다. 더욱이 근일에도 오륙 인의 동무가 끌려갔다가 행이 나오기는 하였다만 그러나 임화 형만은 아직 그 속에서 신음하고 있다."[4]고 말한 바 있다. 이러한 이찬의 임화 의존은, 그의 프로시 창작에서, 임화가 실험하고 보편화했던 이른바 '단편서사시'의 외관을 현저하게 취하는 면모로 이어지게 된다.

가고야 말려느냐

---

[3] Charles Taylor, *Sources of The Self: The Making of the Modern Identity*, Harvard University Press, 1989, pp.368-369.
[4] 이찬, 「동무에게 보내는 편지(片紙)」, 『학지광』, 1930. 4.

순아
너는 참 정말 가고야 말려느냐

산길로 삼백 리 물길로 육십 리
저 낯선 마을 낯선 거리 실 뽑는 공장으로
가고야 가고야 말려느냐

응 — 가난한 네 집을 위해서거든
가난한 네 집 살림을 위해서거든
칠순에 풍 나 누운 네 아버지와
육순에도 품팔이하는 네 어머니를 위해서거든

내 아무리 이리도 서러운들
내 아무리 이리도 안타까운들
오 어찌 너를 막을 수 있겠니 걷잡을 수 있겠니

내 만일에 고용살이하는 신세가 아니었던들
고용살이로 삼사 명 식솔을 기르는 신세가 아니었던들

하더라도 하더라도
네가 가려는 그곳이
네가 가려는 그 공장이
그의 말같이 그 모집원의 말같이
"일 헐하고 돈 많이 나고 대우야 아주 좋고—" 하다 하면야 했으면야
　　　　　—「가고야 말려느냐」 부분(『조선일보』, 1932. 5. 6.)

이 시편은 이른바 '단편서사시' 형식을 취하고 있다. 당대 카프의

시 창작 방법 가운데 일종의 계급성에 바탕을 둔 새로운 탐색 형식을 일러 '단편서사시(短篇敍事詩)'로 명명한 이는 김기진이다. 그것은 비록 편의적이고 과도기적인 명칭이었지만, 당시로서는 꽤 파장이 큰 창작 방법이자 양식 명칭이었다. 이러한 명명과 기율의 파장은 당대 프로시의 화법과 어조에 두루 걸쳐 작용하였는데, 특히 김기진이 임화의 「우리 오빠와 화로」에 대해 상찬한 대목은 당시 프로시가 나아가야 할 올바른 대중화의 방향타를 제시한 것으로 평가받기에 이른다. 이러한 '단편서사시'의 광범위한 창작과 비평은, 근대 시사에서 1920년대에 나타난 감상적 낭만주의의 보편적 감염 이후 거의 처음으로 이루어진 전(全)문단적 현상이었다고 할 수 있다. 아무튼 그것은 독특한 서간체 서술과 배역시(配役詩)적 요소로 인해 '대중화'라는 현실적 요구와 '리얼리즘시'라는 미학적 요구를 동시에 모색하는 흔적을 남긴다. 이러한 '단편서사시'의 집중 창작으로 인해 "이찬의 시는 서사성이나 이야기를 내포하는 경우가 많다."[5]는 평가를 얻게 된다. 하지만 이찬의 단편서사시 양식은, 나중에 임화 스스로 자기 비판한 장면에서 입증되듯이, 화자의 일방적 진술에만 의존하다 보니 인물의 구체성이 떨어지고 시편 전체는 일정하게 감상성을 띨 수밖에 없었다는 지적을 여전히 유효하게 안고 있다고 할 수 있다.

 위 시편의 화자는 '순이'라는 청자를 향한 '말건넴'의 발화를 통해 "낯선 마을 낯선 거리 실 뽑는 공장으로" 떠나는 그녀의 삶을 드러내 보여준다. 가난한 집안 살림과 병들고 빈곤한 부모를 위해 떠나는 그녀를 향해 화자는 '설움'과 '안타까움'을 토로한다. 물론 화자 역시 '고용살이하는 신세'이고 '삼사 명 식솔'을 길러야 하는 노동자의 처지이다. 마치 "피·감정·생각·기억조차 잃은 / 뼈만 남은 한 사나이"(「기

---

[5] 윤여탁, 「이찬 시의 현실인식과 변모 과정에 대한 연구」, 윤여탁 외 편, 『한국 현대 리얼리즘 시인론』, 태학사, 1990, 92면.

계 같은 사나이」,『대중공론』, 1930. 6.) 같은 존재로 그는 서 있다. 그는 순이가 가는 그 공장이 좋은 조건이기만을 바라고 있지만, 시편 후반부에서 "오오 샛별 같은 네 눈초리 / 붉은 네 볼 ― 조그만 네 손길 / 이루 이루 만나도 다시 볼 수 없겠구나 찾아볼 수 없겠구나"라고 한 것으로 미루어, 그곳이 평탄치 못하고 험난한 생을 기다리고 있는 공간일 것임을 징후적으로 드러낸다. 이러한 이찬의 단편서사시는, 노동자의 국제 연대를 강조한 「사과(謝過)」나, 「아내의 죽음을 듣고」, 「잠 안 오는 밤」, 「지고야 말다니」 등의 시편으로 이어지게 된다. 이 시편들은 한결같이 '동경'과 '환멸'을 양가성으로 하는 낭만성을 구체적으로 보여주는 실례들이다. 모든 것을 사물화하는 데 대한 강력한 항의로서의 낭만성, 동경의 에너지로서의 낭만성, 그 동경이 현실에서 실현 불가능할 것이라는 환멸의 낭만성이 그의 프로 시편들을 감싸고 있었던 것이다.

이러한 시편들을 쓴 후 이찬은 이른바 '별나라사건'으로 투옥된다. 그러다가 1934년 9월 "허구한 세월 삼년의 낮과 밤"(「만기」)을 감옥에서 보내고 만기 출소한다. 정확하게 1년 10개월을 겪은 옥중 경험은 그에게 말할 수 없이 혹독한 기억을 준 듯하다. 작품 「면회」와 「만기」는 이때 그가 느꼈던 고통과 침잠의 강도를 선명하게 증언해준다. 출소 후 귀향한 이찬은 인쇄업과 양조업에 종사하게 되는데, 이때 경험한 생활적 구체성이 그에게 가장 중요한 시적 덕목을 불러오게 되는 것이다.

3. 비극성의 구현과 변형

이찬 시편들 가운데 '프로시'는 그가 펴낸 시집에 전혀 수록되지 않는다. 아마도 귀향한 후 생활에의 헌신과 시작에의 충실을 도모한 그가, 지난 시기의 관념적이고 낭만적인 시편들을 배제하고 싶었던 듯하다. 아니면 언제나 새로운 '화원'으로 줄달음치던 그가, 생활에의 곤고(困苦)와 싸우면서, 지난 시기의 급진성을 넘어선 구체적 현실로 돌아서려고 했던 것인지도 모른다. 어쨌든 그는 이 시기에 이르러 우리 근대 시사에 이찬만의 북국 정서 시편을 남기게 된다. 파인과 이용악과 백석이 남긴 북방 시편들과 정서적 동질성을 가지면서도 현저하게 '비극성'으로 경사한 세계를 보여주는 것이다.

가고야 말려느냐 가고야 말아
너는 너는 참 정말 가고야 말려느냐

이민이라 낼 아침 첫차에 실려
이역 천리 저 북만주 가고야 말려느냐

아 잡아보자 네 손길 이게 마지막이냐
이리도 살뜰한 널 내 어이 여의는가

야속하다 하늘도 물은 왜 그리 지워
너희네 부치던 논밭뙈기 다 빼낸단 말이냐

하더라도 행랑살이 내 집 살림 절박치 않다면
내 너를 보내랴만 꿈속엔들 보내랴만

아아 다 없고 황막한 그 땅 네 얼마나 쓸쓸하랴
철철 추위 혹독한 그 땅 네 얼마나 괴로우랴

사시장장 가여운 네 생각 내 어찌 견디리
자나깨나 그리운 네 생각 내 어찌 배기리

언제나 내 일자리 얻어 집 형편 좀 피울 날
누가 믿으랴 여자 귀한 그곳에서 널 그때까지 두마는 말

아아 안겨다오 내 품에 이게 마지막이냐
이리도 살뜰한 널 내 어이 여의는가

울지 말아라 울지 말아라 나도 따라 울어를 지니
어허이구 월아 너는 참말 가고야 말려느냐
　　　　　　―「북만주로 가는 월이」 전문(『대망』, 1937.)

이 작품에는 한만 국경 지역의 비극적 분위기가 짙게 서려 있다. 이른바 '유이민시'에 해당할 이 시편은, 철저하게 타의에 의해 디아스포라의 운명을 받아들이고 있는 당대 유이민의 삶이 역시 '말건넴'의 발화에 담겨 있다. 우리는 여기서 유이민의 광범위한 확산 과정을 일종의 '비극성'의 시선으로 포착하고 있는 이찬 시편의 동선을 확인하게 된다.[6]

이미 앞에서 경험한 "가고야 말려느냐"라는 외침으로 이 시편은 시작된다. '이역 천리 저 북만주'는 월이가 "부치던 논밭뙈기 다" 빼앗기고 떠나는 곳이다. 화자 역시 "행랑살이 내 집 살림"의 절박함에 놓여 있다. '황막한 그 땅' 혹은 '추위 혹독한 그 땅'에서 쓸쓸하고 괴롭게 살

6　윤영천, 『한국의 유민시』, 실천문학사, 1987, 118면. 다음 진술을 참고할 수 있다. "그런데 우리가 유의해야 할 것은, '무엇 때문에 그 곳으로 갔는가.'와는 전혀 무관하게 만주 유이민들은 그 전체 기간 동안 줄곧 강도 높은 고통을 치렀다는 점이다. '합방'으로 말미암아 일체의 반제국주의 해방 운동부면이 심각한 타격을 입은 데 따른 정치적 망명이민의 국외유출현상이기 때문이기도 했지만, 이는 극히 부분적인 것에 불과했을 뿐 만주유이민의 압도적 다수는 일제의 혹독한 식민통치의 정직한 산물이었으며, 망명 이민들과는 다른 의미에서 이들의 만주 생활사는 한시도 편할 날이 없었던 것이다."

아갈 월이를 생각하면서 화자는, 스스로 "일자리 얻어 집 형편 좀 피울 날"을 기약한다. 하지만 월이는 속절없이 떠나고 그 북만 이역은 귀환할 수 없는 가혹한 디아스포라의 지역으로 화한다. 식민지 현실의 첨예한 동력을 관찰하고 표현하는 시인의 이러한 비극성의 시선은, 그의 시로 하여금 "거기에는 적어도 파시즘의 거센 폭위 아래서 신음하는 우리 사회의 감정이 흐르고 있는 것"[7]이라는 평가를 가능케 하고 있는 것이다. 이러한 비극성은 국경 지방을 경험하면서 씌어지는 시편에서 더욱 선연하게 모습을 드러낸다.

시월 중순이언만
함박눈이 퍼—ㄱ 퍽……
보성(堡城)의 밤은 한 치 두 치 적설 속에 깊어간다

깊어가는 밤거리엔 '수하(誰何)' 소리 잦아가고

압록강 굽이치는 물결 귓가에 옮긴 듯 우렁차다

강안(江岸)엔 착잡(錯雜)하는 경비등, 경비등
그 빛에 섬섬(閃閃)하는 삼엄한 총검

포대는 산비랑에 숨죽은 듯 엎드리고
그 기슭에 나룻배 몇 척 언제 나의 도강(渡江)을 정비코 있나

오호 북만의 십오 도구(道溝) 말없는 산천이여

---

[7] 김용직, 「이데올로기와 국경 의식-이찬론(論)」, 『한국현대시사 1』, 한국문연, 1996, 622면.

어서 크낙한 네 비밀의 문을 열어라

여기 오다가다 깃들인 설움 많은 한 사나이
맘껏 침통한 역사의 한 순간을 울어나 볼까 하노니
　　　　　―「눈 나리는 보성의 밤」 전문(『조선문학』, 1937. 1.)

함박눈 내리는 한만 국경 '보성'에서는 '수하(誰何)' 소리가 들렸다가 사라지고, "압록강 굽이치는 물결"만이 화자의 위치를 선명하게 알려준다. 이어지는 "강안(江岸)엔 착잡(錯雜)하는 경비등, 경비등"과 "그 빛에 섬섬(閃閃)하는 삼엄한 총검"은 일련의 전쟁이 이어지는 시대에 대한 정확한 재현이고, "기슭에 나룻배 몇 척 언제 나의 도강(渡江)을 정비코 있나"는 정향(定向) 자체를 불가능하게 하는 현실이 매개된 표현이다. 북만 산천은 그렇게 커다란 "비밀의 문"을 간직한 채, "오다가다 깃들인 설움 많은 한 사나이"로 하여금 "맘껏 침통한 역사의 한 순간을 울어나 볼까" 하는 비원(悲願)을 허락할 뿐이다.

하지만 이 시편에서 "막연하나마 미래에 대한 희망을 기대하는 발전적 면모"[8]를 읽는 것은 무리라고 생각된다. 왜냐하면 이 시편은, 1930년대 후반 "알누장안(岸) 팔백 리 불안한 지역"(「결빙기」, 『비판』, 1937. 2.)의 삼엄하고도 착잡한 풍경을 통해, 당대 닫힌 현실의 비극성을 선명하게 부조할 뿐이기 때문이다. 이를 두고 "침울한 북국의 정경 묘사와 유랑 체험을 통한 국경 지역의 삶의 애련"[9]을 담은 성과라고 지적한 사례는 시편의 정조와 근접하게 가 닿아 있는 경우라 할 것이다. 이 작품에 담긴 시인의 시선과 감각은 "희미한 등불 아래 간혹 나

---

8 김윤태, 「이찬의 시세계」, 『한국 현대시와 리얼리티』, 소명출판, 2001, 50면.
9 이동순, 「우리 시의 변방 체험과 북국 정서」, 이동순 외 편, 『이찬 시 전집』, 소명출판, 2003, 576면.

타나는 무장 삼엄한 일경(日警)들"(「국경의 밤」, 『조광』, 1936. 2.) 같은 데서 더욱 직접화되어 나타나는데, 이러한 "대륙적"[10] 서정의 폭과 품이 이찬 시가 거둔 가장 고유한 영역이 아닐까 한다.

  주지하듯 '비극성(悲劇性)'은, 어떤 이상적 상태를 바라는 주체의 소망이 좌절되고 나서 발생하는 일종의 미적 범주이다. 특히 예술에서의 '비극성'은, 실재 세계 속에서의 이상적인 것의 몰락이자 실재하는 것 속에서의 이상적인 것의 패배로 규정된다. 그렇게 '비극성'은 실재하는 것과 이상적인 것 사이의 특수한 관계이기 때문에, 다른 미적 범주들과 마찬가지로 특수한 역사성을 가지게 된다. 예컨대 중세 봉건 귀족들에게는 중세 이념과 봉건 지배 체제의 몰락이 비극적이었지만, 새로운 이상을 가진 이들에게는 그 이상의 패배로 해석되는 사건들이 비극적인 것이다. 이것은 '비극성'의 진정한 가치가 올바른 역사에 대한 해석 행위가 뒤따랐을 때 비로소 구현될 수 있다는 점을 뜻한다. 엥겔스(F. Engels)가 '비극성'을 "역사적으로 필요한 요구와 그 실현의 실제적 불가능 사이의 모순"이라 말한 것은 바로 이 점을 지적한 것이다. 우리 근대 시사에 나타난 '비극성'은, 식민지 시대의 불가항력적 운명을 승인하면서도 동시에 그에 저항하는 역설에서 생성되어왔다. 1930년대 후반 이찬 시의 비극성 또한 이러한 맥락과 범주를 한껏 충족하고 있다 할 것이다. 그런가 하면 이찬은 예의 '비극성'을 자신으로 향할 때에는, 환멸과 침잠의 정서를 견고하게 결속하는 모습을 보여준다.

  다람쥐
  다람쥐
  대아지 둥아리 속

---

10 박세영, 「이찬 시집 『대망』을 읽고」, 『동아일보』, 1937. 12. 6.

조그만 다람쥐

다람쥐는 오늘도 달린다
돌기만 하는 쳇바퀴
달리고 달리고 또 달려도
돌기만 하는 쳇바퀴

오호 쳇바퀴도 이지러진 일 년의 날이여

그러나 다람쥐
안타까운 네 눈동자엔
아직도 뜨을에의 갈망이 사라지지 않았구나

―「갈망」 전문(『대망』, 1937.)

오늘도 반복적으로 쳇바퀴를 돌리는 조그만 '다람쥐'는 고스란히 시인 자신의 자화상이 아닐 수 없다. 이러한 형상은 "겨레의 영락을 보고 / 멀리 이웃의 무상조차 제 것으로"(「포플라」, 『분향』) 만든 자신에 대한 자책으로 이어지기도 하고, "한밤중 거리 위에 나를 발견하고 스스로 민소(憫笑)를 보내며 돌아서는 때가 있다"(「이 사람을 보아라」, 『시건설』, 1940. 2.)는 쓸쓸한 고백으로 이어지기도 한다. 그만큼 환멸과 침잠 속에서 "남몰래 잃어지는 나를 발견하던 그 순간"(「잃어지는 나」, 『분향』)을 노래하는 이찬은, 그렇게 쳇바퀴마저 이지러진 1년 동안을 돌아보면서, 스스로 "아직도 뜨을에의 갈망이 사라지지 않았"음을 절감한다. 그러나 그 "뜨을에의 갈망"이 강렬한 의지에 의해 구축되어 있는 것은 아니다. 오히려 그것은 일종의 자기 환멸과 침잠에 감싸여 있을 뿐이다. 그는 이렇게 고백한다.

기억도 새로운 카프 말엽 우리들 몇이 비애의 성사로부터 사바의 첫
날을 맞이하던 궂은 비 나리는 늦가을 밤 비전주여행(非全州旅行)의 유
일한 벗 세영(世永) 형과 격구(隔久)한 피차의 궁금을 풀다.[11]

백철의 고유한 표현인 '비애의 성사'를 빌려오는 것만으로도 이찬
시편의 퇴행을 예감할 수 있다.[12] 그래서 임화도 이때의 이찬 시편을
두고 "회고적 감상주의"[13]라고 일갈했을 것이다. 어쨌든 '잃어진 화원'
을 찾아 동경으로, 카프로, 감옥으로, 고향으로 돌고 돌아 왔지만, 여
전히 그의 눈에는 "뜨을에의 갈망"이 어른거린다. 그 갈망은 그래서
'잃어진 화원'에 대한 그의 지속적 의식을 암시해주는 에너지가 된다.
그런데 그 '화원'은 일제 말기, 그의 시편들 속에 대일 협력의 광장으
로 바뀌어 나타난다. 그의 '잃어진 화원'은 어느 순간, 제국의 승리를
통한 '잔칫날'의 환각으로 나타나게 되는 것이다.

전승의 깃발 나부끼는 다양한 하늘을 나의 날이 풍선처럼 부풀어 올라

놓아다오 놓아다오
내 진정 날고프노라 날고프노라

불타는 적도직하 무르녹는 야자수 그늘 올리브 코코아 바나나 파인
애플 훈훈한 향기에 쌓인 —

그것은 자바라도 좋다 하와이라도 좋다

---

[11] 이찬, 「윤곤강의 시집 『대지』를 읽고」, 『조선문학』, 1937. 6.
[12] 여기에서 '비애(悲哀)의 성사(城舍)'를 '감옥'의 은유로 풀이하는 시각은 재고되어
야 할 것이다. 김응교, 『이찬과 한국 근대문학』, 소명출판, 2007, 59면.
[13] 임화, 「담천하의 시단 일년」, 『문학의 논리』, 학예사, 1940, 640면.

그것은 호주라도 좋다 난인(蘭印)이라도 좋다
나는 장군도 싫노라 총독도 싫노라
나는 다만 지극히 너와 친할 수 있는 한 개 에트랑제—로 족하나니

깜둥이 나의 여인아
어서 너의 기—타를 들어……

미친 듯 정열에 뛰는 손끝이여
우는 듯 웃는 듯 다감한 음률이여

들려다오 마음껏 — 해방된 네 종족의
참으로 참으로 기쁜 네 노래를

오 오래인 인고에 헝클어진 네 머리칼을 쓰다듬으며 쓰다듬으며
나도 아이처럼 즐거워보련다 이웃 잔칫날처럼 즐거워보련다
  —「어서 너의 기—타를 들어」 전문(『조광』, 1942. 6.)

'전승의 깃발'이 '불타는 적도직하'에서 펄럭이는 제국의 전쟁 수행에 시인은 적극 화답한다. 그곳에는 대동아로 통합되는 '훈훈한 향기에 쌓인' 변형된 '화원'이 있다. 그 '화원'이 구체적으로 어디인지는 상관이 없다. 다만 시인은 '자바 / 하와이 / 호주 / 난인(蘭印)'으로 이어지는 태평양전쟁의 지역적 세목들, 그리고 '장군 / 총독'도 무색케 하는 범부로서의 소망을 노래할 뿐이다. "미친 듯 정열에 뛰는" 손끝과 음률로 노래하는 이국의 여인 역시, 피정복의 맥락도 모르는 채 '해방'된 종족의 기쁜 노래를 부르면서 "오래인 인고"에서 벗어난다. 시인도 어느새 "아이처럼 즐거워" 에트랑제의 시선으로 "이웃 잔칫날처럼" 그 시간을 맞이한다. 이러한 변형된 '화원'을 향한 시선은 「전사(餞詞)」

로 이어지고, 몇 편의 희곡 창작으로 이어지기도 한다.[14]

주지하듯, 근대 이후 부단한 자기 갱신과 형식 미학 탐구의 길을 걷던 우리 근대시는 1935년을 고비로 결정적인 외적 간섭을 맞게 된다. 카프 해산을 계기로 진보적 언어들이 자취를 감추게 되고, 1937년 6월에는 '수양동우회 사건'으로 민족운동의 기운은 결정적 쇠잔을 맞는다. 그 해 일어난 중일전쟁과 1941년 태평양전쟁 등으로 상황은 더욱 악화되어가는데, 일본 제국은 "조선에 세계 최고의 황도문학을 수립하고자" 조선문인보국회를 세우고, 일본과 조선의 궁극적 동일화를 위해 내선일체(內鮮一體), 일시동인(一視同仁)의 구호를 내건다. '내선일체'는 중일전쟁으로부터 태평양전쟁에 이르기까지 일제의 조선 지배의 최고 통치 목표였을 뿐만 아니라, 한일병합 이래 일본의 조선 지배의 기본 방침인 동화정책의 극한화였다.[15] 이때 모국어의 근원적 박탈을 경험한 시인들은 절필과 칩거로 소극적 저항을 택한 경우도 있었지만, 미증유의 전역(戰役)을 치르면서 차츰 일본 정책에 동화되어 '성전(聖戰)'의 구호에 자신의 몸을 내맡기게 된다. 이찬 시편은 이러한 일제 말기의 문법에서 한 치도 벗어나지 않는 환각 속에서, 시대의 비극성을 전혀 반대의 방향으로 향하게 하면서, 변형된 '화원'을 찾아간 작업의 일환이었다고 할 수 있을 것이다.

4. 새로운 '화원'을 찾아

이른바 '도적처럼' 찾아온 을유 해방은, 시인들로 하여금 여러 충격적 변화를 경험케 했다. 그 가운데 가장 뜻 깊은 것은 모국어의 회복

---

14 이찬 친일문학의 경개(景槪)와 실질에 대해서는 김응교, 앞의 책, 103-161면 참조. 상세한 자료와 주석이 있다.
15 김원모, 「춘원의 친일과 민족보존론」, 이광수(김원모·이경훈 편역), 『동포에 고함』, 철학과현실사, 1997, 312면.

일 것이다. 그동안 모국어를 근원적으로 박탈당한 채 식민지 시대를 살아온 시인들에게 모국어의 회복은, 새로운 정체성 탐색과 정립에 필요한 결정적 모티프와 에너지를 선사하였다. 특히 일제 말기에 일본어로 써야만 발표가 가능했던 상황에 비하면, 모국어를 되찾은 해방 후의 조건은 더없이 강조되어야 한다. 또한 우리 문학은 해방을 맞아, 일제 때 불가피하게 행해졌던 친일 행위에 대한 자기반성을 필연적으로 요청받게 된다. 이는 당시에 매우 중요한 윤리적 과제로 제기되었는데, 그럼에도 불구하고 그것은 격화되는 이념 대립과 현실화된 분단 과정에서 점차 희석되어간다. 결국 '해방'은 우리 역사의 물줄기를 정치적·언어적·윤리적 근원에서부터 바꾼 일대 전기를 마련했으면서도, 분단 체제가 형성·완결되면서 미완의 가능성으로 자기 전개를 멈추게 된다. 이 미증유의 가능성으로 숨 쉬던 해방기를 맞아 이찬은, 비교적 빠른 변신을 통해 일종의 자기 회귀의 모습을 보여준다. 그는 다시 민족사의 방향을 계급의식의 시선으로 바라보게 되는데, 이러한 변화 혹은 회귀가 그로 하여금 이후 북쪽에서 가장 정열적으로 그리고 성공적으로 활동할 수 있게 한 감각이라고 할 수 있을 것이다.[16]

    코스모스 우거진 연천 마을엔
    한글 공부 소리 박넝쿨보다 더 낭자하고

    아우라지 나루는 새 서울의 나루여서
    야반 준령 오십 리 길도 멀지 않았다

---

16 이찬 시 전편을 모은 이동순 외 편, 『이찬 시 전집』에는 이찬의 해방기 시편으로 「현해탄」(『문학예술』 창간호)을 싣고 있다. 하지만 이 시편은 안막(安漠)의 작품 「현해탄(2)」이다. 이동순 외 편, 위의 책, 231면. 『문학예술』 창간호 참조.

나루는 기망(旣望)의 달빛이 백사(白砂)를 깔고
묘망(渺茫)한 금반 위에 은(銀)장기를 두고

나룻배는 한 척인데
서울 손은 천에도 또 몇몇 천

기다려도 기다려도 못 건너는 나루에
삼칠제(三七制)의 새 소식이 새 소식을 부르니

나루지기 할아버지의 늙은 볼에도 웃음이 돌며
휘연히 아오라지의 긴긴 밤도 밝아오는 것이었다
— 「아우라지 나루」 전문(『우리문학』, 1946. 2.)

해방기에 씌어진 시편들은 환희와 좌절, 갈등과 화해, 저항과 순응, 반목과 평정, 반성과 변명의 서사를 고스란히 드러내면서 다양한 갈래를 형성한다. 그만큼 이 시기는 우리 시인들에게 혹독한 반성과 함께 새로운 국가 건설이라는 이중적 과제를 부여하였다. 이찬 역시 이러한 과제 가운데 국가 건설의 흥분과 기대를 숨기지 않는다. 하지만 자신의 일제 말기 시편들에 대한 반성적 성찰의 언어는 결국 던져지지 않은 채, 새로운 '화원'을 다시 찾아나서는 그의 모습만이 단층적으로 나타날 뿐이다.

1945년 9월 서울로 오면서 씌어졌다는 이 시편의 부기로 보아, 이찬은 해방이 되고 한 달 후 고향을 떠나 옛 동지들이 있는 서울로 온 것 같다. 그 도정에서 그는 "한글 공부 소리"를 감격 속에 듣고 '서울'로 가는 길목의 아우라지 나루를 흥분 속에서 바라본다. "나룻배는 한 척인데 / 서울 손은 천에도 또 몇몇 천……"이라는 대목에서 해방 후 새로운 국가를 열망하며 귀환하는 이들의 모습이 나타난다. "삼칠제(三

七制)의 새 소식"은 그가 새로운 '화원'을 북쪽에서 찾을 수밖에 없었던 저간의 사정을 기표 그대로 말해준다. 그 '새 소식'이야말로 나루지기 할아버지의 볼에도 웃음이 떠돌게 하며 아우라지 나루에도 새로운 새벽을 알려주는 '화원'의 회복 소식이 아니었을까. 그 '화원'을 아예 표제로 삼은 다음 작품은, 이러한 이찬 시의 궁극적 귀결을 보여주는 듯하다.

꽃이 피련다!

오래인 영락의 화원에
갈망의 봄이 깃들어
아지아지 잎 푸르고 봉오리 맺고
바야흐로 백 가지 꽃 난만히 피련다

이 꿈 아닌 눈앞을
그리도 그리던 향기 목메게 풍기고
그리도 못 잊던 단꿀 떨기마다 흘리며
여기 꽃은 꽃마다 웃음지어 그대들을 맞으련다

어서 오라 모―든 봉접(蜂蝶)
어서 모으라 모―든 봉접
이제 그만 그 무의미한 허공의 저회(低廻)들을 그만두고
이제 그만 그 어리석은 잡초 속의 고집들을 버리고

화원은 그대들의 청황(靑黃)을 묻지 않는다 적백(赤白)도 가리지 않는다
화원은 말로 천봉만접(千蜂萬蝶) 그대들의 것
다―만 화원의 슬픈 날도 좀먹던 버러지떼만 물러가고

모―든 봉접은 화원으로 이 화원으로!

―「화원(花園)」 전문(『승리의 기록』, 1947.)

'오래인 영락의 화원'은 식민지 시대에 그가 말한 '잃어진 화원'과 등가의 표현일 것이다. 그런데 그 불모의 '화원'에 봄이 깃들어 푸른 잎과 봉오리 그리고 꽃이 난만히 피었다. 꿈에나 가능한 그 '화원'에서 화자는 "웃음지어 그대들을" 맞고자 한다. 그 "모―든 봉접(蜂蝶)"들은 이 '화원'을 가능케 했던 이들이고, "무의미한 허공의 저회(低廻)"와 "어리석은 잡초 속의 고집"은 새로운 국가 건설에 방해가 되는 일체의 낡은 것들일 것이다. 청황과 적백도 묻지 않지만, 그럼에도 "슬픈 날도 좀먹던 버러지떼"만은 배제한 새로운 '화원'이, 그의 고향 북쪽에서, 그야말로 '현실적으로' 완성되어가고 있는 것이다.

지금까지 우리가 읽어온 이찬 시의 미학은, '근대'의 여러 양상들을 매우 짧은 시간 동안 실험하고 폐기해온 한국 근대 시사의 음영을 그대로 보여주는 표상이 아닐 수 없다. 그는 변화하는 현실에 대한 빠른 변모 그리고 자기 자신에 대한 성찰 부재를 어쩔 수 없는 부정적 속성으로 거느린 채 시를 이어갔다. 초기 시편과 프로시에서 동경의 '낭만성'을 짙게 보여준 그는, 1930년대 후반 시편들에서 '비극성'의 첨예한 풍경들을 보여주었다. 그리고 그러한 격랑에서 친일문학과 북한문학으로 몸을 옮겨갔다. 하지만 이러한 변모의 마디마다 그는 반성적 성찰의 언어를 스스로에게 던지지 않았다. 아마도 더 많은 자료를 발굴하여 이러한 간단치 않은 변모들 사이에 끼어 있는 이찬의 반성적 자의식을 검토해야 하리라 생각된다. 왜냐하면 그저 재빠른 지식인의 기회주의적 변신으로 그의 시세계를 일괄하는 것은, 사실에도 부합하지 않을 뿐만 아니라, 식민지 시대를 살아간 진보적 주체들의 예술적 최정점을 평가하지 못하는 퇴영적 관점을 초래할 수밖에 없기 때문이다. 그 점에서 격류 같은 '솟구침'과 '가라앉음'의 교차 곧 여러 '화원 (花園)'의 변형을 통해 자신의 유토피아적 감각을 극대화하는 지속성을 보여준 이찬 시의 전모는 여전히 새로운 연구를 기다리고 있다 할 것이다.

궁극적으로 이찬 시편들은 우리 근대시의 부박하고도 불행했던 토양을 온몸으로 증언하면서, 한국 시의 모더니티가 얼마나 허약한 동일성과 자의식으로 구성되어왔는가를 실증한다. 하지만 그는 근대의 어두움과 맞서면서 끝끝내 '시'라는 실천 행위를 놓지 않았던 한 비극적 영혼이기도 하였다. 그는 그렇게 자신의 '잃어진 화원'을 찾아, 결국 북쪽에서 자신만의 궁극적 '화원'을 완성한다. 그렇게 "뜨을에의 갈망"의 길을 걷고자 했던 그가, 분단의 '화원'에서 꿈꾼 것은 결국 무엇이었을까. 우리가 다시 새겨보아야 할 근대문학사의 음영이 아닐 수 없다.

최후의 모더니스트 이상(李箱)

1. 최초와 최후의 모더니즘

일찍이 김기림은 상이한 아티클에서 정지용을 '최초의 모더니스트'로, 이상을 '최후의 모더니스트'로 각각 명명한 바 있다. 물론 이는 정지용이 누구보다도 선구적으로 미적 모더니티를 보여주었고, 이상은 그보다 훨씬 늦게 미적 모더니티의 한 극단을 보여주었다는 시기적 '최초 / 최후'의 뜻을 담고 있을 것이다. 하지만 김기림의 명명은 그러한 시기적 분기보다는 모더니즘이 가진 미학적 스펙트럼의 두 극점을 이들 두 시인에게서 발견한 결과로 보아야 옳을 것이다. 말하자면 김기림은 정지용의 초기 이미지즘을 가장 원초적인 모더니즘의 양상으로 보았고, 이상의 아방가르드를 가장 궁극적인 모더니즘의 양상으로 본 것이다. 요약하자면 김기림에게 최초의 모더니즘이란 대상을 감각적으로 재현하는 이미지즘에서 발원하는 것이었고, 최후의 모더니즘이란 근대를 내파(內破)하는 아방가르드의 상상력에서 완성되는 것이었던 셈이다. 김기림의 분법에 기초하건대 모더니즘 시학은 사물의 충실한 감각적 재현으로부터 근대의 내파를 도모하는 작법에까지 두루 넓게 걸쳐 있다고 할 수 있다.

두루 알다시피 미적 모더니티란 부르주아의 가치 척도를 혐오하고 무정부주의에서 묵시록에 이르는 부정 정신을 표현하는 일련의 미학적 개념이다. 따라서 미적 모더니티를 규정하는 것은 역사나 인간에 대한 긍정적 열망보다는 부르주아의 가치가 딛고 있는 기반들 예컨대 테크놀로지, 자본, 진보, 이성, 휴머니즘 등에 대한 거부 및 부정적 열정이라고 할 수 있을 것이다. 따라서 이는 19세기 전반 서구 문명사의 한 단계에 속하는 것으로서의 모더니티와 미적 개념으로서의 모더니티가 분화된 이후, 이 두 가지 모더니티 사이에 화해 불가능한 균열이 생기게 되었을 때 바로 후자의 성격을 띠게 된 것이다. 전자가 부르주아에 의해 주도된 자본주의나 과학기술 혁명에 의해 야기된 사회 변화의 산물임에 비해, 후자는 부르주아 모더니티에 대한 거부 및 소멸 지향적 열정으로 특징지어지는 것이기 때문이다. 따라서 미적 모더니티는 그것이 비록 문학의 자율적 존재 형식에 대한 승인 위에서 발원한 개념이기는 하지만, 역설적으로 자본주의의 심화를 통해 일상 속에 착근된 개념이기도 한 것이다.

그런가 하면 우리가 역사적으로 일컫는 모더니즘이란, 미적 모더니티와 비슷한 개념이기는 하지만, 그보다는 훨씬 제한된 의미를 지니는 것이 아닐 수 없다. 이는 19세기 말엽에서 20세기 전반에 걸쳐 서구 예술을 풍미한 전위적이고 실험적인 예술 운동에 한정되는 것이기 때문이다. 따라서 르네상스 때부터 시작되었다고 해도 과언이 아닌 모더니티와 비교해볼 때, 역사적 모더니즘은 매우 짧은 역사를 지니고 있을 뿐이다. 일찍이 브래드베리(Bradbury)는 리얼리즘은 삶을 인간화했고 자연주의는 과학화했으며 모더니즘은 다원화하고 심미화했다고 말한 적이 있는데,[1] 이는 모더니즘이 외면적 실재뿐만 아니

---

1 Bradbury, *Modernism*, Penguin Books, 1991. p.99; 이종대, 「근대적 자아의 세계 인식」, 상허문학회, 『근대문학과 구인회』, 깊은샘, 1996, 52면에서 재인용.

라 내면적 실재를, 가시적 현실뿐만 아니라 보이지 않는 현실을 드러 냄으로써 인간의 삶에 좀 더 균형을 꾀하는 미학임을 강조한 것일 터이다. 이처럼 우리는 모더니즘이 동시대의 외관을 감각적으로 재현하는 데 멈추지 않고, 우리 삶을 둘러싸고 있는 사회적 조건들을 발견하고 그 안에서 소멸의 열정을 통해 동시대를 우화(寓話)하려는 방법론적 모색을 지니고 있음에 상도(想到)하게 된다. 그래서 모더니즘이 생성의 리얼리티 못지않게 소멸 지향의 모더니티를 통해 우리 근대시에서 폭 넓게 변용, 진화하면서 우리 시의 풍요에 기여하고 있다고 말할 수 있는 것이다. 김기림은 그 최종 형식을 이상의 아방가르드에서 발견한 것이다. 항상 느끼는 것이지만, 김기림만의 탁견이 아닐 수 없겠다.

2. 부정 정신을 통한 해체와 통합의 양가적 가능성

이상(李箱, 1910-1937)은, 염상섭과 함께 서울 중인 계층의 감각과 유산을 전형적으로 보여준 문학사적 사례이다. 집안 장손인 백부는 한학에 약간의 지식을 가진 총독부 관리였다. 그러나 아버지는 볼품 없는 인물이었으며, 어머니는 결혼 당시까지 이름 없이 지내다가 혼인하면서 이름을 받은 여인이었다. 그는 평생을 이 불쌍한 부모에 대한 의무감과 죄의식에 시달렸다. 백부에게는 자식이 없어 이상에 대한 집안의 애정은 각별했고, 그는 세 살 때부터 백부의 집에서 자랐다. 백부는 그의 실질적 보호자였으므로 그는 비교적 유복하게 유년을 보냈고, 고등교육도 마칠 수 있었다. 그러나 어린 시절부터 쓰러져 가는 가문의 마지막 계승자로서 막중한 기대를 한 몸에 받으면서 친부모와 떨어져 살아야 했던 이상의 어린 시절은 불행했다고 할 수 있다. 그는 인왕산 밑의 한식 기와집인 신명학교를 다녔는데 지리와 도화를 제일 좋아했다. 졸업반 때는 담뱃갑 도안과 화투장을 그대로 모방해 그려 동네 안의 화제가 되기도 했다. 그 후 보성학교를 다니던 시절, 외관은 엉망인 채 해진 모자에 학교에까지 거울을 가지고 다녔다는 일화는 특이한 그의 내면세계를 들여다보게 한다. 화가가 되고 싶어 했던 그는 보성 졸업 후 곧장 경성고공 건축과에 입학하였다. 백부의 강권도 있었지만 당시 고공 건축과는 그나마 미술을 배울 수 있는 유일한 학교였기 때문이다.[2] 여기에서 그는 수학의 순수성에 사로잡혔고, 외국어에도 자질을 보여 3년간 거의 수석을 차지하였다. 조선인이 거의 없는 이 학교의 분위기 속에서 그는 일어를 유창하게 구사하고 일본인 친구들과도 절친하게 지냈다. 그리고 고공을 졸업할 무렵, 백부의 사업 실패로 가세는 더욱 몰락하여 있었고, 그는 졸업 후 바로 총독부 기사 직에 취직한다.

그는 설계 일에 열심인 채로 『조선과 건축』 표지 도안에 응모하여 뽑혔으며, 처녀 장편소설 「12월 12일」(1930)과 일문시 「이상(異常)한 가역반응(可逆反應)」(1931)을 발표하기 시작했다. 건축기사 생활 3년째, 백부가 사망하자 그의 억압되었던 예술적 열정은 분방하게 발현되기 시작했고, 폐병이 진행되어 직장 생활을 할 수 없게 되었다. 백부의 유산을 정리하여 다시 부모와 함께 살게 된 이상은 가족에 대한 의무감에 질식할 듯한 억압을 느끼고, 화가 구본웅과 함께 요양 차 배천온천으로 떠난다. 배천에서 돌아와 문단에 진입한 그는 정지용과 박태원을 알게 되었고, '구인회'에도 가입하여 편집 일을 맡아보았다. 그 전까지의 시는 전부 일어로 씌어진 것이었는데, 정지용이 관여하던 『카톨릭청년』에 「꽃나무」 등을 발표하면서 조선문단에 한글로 씌어진 시가 수용되기 시작한 것이다. 이 무렵 그는 이태준의 주재로

---

[2] 이상이 고공으로 진학한 것은 순전히 평소부터 하고자 했던 그림을 위해서라는 것은 경성고공 건축과 동기인 일본인 오오스미 야지로(大隅彌次郞)가 증언한 것이다. 「이상의 학창시절」, 『문학사상』, 1981. 6.

『조선중앙일보』에 '오감도' 연작을 발표하기 시작했다. 그의 집안 처지는 '악인이 되지 않고서는' 서울을 떠날 수 없을 만큼 참혹해져 있었으나, '대성하는 것만이 죄를 씻는 길'이라는 친구의 권유대로 이상은 「종생기」의 원고와 행장을 챙겨 동경으로 떠났다. 거기서 '삼사문학' 동인들과 어울리며 그가 느낀 것은 '속 빈 강정'에 대한 환멸뿐이었다. 그러나 마지막 생명을 불태우며 이곳에서 많은 글을 썼다. 이처럼 이상의 생애는 가장 강렬한 부정 정신으로, 한국 근대문학의 가장 이채로운 존재로 남게 되었다.

이상은 비교적 균질적으로 시와 소설과 수필을 남겼다. 이상 시의 일차적 외관은, 그가 남긴 다수의 소설이나 수필과는 전혀 달리, 언어유희의 욕망을 철저하게 수반하고 있다는 점에 있다. 이때 이상이 수행하는 언어유희와 그 효과는, 물론 그 자체로 이성적 사유와 큰 관련이 있는 것이지만, 역으로 이성의 효율성을 의심하고 해체하려는 욕망을 동시에 반영한 것이기도 하다. 특별히 이상 시편에서 유희의 욕망은 특유의 반어와 반복, 동음이의어, 단어 대체나 연상 등으로 드러나게 되는데, 이상 시에서 유독 많이 출몰하는 병들고 사라져가는, 하지만 너무도 뚜렷한 몸이 그 물리적 기반이 되어준다. 이는 식민지 근대의 질서에 저항하면서 특유의 불안과 공포를 온몸으로 끌어당겨 마침내 그것을 넘어서려는 의지로 표상된다. 자기 몸속에서 증식해가는 질병을 적극적으로 받아들이고 그것을 탐구하는 쪽으로 나아갈 뿐만 아니라 공포와 슬픔이 환상 쪽으로 진입할 수 있도록 길을 열어준 이상의 방식은, 몸의 규율을 통해 통치 질서를 구상했던 식민지 권력에 맞서려 했던 의지의 표현이 아닐 수 없다. 이러한 저항적 속성은 서정주나 오장환 초기시편과 깊이 연동되면서, 한국형 아방가르드의 한 가능성을 주기에 충분한 것이 아닐 수 없다.

먼저 우리는 내부와 외부 사이의 균형이라는 측면에서 이상 시를 살펴볼 수 있다. 안과 밖, 자아와 세계의 틈에 대한 균형을 잡아가는 지향이 그것인데, 이러한 균형 감각은 분열과 대립의 양상으로 텍스트를 드러내 놓으면서도 동시에 근대의 합리적 이성에 대한 거부 양상을 띰으로써 종래의 이항대립적 분열이 아닌 이를 극복하는 과정을 보여주게 된다. 그만큼 이상 시에서 몸 안팎이라는 것은 그 자신의 존재를 선명히 드러내는 데 매우 중요한 은유가 된다. 몸에서 추방당한 정신과 정신을 추방한 몸은 결핍과 불안을 동력으로 삼으면서, 각각의 분열을 더욱 촉발시키는 쪽으로 작용하게 되는 것이다.

　　十三人의兒孩가道路로疾走하오.
　　(길은막달은골목이適當하오.)

　　第一의兒孩가무섭다고그리오.
　　第二의兒孩도무섭다고그리오.
　　第三의兒孩도무섭다고그리오.
　　第四의兒孩도무섭다고그리오.
　　第五의兒孩도무섭다고그리오.
　　第六의兒孩도무섭다고그리오.
　　第七의兒孩도무섭다고그리오.
　　第八의兒孩도무섭다고그리오.
　　第九의兒孩도무섭다고그리오.
　　第十의兒孩도무섭다고그리오.

　　第十一의兒孩가무섭다고그리오.
　　第十二의兒孩도무섭다고그리오.
　　第十三의兒孩도무섭다고그리오.
　　十三人의兒孩는무서운兒孩와무서워하는兒孩와그러케뿐이모혓소.
　　(다른事情은업는것이차라리나앗소)

그中에一人의兒孩가무서운兒孩라도좃소.
그中에二人의兒孩가무서운兒孩라도좃소.
그中에二人의兒孩가무서워하는兒孩라도좃소.
그中에一人의兒孩가무서워하는兒孩라도좃소.

(길은뚫닌골목이라도適當하오.)
十三人의兒孩가道路로疾走하지아니하야도좃소.
―「오감도(烏瞰圖) 시제일호(詩第一號)」[3] 전문

  이 잘 알려진 작품의 주인공은 13인의 아해이며 배경은 막다른 골목이다. '오감도(烏瞰圖)'는 '조감도(鳥瞰圖)'의 오기이다.[4] '조감도'란 어떤 상황에 대한 전체적 투시를 가능케 하는 그림이다. 이상은 건축기사로서 설계 도면을 뛰어나게 잘 그렸으니만큼, 이 시편에서 그는 사람들이 살아가는 상황의 설계 도면을 그리려 한 것이다. 그것은 까마귀처럼 불길한, 불안과 공포가 만연한 상황이다. 그래서 숫자는 13이고 길은 막다른 골목이 적당하다. 13이란, 이상의 다른 시에서는 12시를 넘어선 시간 즉 일상적 삶을 넘어선 죽음의 시간에 속하는 숫자이기도 하고, 죽음을 앞둔 공포의 시간이기도 하다. '아해'란 어른들보다 유약하며 무구한 존재이고, 공포에 무방비 상태이며 혼란에 쉽게 동요한다. 그러므로 이성이 몰락하고 절대적 가치가 붕괴된 근대인들은 그 나약함과 혼란스러운 모습이 모두 아해들과 같은 존재라고 할 수 있다. 막다른 골목에서의 공포의 질주, 그것은 위기의식이 낳은

---

[3] 『조선중앙일보』, 1934. 7. 24. 이상의 시 텍스트는 김주현 편 『이상문학전집 1』(소명출판, 2005)을 인용한다.
[4] 제목에 관해서는 이상이 고의로 '오감도'라는 조어를 만들었다는 설이 일반적이지만, 이상이 원래 '조감도'로 보낸 것을 문선부 식자공들이 오류를 범해 '오감도'로 바뀌었다는 설도 있다. 김주현 편, 앞의 책, 82면.

절망적 상황이다. 그래서 2연은 무의미한 동어반복으로 공포를 가중시킨다. 13인의 아해가 무서운 아해와 무서워하는 아해와 그렇게 모였다는 표현은 현재 상황에 대한 단적 제시이다. 그들이 무서워하는 까닭은 그들 중에 누군가가 무서운 아해가 있기 때문이다. 무서운 아해의 숫자가 1인인지 2인인지 그것은 중요하지 않다. 어쨌든 누가 무서운 아해인지를 모르므로 서로를 감시하고 경계할 수밖에 없는 것이다. 이런 상태에서는 자기 자신조차 공포의 대상이 된다. 진정한 만남과 사랑이란 것은 철저히 불가능한 상황이다. 길은 막다른 골목이 아니어도 좋다. 뚫린 길이라 해서 인간의 서로에 대한 절망적 공포라는 상황이 변할 수는 없기 때문이다. 이 시편은 "十三人의兒孩가道路로疾走하지아니하야도좃소."라는 절망적인 말로 끝난다. 이때 질주는 공포를 잊기 위한 일종의 절망적 유희이다. 그것은 이상 수필 「권태(倦怠)」에서 아이들이 지루함을 잊기 위한 놀이가 없어 생각다 못해 배설 놀이를 하는 상황과 흡사하다. 그러나 그것들이 공포를 해소해줄 수는 없다. 어느 것을 택하든 상황은 마찬가지라는 이 의식은 메마른 세계 혹은 식민지 현실에 대한 극단적 절망감의 표현이다. 여기에 그려진 상황은 대상이 분명하지 않은 공포의 세계이다. 삶은 부조리하고 불합리한 것이라는 인식이 이 시의 무의미한 진술 구조를 낳고 있는 것이다. 다음 연작으로 가보자.

싸훔하는사람은즉싸훔하지아니하든사람이고또싸훔하는사람은싸훔하지아니하는사람이엇기도하니까싸훔하는사람이싸훔하는구경을하고십거든싸훔하지아니하든사람이싸훔하는것을구경하든지싸훔하지아니하는사람이싸훔하는구경을하든지싸훔하지아니하든사람이나싸훔하지아니하는사람이싸훔하지아니하는것을구경하든지하얏으면그만이다.
— 「烏瞰圖 詩第三號」 전문[5]

이 시편은 텍스트 전체가 하나의 문장으로 구성되어 있다. 한 문장으로 된 이 시편은 상호 대립의 관계를 전제한 후 그것을 마치 하나의 사건처럼 연속적으로 구성하고 있다. 이 시편은 '싸움하는 사람'이라는 대상에 대한 진술이고, 그 진술은 싸움하는 사람과 싸움하지 아니하는 사람의 관계가 대립적이면서도 결국 한 몸임을 말하는 쪽으로 귀결된다. 그 둘의 관계는 대립적이었다가 그 관계가 전도되면서 마침내 그 누구라도 상관없는 싸움의 무의미함을 증언하는 쪽으로 정향되어간다. 이는 상생과 조화와 균형의 귀결이 아니라, 항구적 불화만이 그저 불화인 채로 존재한다는 것을 암시한다. 살아 있는 사람과 죽어가는 사람의 관계처럼, 그것은 언제나 상호 모순이면서 동시에 등가의 위상을 가지게 되는 것이다. 이처럼 이상은 존재론과 관계론의 절묘한 어긋남을 통해 상호 모순의 지표들이 '좋소 / 그만'이라는 순환적 결구(結句)를 통해 해체되고 통합되는 과정을 노래한다. '오감도' 연작은 그렇게 부정 정신을 통한 해체와 통합의 양가적 가능성을 균형 감각으로 제시한 결과일 것이다.

3. 몸의 상상력으로서의 이상 시

두루 알다시피, '몸'이란 인간을 구성하는 가장 구체적이고 감각적인 물리적 실체이자, 모든 문화가 생성되는 최초의 지점이다. "몸을 통한 세계의 무한한 해석 가능성"(니체)에 입각한 이러한 배타적 정의는, '몸'이 주체와 세계를 잇는 가장 구체적인 매개체라는 인식론적 전회(轉回)의 흔적을 여지없이 보여주기도 한다. 우리 근대문학사에서 몸을 자신의 시적 창으로 설정한 대표적 시인은 단연 이상이다.

---

5 『조선중앙일보』, 1934. 7. 25.

벌판한복판에 꽃나무하나가잇소 近處에는 꽃나무가하나도업소 꽃나무는제가생각하는꽃나무를 熱心으로생각하는것처럼 熱心으로꽃을피워가지고섯소. 꽃나무는제가생각하는꽃나무에게갈수업소 나는막달아낫소 한꽃나무를爲하야 그러는것처럼 나는참그런이상스러운숭내를내엿소.

— 「꽃나무」 전문[6]

'벌판한복판'에 서 있는 '꽃나무'는 '몸'의 은유이다. 아닌 게 아니라 '제가생각하는꽃나무'는 몸 바깥의 다른 자아를 함의한다. 이때 몸은 안팎의 소통을 갈구하지만 '꽃나무'는 '제가생각하는꽃나무에게' 갈 수가 없다. 그러한 안팎 사이의 열망과 단절의 이중성은 이 시편으로 하여금 '달아남 / 숭내냄'의 이중적 행위를 부여한다. 이러한 양상은 「거울」에서도 잘 드러나는데, 거기서는 거울 속의 몸과 거울 밖의 몸이 각기 독립적으로 존재할 뿐 서로 악수하거나 진단할 수 없기 때문이다. 분열된 몸과 몸이 대립된 채 서로를 응시할 뿐이다. 그것을 그는 "이상스러운숭내"라고 명명하였다. 여기서 '이상스럽다'는 말은 이상(異常)스럽고 이상(李箱)스러운 것일 터이다. 이상답지 않은가.

거울속에는소리가업소
저럿케까지조용한세상은참업슬것이오

거울속에도 내게 귀가잇소
내말을못아라듯는딱한귀가두개나잇소

거울속의나는왼손잡이오

---

[6] 『가톨닉靑年』, 1933. 7.

내握手를바들줄몰으는—握手를몰으는왼손잡이오

거울째문에나는거울속의나를만저보지를못하는구료만은
거울아니엿든들내가엇지거울속의나를맛나보기만이라도햇겟소

나는至今거울을안가젓소만은거울속에는늘거울속의내가잇소
잘은모르지만외로된事業에골몰할쎄요

거울속의나는참나와는反對요만은
또쎄닮앗소
나는거울속의나를근심하고診察할수업스니퍽섭섭하오

— 「거울」 전문[7]

    이상 시편에서 내부와 외부의 대립은 지속적으로 나타나며, 이들은 서로 화합하지 못하고 거울 안팎에 마주보고 서 있는 자신을 대면하듯 상호 불화한다. 이 시편에서는, 현실의 나와 거울 속의 나가 대립하면서 동시에 상호 공존하는 아이러니를 보여준다. 이로써 이상 시가 대립 그 자체를 반영하는 것이 아니라, 상호 공존 속에서의 상호 대립을 보여주는 것임을 알 수 있다. 이는 세계를 통과하여 다시 자기 자신에게로 돌아오는 과정을 보여주는 것이며, 각자의 몸은 자기 몸 밖으로 나갈 때에만 다시 자기 안으로 들어올 수 있다는 것을 알게 한다. 이처럼 전통과 근대라는 대립적 상황 속에서 이상은 자신의 몸을 통해 병든 몸과 세계의 이분법적 갈등을 표출한다. 이상은 훼손된 몸을 혐오하고, 그에 대한 반동으로 죽음과 불구의 세계와 그 너머의 안식을 대립적으로 바라보면서도 그 모든 대립을 세계의 항구적 속성으

---

[7] 『가톨닉靑年』, 1933. 10.

로 치환하는 것이다.

　이 시편은 어떤 시선이 거울에 비친 자신의 모습을 끊임없이 관찰하는 상황을 보여준다. 여기서 거울의 의미는 자의식 속의 밀폐된 자아를 투영시켜 보여주는 매개물이면서 동시에 자아의 분열을 조장하는 도구이기도 하다. 그것은 또한 외부와 차단된 이질적 세계이다. 처음에는 분열의 장으로서 거울이 제시된다. 거울 속의 세계 즉 현실이 비추어진 의식 세계는 비현실적이고 낯선 이질적 세계이다. 그 다음은 두 몸 간의 소외와 단절의 상황을 보여준다. 귀는 의사소통의 매개체인데 말을 알아듣지 못한다는 것은 두 몸 간에 의사소통이 불가능한 상태라는 것으로서 분열이 진행되는 상태를 함의한다. 그 다음 역시 분열이 진행되는 상태를 보여준다. '악수'는 화합의 매체인데 두 몸은 악수를 할 수 없다. 즉 단절, 소외, 불통의 상황에 놓여 있다. 그 다음에서 거울은 자의식의 분열을 조장시키는 도구로서, 이중적 의미의 역설을 통해 거울의 이중성을 보여준다. 이 모순성을 시인은 자조적 위안으로 표현한다. 마침내 분열이 완료된 결과 두 몸이 따로 떨어져 외로된 사업을 진행하게 된다. 마지막에서 분열된 두 몸은 서로가 상반되지만 그러나 '닮았다'는 말을 통해 두 자아의 화합의 가능성을 암시하고, 동시에 '진찰할 수 없다'는 화합의 한계성을 보여준다. 결국 몸은 분열된 채 소외, 단절, 불안 속에서 살아가고 있는 것이다. 그것은 한 불행한 천재의 의식 속에 극단화된 근대인의 분열에 대한 표상이다. 비극적 상황을 유머러스하게 여유 있는 어조로 말하고 있다는 점에서 어조의 아이러니가 두드러지는 시편이다. 몸 안팎에서 일어나는 분열과 통합의 아슬아슬한 동시 가능성, 그리고 끝끝내 분열과 통합 어느 것도 완결할 수 없는 자의식이 시편 안으로 자욱하게 깔린다.

　喧噪때문에磨滅되는몸이다. 모도少年이라고들그리는데老爺인氣色이 많다. 酷刑에씻기워서算盤알처럼資格너머로튀어올으기쉽다. 그러니까

陸橋우에서또하나의편안한大陸을나려다보고僅僅히삶다. 동갑네가시시거리며떼를지어踏橋한다. 그렇지안아도陸橋는또月光으로充分히天秤처럼제무게에끄덱인다. 他人의그림자는위선넓다. 微微한그림자들이얼떨김에모조리앉어버린다. 櫻桃가진다. 種子도煙滅한다. 偵探도흐지부지―있어야옳을拍手가어쩧서없느냐. 아마아버지를反逆한가싶다. 默默히―企圖를封鎖한체하고말을하면사투리다. 아니―이無言이喧噪의사투리리라. 쏟으랴는노릇―날카로운身端이싱싱한陸橋그중甚한구석을診斷하듯어루많이기만한다. 나날이썩으면서가르치는指向으로奇蹟히골목이뚤렸다. 썩는것들이落差나며골목으로몰린다. 골목안에는侈奢스러워보이는門이있다. 門안에는金니가있다. 金니안에는추잡한혀가달린肺患이있다. 오―오―. 들어가면나오지못하는타잎기피가臟腑를닮는다. 그우로짝바뀐구두가비철거린다. 어느菌이어느아랫배를앓게하는것이다. 질다.

反芻한다. 老婆니까. 마즌편平滑한유리우에解消된正體를塗布한조름오는惠澤이든다. 꿈―꿈―꿈을짓밟는虛妄한勞役―이世紀의困憊와殺氣가바둑판처럼넓니깔였다. 먹어야사는입술이惡意로구긴진창우에서슬몃이食事흉내를낸다. 아들―여러아들―老婆의結婚을거더차는여러아들들의육중한구두―구두바닥의징이다.

層段을몇벌이고아래도나려가면갈사록우물이드물다. 좀遲刻해서는텁텁한바람이불고―하면學生들의地圖가曜日마다彩色을곷인다. 客地에서道理없이다수굿하든지붕들이이어물어물한다. 卽이聚落은바로여드름돋는季節이래서으쓱거리다잠꼬대우에더운물을붓기도한다. 渴―이渴때문에견듸지못하겠다.

太古의湖水바탕이든地積이짜다. 幕을버틴기둥이濕해들어온다. 구름

이近境에오지않고娛樂없는空氣속에서가끔扁桃腺들을앓는다. 貨幣의스
캔달—발처럼생긴손이염치없이老婆의痛苦하는손을잡는다.

—「街外街傳」 중에서[8]

'가외가전(街外街傳)'이라는 제목에서 암시되듯, 이 시편에는 두 대립적인 '거리[街]'가 등장한다. 몸 안팎의 거리가 그것이다. 육교, 골목, 마을, 방으로 이동하는 세계로서의 '바깥 거리[街外]'가 있는가 하면, 늙은 몸에서 입으로 목으로 폐로 이동하는 '몸의 거리[街]'가 있다. 이 시편은 이러한 두 거리를 서로 분열 병치하면서, 한 문장 안에서 강제로 통합하기도 한다. 말하자면 두 개의 거리는 상호 유사성을 지향하는 하나의 은유로 작동되는 것이 아니고, '바깥 거리'는 바깥 거리대로, '몸의 거리'는 몸의 거리대로 분열된 채 대립적으로 존재한다. 그럼에도 두 개의 거리는 서로 얽혀 있다. 서로 개별적이면서 몸 안팎의 풍경이 하나로 만나 배치되고 있는 것이다. 이처럼 몸과 세계의 관계를 표상하는 이 시편은 몸과 정신의 대립 같은 이원론적 사고와는 무관하고, 오직 몸을 중심으로 몸과 세계와의 관계가 상호 얽히고 있는 양상을 보여준다. 그 다음으로 시인은 소음을 의미하는 '훤조' 때문에 마멸되는 몸을 제시한다. 육교의 측면에서든, 몸의 측면에서든, 어느 쪽에서도 만족할 만한 비유적 관계가 되지 못하고 서로 어긋날 뿐이다. 인간의 병든 육체는 소음 때문에 괴로울 수 있지만 '마멸'되지는 못한다. 마멸되는 것은 오히려 '육교'의 특징이기 때문이다. 하지만 육교가 '훤조' 때문에 마멸된다는 것은 상식에 맞지 않는다. 그것은 육교의 표지판이 가리키는 곳에 마을의 골목이 있음을 의미하면서 또한 그 '골목'은 다름아닌 병든 몸인 것을 알 수 있다. 그만큼 이상 시편에서 만나는 두 개의 관념이나 실체는 원관념과 보조관념이 결합하여 새로

---

[8] 『시와 소설』, 1936. 3.

운 의미를 생성해내는 은유적 관계가 아니라, 문장에 함께 위치할 뿐 개별적으로 존재하며 서로 대립하는 환유적 속성을 거느린다.

> 기침이난다. 空氣속에空氣를힘들여배앝아놓는다. 답답하게걸어가는길이내스토오리요기침해서찍는句讀를심심한空氣가주물러서삭여버린다. 나는한章이나걸어서鐵路를건너지를적에그때누가내經路를디디는이가있다. 아픈것이匕首에베어지면서鐵路와열十字로어울린다. 나는무너지느라고기침을떨어뜨린다. 웃음소리가요란하게나더니自嘲하는表情위에毒한잉크가끼얹힌다. 기침은思念우에그냥주저앉아서떠든다. 기가탁막힌다.
>
> —「行路」전문[9]

기침을 하고 기가 탁 막히는 병든 몸이 있다. 기침의 '기'와 공기(空氣)의 '기', 기가탁막힌다의 '기'는 모두 동음이의어이다. 물론 기침이란 텅 빈 기운인 공기를 내뱉는 행위이기도 하므로 단순한 언어유희 이상의 의미를 내포한다. 이러한 병적 증상으로서의 '기침'은 '기가 탁 막히는' 절망적인 것이다. 또한 이 시편은 길을 걸어가는 화자의 입장과 글을 적어가는 화자의 입장을 재미있는 말놀이로 중첩시킨다. 길을 갈 때 신는 신발인 '구두'는 글 속에서는 '구두(句讀)'와 관련이 있다. 그러니까 이 시에선 '길'이 곧 '글'이 되고 '글'이 곧 '길'이 되는 것이다. 이처럼 몸의 병은 화해의 여력을 상실한 의식을 반영한다. 세계 속에서 평화와 안식을 발견하지 못하는 자는 절망과 죽음의 나락으로 떨어질 수도 있다. 여기서 이상은 분노하며 맞서 싸우는 혁명가의 자세가 아니라 스스로를 비웃으며 조롱하며 유유히 탈주하는 아이러니의 방식으로 세계와 대결하고, 합리적 이성이 가리키는 지표들을 훌

---

[9] 『가톨닉靑年』, 1936. 2.

쩍 뛰어넘고 있는 것이다. 몸의 상상력이 관철되는 방식이다.

꽃이보이지안는다. 꽃이香기롭다. 香氣가滿開한다. 나는거기墓穴을 판다. 墓穴도보이지안는다. 보이지안는墓穴속에나는들어안는다. 나는 눕는다. 또꽃이香기롭다. 꽃은보이지안는다. 香氣가滿開한다. 나는이저 버리고再처거기墓穴을판다. 墓穴은보이지안는다. 보이지안는墓穴로나 는꽃을깜빡이저버리고들어간다. 나는정말눕는다. 아아. 꽃이또香기롭 다. 보이지도안는꽃이—보이지도안는꽃이.

— 「危篤 - 絶壁」 전문[10]

이 시편에서 만개한 꽃은 여성을 상징하고, "거기墓穴을" 파는 행위 는 성적 함의를 띤다. '묘혈(墓穴)'은 '구멍[穴]'과 '죽음[墓]'을 동시에 함 의하면서, 에로스와 타나토스를 결속한다. 그러므로 묘혈을 파는 행 위는 성적 의미를 함축하면서 동시에 죽음으로의 지향을 암시한다. 성과 죽음을 동시에 의미하는 "보이지도안는꽃"과 "보이지안는墓穴" 에 대한 집착은 이 시편에서 강박에 가까운 반복을 통해 표현된다. '묘혈(墓穴)'의 의미인 '죽음[墓]+여성[穴]'은 그러니까 성적 쾌락과 연 결된 죽음 충동의 주이상스를 재현하고 있다. 꽃이 보이지 않고, 묘혈 이 보이지 않는데도 거기에 계속 집착을 하며 그 향기를 맡고 구멍을 파는 행위는 불연속적 현실을 넘어서는 쾌락 원리인 '죽음과 성에 대 한 충동'의 표현인 것이다. 결국 이 시편에서 '죽음 충동'이 불연속적 인 삶의 초월을 의미하는 것이라면 이를 넘어서려는 언어유희 또한 이상에게서는 고통스런 현실을 넘어서려는 적실한 방법이었음을 알 수 있다. 하지만 이상은 수필이나 소설에서는 이러한 유희적 효과를 최대한 억제하였다. 그의 장르 의식의 일단을 보여주는 대목이 아닐

---

[10] 『조선일보』, 1936. 10. 6.

수 없다.

　이처럼 분열과 대립의 항구성, 몸과 정신이 가지는 원심력의 확장 과정, 죽음 충동과 성적 탐닉의 과정에서 씌어진 이상 시편은 특유의 언어유희를 수반하면서 당대 현실과의 비동일화 전략을 일관되게 수행한 이상스러운 '거울' 시편이었다. 그 거울은 '면경'이나 '망원경'이나 '현미경'이나 '만화경'이 아니라 어쩌면 존재 내적 투시를 감당하는 내시경에 가까운 것이었을지도 모른다. 그 내시경에 비친 자신의 소멸해 가는 병든 몸이야말로 이상이 바라본 근대의 허망한 꿈과 등가적이었을 것이다.

4. 아방가르디즘으로서의 이상

　우리 근대시문학사에서 1930년대의 중요성에 대해서는 많은 이들이 공감하는 것 같다. 아닌 게 아니라 이 시기는, 그 전후 기간과 확연히 변별되는 특수성을 강하게 구현한 우리 근대시의 난숙기라고 할 법하다. 다양하게 출몰한 문예사조나 창작방법들, 그리고 전대에 비해 폭증한 매체들, 작가군(群) 등만 보더라도 이 시기의 역동성은 매우 독자적인 영역을 확보하고 있다. 그만큼 우리 근대시는 이 시기에 이르러 서정 장르 본연의 몫을 인식하면서 민족 현실과 시의 형상적 결합을 비로소 성취하게 된다. 이 시기에 하나의 뚜렷한 문학운동으로 각인된 모더니즘은 식민지 근대의 성립에 따른 미학적 반응의 한 소산이었는데, 이는 기본적으로 도시에서의 경험을 반영하는 사유 및 표현의 양식이었다. 따라서 농촌 공동체를 바탕으로 한 전통 서정시 개념 역시 모더니즘이라는 서구 충격의 여과를 거쳐 새로운 외연과 내포를 이루게 된다. 이러한 서정시 개념의 확장은 우리 근대시 발전에 커다란 자양을 부여했을 뿐더러, 시가 비로소 미학적 실체임을 자각하게 하는 계기가 되어주었다. 이러한 변화의 구체적 현상이 바로

1930년대의 모더니즘시였고, 그 세목에 정지용, 김기림, 김광균, 이상 등이 포괄되는 것이다.

사실 서구의 역사적 모더니즘은 아방가르드나 입체파 혹은 다다, 초현실주의 등의 전위적 운동으로 나타난 바 있다. 하나의 미학적 공통성으로는 도저히 포괄할 수 없을 정도로 다양한 진폭의 움직임을 보인 것이 모더니즘 운동이었던 셈이다. 하지만 1930년대 한국 시의 모더니즘은 이미지즘과 주지주의로 한정되어 펼쳐진다. 왜냐하면 시인들이 의식적 자각을 가지고 창작에 임했던 준거는 방법적 의미의 모더니즘이었지 세계관의 변혁을 수반하는 전위 운동 형태가 아니었기 때문이다. 실질적으로 이 시기의 맥락에서 아방가르드나 입체파, 다다, 미래파, 쉬르 등의 전위적 실험 양상을 뚜렷한 역사적 실체로 찾아보기는 여간 힘들지 않다. 그 맥락에서 이상만이, 그러한 시사적 주류와 변별되는 확연한 예외로 등극하기에 모자람이 없는 것이다. 그 점에서 이상은 우리 시사에서 식민지 근대와 맞서고 또 그것을 해체하고 재구성하려 했던 거의 유일한 아방가르드 미학의 구현자로 각인될 것이다.

아방가르드는 제1차 세계대전을 계기로 확산된 인간 소외 현상을 비판하고 이성에 의한 근대 기획을 반성하면서 제기된 이념적, 방법적 범주이다. 그것은 근대 부르주아의 세계관과 가치 체계가 막다른 길에 도달해 있다는 위기의식의 산물이며, 이성, 노동, 주체 등의 계몽 기획에 파산을 선고하고 욕망, 무의식, 비합리의 세계에서 새로운 진리를 구하고자 했던 낭만주의적 반동(reaction) 형식이기도 하다. 또한 그것은 재현을 유보하거나 포기한 자기 반영적 미학이고, 근대의 속물적 평균주의에 저항하는 미학적 정예주의(elitism)의 한 형식이라고 할 수 있다. 이러한 속성에 부합하는 거의 유일한 시사적 실례로서 우리는 이상이 보여주었던 지향을 예거할 수 있을 것이다. 김기림의 견해는 다음과 같이 이어진다.

감정의 선동으로 해서 이루어지는 '리듬'의 변화에 전혀 의지하는, 재래의 作詩法을 돌보지도 않고, 의미의 질량의 어떤 조화 있는 배정에 의하여 구성하는 새로운 화술을 스스로 생각해냈던 것이다.

말기적인 현대문명에 대한 저 淋漓한 진단(시「斷崖」) - 조선일보 연재-), 그리고 비둘기(=평화)의 학살자에 대한 준열한 고발(「오감도 시제 12호」), 착한 인간들의 기름으로만 살이 쪄가는 오늘의 황금의 질서에 항의하는 억누를 수 없는 분노(「지주회시」,「倦怠」) - 그리하여 꽃이파리 같은 나르시스는 점점 더 비통한 순교자의 노기를 띠어간 것이다.[11]

해방 후에 이상 선집을 최초로 기획하고 실천했던 김기림은, '감정'과 '리듬'에 의존하는 기존 서정시 문법에서 이탈하여 "새로운 화술"을 스스로 생각해낸 이상이, "말기적인 현대문명에 대한 저 淋漓한 진단"과 "비둘기(=평화)의 학살자에 대한 준열한 고발" 그리고 "착한 인간들의 기름으로만 살이 쪄가는 오늘의 황금의 질서에 항의하는 억누를 수 없는 분노"를 일관되게 형상화한 점을 강조하였다. 그의 판단대로 이상 문학은 이미지즘 편향의 모더니즘을 뛰어넘어 아방가르드 미학의 핵심을 체현해냈던 것이다.

식민지 근대의 적폐와 모순을 발견하고 그것을 가능케 한 힘에 대해 예술적 저항을 시도했다는 점에서, 이상 시의 아방가르드적 성격은 비교적 분명해 보인다. 그의 예각적 형식 실험 의지와 자본주의에 대한 명민한 비판은, 그 자체로 근대를 내파하고 새로운 근대를 지향하려 했던 아방가르드 정신의 외화라고 평가할 수 있을 것이다. 따라서 우리는 이상을 근대 기획에 저항하면서 새로운 근대를 꿈꾼 '최후의 모더니스트'로 표상하는 것도 타당한 관점이 될 수 있다고 생각한

---

11 김기림,「이상의 모습과 예술」, 김기림 편, 『이상선집』, 백양당, 1949.

다. 이러한 아방가르드로서의 모더니즘, 지극한 에너지를 내장했던 충동이자 의식이자 지향이 해방과 분단 이후 우리 문학사에서 축소되거나 소진되었다는 것은, '최후의 모더니스트' 이상을 해석해온 관점의 불구성을 단적으로 말해주는 것일 터이다.

순정과 의지의 친화와 결속

유치환의 시

1. 청마 시의 자장과 연구사적 흐름

　청마(靑馬) 유치환(柳致環)의 문학 생애를 일관하는 특징 가운데 가장 이채로운 것은, 그가 일제 강점기와 분단 시대를 철저하게 겪었으면서도 당대의 담론적 주류와 크게 조우하지 않았다는 점이다. 가령 그의 문학 행위는 우리 문학의 담론적 축을 형성했던 '순수 / 참여' 범주나, '리얼리즘 / 모더니즘', '전통 / 실험' 등의 주류적 맥락에서 비껴난 독자적 자리에 놓여 있다. 그만큼 그는 '생명'이라는 키워드를 중심으로 하여 고유한 음역(音域)을 보여준 시인이었으며, 나아가 우리 시사의 주요 흐름이었던 '정한(情恨)'이나 '순수 서정'의 범위에서도 한껏 벗어나 있는 이채로운 존재임에 틀림없다.

　청마가 이처럼 당대에 강력한 주류를 형성했던 순수, 참여 진영 양쪽에서 모두 자유로울 수 있었던 것은, 그가 남쪽 항도에서 태어나 경성이 아닌 지역 사회에서 주로 활동했다는 지역적 조건 외에도, 특별히 이데올로기적 침윤을 받을 만한 지적 세례 과정이 매우 빈곤했기 때문이다. 가령 그의 장형이 유명한 희곡 작가 유치진(柳致眞)이었기 때문에 문단 접근이 용이했을 것이고, 그 스스로도 "번문욕례 사대주의의 욕된 후예로 세상에 떨어졌"[「출생기(出生記)」]다는 사회 역사적 인식을 가지고 있었음에도 불구하고, 그의 시편들은 이념적이고 역사적인 장(場)보다는 비교적 원형(archetype)에 가까운 순정과 의지의 세계에서 발원한 것이다.

"우리 집은 유약국 / 行而不言하시는 아버지께서 어느덧 / 돋보기를 쓰시고 나의 절을 받으시고 / 헌 책력처럼 애정에 낡으신 어머님 옆에서 / 나는 끼고 온 신간을 그림책인 양 보았소"[「귀고(歸故)」]라는 표현에서 우리는, 그가 유학 생활 중 고향에 돌아왔을 때 느낀 감회를 경험하게 된다. 이 무렵 그는 일본의 아나키스트들과 정지용 시편에 강한 관심을 보였다고 하지만, 뚜렷한 영향 관계나 그로 인한 이념적 정향(定向)이 간취되지는 않는다. 시에 대한 각별한 열정을 가지고 경성에 갔으나 학교 분위기에 적응하지 못하고 다시 동경으로 건너갔다가 재차 귀국하여, 청마는 1931년 『문예월간』에 「정적(靜寂)」을 발표하면서 문단에 발을 들여놓는다. 그 후 그는 꾸준히 시작 활동을 하는 가운데 부산, 평양 등지로 거주지를 옮기며 다소 불안정한 생활을 하면서도 동인지 『생리(生理)』를 5집까지 간행하였다. 마침내 첫 시집 『청마시초(靑馬詩抄)』(1939)를 펴내고 통영으로 이주하여 통영협성상업학교 교사로 지내던 중, 일제 말기에 가중되는 억압을 피해 1940년 봄에 만주로 떠나 농장 관리인으로 지냈다. 그곳은 "고향도 사랑도 회의도 버리고 / 여기에 굳이 立命하려는 길에 / 광야는 陰雨에 바다처럼 황막히 거칠어"(「絶命地」)가는 곳이요 비정(非情)의 대지였다. 거기서 그는 황막한 대지와 맞서며 생명의 불모성과 가열함이라는 이중의 속성을 거친 음색으로 증언하게 된다. 해방의 기쁨 속에서 그는 고향에서 충무문화협회를 조직하고 각 학교의 한글 강습회에도 나가며 분주한 생활을 시작하였다. 이후 시집 『생명(生命)의 서(書)』(1947), 『울릉도(鬱陵島)』(1948), 『청령일기(蜻蛉日記)』(1949) 등을 거의 매년 잇따라 간행하였다. 하지만 그에게 해방 직후는 조국이 혼란에 빠져

어지러운 소식으로 가득한 시기였다. 거기서 벗어나 "한 점 섬 鬱陵島"(「울릉도」)나 가버릴까라면서 현실에 대한 환멸과 다짐을 동시에 보여준다.

하지만 청마의 현실에 대한 관심은 정치권력이 저지른 비리에 국한하지 않고 사회 전체의 문제로 확장하게 된다. 그때 청마는 지배 계층의 부조리만 고발한 것이 아니라 사회 구성원 개개인의 잘못과 억눌린 자, 가지지 못한 자의 위선에도 날카로운 비판의 칼을 갖다 댄 것이다.[1] 어쨌든 해방 직후 그의 목소리는 매우 격정적인 외관을 띠었으며, 전쟁이 나자 종군을 통하여 시집 『보병(步兵)과 더불어』(1951)에서 그 목소리를 확산적으로 재현한다. 『보병과 더불어』는 그가 직접 전쟁에 참여한 종군 시집으로서, 조국애와 휴머니즘과 윤리 의식을 집중적으로 보여준다. 그의 이러한 비판의 목소리는 휴전 이후의 조국 현실에 대해서도 이어지는데, 곧 현실에 대한 뿌리 깊은 긍정에도 불구하고 현실에 대한 격렬한 비판과 저항의 자세를 보이게 되는 것이다. 이러한 격정의 목소리는 『뜨거운 노래는 땅에 묻는다』(1960), 『미루나무와 남풍(南風)』(1964) 등에 잘 드러나 있다.[2] 그 밖에도 『예루살렘의 닭』(1953), 『청마시집』(1954), 『제9시집』(1957) 등을 펴낸 그는, 4.19 이후 교직에 복귀하여 부정한 현실과 이상 사이에서 늘 갈등하다가 60세 되던 1967년 부산에서 교통사고로 타계한다.

한국 현대시에서 가장 방대하고도 견고한 장관을 보여준 그의 시 세계는, "생경하고 소박한 무기교의 기교"[3]라는 평가가 따를 정도로 투박하고 격정적인 외관을 보여준다. "현실에 대한 울분과 탄식, 저항과 질타"[4]의 목소리를 통해, 스스로의 심연 속으로 침잠하여 본연의

---

[1] 오세영, 「휴머니즘과 실존 그리고 허무 의지」, 『유치환』, 건국대학교출판부, 2000.
[2] 문덕수, 「유치환의 시 연구」, 『홍대논총』 9집, 홍익대학교, 1977.
[3] 김동리, 「유치환 시선에 부침」, 유치환, 『柳致環詩選』, 정음사, 1958.

의지를 다시 일으켜 비정(非情)의 세계를 향해 손을 뻗다가도 애틋한 마음으로 사랑하는 이에 대한 순정(純情)을 읊조리기도 한 그의 시작 40년은 일제 강점기와 해방, 전쟁과 혁명 등 역사적 물굽이가 그대로 반영되어 험난한 이 땅 근대사의 굴곡을 여실히 보여주면서도, 인간이 가지는 여리고 애달픈 순정의 세계도 잊지 않고 있다고 볼 수 있다.

우리가 잘 아는 청마의 에피셋은 '생명파'라는 규정 속에 있다. 유치환을 시사에서 처음으로 '생명파'로 규정한 사람은 미당 서정주였다. 미당은 『현대조선명시선』(1950)에서 자신과 청마를 '생명파'로 묶어 1930년대에 새로 등장한 하나의 유파적 개념으로 설정하였다.[5] 이 규정이 지금까지 관행적 분법(分法)이 되고 있음은 주지의 사실이다. 청마의 가장 우호적 이해자인 김종길은, 청마의 생래적 다정이 그 자신의 허무주의적 회의를 거침으로써 그로 하여금 거대한 시력을 얻게 하였고 또한 자유에 대한 강렬함 즉 삶에 대한 열애를 지속할 수 있게 하였던 힘이었다고 규정하였다. 그러면서 청마를 한국 현대시사에서 가장 거대하고 꾸준하고 열렬한 도덕적 시인으로 평가하였다.[6] 그런가 하면 청마 초기 시편에서 보인 대결 정신이 자학적 허무주의로 패배적 양상을 띠지만 이후에는 조국애와 현실 참여 의식으로 변모하였다는 김재홍의 지적도 음미될 만하다.[7] 또한 이숭원은 인간에게 의지와 감정의 양면성이 본질적으로 내재해 있다면서, 청마가 정신이 고양된 상태에서 부정과 비리에 대한 고발과 저항을 토로할 수 있는 동

---

4 김현, 「깃발의 시학」, 『김현문학전집 5』, 문학과지성사, 1992.
5 이 점 깊이 강조되어 마땅하다. 미당이 해방 후 비평적 작업에서, 왜 청마를 자신과 이념적, 정신적 동류항에 놓으려는 욕망을 보였는지, 이에 대해서는 추후 세세한 논의가 따라야 할 것이다.
6 김종길, 「청마 유치환론」, 박철석 편, 『한국 현대시인 연구 18 - 유치환』, 문학세계사, 1999.
7 김재홍, 「대결 정신과 허무의 향일성」, 『心象』, 1975. 1.

시에 영혼의 낮은 곳에서 스며 나오는 연정의 애달픔도 억제하지 않았던 것이라고 말하였다.[8] 이처럼 청마 시를 논하는 관점은 '의지'와 '감정'의 흐름으로 집약되며, 그의 시편들이 짧지 않은 세월 동안 어떻게 변모해왔는가 하는 문제가 초점이었다고 할 수 있다.

잘 알려져 있듯이, 청마의 시는 '생명파', '인생파', '허무의 의지', '비정(非情)의 시학' 등으로 명명되어왔다. 그만큼 그는 비교적 무겁고 사변적인 주제를 담은 일종의 '관념적' 시편을 많이 썼다. 자신도 "나는 시인이라기보다 먼저 한 사람이 되고 싶다."라고 거듭 주장했던 만큼, 그는 순수시보다는 '인생을 위한 시'를 썼으며, 역사의식과 현실 인식의 시편을 많이 썼다. 특히 '허무 의지'는 청마 시를 설명하는 가장 중요한 특성인데, 그는 스스로 '허무 의지'가 일체의 인간적 감정을 초극한 냉혹하고 비정한 어떤 경지에 대한 의지라고 밝힌 바 있다. 따라서 그의 시는 세속적이고 미시적인 감정에 의해 씌어진 것이 아니라, 현상적인 것을 넘어 초월적이고 절대적인 경지를 추구한 세계였다고 할 수 있다.

하지만 그가 이루어낸 시적 성취에 비해 그에 대한 평가가 넉넉하지만은 않았다. 그의 '의지'의 측면과 '순정'의 측면이 일정하게 모순으로 파악되기도 하였고, 그의 고풍스런 한자어나 관념적 시어로 인해 한글 세대 독자들로부터 멀어지기도 하였다. 하지만 탄생 100주년을 맞아, 우리 시가 점점 가녀리고 여성적인 어조로 흘러가는 데 대한 시사적 반성의 자료로 청마 시편은 새롭게 읽힐 필요가 있다. 그것은 강한 '의지'와 부드러운 '순정'이 친화하고 결속하는 그의 시세계를 응시하는 일이 될 것이다.

---

[8] 이숭원, 「청마 시 연구의 반성과 전망」, 『현대시』 2집, 문학세계사, 1985.

2. 순정과 사랑의 시학

　청마 시편의 속성 가운데 가장 중요한 것 가운데 하나는 그가 토박이말을 중심으로 하는 기층 언어보다는 한자어의 미학적 가능성을 최대한 실험한 시인이라는 데 있다. 가령 그의 시어 가운데는 자전(字典)에도 없는 한자어 조어(造語)가 매우 빈번하게 나타나고, 토박이말로 바꾸었을 때 정서적 감염이 훨씬 용이했을 표현도 얼마든지 많다. 또한 그의 시는 무거운 주제를 언표할 경우 그 한자어의 빈도가 점증(漸增)한다. 그래서 그의 시편들은 기층 언어에 기초를 둔 시편들이 가지는 이른바 '기억 촉진성'에서 멀어지게 되고, 관념의 자기 표현으로서의 무게를 강하게 띠게 된다. 그럼에도 불구하고 그의 시편 가운데서도 성공한 것들은 대부분 생경한 한자어의 세례에서 거리를 둔 경우가 많다. 가령 초기 시편인 「깃발」은, '깃발'이 불러일으키는 이미지의 연쇄로 이루어진 작품인데, 그 핵심은 '그리움'이라는 감정이 불러일으키는 물결이나 바람 같은 '파동감'에 있다. 이 경우에도 우리가 어려워할 한자어의 과용은 찾아볼 수 없다.

　　이것은 소리없는 아우성.
　　저 푸른 海原을 향하여 흔드는
　　영원한 노스탤지어의 손수건
　　純情은 물결같이 바람에 나부끼고
　　오로지 맑고 곧은 理念의 푯대 끝에
　　哀愁는 白鷺처럼 날개를 펴다.
　　아! 누구인가?
　　이렇게 슬프고도 애닯은 마음을
　　맨 처음 공중에 달 줄을 안 그는.

　　　　　　　　　　　　　　―「깃발」전문

이 시편의 시상은 '동경'에서 '좌절'로 전개된다. 먼저 깃발은 '소리 없는 아우성'에 비유된다. 이때 '아우성'이란 여럿이 울부짖는 소리를 뜻한다. 이러한 모순형용을 통해서 남는 것은 소리가 제거된 시각적 이미지이며, 손을 흔들듯이 몸부림치는 몸짓과 같은 깃발의 펄럭임을 우리는 여기서 경험하게 된다. 그 '깃발'의 나부낌은 격렬한 몸부림을 담고 있으며 어떤 모순을 간직하고 있다. 그 다음으로 '깃발'은 '노스텔지어의 손수건'에 비유된다. '노스텔지어(nostalgia)'란 생명 본연에 대한 향수로서, 여기서 우리는 '깃발'이 바닷가 높은 언덕에 세워진 깃대에 달려 동경과 이상의 세계를 향해 펄럭이고 있음을 알 수 있다.

그 다음의 시상을 이어가는 이념의 푯대로서의 깃대와 날리는 기폭은, 운명에 매여 있으면서도 끊임없이 자유를 갈망하는 인간의 모습을 보여준다. 여기에서 '순정'이 물결로 비유되어 바람에 나부끼는 모습이 나타난다. 애수가 백로로 비유되어 날개를 펴는 모습은 파동성과 부드러움을 지니고 그리움의 감정을 떠올리게 한다. 그 '그리움'은 '이념의 푯대'라는 매우 관념적인 시어와 결합되면서, 청마의 이념이 어떤 이데올로기가 아닌 생명의 순수성에 대한 지향과 관련되어 있음을 알게 한다. 그래서 그것은 인간의 한계 상황과 생의 모순을 자각하게 해준다. 이러한 이미지는 "진종일 헛되이 나의 마음은 / 공중의 깃발처럼 울고만 있나니 / 아 너는 어디메 꽃같이 숨었나뇨"(「그리움」) 같은 데서도 나타난다. 그것은 '깃발'의 펄럭임처럼 공중에 매달린 채 여운을 남기며 지속되는 물음이다.

詩人이 되기 전에 한 사람이 되리라는 이 쉬웁고 얼마 안 된 말이 내게는 갈수록 감당하기 어려움을 깊이 깊이 뉘우쳐 깨달으옵니다. 오늘 불쌍한 生涯에 있는 오직 하나의 가까운 血肉을 위하여서만으로도 길가의 한 신기리가 되려는 그러한 굳고 깨끗한 마음성을 가지기를 나는 소망하오니[9]

이러한 바람을 담은 위의 시편은, 청마가 지닌 '순정'이 생래적인 그의 욕망이었음을 알게 한다. '순정'이 사랑하는 사람을 만난다면 이는 현실의 어떠한 제약에도 굴하지 않는 '열애'를 경험하게 된다. 그리고 '열애'가 이루어지지 못하면 '순정'은 끝없는 그리움과 애수를 토하게 된다. 또한 '순정'이 허무와 대결하게 되었을 때 애련에 빠짐을 치욕으로 여기는 비정으로 맞설 것이 틀림없다. 청마는 사랑을 "다른 하나의 나를 설정하는 일"이라고 말하였는데, 그만큼 청마에겐 한 인간의 영혼을 정화하는 '순정'의 마음을 깊이 품었다고 할 수 있다. 사랑에 닿아 있는 마음, 사랑을 부르는 마음은 시인의 혈류 깊은 곳에 뜨겁게 흐르는 '순정'에 바탕을 둔 것으로 볼 수 있을 것이다.

김현은 청마 시가 보여주는 사랑의 모습은 쉽게 이루어지지 않아서 고통스러운 사랑이며 그 고통스러움은 자기의 사랑이 상대방에게 전달되지 않을까 봐 걱정하는 데서 생겨나는 고통이 아니라 서로 사랑하는 것을 충분히 확인하였음에도 불구하고 같이 있을 수 없는 데서 생겨나는 고통스러움으로 보았다.[10] 가령 "해지자 날 흐리더니 / 너 그리움처럼 또 비 내린다 / 문 걸고 / 등 앞에 앉으면 / 나를 안고도 남는 너의 애정!"(「밤비」)에서처럼 청마는 자신에 대한 상대방의 애정을 확신하고 있다. 자신이 이별로 인한 슬픔에 쌓여 고목처럼 늙어가고 '저 임종의 날에도 고이 간직하고' 갈 만큼 그 사랑을 쉬이 놓지 못하리란 걸 알기에 청마가 사랑하는 상대방 역시 그러리란 걱정을 할 것은 당연한 일이다.

순수한 '생명'에의 의지를 통한 대결 의식을 일생 동안 견지했던 청마는, 윤리적이고 남성적인 관념 시편을 많이 창작하여, 여성 편향성이 강한 우리 시사에 굵은 음역과 정의로운 시적 자세를 이채롭게 선

---

9 유치환, 『靑馬詩抄』, 청색지사, 1939, 5-6면.
10 김현, 「깃발의 시학」, 『김현문학전집』, 문학과지성사, 1992, 95면.

보인 큰 시인이었다. 하지만 그는 푸른 하늘을 날개 치며 날아갈 수 없는 운명과 이룰 수 없는 사랑에 대한 영원한 노스탤지어를 노래한 시인이기도 하다. 그의 이러한 '순정'은 후기 시집 『청령일기(蜻蛉日記)』에 오면서 심연으로 침잠하여 고뇌하는 감정으로 전환하고 있는데, 초기시부터 이러한 순정과 열애의 에너지는 깊은 그리움의 정서를 만들어내고 있었던 것이다.

> 바람아 나는 알겠다.
> 네 말을 나는 알겠다.
> 한사코 풀잎을 흔들고
> 또 나의 얼굴을 스쳐가
> 하늘 끝에 우는
> 네 말을 나는 알겠다.
> 눈 감고 이렇게 등성이에 누우면
> 나의 영혼의 깊은 데까지 닿는 너.
> 이 호호(浩浩)한 천지를 배경하고
> 나의 모나리자!
> 어디에 어찌 안아볼 길 없는 너.
> 바람아 나는 알겠다.
> 한 오리 풀잎나마 부여잡고 흐느끼는
> 네 말을 나는 정녕 알겠다.
>
> ─「바람에게」 전문

청마 시의 주요 이미지는 '깃발', '바위' 그리고 '바람'이다. 그의 시에서 '바람'은 매우 중요한 의미를 지닌다. '바람'은 자신은 보이지 않으면서 사물을 움직이게 하고, 땅에 있는 것을 눕히거나 공중으로 들어올린다. 또한 '바람'은 물결(그의 시 「그리움」에서의 '파도')과 같이 파동성을 가지고 움직이는 부드러운 존재이다. 청마 시에서 바람이 흔드는 것은 시인의 마음이며, 불러일으키는 것은 그리움이다. 그것은 순정을 물결같이 나부끼게 하거나, 일상적 삶에 안주하려는 사람을 깨워 쉼없이 뉘우치고 탄식하고 회의하게 만든다. 그래서 '바람'은 우주의 섭리를 알려주고 존재의 본질이 무엇인가를 일깨워주는 매개체이다.

위 시편에서도 '바람'은 "나의 영혼의 깊은 데까지 닿"아와 '나'를 일깨워주는 존재이다. 이 시편의 첫 연은 "바람아 나는 알겠다 / 네 말을 나는 알겠다"라는 깨달음의 말로 시작된다. 그 다음 '바람'의 행위를 통한 인식이 나타난다. 바람은 우주 만물을 스쳐가고 그것과 함께 호흡하는 존재임을 알 수 있다. 화자는 존재의 본질을 파악할 수 없다는 역설적 자각을 보여주는데, "나의 모나리자! / 어디에 어찌 안아볼 길 없는 너"라고 바람을 일컬어 마치 손 뻗을 수 없는 구원의 여인상인 것처럼 애달파하기 때문이다. 이제 '바람'은 이 넓은 천지에서 만물 어디에나 닿아 있는 존재이지만 또 볼 수도 없고 안을 수도 없는 존재이다. 그것은 우주에 가득 들어찬 어떤 '생명' 혹은 '사랑'이라고 부를 수 있는 것을 표상하는 존재이다. 그래서 그것은 "한 오리 풀잎마다 부여잡고 흐느낀다." 시인은 바람이 불러일으키는 그 순수한 생명의 세계, 사랑에 대한 그리움에 목메어하면서, 그 그리움이 '나'의 참된 존재를 일깨워주는 감각을 노래하고 있다. 이처럼 청마는 순정을 일컬어 "영혼의 어떤 갈구의 응답인 존재"라 하였던 바, 이 시편에서 '바람'은 바로 그러한 '나'의 전존재를 거듭나게 하는 '사랑'과 같은 것이라고 볼 수 있다.

십 년이 넘는 세월을 두고 당신을 못내 사랑해오지 않은 바 아니언마는 이번에서사 진실로 당신이 나 자신보다도 귀한 것으로서 아낌과 애정이 절절히 깨우쳐지는 것입니다. 그 허망한 사후까지를 기약할 수 없

는 애정의 깊이와 진실이란 것을 오늘에야 알 수 있는 것입니다.[11]

　이 편지 단편만으로도 그의 애정이 가열한 것이라는 것을 쉽게 짐작할 수 있다. '나 자신보다도 더 귀한 당신'에서 출발하여 사후까지 같이 할 수 없음을 미리 안타까워하는 순정한 사랑은, 사랑을 하는 사람은 사랑을 받느니보다 행복하다는 섬세한 정서를 만들어냈고 그 사랑이 주는 슬픔까지도 모조리 받아들여 사랑의 의미를 획득하게 한 것이다. 하지만 그 순정의 밀도가 은은하게 배어 있는 다음 시편에 눈길이 머물게 되면, 청마와 일생을 함께했던 아내에 대한 순정의 마음이 아련하게 번져옴을 느끼게 된다.

　　　아픈가 물으면 가늘게 미소하고
　　　아프면 가만히 눈감는 아내 ―
　　　한 떨기 들꽃이 피었다 시들고 지고
　　　한 사람이 살고 병들고 또한 죽어가다
　　　이 앞에서는 전 우주(宇宙)를 아 하야도 더욱 무력한가
　　　내 드디어 그대 앓음을 나누지 못하니

　　　가만히 눈 감고 아내여
　　　이 덧없이 무상한
　　　골육에 엉기인 유정(有情)의 거미줄을 관념(觀念)하며
　　　요요(遙寥)한 태허(太虛) 가운데
　　　오직 고독한 홀몸을 응시하고
　　　보지 못할 천상의 아득한 성망(星芒)을 지키며
　　　소조(蕭條)히 지저(地底)를 구우는 무색 음풍을 듣는가

---

11 이영도, 『사랑하였으므로 행복하였네라』, 중앙출판공사, 1967, 200면.

하여 애련의 야윈 손을 내밀어
인연의 어린 새 새끼들을 애석하는가

아아 그대는 일찍이
나의 청춘을 정열한 한 떨기 아담한 꽃
나의 가난한 인생에
다만 한 포기 쉬일 애증(愛憎)의 푸른 나무러니
아아 가을이런가
추풍은 소조(蕭條)히 그대 위를 스쳐 부는가

그대 만약 죽으면 —
이 생각만으로 가슴은 슬픔에 즘생 같다
그러나 이는 오직 철없는 애정의 짜증이러니
진실로 엄숙한 사실 앞에서
그대는 바람같이 사라지고
내 또한 바람처럼 외로이 남으리니
아아 이 지극히 가까웁고도 머언 자여

—「병처(病妻)」 전문

  화자는 아픈 아내의 곁을 지키고 있다. 그동안 무엇이든지 나누어 왔지만 병고(病苦)만은 나누어 가질 수 없다. 아내는 야윈 손을 더듬어 아이들을 찾는다. 한때 그녀는 내 아내이기 이전에 "나의 청춘을 정열한 한 떨기 아담한 꽃"이었다. 청마 젊은 날의 애인이었던 것이다. 가장 가까운 아내에 대하여 '순정'이 물결같이 바람에 나부끼고 있다.

저물도록 학교에서 아이 돌아오지 않아
그를 기다려 저녁 한길로 나가 보니

순정과 의지의 친화와 결속 171

> 보오얀 초생달은 거리 끝에 꿈같이 비껴 있고
> 느릅나무 그늘 새로 화안히 불 밝힌 우리 집 영머리엔
> 북두성좌의 그 찬란한 보국이 신비론 표ㅅ대처럼 지켜 있나니
> 때로는 하나이 병으로 눕고
> 또는 구차함에 항상 마음 조일지라도
> 도련 도련 이뤄지는 너무나 의고(擬古)한 단란(團欒)을
> 먼 천상에서 밤마다 지켜있고
> 인간의 수수한 영위(營爲)에
> 우주의 무궁함이 이렇듯 맑게 인연되어 있었나니
> 아이야 어서 돌아와 손목 잡고
> 북두성좌가 지켜 있는 우리 집으로 가자
> ―「경이(驚異)는 이렇게 나의 신변(身邊)에 있었도다」 중에서

시의 화자는 돌아오지 않는 아이를 마중하러 한길로 나간다. 그때 발견한 북두성좌, 그 찬란한 보국이 자신의 집을 지켜주고 있다. 누군가가 병고를 앓거나 가난할 때 자신을 지켜주는 북두성좌, 그 우주적 인연으로 가족은 보금자리를 지킨다. 아이가 돌아와 '도련 도련 이뤄지는 너무나 의고한 단란'을 꿈꾸는 이의 마음이야말로 청마 시편의 '경이(驚異)'에 가득한 순정을 잘 드러내준다. 따라서 청마 시편은 이처럼 가장으로서 가지는 가족들에서 충실한 애정과 책임에서 발원하는 속성을 보이는 것이다.

이처럼 우리가 살폈듯이, 청마 시편의 순도와 열도는 '순정'의 시학이 가지는 일관된 힘에서 발원한 것이다. 청마가 지닌 '순정'은 생래적 욕망이었고, 사랑하는 사람을 만나 현실의 어떠한 제약에도 굴하지 않는 '열애'로 이월하게 된다. 그 힘이 그로 하여금 생명의 의지로 나아가게끔 한 가장 깊은 근인(根因)이었던 것이다.

3. 의지와 현실 비판의 시학

청마가 일관되게 탐구했던 것은 '존재' 혹은 '생명'에 관한 것이었다. 청마에게 무엇보다 고귀한 것은 '생명'이며 그의 시의 테마는 그 '생명'의 탐색으로 모아졌다. 하지만 그는 인간에게 삶이 곧 죽음이며, 재앙이나 고통 역시 신의 섭리에 의해 좌우되는 것이 아니라 우주의 분신으로서 인간의 의지에 따라 유전하는 것에 지나지 않는다는 점을 발견하게 된다. 그러면 궁극적으로 허무밖에 없는 세계에서 인간이 그 존재의 한계를 극복하는 길은 무엇인가 하는 곳에 그의 질문이 머물게 된다. 여기서 그의 시가 탐구한 '의지'의 문제가 제기된다. 청마에게 생명이란 '의지'에 의해 발현되는데, 인간이 그의 생명을 확장하고 존재의 완전성을 이룰 수 있는 방법은 오직 이 허무 혹은 영원한 무 앞에서 자신의 '의지'를 실현시키는 것밖에 없다.

    나의 가는 곳
    어디나 白日이 없을소냐.

    머언 未開적 遺風을 그대로
    星辰과 더불어 잠자고

    비와 바람을 더불어 근심하고
    나의 生命과
    生命에 屬한 것을 熱愛하되

    삼가 愛憐에 빠지지 않음은
    — 그는 恥辱임일레라.

나의 怨讐와

怨讐에게 아첨하는 자에겐

가장 옳은 憎惡를 예비하였나니.

마지막 우러른 太陽이

두 瞳孔에 해바라기처럼 박힌 채로

내 어느 不意에 즘생처럼 무찔리기로

오오 나의 세상의 거룩한 日月에

또한 무슨 悔恨인들 남길소냐.

―「日月」전문

　　이 시편은 1939년 4월 발표작으로 청마가 가족을 거느리고 만주로 이주하기 얼마 전에 씌어진 작품이다. 처음 부분은 "나의 가는 곳 / 어디나 白日이 없을소냐"라는 의지적 구절로 시작되는데, 일제하의 굴욕적 삶에 비한다면 낯선 어디든 그곳이 오히려 자유로울 것이라는 역설적 의지가 제시된다. 후반으로 갈수록 대결 '의지'가 고조되는데, 특히 열애의 대상인 "生命에 屬한 것"에 대한 애착은 "슬프고 어두운 하늘 아래 생을 받은 불쌍한 우리 겨레와 혈육들을 진심으로 아끼고 사랑하자는 것"「차단(遮斷)의 시간(時間)에서」]의 발로이다. "가장 옳은 憎惡"란 바로 열애가 구체적으로 나타난 것이다. 그만큼 이 시편에는 일제하 시인의 현실 대결 의지가 직접적으로 나타나 있다. 그 다음 부분은 원시적 생명의 순수성이 광활한 스케일로 퍼져가고 있음을 보여준다. 따라서 이 시편 안에서 '나의 가는 곳'은 도피적 망명이 아니라 더 적극적인 대결 의지의 장(場)으로 거듭난다. 여기서 화자가 가장 경계하는 것이 '애련(愛憐)'임이 드러난다. '애련'은 자칫 원수에 대한 강한 의지를 발휘하는 데 장애가 되기 때문이다. 그래서 청마는

'증오(憎惡)'를 말한다. "가장 옳은 憎惡"는 애련에 물들지 않은 '열애'와 등가를 이룬다. 또한 '애련'은 "怨讐에게 아첨하는 자"에게로 통할 수 있다. 여기서 '사랑 / 원수(怨讐)'의 의미는 생명의 원래적 모순과 갈등이라는 의미보다는 오히려 일제하 시인의 현실에 대한 대결 의지를 집약하고 있다고 할 수 있다. 그 대결 정신은 뛰어나게 강렬한 표현을 얻는데, "마지막 우러른 太陽이 / 두 瞳孔에 해바라기처럼 박힌 채로 / 내 어느 不意에 즘생처럼 무찔리기로"라는 구절 속에는 사무친 원한에 죽어도 눈을 감을 수 없다는 의미가 들어 있고, 불의에 맞서 쓰러질지언정 태양을 우러른 의지만은 굽힐 수 없는 의지가 각인되어 있다.

    결국 이 시편에서 화자가 '애련'에 빠지지 않고 원수를 '증오'하는 것은 '일월(日月, 광명)'에 대한 믿음과 생명에 대한 의지를 보여주는 것이다. "오직 그의 비수를 품은 악의 앞에서만 / 나는 항상 옳고 강하였거늘"「원수(怨讐)」] 같은 고백에서도 그와 같은 정의감은 어렵지 않게 발견된다. 그가 만년에 이르러 「할렐루야」나 「감옥(監獄) 묘지(墓地)」와 같은 일련의 작품에서 통렬한 역설을 통하여 인간 사회의 위선을 고발하고 자기가 살고 있는 현실의 부조리를 정면으로 파헤치는 작품을 발표한 것도 이러한 의지가 지속되었기 때문이다. 청마의 의지는 다음 시편에서 더욱 잘 드러난다.

    내 죽으면 한 개 바위가 되리라
    아예 愛憐에 물들지 않고
    喜怒에 움직이지 않고
    비와 바람에 깎이는 대로
    億年 非情의 緘黙에
    안으로 안으로만 채찍질하여
    드디어 生命도 忘却하고

흐르는 구름
　　머언 遠雷
　　두 쪽으로 깨뜨려져도
　　소리하지 않는 바위가 되리라

　　　　　　　　　　　　　　─「바위」전문

　이 시편은 극도의 절제와 극기의 노력을 통한 비장미의 절정을 보여준다. 우선 '바위'라는 제목부터가 광물적 이미지로서 단단한 의지, 견고에의 집념을 표상한다. 시편의 첫 행은 단단한 결의의 표명으로 시작된다. "죽으면"이라는 비장한 각오에 이어지는 '바위'의 이미지가 강한 견고에의 집념을 보여준다. 또 죽음과 바위의 대응 속에는 인생의 유한성과 자연의 영원성이 대조된다. 그 다음은 바위의 속성과 본질이 묘사된다. 바위가 되고 싶다는 것은 '애련'과 '희로'에서 벗어난 영원한 자유로움을 얻고자 하는 것이다. 그러므로 화자는 희로애락을 넘어 '非情'과 생명 망각에 이르고자 한다. "흐르는 구름 / 머언 遠雷"는 의미상으로는 다음 행의 "꿈꾸어도 노래하지 않고"에 연결된다. '노래'는 '희로애락'의 다른 표현이기 때문이다. 그래서 천둥 번개에 두 쪽이 나더라도 소리하지 않는 바위, 어떤 자극과 번뇌에도 동요하지 않는 침묵과 비정의 바위가 되고자 하는 것이다. 견고한 '의지'를 통해 비애를 막고 삶의 비극성을 극복하려는 의지가 표현된 것이다. 이처럼 이 시편은 「깃발」에서 보이는 삶의 비극적인 모순성에 대한 깨달음과 「일월(日月)」의 우주적 상상력이 결합되어 견고한 '바위'의 이미지를 보여준다.

　앞서 얘기했듯 청마에게 세상은 무(無)이며 신(神)이 존재하지 않는 세상에서 이미 정해진 운명 따위는 존재하지 않는다. 다만 허무와 맞서는 자신의 의지만이 애련의 삶에서 영원한 생명으로 자신을 인도할 수 있을 뿐이다. 즉 세상은 '의지를 의지하는 심각한 고행의 길'이지만 이 길을 비껴가면 나락(奈落)만이 존재한다고 믿고 있다. 그래서 청마는 더욱 비장한 목소리로 생명을 열애하기 시작한다.

나의 지식이 독한 회의를 구하지 못하고
내 또한 삶의 愛憎을 다 짐지지 못하여
병든 나무처럼 생명이 부대낄 때
저 머나먼 아라비아의 사막으로 나는 가자

거기는 한 번 뜬 白日이 불사신같이 작열하고
일체가 모래 속에 사멸한 영겁의 虛寂에
오직 알라—의 신만이
밤마다 고민하고 방황하는 熱沙의 끝

그 열렬한 고독 가운데
옷자락을 나부끼고 호올로 서면
운명처럼 반드시 '나'와 대면케 될지니
하여 '나'란 나의 생명이란
그 원시의 본연한 자태를 다시 배우지 못하거든
차라리 나는 어느 砂丘에 회한 없는 백골을 쪼이리라

— 「生命의 書」 전문

이 시편은 일제 말기의 절망적 상황 아래서 절망을 통해 고독을 극복하려는 생의 의지를 보여준다. 이 시편의 특징은 우선 한자어가 많이 등장한다는 것인데, 청마 시는 그 주제가 무거운 것일수록 한자어가 많이 등장한다는 점은 앞에서 언급한 바 있다. 시편의 처음은 존재의 본질에 대한 '독한 회의'를 지식으로 구할 수 없고 삶이 애증에 시달려 자아의 생명이 '병든 나무'처럼 고갈되어갈 때, '아라비아의 사막'

에서 생명의 순수성을 찾고자 한다. '아라비아의 사막'은 '백일(白日)'과 '허적(虛寂)'의 공간이다. 여기서는 신(神)마저 방황하고, 그에 비례하여 화자의 의지 또한 치열해진다. 일체가 모래 속에 사멸한 죽음의 세계는 곧 새로운 생명을 갈구하는 세계이기도 하다. 여기서 역시 고뇌와 절망의 극단화를 통해 절망감을 극복하려는 자세를 볼 수 있다.

그 다음은 '원시의 본연의 자태' 곧 생명의 순수성을 찾아내고야 말리라는 치열한 대결 의지를 역설적으로 표현하고 있다. 나의 생명이 발견하고자 하는 것은 현실에서 방황하는 '나'를 넘어 성취하고자 하는 근원적 생명과 순수성으로서의 '나'이다. 여기서 '원시의 본연한 자태'란 청마가 줄곧 시 속에서 구현하려 했던 참된 실존적 존재를 말하고, 운명처럼 만나게 될 '나'와 같은 존재이다. 결국 이 시편은 생명의 본질을 고독 가운데서 회복하고자 한 것으로서, 극한상황에 대한 치열한 대결 의지는 이육사의 시「절정(絶頂)」과 통한다고 할 수 있다.

결국 이 시편이 놓인 위치는 비정적 세계와 생명이 맞닿은 상황이다. 가장 비생명적인 곳에 생명을 대치시킬 때 비로소 생명이 본질이 드러나듯이,[12] 청마는 열사의 끝에서 '열렬한 고독' 가운데 '원시의 본연한 자태'를 배워 자신의 생명을 온전하게 구하고자 한 것이다. 이러한 가열한 의지는 후기 시편으로 갈수록 현실에 대한 준열한 저항과 비판으로 나타나게 된다.

> 貴한 종이를 浪費해가면서까지도 이렇게 詩를 버리지 못함은 오늘 韓國의 現實에 對한 絶望과 所謂 文壇이란 것에 對한 憎惡로 보면 내 自身 汚辱의 느낌을 禁하지 못하나, 따지고 보면 실상 내가 詩 그것에보다도 人生을 熱愛하는 所以에서가 아닌가 싶다.[13]

---

12 김윤식,「유치환론 - 허무 의지와 수사학」, 박철희 편,『유치환』, 서강대학교출판부, 1999.

이처럼 청마의 후기 시편들은 그가 살았던 직접적 현실에 대한 대응의 산물로서의 속성이 짙게 나타난다. 한국전쟁의 비극을 겪으면서 그는 문총구국대에 참여하여 종군 체험을 바탕으로 『보병과 더불어』를 출간하였고, 전쟁 속에서 자신을 내던질 수 있는 결의를 내보인다. 이는 그의 원초적이고 생래적인 '순정'과 '생명'의 의지가 강렬한 휴머니즘 의식으로 전이된 까닭일 것이다.

> 지각이 있는 사람 치고는 누구나 다 그렇겠지마는 현실 사회에 일어나는 보고 듣는 일에 대하여 쏠리는 관심이 내게도 대단히 많습니다. 더구나 그것이 不正不義한 일일 것 같으면 견딜 수 없을 만큼 흥분하기까지 하기가 일쑤입니다. (…) 나는 나대로의 정의감이나 내지는 인생관을 바꾸든지 굽힐 수는 적어도 내가 글을 쓰는 한에서는 불가능한 일입니다. 왜냐하면 글이나 문학이란 언제나 높은 윤리의 태반을 갖지 않고서야 낳아지지가 않기 때문입니다. 윤리를 갖지 않은 글, 윤리의 정신에서 생산되지 않은 문학은 무엇보다 첫째, 그것을 읽어줄 독자가 없을 것입니다. 그 이유는 읽어서 공명을 맛볼 수 없으므로 읽을 필요나 흥미를 아무도 안 느낄 것이기 말입니다.[14]

이 인용문은 그의 시학적 중추가 가열한 현실 비판의 윤리적 태도에 있음을 알려준다. 그 '윤리'의 시학은 다음 작품에서 현실에 대한 비판과 저항의 모습으로 이어지게 된다. 청마는 참되고 옳음이 숨어야 하는 계절로 당시의 상황을 규정하고, 무쇠 연자의 시련이 있더라도 자신의 노래를 '비도(非道)'를 장식하는 데는 빼앗기지 않으리라는 의지를 표명하게 된다. 거기서 '뜨거운 노래'를 땅에 묻는다고 노래하

---

13 유치환, 『青馬詩集』, 문성당, 1957, 244면.
14 유치환, 『구름에 그린다』, 신흥출판사, 1959, 151-152면.

였다.

　　고독은 욕되지 않으다
　　견디는 이의 값진 영광

　　겨울의 숲으로 오니
　　그렇게 요조턴 빛깔도
　　설레이던 몸짓들도
　　깡그리 거두어 간 奇術師의 모자
　　앙상한 공허만이
　　먼 寒天 끝까지 잇닿아 있어
　　차라리
　　마음 고독한 자의 거닐기에 좋아라

　　진실로 참되고 옳음이
　　죽어지고 숨어야 하는 이 계절엔
　　나의 뜨거운 노래는
　　여기 먼 땅에 묻으리
　　아아 나의 이름은 나의 노래
　　목숨보다 귀하고 높은 것
　　마침내 비굴한 목숨은
　　눈을 에이고 땅바닥 옥에
　　무쇠 연자를 돌릴지라도
　　나의 노래는
　　非道를 치레하기에 앗기지는 않으리
　　들어 보라
　　저 거짓의 거리에서 물결쳐 오는

못 구호와 빈 찬양의 헛한 울림을
모두가 영혼을 팔아 예복을 입고
소리 맞춰 목청 뽑을지라도

여기 진실은 고독히
뜨거운 노래를 땅에 묻는다

—「뜨거운 노래는 땅에 묻는다」 전문

이른바 3.15 부정선거 직전에 씌어진 작품이다. 여기서 '비도(非道)'란 청마가 인식한 '진실'과 철저하게 대립하는 것으로서, '진실'이 뜨거운 노래라면 '비도'는 거리에 울려 퍼지는 거짓 노래 즉 시류를 타며 목소리를 높이는 이들의 노래가 된다. 따라서 청마는 당대의 불의한 것들을 찬양하느니 차라리 입을 다무는 쪽을 택한다. 그는 일제 말기 만주행으로 강한 저항의 노래 대신 고독과 그리움으로 현실을 대했지만, 그 후 어지러운 시대에 대해서는 날카로운 칼날을 서슴지 않는다. 이처럼 일제 강점기와 해방기, 전쟁과 개발 시대에 이르기까지 격동의 세월을 살아오면서, 청마는 '애련(愛憐)'에 빠지지 않고 부정한 세상을 향하여 비판하고 저항하였다. 또 '생명'에 대한 가열한 탐구를 시도하여 존재의 허무를 온몸으로 표현하게 된다. 청마가 이토록 세상 구석구석을 살필 수 있었던 건 그가 지닌 '순정'과 '의지'의 친화와 결속 때문이다.

이처럼 청마 시의 원류는 순정과 의지의 친화와 결속에 있었다. 먼저 '순정'은 그로 하여금 허무한 세상에 비정한 '의지'를 품게 하였다. 그는 모든 것이 '허무'임을 깨닫고 그에 대항하는 '의지'를 키우기 위해 저기 원시적 고독의 공간을 추구하였다. 일체의 인간적 감정을 초월하고 비정한 의지를 품고자 하는 그의 시편들은 우리로 하여금 그의 순수한 정신 세계를 들여다보게 하였다. 그리고 청마의 '순정'이 불의

한 세상을 마주했을 때 그것은 가열한 '의지'의 목소리로 나타났음을 알 수 있다. 그의 시세계 안에서, 압제와 부정이 만연한 시대를 겨눈 작품과 사랑이나 그리움을 읊은 시편이 평화로이 공존하는 것도 그 점에서 매우 자연스럽다. 이처럼 그의 시편들은 아름다운 사랑 노래이자, 치열한 생명 추구의 노래이며, 현실에 대한 응전의 목소리를 담은 증언록이기도 하였다. 우리 시의 '정한'과 '순수 서정' 편향의 지반에서 그의 시편들이 단연 돌올하게 읽히는 까닭도 바로 여기에 있을 것이다.

현실과의 길항, 격정적 자의식

윤곤강의 시

1. 근대문학사와 윤곤강

우리가 윤곤강[尹崑崗, 본명은 붕원(朋遠)] 탄생 100년을 맞아 새삼 그에게 관심을 가지는 까닭은, 말할 것도 없이 아직까지 그의 문학 세계가 제대로 된 구명을 받지 못했다는 사실과 깊이 연관된다. 우리는 근대문학사에서 매우 빈번하게 언급되면서 우리 눈에 익어버린 그의 이름(사실은 아호)이 가지는 강렬함을 먼저 떠올린다. 또한 그가 여러 모로 근대시사에서 매우 이채로운 인물이었음에 상도하게 된다. 아닌 게 아니라 우선 윤곤강은 식민지 시대에 활동했던 근대시인 가운데 가장 많은 개인 시집을 출간한 이력을 가지고 있다. 1950년 초에 타계할 때까지 그는 무려 여섯 권의 시집을 펴냈다. 물론 미당이나 청마, 목월, 혜산 같은 이들이 비교적 장수하면서 더 많은 시집을 내기는 했지만, 20년이 못 되는 짧은 시간 동안 이렇게 많은 시집을 낸 이는 윤곤강밖에 없다.[1] 그리고 그는 김기림의 『시론(詩論)』(1947)에 이

---

[1] 1911년생인 윤곤강은 그 이전 1900년대 출생 시인들 예컨대 김소월, 정지용, 김영랑, 임화 등보다 출판 환경이 훨씬 좋아졌던 1930년대 후반에 집중적으로 시집을

어 근대문학사상 두 번째 개인 시론집인 『시(詩)와 진실(眞實)』(정음사, 1948)을 상재한 시론가이기도 하다. 이 책은 해방기 상황에서 '현실'에 대해 그만의 독자적 의견을 펼친 결과라고 할 것이다. 이처럼 세상에 자신의 창작과 비평 언어를 내놓은 분량과 빈도로만 보면, 윤곤강은 근대시 권역 전체에서 가장 열정적이었고 다산(多産)이었던 문인이었다고 말할 수 있을 것이다. 그리고 그는 이러한 다양한 출간 이력과 함께, 후기 카프 가담과 2차 검거사건 때의 복역 같은 열정적 활동도 자신의 생애에 부가하였다. 그렇게 윤곤강은 1930년대 초반부터 해방 직후까지 20년 가까이 지속적인 창작과 시론 작업에 몰두한, 이채롭고 오롯한 행동파 시인이자 시론가라고 할 수 있다.

그렇다면 그의 시와 시론을 관통하는 내용이나 형식은 어떤 것일까. 사실 이것이 귀납되어야 윤곤강의 문학적 개성이 실질적으로 드러나게 될 것이다. 먼저 우리는 그의 시편들이 당대 주류였던 '순수서정시 / 프로시 / 모더니즘시' 어디에도 귀속되지 않고 독자적 세계를 일구었다는 점을 말할 수 있다. 그의 시편에는 순수서정이 추구하는 내면 토로나 자연 탐닉도 들어 있고, 프로시가 지켰던 현실 개입의 알레고리도 있으며, 모더니즘이 추구했을 기지(機智)나 이미지즘에 대한 열망도 섞여 있다. 그래서 그는 문학사에서 반(反)주류적이자 혼(混)주류적이었다고 할 수 있다. 그리고 그는 당대 시론가들 가운데서도 유난히 '시와 현실' 사이의 역학을 따져 물음으로써, 당대 리얼리즘 시론을 지속적으로 일구어갔다고 할 수 있다. 이러한 점에서 윤곤강은 그동안 '동인지 / 학연 / 지연 / 매체' 중심의 문인 편제 방식에서 훌쩍 벗어나 비교적 외딴 작업을 해온, 고독하고도 외로된 사업에 골몰해온 문인이라고 해야 옳을 것 같다.[2] 이제 우리는 이러한 외관과 실

출간하였다. 이는 이용악, 오장환, 이찬, 임학수 등의 시집 출간 이력과 거의 일치하는 일종의 세대론적 특성을 지니는 것이기도 하다.

질을 내장한 그의 창작과 비평 작업을 개관함으로써 그의 문학사적 위치를 검토해보는 것으로 그의 탄생 100년을 맞이해보려고 한다.

2. 생애와 시적 동선

윤곤강은 1911년 9월 22일 충청남도 서산읍 동문리 777번지에서 천석군 아버지 윤병규와 어머니 김안수 사이에서 3남 2녀 중 장남으로 출생하였다. 그의 유명한 아호는 천자문에 씌어 있는 '금생여수(金生麗水) 옥출곤강(玉出崑崗)'에서 따왔다. 그의 아버지는 서산에서 천석 넘게 거두던 부호였다.[3] 부친은 엄격하고 완고하여 윤곤강으로 하여금 독학으로 한학을 배우게 했다. 1924년 이용완과 조혼에 해당하는 결혼을 한 그는 이듬해 한학을 배우다가 서울 종로 화동으로 이주하여 보성고보 3학년에 편입학하였다. 1928년에 보성고보를 졸업하였고, 그 해에 혜화전문에 입학했으나 바로 자퇴하였다. 1929년 아명 '혁원(赫遠)'을 '붕원'으로 개명하면서 그는 1930년 일본으로 건너가 센슈대학에서 공부하였는데 세부 전공은 알려진 바 없다. 이때 프로문학의 감각과 기율을 접했을 것으로 보인다. 그 무렵 그는 「넷 성(城)터에서」(『批判』, 1931. 11.)를 처음 발표하고 본격적 창작을 시작하였다.

---

[2] 보성고보 출신 문인들이 주로 참여한 구인회에도 그의 이름은 없다. 그리고 등단 매체를 중심으로 한 활동이나 지연의 영향도 거의 발견되지 않는다.
[3] 윤곤강이 충남 서산 출신이라는 점은 그의 시편 구석구석을 살피는 데 유용한 지남이 된다. 지역어에 대한 그의 관심이 발견되기 때문이다. 일례로 「蒼空」이라는 시편에서 "목맞인 버레떼"라는 표현을 쓰고 있는데, 이는 충남이나 전북 출신 시인들의 시에 산견되는 용례이다. 이때 '목마치다'라는 말은 목이 막히는 상태와 목소리가 잦아드는 상태를 동시에 아우르는 속성을 지닌 일종의 지역어이기 때문이다. 이런 사례들을 더 많이 귀납하면 지역어의 시적 활용으로서의 그의 시세계의 일면이 드러날 것이다. 이동석, 「시어의 어원을 찾아서」, 『딩아돌하』, 2010년 가을, 241면.

1933년 귀국하여 카프에 들어간 그는 그 해 5월 『신계단(新階段)』에 평론 「반종교문학의 기본적 문제」를 발표하였다. 1934년 5월 카프 2차 검거 때 체포되어 전북 장수에서 복역하다가 12월에 석방되었다. 이때의 시세계를 귀납하여 백철은 그를 "傾向的인 시인"[4]으로 규정하기도 했지만, 정작 그는 첫 시집을 상재할 때 이러한 경향적 색채가 농후한 시편들은 모두 빼버렸다. 첫 시집에서 프로시들을 빼는 현상은 1930년대 후반에 시집을 낸 이찬, 박팔양, 박세영 등에 모두 해당되는 일반적 양상이기도 하다.[5] 그는 서울 화산학교 교원으로 부임하여 동료 교사 김원자와 동거 생활을 하다가 그녀가 타계하자 충남 당진읍 읍내리로 이내 낙향하였다. 1946년 해방 후 다시 상경하여 보성고보 교사로 취임하였고, 보성고보 교지 『인경』을 창간하였다.[6] 1950년 1월 7일에 서울 종로 화동에서 작고하여 충남 당진군 순성면 갈산리에 안장되었다.

윤곤강의 시세계는 크게 3기로 나뉠 수 있다. 제1기는 등단 후로부터 첫 시집 『대지(大地)』(풍림사, 1937), 두 번째 시집 『만가(輓歌)』(중앙인서관, 1938)까지의 시기로서, 격정 토로와 미성숙한 급진적 절규가 원색의 언어에 담겨 대지를 적시고 있고 암울하고 번민에 찬 죽음에의 '만가(輓歌)'가 울려 퍼지는 형상을 보여주었다. 제2기는 『동물시집(動物詩集)』(한성도서주식회사, 1939)과 『빙화(氷華)』(한성도서주

---

4 백철, 『朝鮮新文學思潮史』, 백양당, 1949, 277면.
5 이찬의 글을 한번 읽어보자. "기억도 새로운 카프 末葉 우리들 몇이 悲哀의 城舍로부터 娑婆의 첫날을 맞이하든 궂은 비 나리는 늦가을 밤 非全州旅行의 唯一한 벗 世永兄과 隔久한 彼此의 궁금을 풀다 우연히 그와 나이 다음과 같은 문답에 의해서였다. "그래 그새 새로 나온 친구가 많은가요" "뭐 별로 …… 그러나 詩 쓰는 崑崗동무가 있는데 매우 有望하지" 이래 오늘에 이르도록 나는 그의 作品을 注意 깊게 읽어오고 있다." 이찬, 「尹崑崗 詩集 『大地』를 읽고」, 『朝鮮文學』, 1937. 6, 101면.
6 『인경』은 보성 22회 졸업생인 윤곤강이 모교 국어교사로 부임하면서 1946년 창간되었다. 『보성백년사』, 학교법인 동성학원, 2006, 571-572면.

식회사, 1940)의 시기이다. 『동물시집』에서는 '현실'의 문제를 객관적 등가물인 동물의 속성으로 우화하는 기법을 선보였고, 『빙화』에서는 감상적 경향이 잦아들고 비교적 본원적인 생명의 서정으로 방향을 바꾸게 된다. 이렇게 1년 터울로 네 권의 시집을 낸 윤곤강의 변화 동선은 비평론에서도 그대로 드러나는데, 그는 카프 창작방법인 '유물변증법적 리얼리즘'에서 '사회주의 리얼리즘'으로 몸을 틀었다가 다시 이것을 본원적인 생명 옹호로 바꾸게 되기 때문이다. 제3기는 해방 후 민족어 회복과 민족 정서 탐구로 방향을 전환한 시기로서, 이때 그는 『피리』(정음사, 1948), 『살어리』(교문사, 1948) 등을 펴냈다. 제목부터가 한글 표기이고, 형식적으로도 전통적인 고려속요의 가락을 수용하는 경향을 보였다. 또한 그는 편주서 『근고조선가요찬주(近古朝鮮歌謠撰註)』(생활사, 1947), 찬주서 『고산가집』(1948)을 발간하였다. 이때 그는 민족어에 대한 자각과 민족 정서의 탐구 면에서 긍정적 평가를 받았으나, 전통 양식이나 정서에 대한 무매개적 수용이 지나쳤다는 평가도 받게 된다.

3. 시론적 기획과 변모

윤곤강의 시론을 관류하는 일관된 속성은, 언제나 '현실' 혹은 '사회'라는 키워드를 근간으로 하면서 그 위에 시의 당대적 기능이나 역할을 역설하는 데 있다. 가령 그는 일본에서 돌아온 직후에 쓴 다음 평론을 통해 시인의 현실 개입 기능을 강조한다.

> 詩의 價値의 '評價'의 尺度'가 되는 것은 技術의 巧拙이라는 點에 있는 것이 아니라 보다 더 重要한 것은 '무엇'을 '어떻게' 노래하였느냐는 데에 잇는 것이다. 技術과 形式의 如何도 窮極에 있어서는 世界觀의 問題로 돌아가는 것이기 때문에. 그러나 이 詩人의 눈에는 항상 人道主義的인 렌

즈가 번쩍거릴 따름이다. 그리하여 그의 詩에는 다만 社會惡이란 것이 人間의 天性인 마음의 惡에 있다는 基督敎의 解說에 그치고 만다.[7]

이 평론은 송순일(宋順鎰) 시편 「눈 오는 밤」을 평설한 글이다. 여기서 윤곤강은 시에서의 방법적 기술보다는 곧 무엇을 어떻게 노래하느냐의 기저에 있는 '세계관' 문제에 시의 가치의 척도가 있다고 주장한다. 그래서 사회악 같은 지표를 다루더라도 '마음'이나 '천성'의 문제가 아닌 '세계관' 차원에서 그것이 다루어져야 한다고 재삼 강조한다. 이러한 관점은 프로시 일반이 추구하던 이념적 강조와 깊이 연관되는 것이기도 하지만, 포괄적 의미에서의 리얼리즘적 기율을 선명하게 강조한 것이기도 하다. 다음 글에서는 이러한 기율을 조금 더 특수하게 밀고 나간다.

文學的 方法의 一面化 - 一般的 認識과 文學的 認識의 特殊性을 混同하고 或은 無視하여 文學의 形式과 스타일 文學者의 技術 等을 度外視하는 傾向을 버리고 새로운 綜合的 方法으로서의 리얼리즘을 提起하게 된 것은 참으로 文學의 史的 事實 中에도 가장 플러스를 意味하는 것이며 리얼리즘의 참된 繼承을 意味하는 것이라고 믿는다.[8]

윤곤강은 형식과 내용을 종합하는 새로운 방법으로서의 리얼리즘을 주장한다. 그래서 그는 "시인이 한 개의 詩를 쓴다는 것 - 그것은 참으로 詩人이 呼吸하고 있는 바 '現實'의 鑛脈에 突入하여 적나라한 '싸움'을 제기하는 意志的 熱情의 '表現'이요, 시인이 처한 바 時代의 '運命' 그것까지를 自負하고 나아갈 열정의 表現"[9]이라고 말할 수 있었다. 이

---

[7] 윤곤강, 「33년도의 詩作 6篇에 對하야」, 『조선일보』, 1933. 12. 19.
[8] 윤곤강, 「文學과 現實性」, 『批判』, 1936. 10.

렇게 윤곤강은 카프 해산을 전후하여, 초기 프로시가 가졌던 이념 편향을 반성적으로 검토하면서 '세계관'과 '형식', '스타일', '기술' 등을 종합한 미학적 타개책을 주문한 것이다. 그러다가 시집을 상재해가면서 그는 당시 모더니즘으로 포괄되던 일종의 주류적 흐름에 대한 비판적 검토에 착수한다. 먼저 김기림이 윤곤강 시에 대한 혹평을 쏟아놓자, 이에 대해 모종의 반론 형식으로 윤곤강이 김기림을 포함한 모더니즘 전체에 대한 비판의 글을 쓰게 된다. 윤곤강 시집『동물시집』에 대한 김기림의 평과 그에 대한 윤곤강의 답변이다.

氏의 勞苦는 過去 十年 동안 우리 新詩가 經驗한 摸索의 歷史가, 文獻의 形式으로 잘 남아 있지 못한 까닭에, 그것을 헛되이 한 部分이 많다. 出版의 不振으로 그때그때의 詩史의 토막토막이 印刷되어 保存, 傳承되지 못한 때문에 그 뒤에 오는 사람들이 자꾸 徒勞를 거듭하게 되는 것은 遺憾이다.[10]

반드시 새로워야 할 그의 新著『太陽의 風俗』이 실상인즉 그와 그의 辯護 批評家들의 讚揚과는 正反對로『芝溶 詩集』속에 있는 어느 作品보다도 發行 年月日 以外에는 새롭지 못하다는 속일 수 없는 事實을 무엇으로 解釋해야 옳을 것이냐.[11]

이렇게 윤곤강은 김기림의 모더니즘에 새로운 발상과 방법이 부재하다는 논리를 통해, 자신의 시적 지향을 역으로 밝히는 방법을 택하였다. 하지만 이러한 기획과 변모는 일제 말기에 더 이상 추동력을 얻

---

9 윤곤강,「포에지이에 대하여」,『조선일보』, 1936. 2(『詩와 眞實』에 재수록).
10 김기림,「詩壇」,『朝鮮文藝年鑑』, 인문사, 1940.
11 윤곤강,「感覺과 主知」,『동아일보』, 1940. 6.

지 못하고 해방을 맞게 된다.

해방 후 윤곤강은 『시와 진실』 머리말에서 "시를 마음 할 때, 마음은 젊은 꿈에 살고, 그림을 볼 때 마음은 향긋한 맛에 취하고, 노래를 들을 때 마음은 맑은 물처럼 깨끗하여진다. 그렇다고 해서 시란 반드시 때(時代)와 사람(人間)을 떠나서 변하지 않는 것으로서 따로 떨어져 있는 것은 아니니, 한 제너레이션(generation)이 스스로의 빛나는 노을을 남기고, 지는 해와 함께 숨죽일 때 다음 제너레이션은 그 등 뒤에서 솟아 나온다. 온갖 문화의 발전은 그것의 전통을 참되게 이어나가는 데 있으니 시도 이에서 벗어남이 없다."고 말하였다. 해방이 되어 새로운 기획과 실천을 욕망한 그는, 문화적 전승과 발전이 시대와 인간을 결속하는 힘에서 가능하다고 말했다. 하지만 그러한 기획이 잦은 병고와 현저한 전통 경사로 인해 중심축을 잃고 흐트러져갔다고 할 수 있을 것이다. 이렇게 줄기차게 이어진 그의 평론을 통해 우리는 그가 "카프 시절부터 해방 이후에 이르기까지 문학과 민족적 현실과의 긴밀한 관계"를 끊임없이 보여주었으며, 그렇기 때문에 "지금까지의 윤곤강에 대한 논의는 그의 문학적 유산의 풍부성에 비해, 매우 소략했다고 할 수 있다."[12]는 의견을 공감적으로 받아들여, 새로운 메타적 탐구가 지속되어야 할 것이라 생각한다. 그는 창작방법론에서 주로 자신의 의견을 내었고 그 후 전향론이나 세대론, 근대의 초극론 등에서는 말을 아꼈다.

4. 생성과 소멸의 변증

이제 그의 시편들을 시기별로 읽어보자. 먼저 『대지』의 세계다. 여기서 전면화하여 우리에게 다가오는 세계는 도저한 절망과 우울, 그

---

12 송기한 외 편, 「머리말」, 『윤곤강 전집 1』, 다운샘, 2005.

리고 가눌 길 없는 시대고와 그에 대한 부정적 자의식의 견고한 결속이다. 이 시집에서 가장 이러한 세계를 선명하게 드러내고 있는 시편이 다음 작품이다.

>뼈저린 눈보라의 攻勢에 大地는 明太같이 말라붙고
>겨울은 상기 冷酷한챗죽을 흔들며
>地上의 온갓것을 모조리 집어먹으려한다!
>멀미나는 苦難의밤 겨울도 이제는 맛창이날때도 되었건만
>아즉도 끊칠줄모르고 몰려드는 北風의攻勢!
>
>그놈의攻勢의 方向을 노리면서
>견딜수없는 봄의渴望에 흐늑여 울다가
>이제는 울기운조차 없어지고야만 애닯은 목숨들이
>여기에 死體와같이 누어있다!
>진물나는 눈瞳子처럼 脈없이 슬어지는 겨울날의太陽아!
>
>너는 우리들의 굳센意慾을 알리라!
>어서! 奔馬와같이 거름을 달리어라!
>冷酷한겨울을 몰어낼 봄바람을 실어오기위하여―.
>
>渴望에 가슴조리는 우리가 두손을 쩍버리고 그놈을 안어드릴 날,
>오고야말 그놈을 한시라도쉽게 걷어잡고싶은 말못할渴望이여!
>
>地上의 온갓것을 겨울의품으로부터 빼았고 香氣로운 봄의품안에다
>그것들을 덥석! 안겨주곺은 불타는渴望이여!
>
>―「갈망(渴望)」 전문(『대지』)

1930년대 중후반에 씌어졌을 시편들을 담은 『大地』의 세계는 '어둠 / 밝음' 혹은 '겨울 / 봄' 같은 알레고리적 대위가 매우 빈번하게 노출된다. 이는 그로부터 10여 년 전 신경향파시들이 보여준 흐름과 구조적 상동성을 지니는 것이다. 어쩌면 1930년대 중후반 시편들은, 절정기의 프로시들이 일구어놓은 여러 미덕을 하나하나 지워가면서 퇴행의 조짐을 보여주고 있다고 할 수 있을 것이다. 윤곤강 시편들도 이러한 일반론적 흐름에서 결코 자유롭지 못하다.

　이 시편의 대립적 구도는 '눈보라'와 '겨울'의 가혹한 폭력성이 한 축을 이루고, 이러한 겨울을 몰아낼 '봄바람'과 '봄의 품'이 다른 한 축을 구성하는 것으로 짜여 있다. 눈보라가 퍼붓는 공세에 명태같이 말라붙은 상황, 그것은 "冷酷한챗죽"으로 지상의 모든 것을 집어먹으려 하는 겨울의 위세를 잘 말해준다. 그 "苦難의밤 겨울"은 끝이 안 보이고 "北風의攻勢"도 그칠 줄 모른다. 이때 화자에게 솟구치는 것은 "견딜수없는 봄의渴望"이다. 그는 맥없이 스러지는 "겨울날의太陽"이 "우리들의 굳센意慾"을 알리면서 "冷酷한겨울을 몰어낼 봄바람"을 실어오기를 희원한다. 이 "말못할渴望"으로 화자는 "地上의 온갓것을 겨울의품으로부터 빼았고 香氣로운 봄의품안에다" 그것들을 안겨주려 한다. 안타깝고도 가열한 갈망이 결국은 '대지'로 가는 길목을 연다. 그 지상의 것들을 회복하고 탈환하려는 야심은 다음 작품들에도 이어진다.

　　地上의온갓것을 네품안에 모조리 걷어잡고
　　참을수없는기쁨에 곤두러진大地야!
　　　　　　　　　―「대지(大地)」 중에서(『대지』)

　　두더지의 별명을 듯는 마을사람들이
　　쌀항아리의 밑바닥을 긁는날

풀뿌리를 먹고 부황이날 보릿고개도 머지않다.

뼈를 쑤시는 嚴冬, 지리한 낮과 밤을
땅속에서 졸든 개고리떼가 하품을하면

건너마을 수리조합ㅅ벌에는
또다시 힘엇는 농부가가 들리리라
— 「봄의 환상(幻想)」 중에서(『대지』)

대지는 "地上의온갓것"을 품안에 안고 참을 수 없는 기쁨에 가득한 공간이다. 그리고 그 대지에서 봄의 도래를 하자는 희구한다. 그럼에도 불구하고 "마을사람들"이 쌀항아리 밑바닥을 긁는 가난의 상황에서, 그리고 풀뿌리 먹는 부황 날 보릿고개 시절에, 화자는 "뼈를 쑤시는 嚴冬"이 다가와도 "건너마을 수리조합ㅅ벌에는 / 또다시 힘엇는 농부가"가 새로 들리리라는 희망을 품는다. 그렇게 "地心을뚫고 내솟는 自由의魂"(「冬眠」)이랄지 "삶과주림의―切가 그속에있는 붉은흙에서 / 단한번도 떠나본적"(「哀想」)이 없는 대지의 생명력이 부정적 자의식 너머 아득하게 펼쳐진다. 이러한 아득함과 격정적 희원은 시집 『만가』의 세계로 이어지면서 더욱 어두운 죽음의 세계와 병든 세계를 깊고 예민하게 의식하게 된다. "산노래를 읊게해준 그의 가슴속에 / 병든 이 노래의 꽃씨를 심그노라!"[13]라고 시인 자신도 그러한 죽음이나 소멸의 충동에 동참하는 자의식을 짙게 보여준다.

코끼리처럼 느린 거름으로
무거운 게으름에 엎눌리어

---

13 윤곤강, 서문, 『輓歌』, 중앙인서관, 1938.

삶의 벌판을 엉금엉금 기어가다가
氷点의 정수배기우에
얼어붙은 몸둥아리다!

봄바람은 어대로 갔느냐?
꿈많은 내넋두리를 불러이르킬,
새벽녘 건들바람이, 잠자는 배를
먼―ㄴ 하늘밑 바다우흐로 몰아치듯―

오!
쓰면서도 달고,
달면서도 쓴,
삶의 술잔아!

얼어붙은 地域의
야윈 形骸우에
마지막으로 부어줄 毒酒는 없느냐?

―「빙점(氷点)」 전문(『만가』)

    화자는 느린 걸음과 무거운 게으름으로 "삶의 벌판"을 기어가다가 "氷点의 정수배기" 위에 얼어붙은 몸을 가지고 있다. 대저 "봄바람"과 "새벽녘 건들바람"을 열망하면서도 "삶의 술잔"을 들어 "얼어붙은 地域의 / 야윈 形骸우에 / 마지막으로 부어줄 毒酒"를 찾는 마음이 펼쳐진다. 이는 "한마디로 그는 암울한 삶의 세계를 죽음으로 인식하며, 그 죽음의 세계에서 도피하는 하나의 양식으로 毒酒를 설정한다. 그러나 그 이러한 도피는 언제나 시의 화자를 불안에 떨게 한다. 왜냐하면 그는 죽음과의 냉정한 대결을 언젠가는 수행해야 하기 때문이다."¹⁴라는 견해를 불러오게 된다. 이는 비록 "病든 마음의 한복판"(「病든 마음」) 혹은 "올사람도 없고 / 기다릴사람도 없는 / 바다속같은 방안"(「面鏡」)에 있을지라도 "들어오기를 무서워하지않는 사람에게만 / 반겨"(「石門」) 모든 것을 내어주는 '문'의 형상을 통해 출구를 찾게 된다. 이렇게 윤곤강 두 번째 시집에서는 "검정旗빨이 가마귀우름을 우는 밤"(「輓歌1」)이 배경으로 깔리면서 '죽음'이야말로 "貪慾에 불타는 발톱을 휘저으면 / 閃光의 刹那"(「만가 2」)에 다가오는 편재적 상황이라는 점을 웅변적으로 보여준다. 「만가」에 관해서는 같은 『자오선(子午線)』 동인이었던 이육사가 정곡을 찌른 바 있다.

> 이 시는 사상 그것이 아니라도 죄될 것이 업고 기교가 모자란다면 차차로 배울 수가 잇지 안혼가. 곤강은 '대지'의 아들로서도 '대지'의 아버지가 되엿슬 때보다는 '만가'를 부르는 데서 밋천이 좀 늘엇슬 뿐 아니라 테업는 거울에 비친 제 얼굴을 뚜러지라고 쏘아보며 자기 자신에 잔혹해 가는 거둥이 내 눈에 비치면 눈물조차 날 듯하다.¹⁵

결국 윤곤강 초기 시편들은 부정적인 '죽음'과 '겨울'과 냉혹한 상황에서도 '봄'을 갈망하고 '대지'를 열망하며 나아가 '빙점'에서 얼어붙은 대지를 녹여줄 독주를 상상하는 생성[大地]과 소멸[輓歌]의 변증적 운동을 거듭하는 격정의 세계라 할 것이다.

---

14 이승훈, 「자기 인식의 세 가지 양상」, 『한국현대시문학대계10 - 신석초, 윤곤강 외』, 지식산업사, 1984, 233면.
15 이육사, 「빙화' 기타」, 『人文評論』, 1940. 11.

5. 서정과 자의식의 밀도

『동물시집』은, 각각의 동물들을 객관적 상관물로 삼아 일종의 기지와 풍자 혹은 간소한 소묘로 일관한 일종의 실험시집이다. 분석에 값하는 시편이 없지 않으나, 그래도 그 다음 출간된 네 번째 시집에서 우리는 식민지 시대 말기로 오는 시점에 일정하게 완결된 윤곤강 시편의 한 극점을 보게 된다. 그리고 윤곤강이 남긴 서정과 자의식의 밀도를 보게 된다.

바람이 수수닢을 건드리며 가는것이었다

못가에 서면 그속에도 내가 서있는것이었다

호수는 차고 푸른 나날을 보내는것이었다

산울림을 타고 되도라오는 염소의 우름이 있는것이었다

하눌엔 힌 구름이 갓으로만 몰리는 것이었다

―「호수(湖水)」 전문(『빙화』)

안정된 호흡에 서정의 밀도를 높인 풍경 시편이다. 호수 주변에는 하늘과 바람과 구름이 있고 그 아래로 수숫잎과 염소의 울음이 아스라하게 있고, 그 못가에 서서 또 못 안으로 들어가서 이 푸른 나날을 만끽하고 있는 화자가 있다. 산울림을 타고 번져오는 풍경과 소리와 미세한 자연 사물들의 움직임이 화자로 하여금 "것이었다"의 반복을 통해 해석과 동참과 관조를 동시에 수행하게 하고 있는 것이다. 그 호수 옆으로 펼쳐져 있을 것만 같은 '언덕'도 있다.

언덕은 늙은 어머니의 어깨와 같다

마음이 외로워 언덕에 서면
가슴을 치는 슬픈 소리가 들렸다

언덕에선 넓은 들이 보인다

먹구렝이처럼 다라가는 기차는
나의 시름을 실고 가버리는것이었다

언덕엔 푸른 풀 한포기도 없었다

들을 보면서 날마다 날마다 나는
가까워오는 봄의 화상을 찾고있었다

—「언덕」 전문(『빙화』)

  늙은 어머니의 어깨와도 같다는 그 '언덕'에는 이제 냉혹한 겨울이나 죽음 충동보다는 외로운 마음과 가슴을 치는 슬픈 소리가 은은하게 퍼져 있다. 넓은 들이 내다보이는 언덕에서 화자는 마치 "먹구렝이처럼 다라가는" 기차를 바라보면서 그것이 마치 "나의 시름을 실고" 가는 것처럼 느낀다. 푸른 풀 한 포기 없는 언덕은 "가까워오는 봄의 화상"을 찾는 공간이 된다. 시름과 슬픔을 배음(背音)으로 하면서도 도래하고야 말 봄의 화상을 은은하게 기다리는 서정시편이라 할 수 있다. 윤곤강은 이러한 풍경의 심미적 소묘와 함께 자신에 대한 자의식의 시편을 남겼다.

  터—ㅇ비인 방안에 누어

쪽거울을 본다

거울속에 나타난
무서운 눈초리

코가 높아 양반이래도 소용없고
잎센처럼 이마가 넓대도 자랑일게 없다

아름다운 꿈이 뭉그러지면
성가신 슬픔은 바위처럼 가슴을 덮고

등뒤에는 항상 또하나 다른 내가 있어
서슬이 시퍼런 눈초리로 나를 노려보고
하하하 코웃음치며 비웃는 말 ―

한낱 버러지처럼 살다가 죽으라
―「자화상(自畵像)」 전문(『빙화』)

이 작품은 『시학(詩學)』 1939년 12월호에 발표된 시편이다. 텅 빈 방안에 누워 거울 속에 비친 자신을 바라보면서 화자는 자화상을 소묘하기 시작한다. 그 외관은 스스로 보기에 무서운 눈초리와 높은 코, 넓은 이마를 가졌다. 그 외관은 언뜻 '양반'이나 작가 '입센'을 떠올리게 하지만, 자신에게는 정작 자랑일 게 없다. 왜냐하면 "아름다운 꿈"이 뭉개졌고 "성가신 슬픔"이 생겨났고, 등 뒤에는 항상 또 하나의 '다른 나'가 있기 때문이다. 그 '다른 나'가 서슬이 퍼런 눈초리로 '나'를 노려보고 "한낱 버러지처럼 살다가 죽으라"고 하지 않는가. 이 '버러지' 이미지는 나중 해방기에 '지렁이' 이미지로 이어져 윤곤강 특유의

미물(微物)을 통한 자학적 성찰의 방법론이 된다.

으슥한 마음의 숲그늘에
주린 승냥이 기척없이 서성거리고

바람이 울며 예는 생각의 허공에
슬픔의 새떼 짝지어 울며갈 무렵

마루판은 어름장보다 싸-늘한데
고향꿈 지닌 가슴엔 성애의 꽃이 피여

지울수없는 슬픔에 두눈 비벼뜨고
창틈으로 넘겨보는 얼어붙은 달빛

눈뎀이를 솨 솨 불어헐는 소리는
머-ㄴ 고향길 더듬어온 매운 바람이냐

야윈 얼굴에 터럭이 쓸모없이 돋어
책상우에서 맺인 꿈 갈길이 부서졌다

한치나 자란 때끼인 열개 손톱으로
앙상한 가슴 한복판을 피나게 긁어봐도

외로움만을 반겨 안어드리는 버릇 ―
그밖엔 아무것도 가저보지못한 삶이니

푸로메듀스의 옛 가마귀 나의 운명아

내 가슴을 파먹어다오 원통히 파먹어다오

—「성에의 꽃」전문(『빙화』)

승냥이의 주림과 새떼의 슬픔 속에서 화자는 '고향꿈'에 빠진다. 얼음장보다 차가운 마루에서 으슥한 마음과 허공에 번져가는 생각을 다 잡고, 화자는 가슴에 성에꽃이 피는 것을 느낀다. '마음의 숲그늘'이나 '생각의 허공'은 화자의 처지를 공간화해서 보여준다. 화자는 창에 낀 성에꽃을 지나, 마치 지용이 유리에 낀 성에를 지우고 또 지우면서 별빛을 바라보듯이, "지울수없는 슬픔"에 두눈 비벼뜨고 "얼어붙은 달빛"을 바라본다. "머-ㄴ 고향길 더듬어온 매운 바람" 소리인지, "책상 우에서 맺인 꿈"도 부서지고, "외로움만을 반겨 안어드리는 버릇"뿐이다. "그밖엔 아무것도 가져보지못한 삶"이니, 화자는 "푸로메듀스의 옛 가마귀 나의 운명아 / 내 가슴을 파먹어다오 원통히 파먹어다오"라면서 윤동주가 「간(肝)」에서 절규했던 그 실존적 고독의 처지를 애타게 들려준다. 이렇게 죽음과 자학과 절규의 자의식을 지나 고요한 평정의 마음에 도달한 서정적 밀도의 풍경을 다음 시편이 잘 보여준다.

만약 내가 속절없이 죽어
어느 고요한 풀섶에 묻치면

말하지 못한 나의 기쁜 이야기는
숲에 사는 적은 새가 노래해주고

밤이면 눈물어린 금빛 눈동자 별떼가
지니고간 나의 슬픈 이야기를 말해주리라

그것을 나의 벗과 나의 원수는

어느 적은 산모롱이에서 들으리라

한개 별의 넋을 받아 태여난 몸이니
나는 우지 마자 슬피 우지 마자

나의 명이 다—하야 내가 죽는날
나는 별과 새에게 내뜻을 심고 가리라

—「별과 새에게」(『빙화』)[16]

    이 작품의 보색 대비는 '기쁜 이야기'와 '슬픈 이야기' 곧 생의 굴곡 많았던 서사가 죽음 이후 새와 별이 대신 노래해줄 것이라는 것에 있다. 속절없이 죽어 어느 고요한 풀섶에 묻혀 화자는 자신이 끝내 발화하지 못했던 이야기들을 자연 사물이 대신 말해주고 노래해줄 것이라고 말한다. 숲에 사는 작은 새나 금빛 눈동자 별떼는 "나의 벗과 나의 원수"에게 골고루 그것을 들려줄 것이다. 이때 '벗 / 원수'라는 기표는 임화의 '청년 / 적'이나 청마의 원수처럼 일정하게 사회성을 환기한다. 그렇게 "한개 별의 넋을 받아 태여난 몸"으로서 화자는 "나는 우지 마자 슬피 우지 마자"고 되뇌며 "별과 새에게" 자신의 뜻을 심고 가리라고 한다. 이때 '뜻'은 이야기와 노래에 담기지 못한, 생의 못다 한 노래와 이야기일 것이다. 결국 자신의 죽음을 예견한 듯한 낭만적 죽음 의식과 천공에 쏘아 올리는 기쁘고도 슬픈 노래와 이야기가 여기에 담겼다. 윤곤강 최고의 시편이 아닌가 한다.
    이렇게 우리는 윤곤강 시집 『빙화』를 두고 "다소 어둡고 병적이지

---

[16] 이 시편은 훗날 『詩文學』 2호(1950. 6. 5.)에, 그러니까 윤곤강 타계 직후 그의 유고작으로 발표된다. 하지만 이 시편은 이미 시집 『氷華』에 실렸다는 점에서, 이를 유고작으로 발표한 것은 일종의 서지적 착오였다고 할 수 있다.

만 그러한 사실보다 더 중요한 것은 윤곤강이 매우 현대시다운 모습으로 자신의 내면세계를 정착시키고 있다는 점"[17]을 찾아볼 수 있을 것이다. 이 시기에 이르러 그는 이만한 기억할 만한 기표를 남겼다고 생각된다.

6. 고려적 하늘로의 귀환과 분단 의식

일제 말기에 침묵을 지키던 윤곤강은 해방 후 민족어 회복과 민족 정서 탐구로 시의 방향을 현저하게 전환한다. 형식에서 고려속요를 차용한다든지 내용적으로 전통적 정서인 이별과 한에 착목한다든지 하는 변모가 그 핵심에 놓인다. 그야말로 복고적이고 퇴행적으로 고려적 하늘로 귀환한 것이다. 그 단층이 비교적 심하지만, 이 또한 고전 탐구와 프로문학 사이의 친연성을 탐구해야 하는 과제를 남기는 대목이다. 어쨌든 윤곤강은 현저하게 한글 표기와 토박이말 구사를 기율로 하는 간단치 않은 전환을 치러낸다. 제5시집 표제작이다.

보름이라 밤 하늘에
달은 높이 켠 등불 같아라
임아 홀로 가신 임아
이 몸은 어찌하라 홀로 두고
임만 혼자 훌훌히 가셨는고

아으 피 맺힌 내 마음
피리나 불어 이 밤 새우리
숨어서 밤에 우는 두견새처럼

---

[17] 송기한, 「자아에 대한 치열한 탐색과 삶에 대한 '의욕'」, 『문학사상』, 2011. 6, 165면.

나는야 밤이 좋아 달밤이 좋아

이런 밤이사 꿈처럼 오는 이들
달을 품고 울던 '벨레이느'
어둠을 안고 간 '에세이닌'
찬 구들 베고 눈 감은 古月 尙火…

낮일랑 게인 양 엎디어 살고
밤일랑 일어나 피리나 불고지고
어두운 밤의 장막 뒤에 달 벗삼아
임이 끼쳐주신 보밸랑 고이 간직하고
피리나 불어 설운 이 밤 새우리

다섯 손가락 사뿐 감아 쥐고
살포시 혀를 대어 한 가락 불면
은쟁반에 구슬 굴리는 소리
슬피 울어 예는 여울물 소리
왕대숲에 금바람 이는 소리…

아으 비로소 나는 깨달았노라
서투른 나의 피리소리이언정
그 소리 가락가락 온 누리에 퍼지어
메마른 임의 가슴속에도
붉은 핏방울 방울 돌면
찢기고 흩어진 마음 다시 엉기리

—「피리」전문(『피리』)

제목부터 전통 소재를 차용한 이 시편은 보름달을 '등불' 삼아 '홀로 가신 임'을 그리는 정서를 드러낸다. 자신을 홀로 남기고 쓸쓸히 떠난 임은 "피 맺힌 내 마음"이 담긴 피리를 불게 한다. 박두진과는 정반대 편에서 "나는야 밤이 좋아 달밤이 좋아"를 되뇌며 화자는 베를렌이나 예세닌 그리고 상화와 고월을 부른다. 모두 달과 어둠과 비극적 죽음을 맞은 이들의 목록이다. "어두운 밤의 장막 뒤에 달"을 벗 삼아 임이 남기신 보배를 간직하고 "은쟁반에 구슬 굴리는 소리 / 슬피 울어 예는 여울물 소리 / 왕대숲에 금바람 이는 소리"를 들려주는 피리, 서투른 그 피리소리가 온 누리에 퍼져나가고 있다.

이처럼 그는 전통적 가치와 정서를 현대적으로 복원하여 노래한다. 하지만 해방기라는 격동의 시기에, 그동안 치열한 격정의 모멘트를 선보여왔던 그로서는, 명백한 퇴행이 아닐 수 없을 것이다. 그래서 "그가 의거하고 있는 방법은 고려가요의 어투를 차용하거나 고려가요의 율조에 굴복하는 소박한 차원에 머물고 있다는 느낌이다. 전통의 계승과 민족 정서의 구현이라는 과제가 고려가요의 몇 구절을 차용하고 그 율조를 모방함으로써 가능한 것은 아닐 것이다."[18]라는 평가가 뒤따르는 것은 자연스럽다. 하지만 그 순간에도 윤곤강은 분단으로 가는 민족사에 관심을 가지고 다음 시편을 남긴다.

    아지못게라 검붉은 흙덩이 속에
    나는 어찌하여 한 가닥 붉은 띠처럼
    기인 허울을 쓰고 태어났는가

    나면서부터 나의 신세는 청맹과니
    눈도 코도 없는 어둠의 나그네이니

---

[18] 서준섭, 「吳一島와 尹崑崗의 詩」, 김용직 외, 『韓國現代詩史硏究』, 일지사, 1983, 436면.

나는 나의 지나간 날을 모르노라
닥쳐 올 앞날은 더욱 모르노라
다못 오늘만을 알고 믿을 뿐이노라

낮은 진구렁 개울 속에 선잠을 엮고
밤은 사람들이 버리는 더러운 쓰레기 속에
단 이슬을 빨아마시며 노래 부르노니
오직 소리 없이 고요한 밤만이
나의 즐거운 세월이노라

집도 절도 없는 나는야
남들이 좋다는 햇볕이 싫어
어둠의 나라 땅 밑에 번드시 누워
흙물 달게 빨고 마시다가
비오는 날이면 땅위에 기어나와
갈 곳도 없는 길을 헤매노니

어느 거친 발길에 채이고 밟혀
몸이 으스러지고 두 도막에 잘려도
붉은 피 흘리며 흘리며 나는야
아프고 저린 가슴을 뒤틀며 사노라
(丁亥 여름 삼팔선을 마음하며)

—「지렁이의 노래」전문(『피리』)

앞에서 '벌레'의 상상력이 이번에는 '지렁이'의 노래로 이어진다. 겉으로는 멀쩡하지만 앞을 못 보는 청맹과니는, 윤곤강 스스로의 자의식의 표현이겠지만, 그것은 동시에 해방 직후에 처한 민족 현실의 알레고리이기도 하다. 그래서 이 작품은 매우 선구적으로 분단 현실을 예감하고 그것을 비감하게 노래한 시편이다.

여기서 화자는 '지렁이'로 상정되어 있다. 검붉은 흙덩이 속에서 한 가닥 붉은 띠처럼 긴 허울을 쓰고 태어난 지렁이는, "청맹과니 / 어둠의 나그네"이다. "남들이 좋다는 햇볕이 싫어 / 어둠의 나라 땅 밑에" 누워서 갈 곳도 모르고 헤매는 지렁이는 "어느 거친 발길에 채이고 밟혀 / 몸이 으스러지고 두 도막"으로 잘린다. 하지만 "붉은 피 흘리며 흘리며" 아프고 저린 가슴을 뒤틀며 사노라는 의지를 보인다. 그러나 이때의 '지렁이'는 시의 끝에 보이듯 정해년(丁亥年) 곧 1947년 여름의 우리 민족을 함의하는 데서 사회적 차원을 획득한다. 그때는 아직 양쪽의 분단국가가 서기 전이지만, "삼팔선을 마음하며" 지렁이를 노래하면서, 갈라서는 민족의 상처를 직시하고 은유한다. 마치 두 동강이 나도 살아가는 지렁이처럼 살아가게 될 우리 민족에 대한 자조적 형상을 노래하는 것이다. 그 후 윤곤강은 『살어리』에서는 전통으로의 귀환과 실험을 결속한 장시들을 집중적으로 싣게 된다. 하지만 시편 각각이 형태상 단조롭고 평면적이다. 이에 대한 장만영의 기억이다.

> 그가 방황 끝에 지칠 대로 지쳐 갖고 도착한 고장은 고려적 푸른 하늘 밑이었다. 그것을 우리는 시집 『살어리』 속에서 알아본다. 거기에는 슬픈 환상처럼 아득한 옛 하늘이 비쳐 있다. 거기엔 인생을 혐오하며 권태하는 슬픔이 빚어 있다. (…) 현실과 대결하지 못하는 기질을 타고난 그였으니 내가 그를 서정시인으로밖에 보지 않는 까닭도 실로 이런 점을 두고 하는 말이다.[19]

장만영은 윤곤강이 슬픔과 고독 속에서 현실과의 대결을 극력 피

---

[19] 장만영, 「崑崗을 생각하며」, 『現代文學』, 1963. 1.

해간 흔적을 읽었다. 그를 현실과 대결하지 못하는 기질로 본 것은 식민지 시대의 격정조차 내적 울분으로 해석할 수 있게끔 한다. 어쨌든 그렇게 세계관과 방법의 통일을 주창하고, 자기 부정의 격정과 죽음 충동을 지나, 서정과 자의식의 밀도를 높여왔던 윤곤강은 해방기라는 현실 앞에서 격심한 육신의 병고와 함께 저물어간다.

이처럼 윤곤강 시와 비평의 세계는 양적으로나, 시기적으로 펼쳐진 폭 혹은 낙차로 보나, 여러 모로 만만치 않은 에너지와 가능성 그리고 비교적 선명한 한계를 두루 안고 있다. 우리는 지금 당대 현실과의 만만찮은 길항 과정과 격정적 자의식의 세계를 펼쳐 보여준 그의 언어가 가지는 진정성과 이채로움과 안타까움을 모두 실어서, 그의 탄생 100년을 기리는 것이다.

회귀와 환상의 이미지즘

장만영론

1. 1930년대의 시사적 지형과 '역사적 모더니즘'

1930년대는 경성을 중심으로 식민지 근대가 화려하면서도 왜곡된 방식으로 꽃을 피운 자본주의적 난숙기(爛熟期)였다. 이 시기의 시사적 지형은, 1920년대의 주류였던 프로문학과 민족주의 문학의 동시적 지양이라는 요청에 의해 구성된다. 그 핵심에 선 이들이 바로 『시문학』과 '구인회'를 구성했던 일군의 순수서정과 모더니즘 시인들이었다. 특히 후자는 세계적 동시성으로서의 모더니즘을 자신들의 미학적 방법이자 이념으로 받아들여 식민지 사회에서 일정하게 '미적 근대성'을 일구려는 의지와 노력을 보여주었다고 할 수 있다.

기본적으로 모더니즘 문학이 가지는 일반적 특성은 자기인식의 강화, 그리고 내면적 총체성, 기법에 대한 의존 등이다. 이러한 형식적 특성은 자본주의 현실이 가져다주는 현실의 사물화와 파편화, 그리고 그로 인한 주체의 소외 등 근대성의 체험에서 기인된 것이다.[1] 그러나

---

[1] 나병철, 「모더니즘과 미적 근대성」, 『근대성과 근대문학』, 문예출판사, 1995, 188면.

서구 모더니즘의 배태시킨 유럽 도시들과는 달리 식민 세력에 의한 일방적이고 타율적인 도시화의 양상을 겪은 1930년대 경성이라는 공간에서의 근대성 체험이란, 기실 세계관의 변이를 겪을 만큼 그리 통전적이거나 전면적이지 않은 것이었다. 근대화가 가져온 현란한 외피만을 감각적으로 경험하기가 일쑤였고, 모더니즘이 고유하게 가지는 미적 근대성이라든가 미학적 비판의 기능이 자생적으로 육화되기에는 미적 주체들의 인식이 빠른 사회 변화를 따라가지 못했기 때문이다. 따라서 1930년대 모더니즘시는, 영미 모더니즘 이론의 도입과 더불어 경성에서 시인이나 작가들이 겪는 체험 내용에 합당한 형식상의 새로운 감각을 결합하려는 시도 정도로 나타날 수밖에 없었다.

물론 모더니즘은 '미적 근대성'과 비슷하기는 하지만, 그보다는 훨씬 제한된 의미를 지니는 개념이다. 일차적으로 그것은 19세기 말엽에서 20세기 전반에 걸쳐 서구 예술을 풍미한 전위적이고 실험적인 예술 운동에 한정되는 개념이다. 따라서 르네상스 때부터 시작되었다 해도 과언이 아닌 역사적 '모더니티' 개념과 비교해볼 때, 1930년대 '모더니즘'은 기껏해야 반세기 정도의 역사를 지니고 있을 뿐이었다고 할 수 있다. 어쨌든 1930년대의 역사적 모더니즘은 근대성의 보편성과 식민지 현실의 특수성이 그 안에 변증법적으로 매개되어야 한다는 당위적 명제를 충족시키지 못한 채, 방법적으로만 그것을 받아들인 흔적을 우리 시사에 남기게 된다.

따라서 우리는 서구 이론과의 대비를 통해 이 시기의 모더니즘을 옹호하거나 비판했던 원전 확인형 연구나 작품의 기법을 중시하여 그 의의를 부각시키는 기법 중시형 연구[2]보다는, '보편성 / 특수성', '저항 / 순응'의 혼재 과정을 당대의 미적 주체들이 어떻게 그려나갔는가를

---

2 박헌호, 「'구인회'를 어떻게 볼 것인가」, 상허문학회, 『근대문학과 구인회』, 깊은샘, 1996, 33면.

탐색하는 것이 훨씬 더 이 시기를 현재화하는 안목이 된다고 말할 수 있다. 그 역사적 자료가 되는 시인들이 정지용, 김기림, 이상, 김광균, 장만영, 오장환 등이라고 할 수 있을 것이다. 이 가운데 장만영은, 1930년대 이미지즘의 적확한 이해와 구사, 조소적(彫塑的) 깊이를 가진 시인으로 그동안 평가받아왔다. 하지만 그에 대한 종합적 연구 결과는 매우 빈약하며, 상대적으로 다른 모더니스트들에 비해 많지 않은 형국이다. 이 글은 장만영에 대한 새로운 접근을 통해 그의 시가 가지는 미학적 가치, 문학사적 의미 등을 더불어 고찰하고자 한다. 그럼으로써 1930년대 모더니즘시에 대한 역사적 조망에 대한 자료를 얻음은 물론, 그동안 장만영에게 부여되었던 시사적 명명의 폭을 한 차원 높이게 되는 결실을 얻을 수 있을 것이다. 본문에 인용되는 시편들은 전부 장만영이 만년에 스스로 자신의 대표작들을 묶은 『장만영선시집』(성문각, 1964)에서 취하기로 한다.

2. 장만영의 생애와 이미지즘

초애(草涯) 장만영(張萬榮, 1914-1975)은 그동안 도시 생활에 대한 강한 회의와 고향에 대한 강렬한 그리움 때문에 자연에의 귀의를 줄곧 노래한 이른바 '전원시인'으로 알려져 왔다. 그는 황해도 연백에서 3대독자로 태어났는데, 거기서 그의 부친은 백천온천을 경영하였다. 장만영은 백천보통학교를 졸업하고 서울로 올라와 경성제2고보를 다녔는데, 이때 도스토예프스키의 『죄와 벌』을 읽고 문학에 빠져들기 시작했으며, 이러한 열정으로 교내 회람지를 꾸미기도 했다. 1932년 졸업 후에 「봄노래」 등을 『동광(東光)』지에 투고하여 김억 추천으로 작품이 실림으로써 창작 활동을 시작하였다. 그때 장만영은 이미 '전원시인'으로 유명했던 신석정과도 친교를 맺는다. 1934년 일본으로 건너간 그는 동경 미자키 영어학교 고등과에 적을 두고 문학 공부를 하면서 많은 시편들을 발표하였다. 1935년 귀국 후 그는 많은 문인들을 사귀고, 신석정의 처제인 박영규와 결혼하여 고향에서 시작을 계속하다가 1937년 첫 시집 『양(羊)』을 자비 간행하였다. 이후 홀로 서울 생활을 하며 두 번째 시집 『축제(祝祭)』를 낸 후, 도시 생활에 지쳐 고향으로 돌아가 살 것을 결심한다. 해방 후 고향 백천이 38 이북으로 굳어지자 1947년 서울로 이사, 회현동 자택에 조그마한 출판사인 '산호장(珊瑚莊)'을 등록하여 시집 『유년송(幼年頌)』을 간행하였다. 이 시집은 전편이 어린 시절의 회상만으로 이루어진 시집인데, 시인은 자작시 해설에서 "다시는 돌아올 길 없는 그 날을 그리는 마음에선지" 이 시집이 가장 애착이 간다고 밝혔다. 당시 그는 '산호장'에서 박인환, 김경린, 임호권, 김경희, 김병욱이 결성한 동인 『신시론(新詩論)』 1집을 자원하여 내주었으며, 조병화 첫 시집 『버리고 싶은 유산(遺産)』을 내주기도 하였다. 전쟁이 나자 그는 겨울까지 서대문구의 부모 집에 숨어 지내다가 부산으로 피난하여 1953년까지 지냈다. 그 사이 부모가 돌아가시고, 수입의 원천이었던 백천온천이 이북으로 넘어갈 것이 기정사실화하자, 일곱 남매를 키우며 살아야 했던 그는 정신적으로나 생활적으로나 큰 충격을 받게 된다. 이후 그는 서울신문사에 입사하여 월간 『신천지(新天地)』의 주간을 지냈으며, 계속 시작에 정진하다가 1966년에는 한국시인협회 회장을 지내기도 하였다. 1956년 제4시집 『밤의 서정(抒情)』, 1957년 제5시집 『저녁 종소리』, 1962년에 시와 산문집 『그리운 날에』를 발간하였고, 『장만영선시집(張萬榮選詩集)』(성문각, 1964.)을 출간함으로써 자신의 시세계를 직접 갈무리하였다. 만년에는 별로 시작 활동을 하지 않았다.[3]

이러한 생애의 줄기를 가지고 있는 장만영에 대한 그동안의 시사

---

[3] 이상 장만영의 생애에 대한 조감은 다음의 자료를 참조하였다. 김용성, 『한국현대문학사탐방』, 현암사, 1984.

적 언급은, '고향'과 '전원'에 대한 그리움의 시인으로 요약할 수 있다. 아닌 게 아니라 그의 초기 시편들은 도시 생활을 등지고 목가적 유년 시대로 돌아가고자 하는 지극한 원망(願望)을 담고 있었다. 그는 '어머니', '순이', '아가' 같은 고향과 유년을 환기하는 순수 지향의 이미지 속에, 어린 날의 순진무구함을 잃어버린 데 대한 상실감과 그리움을 대상(代償)하였다. 그의 시에서 현재는 언제나 쓰라린 슬픔의 현실이었고, 과거는 회상 속에서 감미롭게 추억되는 서정적 원천으로서의 역할을 하였다. 이러한 주제 권역을 그는 신선하고 감각적인 이미지를 통해 퍽 특이한 방식으로 시화하였는데, 이를 두고 "그는 농촌의 티를 벗지 못한 서정적 동심적인 면에서 신석정을 닮았고, 대상을 이미지화하는 면에서는 김광균 등의 모더니스트들과 현대적 호흡을 통하고 있다."[백철,『신문학사조사(新文學思潮史)』]라는 지적이 있기도 하였다. 이처럼 장만영은 과거 지향, 고향 회귀의 마음을 선명한 이미지즘의 방법론으로 결속해낸 시인이었다는 것이 저간의 대체적인 평가였다고 할 수 있다. 하지만 그러한 평판은 자신의 시적 육체에서 역사와 현실을 유보하고 배제함으로써 얻게 된 방법적인 것이었다고 말할 수 있다. 그래서 그는 자신의 회귀와 환상의 감각으로 새로운 미학 지대(美學地帶)를 건설하여 그 안에 자족한 것이며, 이는 비판적 이성을 매개로 해야 하는 이상적인 근대적 주체로서는 아쉬운 점이 아닐 수 없다. 또한 근대 자본주의에 대한 거부의 열정을 핵심으로 하는 '미적 근대성'의 기율과 그의 시가 많은 부분 어긋나 있는 것도 바로 이 부분일 것이다. 응전과 거부가 아니라 회귀와 환상의 이미지즘이 그의 몫이었기 때문이다. 따라서 1920년대 시인들이 보였던 감상과 영탄이 현실 부정과 환멸의 소산이었듯이, 장만영의 회귀와 환상의 이미지즘 역시 식민지 현실에 절망하고 그것을 부정하는 정서가 반영된 것이 틀림없다 할 것이다. 이 점 장만영을 식민지 시대라는 지평에서 다시 읽어볼 수 있는 계기를 부여하는 문제제기가 될 수 있을 것이다. 우리는 그의 시편들이 공동(空洞)의 감각으로 분출된 것이 아니라, 식민지 시대라는 결여 공간에서 미학적, 방법적으로 대응한 역사적 실재였다는 가설을 가지게 되는 것이다.

3. 회귀의 이미지즘

앞에서도 강하게 암시하였듯이, 장만영은 우리 근대시의 창작방법을 논구하려 할 때 꽤 의미 있게 거론되는 시인이다. 그는 1920년대의 편내용주의와 감상성을 방법적으로 극복한 1930년대 모더니즘 운동을 누구보다도 앞장서 실천하였으며, 한국적 이미지즘의 시 경향에 선구적 길목을 냈다고 할 수 있다. 동시대의 다른 모더니스트들처럼 그 역시 시의 내용보다는 대상을 감각적으로 재현하는 방법에 심혈을 기울였다는 점에서, 그는 매우 충실한 당대 문맥으로 기념 가능한 시인이다. 다음에 제시되는 그의 대표작을 한번 읽어보자.

　　순이 버레 우는 고풍한 뜰에
　　달빛이 조수처럼 밀려 왔구나!

　　달은 나의 뜰에 고요히 앉았다.
　　달은 과일보다 향그럽다.

　　동해 바다 물처럼
　　푸른
　　가을
　　밤

　　포도는 달빛이 스며 곱다.

포도는 달빛을 머금고 익는다.

순이 포도넝쿨 아래 어린 잎새들이
달빛에 젖어 호젓하구나!

—「달·포도·잎사귀」전문

『시건설(詩建設)』1936년 12월호에 발표된 이 아름다운 시편은, 한 폭의 동양적 회화를 연상시키는 이미지의 연쇄로 짜여 있다. 고풍스런 뜰에 비친 달빛, 달빛 아래 익어가는 포도, 달빛에 젖은 잎사귀 형상 등은 그 자체로 눈에 익숙하게 익은 그림이 아닐 수 없다. 첫 연과 마지막 연에는 '순이'라는 이름이 나오는데, 이 여인은 장만영 시편에서 '어머니'나 '아가'와 함께 자주 등장하는 순수 이미지의 캐릭터이다. 그 순수 이미지는 다른 시편들에서 '누이', '연인', '어릴 적 동무' 등으로 다양하게 파생되면서, 시인이 아름다운 세계를 함께 누리고 싶은 친화적 대상들로 나타난다.

이 시편의 공간 배경은 "버레 우는 고풍한 뜰"이고, 시간 배경은 그 뜰을 비추는 달이 뜬 밤이다. 그런데 시인은 '달빛'이 뜰을 비춘다거나 가득 차 있다는 등의 정적 이미지가 아니라, "조수처럼 밀려 왔구나!"라는 동적 이미지로 달밤 이미지를 표현한다. 여기서 '달빛'은 뜰에 고요히 앉은 채 하나의 '세계'를 만들어간다. 시인은 뜰 앞마루에 앉아 뜰 안 풍경을 바라보면서, 달이 '나'의 안으로 들어와 일체감을 이루는 경지를 보여준다. 4연에서는 달빛에 빛나는 가장 아름다운 부분으로 시선이 집중되는데, 검푸른 포도와 달밤의 색상이 각별한 유사성을 띠면서 '포도'와 '밤'도 하나로 동화되어 반짝이고 있다. 그리고 2연의 '향그럽다'는 후각적 이미지로 '달'과 '포도'가 연결되고, 넝쿨 밑 잎사귀들은 달빛에 젖어 있는 촉각적 이미지로 연결됨으로써, 이 시편의 감각적 충일성이 완성된다. 여기서 '호젓함'이란 고요하고 한적한 뜰의 분위기를 표현한 것으로서, 호젓한 '어린 잎새들'이야말로 장만영 시편에서 흔히 나오는 감미로운 아름다움의 유년적 이미지라고 할 수 있을 것이다.

우리가 잘 알듯이, 하나의 이미지는 대상의 단순한 모사나 재생으로 이루어지지는 않는다. 설사 그것이 대상을 충실히 모사하는 것에 목표를 둔다고 하더라도, 시 안에 구현된 이미지는 시인의 주관적 목적이나 욕망에 의해 선택되고 변형되고 배열된 어떤 것일 수밖에 없다. 이러한 선택, 변형, 배열 과정에 결정적으로 개입하는 것이 바로 시인 자신의 주관이다. 그것은 언제나 '어떤 것에의 의식'이므로, 시 안의 이미지는 대상과 주관의 복합적 구성물이 아닐 수 없다. 그 점에서 장만영 시의 이미지에는, 전혀 인위적인 훼손이 없는 평화롭고 아늑한 이상향을 그리는 시인의 유토피아 지향성이 반영되어 있다고 할 수 있을 것이다. 다음 작품이 그 대표적인 경우일 것이다.

나는 바다로 가는 길로 걸어 간다. 노오란 호박꽃이 많이 핀 돌담을 끼고 황혼이 있다.

돌담을 돌아가면 — 바다가 소리쳐 부른다. 바다 소리에 내가 젖는다. 내가 젖는다.

물바람이 생활처럼 차다. 몸에 스며든다. 요새는 모든 것이 짙은 커피처럼 너무도 쓰다.

나는 고향에 가고 싶다. 고향의 숲이, 언덕이, 들이, 시내가 그립다. 어린적 기억이 파도처럼 달려든다.

바다가 어머니라면 — 하고 나는 생각해 본다. 바다의 품에 안기고 싶다. 안기어 날개같이 보드러운 물결을 쓰고 맘 편히 쉬고 싶다.

　수평선 아득히 아물거리는 은빛의 향수. 나는 찢어진 추억의 천막을 깁는다. 여기 모래벌에 주저앉아 ―.

―「鄕愁」 전문

　이 작품 역시 시각적 이미지(노오란 호박꽃, 황혼, 수평선)와 청각적 이미지(바다 소리), 촉각적 이미지(젖는다, 차다), 미각적 이미지(쓰다) 등이 시편 곳곳에 배치됨으로써, 향수의 감각이 얼마나 구체적이고 절절한 시공간성을 가지는지를 잘 보여준다. 특별히 현재와 과거, 이곳과 그곳의 확연한 대위법(對位法)이 '고향'의 유토피아적인 속성을 배가한다. 하지만 그 지향은 결국 돌아갈 수 없는 실존적 슬픔으로 이어지면서, 현실의 냉엄함을 환기하는 데 역설적으로 기여한다. 저물녘 바다로 가는 길을 걷다가 생활처럼 구체적으로 떠오르는 '고향'의 모습은 "요새는 모든 것이 짙은 커피처럼 너무도 쓰다."라는 반추와 현저한 대조를 이룬다. 이렇게 "어릴 적 기억"의 힘으로 현실을 견뎌가는 시인의 모습 속에서 우리는, "수평선 아득히 아물거리는 은빛의 향수"가 비록 퇴행적이기는 하지만 여전히 현실 견인적인 기운을 가지고 있음을 알아차릴 수 있는 것이다. '향수'의 과저 지향성이 결여된 현재형에 대한 강력한 반명제로 기능하게 되는 것이다.

　얼마나 우쭐대며 다녔었냐,
　이 골목 정동 길을.
　해어진 교복을 입었으나
　배움만이 나에겐 자랑이었다.

　도서관 한 구석 침침한 속에서

온종일 글을 읽다
돌아오는 황혼이면
무수한 피아노 소리,
피아노 소리
분수와 같이 눈부시더라.

그 무렵
나에겐 사랑하는 소녀 하나 없었건만
어딘가 내 아내 될 사람이 꼭 있을 것 같아
음악 소리에 젖는 가슴 위에는
희망이 보름달처럼 둥굿이 떠올랐다.

그 후 이십 년
커어다란 노목이 서 있는 이 골목
고색 창연한 긴 기와담은
먼지 속에 예대로인데
지난 날의 소녀들은 어디로 갔을까?
오늘은 그 피아노 소리조차 들을 길 없구나.

―「정동(貞洞) 골목」 전문

장만영은 1920년대 후반부터 1930년대 초반까지 서울에서 학교를 다녔다. 1949년에 씌어진 이 시편에서 '그 후 20년'이라고 술회하고 있으니 시적 상황과 전기적 사실은 그대로 부합한다. 가난했지만 도서관에서 온종일 책을 읽을 만큼 학구열이 높았고 자부심도 컸던 그는, "어딘가 내 아내 될 사람이 꼭 있을 것" 같은 동경을 가졌다. 하지만 시간이 흘러 다시 찾은 정동 골목에는 '커어다란 노목'과 '기와담'은 그대로이지만 '지난 날의 소녀들'은 모두 사라져버렸고, 그 시절 '피아노 소리'조차 어디론가 숨어버렸다. 시간의 무상한 흐름 속에서 시인은 그 옛날 '우쭐댐'과 '배움'의 자랑으로 넘쳤던 '정동 골목'으로 퇴행하고 회귀함으로써 자신의 한 시절을 그리게 된다. 그래서인지 황혼에 듣곤 했던 "피아노 소리"나 "어딘가 내 아내 될 사람이 꼭 있을 것 같아" 음악 소리에 젖어들던 시간에 대한 아득한 회귀 의식이 '뜰안'이나 '고향'처럼 평화롭고 아늑하게 만져진다.

　이처럼 장만영 시편들은 근본적으로 '시간'에 대한 회상과 회귀의 형식으로 씌어진다. 그 시간 형식을 통해 그는 속악하고 가파른 현실을 넘어 혹은 현실을 비껴나 전혀 '다른 세계'로 잠입한다. 각별한 기억을 통해 다다른 그 '다른 세계'로의 지향이, 선연한 이미지군(群)을 통해 구체성과 고유성과 적실성을 얻고 있는 것이다. 여기서 우리는 이러한 작법이 김광균이나 신석정에게도 두루 보이는 1930년대 모더니즘의 동류항이었다는 점에 상도한다. 프로문학이나 민족주의 문학이 강력한 이념적 준거로 식민지 시대에 응전한 결실이었다면, 이들이 보여준 회상과 회귀의 시법(詩法)은, 그 자체로 우회적이고 간접적인 근대 비판의 요소를 함유하고 있다고 보아도 좋을 것이다. 이 점, 그들의 역사적 몫이요, 진공 상태에서의 현실 회피라는 부정적 평가를 받은 이들에 대한 재독(再讀)의 가능성을 열어주는 시각이다.

4. 환상의 이미지즘

　잭슨은 "환상성은 알레고리의 개념화와 시의 은유적 구조 둘 다에 저항하기 때문에"[4] 나란히 자리할 수 없는 것이라고 말하였다. 이러한 논의는 환상이 주로 이야기 장르에 한정되어 있으며 '시'는 그다지 환

---

[4] 로즈메리 잭슨, 서강여성문학연구회 옮김, 『환상성-전복의 문학』, 문학동네, 2011, 59면.

상에 부합하지 않는다는 점을 잘 말해준다. 하지만 라캉은 환상이 "어떤 상황에 대한 진정한 공포심을 완화하는 역할"[5]을 한다고 보았고, 그리고 환상이 "공포를 은폐하는 것"이며 동시에 "그것이 억압된 지점을 만들어낸다"는 점을 강조하였다. 말할 것도 없이, 시적 상상력은 모든 형상들을 서로 뒤섞어 놓는 자유를 누림으로써 마술적 지위를 획득하면서, 동시에 어떤 일상 혹은 관습의 세계에 대해 저항할 수 있는 것일 터이다.[6] 그 점에서 시에서 '환상'이란 기괴하고 비현실적이라는 표피적 속성보다는, 현실과의 접점에서 그 고통을 은폐하면서 '더 먼 곳'을 지향하는 유토피아 지향을 변형적으로 수용한다고 할 수 있다. 더불어 현실을 자유롭게 굴절하면서 마술적인 꿈을 부여하는 속성을 잘 보여준다고 할 수 있을 것이다. 장만영 시편의 또 다른 지향은, 이처럼 현실 일탈을 꾀하면서 새로운 세계를 그려내는 '환상'에 의해 구현된다.

유리로 지은 집입니다.
창들이 하늘로 열린 집입니다.
집은 연못 가 딸기밭 속에 있습니다.
거기엔 꽃의 가족들이 살고 있습니다.

지평선 너머로 해가 기울고
밤이 저 들을 걸어 올 때면
집 안에는 빨간 등불이 켜지고
꽃들이 모여 앉아 저녁 식사를 합니다.

---

[5] 슬라보예 지젝, 대니 노부스 엮음, 문심정연 옮김, 『라캉 정신분석의 핵심 개념들』, 문학과지성사, 2013, 231면.
[6] 프리드리히 후고, 장희창 옮김, 『현대시의 구조』, 지식을만드는지식, 2013, 38면.

자, 이리로 오시오,

좋은 음식 냄새가 풍기지요?

꽃들이 지금 저녁 식사를 하고 있습니다.

저, 접시에 부딪치는 포오크며 나이프 소리가…

저, 무슨 술냄새 같은 것이 나지요?

이리로 좀더 가까이 와 보시오.

보기에도 부럽게 즐거운 가족들입니다.

그리고 저 의상이 어쩌면 저렇게 곱습니까?

식사가 끝나면 으레 꽃들은 춤을 춥니다.

조금만 여기에서 기다려 주시오.

이윽고 우리는 아름다운 음악을 들으며

이 세상에서 보기 드문 호화스러운 춤을 구경할 것입니다.

―「온실(溫室)」 전문

    시인은 '온실'의 외관을, 창들이 하늘로 열린 채 연못가 딸기밭에 있는 "유리로 지은 집"으로 묘사하였다. 이는 그 자체로 신비하고 동화적인 공간 설정이다. 그 안에 사는 "꽃의 가족들"이 황혼녘에 빨간 등불을 켜고 식사를 하는 장면은, 저녁 불빛을 받아 희미하게 빛나는 온실의 안쪽을 생동감 있게 변형한 것이다. 이렇게 즐겁고도 부러운 "저녁 식사"를 하는 가족들은 고운 의상을 한 채 "아름다운 음악"을 들으며 "이 세상에서 보기 드문 호화스러운 춤"을 펼친다. 이러한 '음악'과 '춤'의 예술적 묘사 자체가 미메시스적인 것이 아니라 환상적인 것임은 말할 것도 없을 것이다. 이처럼 모방적 재현보다는 환상적 변형을 통해 '다른 세계'를 그려냄으로써, 장만영은 현실 일탈적이고 동화적인 하나의 세계를 창조하고 있다. 그 창조 작업을 통해 시인은 현실의 가파름을 넘어, 그것 너머 있는 '다른 세계'를 지향하는 것이다. 따라서 우리는 이 '온실'의 이미지야말로 엄혹한 현실로부터 유리된 가상적이고 환상적인 이미지인 동시에, 앞서 살펴본 자연이나 고향 이미지와 함께, 현실의 결여 혹은 폭력적 상태에 대한 우회적, 방법적 비판의 함의가 충분히 담겨 있다고 읽을 수 있을 것이다.

　　장미 가지를 휘어 울타리를 한 하이얀 양관을 돌아가면 곧 바다였다.
　　어느 날 황혼 소년은 바다로 나아가 가슴 깊이 오래니 지니고 있던 무지개 같은 꿈을 차디찬 물결 위에 집어 던졌다. 그리고 자기 봄마서······.
　　이제 꿈은 바다 밑바닥 깊이 바둑돌처럼 갈앉아 떨어지는 꽃잎새들을 생각하고 있으리라······. 이제 서글픈 느낌만을 주던 봄도 이윽고 물결을 따라 그 어느 먼 해안으로 아주 떠나 가리라.
　　소년은 가벼운 마음에서 휘파람까지 불며 황혼 길을 돌아갔다, 등 뒤에서 부르는 바다 소리를 하모니카처럼 들으면서······.
　　그러나 소년은 그날 밤부터 시름시름 병을 앓아 자리에 눕고 말았다. 그가 무슨 병으로 앓는지는 의사도 모르는 수수께끼였다.
　　　　　　　　　　　　　　　　　　　　　―「소년(少年)」 전문

여기서도 '소년'의 시선으로 포착된 '다른 세계'가 들어 있다. 바닷가에 위치한 하얀 양관(洋館)이 장미에 둘러싸여 있다. 황혼에 한 소년이 바다로 나아가서 오래 지니고 있던 무지개 같은 꿈을 버린다. 그렇게 그의 꿈은 바다 깊이 가라앉았고, 봄도 어느 먼 해안으로 떠나갈 것을 예감한다. 바다 소리를 하모니카 소리로 들으면서 가볍게 바다를 떠난 소년은 그날 밤부터 병을 앓게 된다. '꿈'이 빠져나가자 '병'으로 이어지는 수수께끼 같은 상황이 시편의 전(全) 메시지를 이룬다. 이때 '병'은 육체적 질병이라기보다는 오래도록 몸에 지니고 있던 '꿈'이 정말 무지개처럼 사라져버리자 찾아온 어떤 '환(幻)'의 상태일 것이다. 그렇게 '소년'과 '봄'과 '꿈'과 '바다'와 '병' 사이의 연결고리가 느슨한 채로 환상적이고 비현실적인 이미지를 구축함으로써, 이 시편은 '다른 세계'로의 몽환적 진입을 가능하게 하고 있는 것이다. 이러한 '병' 이미지는 현실이 주는 중압감에 대한 물리적 표현으로서, 꿈의 상실과 회복이라는 논리 구조를 환기하는 적절한 방법적 이미지라 할 것이다.

> 본·스트리트는 바닷가 조그만 고장
> 낯설은 이방인들이 가끔 드나다니는 거리.
>
> 상점 유리창이며 간판들이 온통 바다빛인데
> 여기 Bond Street를 파는 담배 가게에서
> 나는 바다빛 눈의 한 소녀를 만났다.
>
> 바다빛 눈의 소녀는 바다 빛깔의 커버를 씌운
> 시집을 들고 있었다. 그것은
> 발레리의 〈바닷가 무덤〉이었다.
>
> 저녁 바람은 바다 소리 속에서
> 마지막 나의 여행을 재촉하는데
> 등에 노을을 지고 돌아 나오는 내 가슴 속에는
> 바다빛보다 짙푸른
> 노스탈지아가 서리었다, 꽃도 낙화지는
> 본·스트리트의 하늘 아래서.
>
> —「Bond Street」 전문

낯선 이방인들이 가끔씩 드나드는 'Bond Street'는 그 자체로 현실

가운데 있는 거리이기보다는, 바닷가 조그만 고장이라는 장만영 특유의 고요하고 평화로운 이미지를 은유하는 공간일 것이다. 물론 '본 스트리트'는 명품 상점들로 유명한 영국의 거리 이름이고, 이 시 안에서처럼 국제적 브랜드의 담배 이름이기도 하다. 아마도 그 안에는 담배 상인 필립 모리스가 런던의 본 스트리트에서 상점을 열고, 손으로 만 터키산 시가를 판매하면서 유명한 담배 기업을 일군 성장 신화가 깃들여 있기도 할 것이다. 어쨌든 그 거리는 바다 빛깔의 유리창과 간판들로 가득한 아름다운 곳이고, 시인은 아름다운 "바다빛 눈의 한 소녀"를 거기서 만난다. 그녀가 들고 있는 폴 발레리의 〈바닷가 무덤〉은 우리에게 흔히 '해변의 묘지'로 번역된 그 시집인데, 그것은 그 거리만큼 신비롭고 아름다운 이국정서 구현에 기여한다. 그렇게 마지막 여행을 재촉하는 '바람'과 '노을'을 등에 진 채 화자는 "바다빛보다 짙푸른/ 노스탈지아"를 안은 채 현실로 귀환한다. 이처럼 장만영은 이국적 분위기 속에서 현실 너머의 상상을 지속하고 있다.

이러한 장만영의 환상적 공간, 이미지, 정서 설정의 이면에는 '다른 세계'를 미적으로 창조하여 가혹한 현실을 견디고 위무하려는 낭만적 의지가 깔려 있다. 그 점, 회귀나 귀환 같은 낭만적 구심 욕망과 함께 장만영 시의 확연한 원심 욕망이 되고 있다 할 것이다. 그것이 '온실'과 '소년'과 '본 스트리트'의 동화적이고 몽환적이고 이국적인 '다른 세계'를 통해 구현됨으로써, 장만영 시편으로 하여금 '환상'을 통한 현실 일탈 혹은 현실 견인의 의지를 선보이게끔 하고 있는 것이다. 그 점, 장만영 환상 시편들을 낭만주의와 접속하게 하는 큰 힘이 아닐 수 없다.

5. 장만영 시편의 독자성

장만영의 이러한 '회귀'와 '환상'의 이미지즘은, 낭만주의자들이 그랬던 것처럼, 현실 도피의 일환으로 해석될 수 있을 것이다. 현실을 직시하거나 극복하려는 적극적 방법을 피하고 과거나 환상으로 회귀하고 잠행하려는 성향은 다분히 도피적 혐의를 받을 수밖에 없기 때문이다. 그럼에도 불구하고 장만영의 회귀와 환상 지향을 새로운 세계의 도래를 기대하는 일종의 '낭만적 의지'로 파악하는 것도 가능할 것이다. 당시 많은 모더니스트들은 과거 역사를 부정하거나 극복해야 할 대상으로 삼았지만, 장만영은 그와 달리 훼손되지 않은 원형 공간을 상정하면서 유년이라는 시간과 고향이라는 공간을 통해 힘들고 어려운 현재의 자아가 돌아갈 수 있는 정신적 귀속처를 만들었기 때문이다. 이는 과거를 폐쇄적 공간으로 설정하여 그 안에서 자족적인 모습을 재구성함으로써 공동체적 삶과 풍속의 원형을 복원하고자 하는 것과는 달리, 현실 역사가 개입하는 것을 철저히 봉쇄하면서 순수 원형을 상상적으로 회복하려는 의식 때문에 가능했을 것이다.

또한 환상적 경험의 장만영 시편들은 현재적이고 물리적인 재현보다는 새로운 지각 작용을 통해 가장 아름답고 몽환적인 경험을 처리하고 있다. 현재적 자아가 표면적으로 혹은 심리적으로 강하게 설정되어 있는 것이 아니라 온전히 '다른 세계'에 몰입함으로써 그 상상적 지각 작용이 시의 전부를 이루도록 한 것이다. 이처럼 궁극적으로 시가 현재로 수렴되는 의식에 바탕을 둔다는 사실을 인정한다면, 장만영 시에서는 그것이 현실과 상상의 대비를 통해 이루어지는 것이 아니라, 전적으로 상상에 몰입함으로써 이루어진다는 특성을 지닌다고 할 수 있을 것이다.

결론적으로 장만영 시편은 크게 유년이나 고향으로 돌아가려는 회귀 시편과, 현실 일탈을 지향하면서 '다른 세계'를 그려내는 환상 시편으로 나뉜다. 특별히 유년과 고향 회귀의 성격을 지니는 시편들은, 현재적 회상 체험보다는 과거적 지각 작용으로서 유년 체험을 재현적으로 처리한다는 데 그 특징이 있다. 과거를 회상하는 현재적 자아가 심리적으로 강하게 설정되어 있고, 나아가 온전히 과거에 몰입함으로써 과거의 지각 작용이 생생하게 살아나도록 하고 있다. 온전히 회상 안으로 대상의 지각 작용이 일어나기 때문에 회상 주체보다는 회상의 내용이 도드라지게 남게 된다. 그런가 하면 장만영 시편들은 환상적 기제들을 많이 활용하는 특성을 일관되게 지닌다. 이러한 속성은 그를 사실적인 의미의 '전원적 모더니스트'에 한정시키지 않는다. 생의 이상향을 그리거나 현실을 떠나 표박과 유랑의 상상을 꾀할 때 그는 줄곧 일종의 낙원 향수로서의 환상적 상황을 줄곧 택한다. 이러한 '회귀'와 '환상'은 사실 그의 시를 이루는 한 줄기로서, 가파르고 엄혹한 물리적, 역사적 현실을 우회적 비판하려는 의도요, 새로운 이미지를 통해 새로운 세계를 상상적으로 생성하려는 장만영만의 이미지즘 전략이자 성과라 할 수 있을 것이다. 하지만 우리는 이러한 긍정적 가능성에도 불구하고, 장만영의 이미지즘은 감각적 심미성, 낭만적 비애 등의 편향으로 그 육체를 형성하였고, 그래서 그에게 모더니즘이란 세계관이나 인식론 혹은 자기를 규정하고 실천하는 기율이 아니라 다소 방법적인 수용에 한정된 것이었다고 말할 수 있을 것이다.

견고하고 역동적인 생명 의지
황순원의 시

1. 황순원 문학에서 '시'의 존재론

  그동안 황순원(1915-2000)의 등단작은, 1931년 7월 『동광(東光)』에 실은 시편 「나의 꿈」이라고 알려져 왔다. 그런데 최근 발간된 『문학사상』 2010년 7월호에는 전집에 수록되지 않았던 작품들이 다수 소개되고 있다. 거기에는 황순원의 초기 습작품들이 다양한 장르의 형식을 띠고서 고개를 내밀고 있다. 그 가운데 동요 8편과 시 1편이 눈에 띄는데, 어쩌면 황순원이라는 빼어난 서사적 거장의 어떤 원형이 그 안에 숨겨져 있을지도 모른다는 생각이 들 정도로, 이 초기 시편들은 그의 작가적 출발 시점을 약여하게 보여준다. 특별히 『동아일보』에 1931년부터 1932년까지 집중적으로 발표한 동요 작품들은, 황순원 초기 면모를 함축적으로 드러내고 있다는 점에서 중요한 위치를 점한다. 어쨌든 이번 발굴로 인해 황순원의 새로운 연보 작성이 불가피해졌다. 말하자면 그의 등단작은 「나의 꿈」이 아니라 『동아일보』 지상에 발표된 「봄싹」(1931. 3. 26.)으로 조정되어야 할 것이다. 이 작품을 비롯한 다수의 동요 시편들은 "일본 유학 시절에 출간한 시집 『방가(放歌)』에서 볼 수 있는 역사의식이나 현실 지향적 태도와는 상당한 차이를 드러낸다."¹고 할 수 있는데, 그 점에서 이 동요 시편들은 황순원의 초기 모습 가운데 순수한 동심 지향의 속성이 있었다는 사실을 보여준다고 말할 수 있을 것이다.

잘 알려져 있듯이, 황순원은 평양 숭실중학을 졸업하고 동경으로 건너가, 와세다 제2고등원에서 이해랑 등과 '동경학생예술좌'를 창립하여 이 단체 이름으로 첫 시집 『방가(放歌)』(1934)를 간행한다. 이 시집은 황순원 스스로 표현하고 있듯이, "나의 세상을 향한 첫 부르짖음"(「서문」)답게 식민지 지식인 특유의 사회적 울분과 민족의식을 진하게 담아내고 있다. 졸업 후 와세다대학 문학부 영문과에 입학한 그는 두 번째 시집 『골동품(骨董品)』(1936)을 펴내는데, 이는 "다른 하나의 실험관"(「서문」)이라고 말하고 있듯이, '동물초', '식물초', '정물초'로 구획하여 시적 대상을 향한 짧은 명명, 비유, 기지의 언어를 보여준 일종의 실험 시집이라 할 것이다.

이후 황순원은 자신의 작가적 본령을 소설로 옮겨간다. 그동안 그의 첫 작품은 1937년 7월 『창작(創作)』 제3집에 발표한 단편 「거리의 부사」라고 알려져왔는데, 이 또한 수정되어야 할 것이다. 『동아일보』에 연재(1931. 4. 7-4. 9.)된 「추억」이라는 단편이 발굴되었기 때문이다. 그는 이후 11편의 단편을 묶어 『황순원 단편집』(1940)을 펴내고, 1942년 이후에는 작품 발표를 하지 않은 채 고향에서 지냈다. 해방 후 월남하여 서울고등학교 국어 교사로 있으면서 지속적으로 단편소설을 발표하였다. 1985년에 산문집 『말과 삶과 자유』를 발표할 때까지, 그는 왕성한 창작열을 불태우며 많은 작품을 발표하였다. 2000년 타계할 때까지 가끔씩 시를 발표하며 말년을 보냈다.

이러한 이력으로 미루어볼 때, 우리는 황순원 문학의 본령이 단편소설에 있음을, 그리고 그의 뚜렷한 장편들이 그 다음으로 그것을 감

---

1 권영민, 「새로 찾은 황순원 선생의 초기 작품들」, 『문학사상』, 2010. 7.

싸고 있음을, 그리고 그의 문학적 생애 갈피갈피마다 시가 그것을 지탱해준 어떤 수원(水源)이자 기초였음을 유추할 수 있다. 그래서 황순원 문학에서 '시'의 존재론은, 그의 문학을 이룬 커다란 밑그림이자, 순간순간 찾아온 지속적 섬광(閃光) 같은 것이었다고 할 수 있을 것이다.

2. 견고한 생명 의지의 알레고리

황순원의 작가적 브랜드가 유명한 「소나기」나 「별」, 「학」, 「독 짓는 늙은이」, 「목넘이 마을의 개」, 「곡예사」 같은 빼어난 단편에 있음은 말할 것도 없다. 물론 장편소설에 대한 그의 남다른 의욕과 성취 또한 깊이 기억되어야 하겠지만, 물을 것도 없이, 황순원 단편의 문학사적 의의는 매우 중요한 것이 아닐 수 없다. 그의 단편소설의 핵심은, 이념이나 관념 너머의 아름다운 순수 원형에 대한 상상과 사유(「소나기」, 「별」, 「학」), 그리고 가장 근원적인 민족 원형으로서의 생명 의지(「목넘이 마을의 개」)에 있다고 할 수 있다. 황순원 초기 시편에 드러나는 주제 가운데 가장 강렬하고 지속적인 것 역시, 이러한 순수 원형에 대한 강렬한 희원에 있다. 그 가운데 어떤 원형으로서의 생명에 대한 지극한 관심과 의지라고 할 수 있다. 그것을 회복하려는 '꿈'을 그는 젊은 시절에 이렇게 표백한 바 있다.

꿈, 어젯밤 나의 꿈
이상한 꿈을 꾸었노라
세계를 짓밟아 문지른 후
생명의 꽃을 가득히 심고,
그 속에서 마음껏 노래를 불렀노라.

언제고 잊지 못할 이 꿈은
깨져 흩어진 이 내 머릿속에도
굳게 못박혔도다
다른 모든 것은 세파에 스치어 사라져도
나의 동경의 꿈만은 영원히 존재하나니.(1931년 4월)

―「나의 꿈」 전문

등단 초기에 황순원이 발화한, 비교적 외연이 분명한 '나의 꿈'이라는 영역은, 비록 그것이 '이상한 꿈'이었을지라도 "생명의 꽃을 가득히 심고, / 그 속에서 마음껏 노래를" 부르는 지향을 담고 있다. 이 '꿈'이야말로, 강렬한 희망으로서의 '꿈'의 속성과, 곧 깨어날 수밖에 없는 비현실로서의 '꿈'의 속성을 동시에 품고 있다. 하지만 화자는 "다른 모든 것은 세파에 스치어 사라져도 / 나의 동경의 꿈만은 영원히 존재하나니."라고 말함으로써, 만만치 않게 다가오는 세파(世波)에도 불구하고 끝없는 동경(憧憬)의 세계를 유지하려는 자세를 강렬하게 보여준다. 이러한 동경과 생명 추구의 의지는 "여기에 줄기찬 생명이 숨어 있지 않은가"(「잡초」)라는 발견이나, 젊은이들로 하여금 "다시 등대의 불을 켜놓아"(「꺼진 등대」) 밝히라고 외치는 대목으로 견고하게 이어진다. 이러한 황순원의 견고한 생명 의지는, 그 상황적 토대를 민족적 울분으로 옮겨감으로써, 목소리의 외연을 넓혀가게 된다.

압록강 압록강 압록강의 밤이여
그대는 변함없이 달빛마저 흐리게 할 눈물만 품어야 하고
새 길을 못 찾겠다고 쏟아놓은 한숨만을 간직해야 하는가
아니다
눌리어 쪼그라진 우리의 가슴이 터지는 때, 아 그때
그때는 이쪽 움막 속에서 새로 태어나는 애의 힘찬 울음소리를 들을

수 있을 것이다(1933년 6월)

― 「압록강의 밤」 중에서

'압록강'을 세 번이나 외치는 화자의 품에서 이 지명이 가지는 경험적 직접성을 느낄 수 있다. 가령 화자에게 압록강은 지금은 비록 "달빛마저 흐리게 할 눈물"을 품고 있고, "새 길을 못 찾겠다고 쏟아놓은 한숨만을 간직"하고 있지만, 압박 속에 있는 우리 가슴이 터지는 그때 비로소 "움막 속에서 새로 태어나는 애의 힘찬 울음소리"를 가져다줄 것이다. 이러한 기대와 희원이 황순원으로 하여금 현실에 대한 부정적 인식을 모티프로 한 작품들을 쏟아놓게 한 것이다. 여기 제시된 조선의 어려운 현실은 혼돈과 궁핍의 시대, 상실과 폐허의 시대를 안에 품고 있는데, 그는 고통 받는 조선의 현실을 감상적 육성으로 처리하지 않고 사실적인 형상으로 잔잔하게 제시하는 방식을 택하고 있다는 점에서 평가할 만하다.

황순원은 이 시대야말로 "가져야 할 연민 대신 폭력만을 믿는 자"(「우리 안에 든 독수리」)에 의해 지배되고 있지만, "음조를 바꾼 팔월의 장엄한 노래"(「팔월의 노래」)를 통해 "이역의 비애와 함께 고향의 참상 속에서 새로운 희망을 찾아내야"(「이역에서」) 한다고 노래한다. 그야말로 닫힌 현실에서 유로되는 정신적 고통과 그로 인해 발생하는 절절하고도 지극한 향수(鄕愁)를 초기시의 중요한 고갱이로 삼고 있는 것이다. 이는 힘과 자유에 대한 갈망, 젊은이들의 웅건한 열정에 대한 기대로 이어지는데, 다시 말하면 열정 어린 젊은이들이 고답한 밀실에서 신음하지 말고 거리로 나와 투혼을 불사르자는 내용이 그것이다. 이러한 인식은 "황해를 건너는 사공아, 피 끓는 젊음아 / 어서 어서 풍파와 싸울 준비를 서둘러라"(「황해를 건너는 사공아」)라든지 "젊은이의 환상은 드높은 하늘에 닿고 속 깊은 지심을 뚫고"(「이역에서」) 나아갈 것이라는 표현 속에서 그 지속성을 얻고 있다.

그러나 젊은이여 세기의 지침을 똑바로 볼 남아여
   화장터에 솟는 노오란 연기를 무서워할 텐가
   오늘 우리의 고통은 보다 더 빛나고 줄기찬 기상을 보일 시련인 것을
                    —「1933년 수레바퀴」중에서

 젊은이들에게 "세기의 지침을 똑바로 볼" 것을 권면하는 이 시편은, 스스로가 화자이자 청자가 되고 있다. "화장터에 솟는 노오란 연기"를 무서워하지 말고, 오직 "오늘 우리의 고통"을 "보다 더 빛나고 줄기찬 기상을 보일 시련"으로 받아들일 것을 설득하는 시편이다. 말하자면 "우리의 앞에는 다시 동반해야 할 험한 길이 놓여"(「옛사랑」) 있지만, 그것을 "한없는 희망의 웃음"(「강한 여성」)으로 극복해가겠다는 인식과 다짐이 그 안에는 담겨 있다. 이러한 긍정과 희망의 낙관론은 자연스럽게 일종의 알레고리적 수사와 인식을 불러오게 된다. 다시 말하면 '긍정 / 부정', '선 / 악'의 확연한 이분법 속에서 전자의 가치를 지향하는 인식이 전면화되는 것이다.
 수사적 측면에서 알레고리는 이원론과 상반성을 특질로 가진다. 이원론적 세계 인식은 알레고리의 유의와 본의가 구별된다는 데서 찾을 수 있다. 이러한 이원론은 언어의 본질적 측면에서도 그 관련성을 찾아볼 수 있다. 다시 말하면 언어는 지시하는 현재 상황과 지시된 과거 상황이라는 이원론적 구조를 가지고 있는데, 알레고리 역시 표현된 것으로서의 현재 상황과 의미된 것으로서의 과거 상황을 가짐으로써 이원론을 형성한다. 이러한 속성을 황순원 초기 시편이 가진다고 할 수 있을 것이다.

   날마다 가슴에 새겨지는 일기 —
   조선사람, 서러움, 서러움, 조선사람,
   가난한 살림을 싣고 흐르는 강물이건만

고국 대동강의 푸르른 물줄기가 그립다.(1935년 6월)

—「오후의 한 조각」중에서

고향
오월의 부드러운 바람이 농촌사람들의 얼굴을 그을리고
햇병아리 솔개에게 채여가고
산에, 들에, 강에, 즐거움보다 괴로움이 많은
아, 그러나 내 언제나 안타까이 그리워하는 곳.

이역의 하늘 밑
이날의 고독아, 저녁 안개에 싸여가는 묘비 같은 외로움아
너는 나를 빻아 없앨 것만 같구나
가슴이 후련하도록 울어나볼까
별 없는 하늘 저쪽 고향을 향해.(1935년 6월)

—「고향을 향해」중에서

초기 황순원 시편에는 "조선사람, 서러움, 서러움, 조선사람"의 기표가 연쇄적으로 등장한다. 그가 순수문학의 거장이라는 사실에 상도(想到)한다면, 이러한 시적 음역은 의외롭기도 할 것이다. 하지만 고향 평양의 대동강을 "가난한 살림을 싣고 흐르는 강물"로 보고, "오월의 부드러운 바람이 농촌사람들의 얼굴을 그을리고 / 햇병아리 솔개에게 채여가고 / 산에, 들에, 강에, 즐거움보다 괴로움이 많은" 곳으로 그리고 있는 그의 품은, 그리움보다는 연민과 분노를 안으로 삭인 모습을 담고 있다. 그곳은 비록 "언제나 안타까이 그리워하는 곳"이지만, 깊은 고독과 외로움 너머에서 반짝이는 별을 희구하게끔 만드는 고향이기도 하기 때문이다. 그렇기 때문에 황순원은 다른 시편에서도 "이 밤엔 어떤 험악한 손길이 고향을 덮고 있을까"(「고향을 향해」)

라면서 자신이 "이날의 귀향자"이고 곧 "고향의 고르지 못한 맥박을 짚어"(「귀향의 노래」)보고 있노라고 노래한다.

'삼골' ―
뒤에 산을 지고 앞에 벌을 안은 동리
개와집이 아홉 채 마흔이 넘는 오막살이
맑은 시내는 때로 적은 기쁨을 속삭여보나
가난한 사람들은 큰 걱정에 울지도 못하느니
― 그저 비극이 늘어가는 곳.

― 다음 날도 바람 구름 한 점 없는 폭양 아래 한 아이는 같은 조밭두렁에 울고 섰고,
어머니는 까만 얼굴로 김풀만 뜯는데
그날은 바로 옆산에서 멧비둘기가 울어주었다.(1935년 7월)
―「7월의 추억」중에서(『동아일보』, 1935. 8. 21.)[2]

화자가 바라보고 있는 조선 마을은 "뒤에 산을 지고 앞에 벌을 안은" 전형적인 시골마을이다. 그곳은 가난한 사람들이 큰 걱정에도 불구하고 울음소리를 제대로 내지 못하는 곳이다. "그저 비극이 늘어가는 곳"일 뿐이기 때문이다. 바람 한 줄기 구름 한 점 없는 폭양 아래 한 아이가 울고 서 있고, 어머니는 그저 까만 얼굴로 김풀만 뜯는데, 마치 공명이라도 하듯 옆산 멧비둘기가 우는 장면은, 고요한 대로 조

---

[2] 이 시편은 『황순원 전집』에 전문이 실려 있다. 하지만 이번에 정확한 원문이 새로 소개되었다는 점에서, 인용은 『문학사상』 소개본을 따른다. 그리고 이 글에 인용되어 있는 나머지 시편들은 모두 전집에 의거한 것이다. 황순원, 『황순원 전집 11 - 시선집』, 문학과지성사, 2006.

선 산천의 사실화에 가깝다. 일찍이 골드만은 '비극적 인간'에 대하여 존재를 상실해가는 이상과, 도덕적으로 무가치한 경험 세계 사이에 갇혀 있는 존재로 보았는데, 황순원의 시야에 들어온 조선 사람들의 삶이란 이러한 비극성에 즉해 있다고 할 것이다. 이러한 면모를 그는 알레고리의 형상으로 그려낸다. 우리가 알듯이, 알레고리는 의미론적 측면에서 볼 때 현세성과 교훈성을 특질로 가진다. 알레고리는 사회적 현실과 깊은 관련을 지니고 있기 때문이다.

이렇듯 황순원의 식민지 시대 시편들은, 견고한 생명 의지의 알레고리를 지속적으로 보여주었다. 그 저변에는 강력한 민족 의식이 생명 추구의 에너지를 감싸고 있었다고 할 수 있다.[3] 이 점에서 그의 초기 시편은, 매우 견고한 지속적 자의식을 면면하게 유지했다고 할 수 있는데, 최동호 역시 "그는 결코 시를 젊은 시절의 일시적인 열정의 방출이나 지나쳐가는 문학적 여기로 생각하지 않았다. 그의 시적 이력을 추적해보면, 그가 지속적으로 그리고 끊임없이 시를 써왔다는 사실을 알게 된다."[4]고 말한 바 있거니와, 이러한 속성이 그의 시편에서 지속적으로 그리고 견고한 역동성으로 이루어진 것은 주목할 만한 일이라 하지 않을 수 없다.

3. 자기 기원의 상상과 생의 기억

황순원 후기 시편은 해방 후의 소작들로 구성된다. 거기에는 달라진 세계에 처해 있는 화자의 기쁨과 달관이 깊이 배어 있다. 가령 그에게 민족 해방은 "부르는 이 없어도 / 찾아나서면 / 모두 잊을 뻔한

---

3 김주연, 「싱싱함, 그 생명의 미학」, 황순원, 위의 책, 163면. 여기서 김주연은 "강렬한 현실 비판 의식이 그의 문학적 모티프"라고 분석한 바 있다.
4 최동호, 「동경의 꿈에서 피사의 사탑까지」, 황순원, 『말과 삶과 자유』, 문학과지성사, 1985, 107면.

내 사람뿐이오."(「그 날」)라는 기쁨의 목소리를 선사하였다. 하지만 곧 그는 해방 직후의 혼돈을 뚫고 월남을 택한다. 비록 "너희들은 그저 조선 꽃으로 웃으며 / 조선 종달새로 노래 부르고 / 조선 호랑이로 내닫겠구나."(「골목」)라고, 그리고 "그 열매가 모두 / 어느 별들처럼 싱싱한 / 청춘이길 바람이오,"(「열매」)라고 해방의 기쁨을 노래했지만, 황순원은 곧 그것이 가지는 중층적 문제에 주목하게 된다. 해방 직후에 발표한 몇몇 단편은 이러한 시대 의식의 첨예한 물증이었다.

해방 후 소설에 전념한 황순원은 삶의 갈피갈피마다 인생론적 사색과 초월을 노래한 시편들을 발표하였다. 이는 비유컨대 소설에 비해 시는 "그런 대로 좋은 이여 / 우리 서로 이렇듯 가깝고도 먼 서러운 별들"(「세레나데」)이었다고 할 수 있을 것이다. 앞에서 우리는 황순원 단편의 핵심 가운데 하나를, 이념이나 관념 너머의 아름다운 원형에 대한 상상과 사유라고 말한 적이 있는데, 후기 황순원 시편이 보여준 주제는 이러한 면모를 단단히 보여주고 있다.

내 나이 또래 환갑을 됐음직한 석류나무 한 그루를 이른 봄에 사다 뜨락 볕바른 자리를 가려 심었다. 그해엔 잎만 돋치고 이듬해엔 꽃을 몇 송이 피웠다 지워 다음해엔 열매까지 맺어 뻥긋이 벙으는 모습도 볼 수 있으리라 기대가 컸다. 헌데 열매는커녕 꽃조차 피우지 않아 혹시 기가 허한 탓인가 싶어 좋다는 거름을 구해다 넣어줬건만 그 다음해에도 한뽄새였다. 어쩌다 다된 나무를 들여온 게 한동안 안쓰럽더니 차츰 나무 대하는 마음이 허심하게 되어갔다. 이렇게 이 해도 열매 없는 가을을 보내고 겨울로 들어서면서였다. 짚과 새끼로 늙은 나무가 추위에 얼지 않게끔 싸매주고 물러나는데 거기 줄기도 가지도 뵈지 않는 자리에 석류가 알알이 달려 쫙쫙 벙을고 있었다.

—「늙는다는 것」 전문

젊은 날을 잔잔하게 가라앉히면서 "내 나이 또래 환갑"이라고 전제한 화자는, 그만큼 세월을 살아온 늙은 석류나무와의 경험적 일화를 소개한다. '이른 봄'에 석류나무를 사다가 뜨락 볕바른 자리에 심었지만, 그 나무에게서 '열매'까지 기대한 것이 허물어졌다는 내용이 전반부이다. 늙은 석류나무는 열매는커녕 꽃조차 피우지 않아 거름도 넣어주곤 했지만 허사였다는 것이다. 후반부에서 화자는 나무에 대한 안쓰러움을 가지고 결국 그것이 대상에 대한 '허심(虛心)'으로 바뀌어 갔다고 말한다. 그러다가 '겨울'이 되어 나무가 얼지 않게 짚과 새끼로 나무를 싸매주는데 거기에 글쎄 "줄기도 가지도 뵈지 않는 자리에 석류가 알알이 달려 쫙쫙 벙을고 있었다."는 것이 아닌가. '이른 봄'과 '겨울'의 대비, '허심'과 '알알이'의 대비 속에서 생명이 원리가 어떻게 가능한 것인지를 암시하고 있는 시편이다. 더불어 '늙어가는 것'이란, 육체적 소진이 아니라 '허심 속의 생명'이라는 것이 이 시편의 선명한 전언이다. 우리는 베르그송이 '지속의 내면적 느낌'이라고 부른 주관적 시간을 기억하는데, 황순원 시편도 이러한 시간 관념을 수용하고 있는 셈이다. 다음은 어떤가.

눈 속을 거닐고 있는데 사슴 한 마리가 내 곁을 달려 지나갔다. 달려서 등성마루턱에 이르자 사슴은 우뚝하니 자신의 위치를 확인하는 자세로 섰다가 등성 너머로 사라졌다. 숫눈 위에 한 줄 사슴의 발자국, 그리고 피얼룩이 남겨졌다. 이어서 사냥꾼들이 내 곁을 지나 부산하게 사슴의 뒤를 추적해갔다. 다시 눈 속을 거닐다보니 나는 사슴이 섰던 등성마루턱 그 자리에 서 있었다.

―「위치」 전문

시의 제목 '위치'는, 사슴과 화자의 관계를 드러내는 것이다. 가령 화자가 눈 속을 거닐면서 바라본 '사슴 한 마리'는, 곧 화자 자신이기도 하다. 언제고 위치를 바꿀 수 있는 분신으로서의 '사슴 한 마리'는 앞의 시편에서의 '늙은 석류나무'와 형상적 등가를 이룬다. 사슴은 '등성마루턱'에 이르러 숫눈 위에 한 줄 발자국과 피얼룩을 남기고 사라진다. 사냥꾼들에게 희생된 것 같은 암시를 주는 이 대목을 지나 화자는, 다시 눈 속을 거닐다보니 자신이 바로 그 사슴이 섰던 등성마루턱 그 자리에 서 있는 것을 발견한다. 오랜 시간을 지나 대상과 자신의 위치를 바꾸는 것, 그것이 바로 "언제나 빛은 어둠의 껍데기"(「모란 2」)이고 "제 몸이 / 갈리면서야 / 남을 / 갈아"(「숫돌」)주는 역설을 황순원으로 하여금 수용하게 하는 것이다. 그 오랜 시간을 지나 수행하는 기억이나 회상은, 화이트헤드가 지적하고 있듯이, 실재 그 자체가 아니며 그것은 현재적 자아의 심리에 따라 조정되고 재현된 일종의 굴절된 시간의 집결물이기 때문이다. 이처럼 황순원 후기 시편은 현저하게 '시간' 관념을 형상화한다.

다음은 자기 기원으로 거슬러 오르려는 에너지와 이제는 그것마저 불가능하게 된 존재론적 상황에 대한 처연한 슬픔을 동시에 보여주는 시편이다. 이제는 돌아갈 '어머니'도 '집'도 없는 노경(老境), 황순원 후기 시의 가장 뚜렷하고도 분명한 실존의 장면이다.

어머니가 김을 매는 조밭머리 긴긴 한여름 뙤약볕 속에 혼자 메뚜기와 놀던 다섯 살짜리 아이가, 눈이 좀 어두운 어머니의 길잡이로 말승냥이 늘쌍 떠나지 않는다는 함박골을 앞장서 외가에 오가던 다섯 살짜리 아이가, 장차 어떻게 살아가나 어머니가 짐짓 걱정할라치면 나귀로 장사해서 돈을 많이 벌겠다던 다섯 살짜리 아이가, 기미운동으로 옥살이하는 아버지를 힘들여 면회 가선 내내 어머니 젖가슴만 더듬었네. 불도 켜 있지 않은데 눈이 부셔 부셔 아버지가 눈부셔 바로 쳐다볼 수가 없었네. 지금은 일흔 살짜리 아이가 되어 이 추운 거리 다시 한 번 아버지를 면회 가서 당신의 젖가슴을 더듬어봤으면, 어머님이여 나의 어머님이여.

―「우리들의 세월」 전문

황순원의 가족사적 편린이 드러나면서 그의 언어가 가장 먼 곳까지 역류하여 가 닿은 기억의 원형이 그 안에 담겨 있다. 이 시편 속의 '다섯 살짜리 아이'는 성년이 되어 자신의 기억을 구성해낸다. 그 기억 속에는 한여름 뙤약볕 속에서 눈이 어두운 어머니가 김을 매고, 아이는 혼자 메뚜기와 놀고, 그 아이 장차 나귀로 장사해서 돈을 많이 벌겠다고 다짐하던 시절이 있다. 그때 아버지는 기미운동으로 옥살이를 하고 계시다. 이 서사적 얼개 안에서 어머니는 힘들게 아버지를 면회 가신다. 그런데 아이는 내내 어머니 젖가슴만 더듬었다. 불도 켜 있지 않은데 아버지가 눈이 부셔 바로 쳐다볼 수 없었던 것이다. 이 '눈부심'이야말로, 황순원의 어린 시절을 담고 있는 맹목의 순간이자 개안의 순간일 것이다. 하지만 화자는 "지금은 일흔 살짜리 아이가 되어 이 추운 거리 다시 한 번 아버지를 면회 가서 당신의 젖가슴을 더듬어봤으면" 하고 그저 어머니만 부르고 있다. 하지만 그 안에는 '아버지'가 또아리처럼 누워 계시다.

그래서 "어머님이여 나의 어머님이여."라고 발화하는 이 시편은, 사모곡(思母曲)이라는 뚜렷한 외관에도 불구하고, '우리들의 세월'을 완강하게 감싸고 있는 '아버지'에 대한 눈부신 기억을 담고 있는 이례적 시편이다. 가장 오랜 기원(origin)을 향한 열망과 그리움이 그 안에 차분하게 가라앉아 있는 것이다. 이처럼 해방 후 황순원 시편은, 자기 기원을 상상하고 오랜 생의 기억을 선명하게 보여주는 인생론적 축도(縮圖)를 통해, 이러한 시간관념을 심미적으로 형상화했다고 할 수 있다. 이 또한 견고하고 역동적인 생명 의지의 연장성에 있는 것임은 말할 것도 없다.

4. 황순원 문학의 어떤 원형

황순원 문학 전체에서 '시'는 어떤 지형을 이루고 있을까. 비유컨대 그가 이루어낸 서사적 성취가 우뚝하고도 높은 봉우리였다면, 그가 남긴 시편들은 그 치열한 성취가 가 닿을 수 없었던 고독하고도 쓸쓸했던 존재론적 골짜기였다고 할 수 있다. 그래서 황순원 시편들은 황순원 문학의 어떤 기원 혹은 원형이라고 말할 수 있는 것이다. 하지만 기원 혹은 원형은 결국 궁극이 아니던가. 이러한 기원이자 궁극을 보여주는 다음 작품을 통해, 황순원의 자의식의 일면을 살펴보자.

> 피사의 사탑이 기울어졌지만
> 바라보는 각도에 따라
> 별로 기운 것 같지 않기도 하고
> 아주 기울어 금방이라도 쓰러질 것만 같기도 하다
> 내 시각에 의하면
> 피사의 사탑을 보기 전 이미 거쳐온
> 밀라노도 기울었고
> 피사의 사탑을 보고 난 뒤 거친
> 로마도 플로렌스도 베니스도 다 기울어 있었다
> 그래도 밀라노는 스칼라 오페라하우스가 버티고 있고
> 로마는 바티칸의 베드로 성당이,
> 플로렌스는 미켈란젤로의 다비드상이 버티고 있지만
> 베니스만은 버티고 있는 것이 없었다
> 베니스 공화국의 화려했던 궁전도
> 거기 붙어 있는 마르크 성당도
> 이를 버틸 힘이 없었다
> 그대여

그대의 시각에
나는 얼마나 기울어져 있는가
아무리 위태롭게 기울었다 해도
버텨줄 생각일랑 제발 말아다오
쓰러질 것은 쓰러져야 하는 것
그저 보아다오
언제고 내 몸짓으로 쓰러지는 걸.

—「기운다는 것」전문

 이 인상적인 시편에서 우리는 황순원이 평생 동안 견고하게 유지해온 어떤 구도(構圖)를 엿볼 수 있다. 그는 기울어진 '피사의 사탑'이, 바라보는 각도에 따라서는 기울어진 게 아닐 수도 있다고, 그리고 아주 기울어서 금방 쓰러질 것 같기도 할 수 있다고 한다. 이 극단적인 두 가지 가능성 앞에서 화자는, 다시 한 번 "내 시각에 의하면"이라는 전제 아래, 자신의 여정을 배치한다. '피사의 사탑'을 보기 전에 거친 '밀라노'나 '피사의 사탑'을 보고 난 뒤 거친 '로마 / 플로렌스 / 베니스'가 다 기울어 있었다고 회상하는 것이다. 말하자면 '기울어간다는 것' 그것은 생의 순리 가운데 하나인 것이다.

 비록 '밀라노'에는 스칼라 오페라하우스가 있고 '로마'에는 바티칸의 베드로 성당이 있고 '플로렌스'에는 미켈란젤로의 다비드상이 있지만, '베니스'에는 아무런 것도 없었다. 아무것도 없는 것이 아니라 화려했던 궁전이나 마르크 성당이 그 '베니스'를 버텨줄 힘을 가지고 있지 못했다. 순간 화자는 '그대의 시각'에 호소하여, "나는 얼마나 기울어져 있는가" 하고 묻는다. 자신이 마치 버틸 힘이 없는 베니스처럼 위태롭게 기울었다 하여도, 버텨줄 생각을 하지 말고 그저 "쓰러질 것은 쓰러져야 하는 것"으로 두어달라는 것이다. 그게 바로 "내 몸짓으로 쓰러지는" 것이니까 말이다. 이때 화자는 '기운다는 것'의 어의(語

義)를 '경사(傾斜)'에서 '사양(斜陽)'의 그것으로 현저하게 전이시켜간다. 말하자면 '기운다는 것'에는 '비스듬해지는 것'과 '스러져가는 것'의 양면성이 있는데, 화자는 이 둘 사이의 긴장 속에서 자신의 현존을 노래하는 것이다. 앞의 시편에서 '늙는다는 것'을 노래한 황순원은, 그렇게 '기운다는 것'과 '늙는다는 것'을 새삼스럽게 등가화하고 있다.

언젠가 발레리는 문학의 정신에 관하여 "하나의 숭고한 아름다움에 대한 인간의 열망"이라고 하였다. 황순원 미학의 핵심에 그 숭고에 대한 열정이 있음을 우리는 잘 알고 있다. 언젠가 황순원은 "작품은 인간과 인간의 관계를 쓰는 것으로 그쳐서는 안 돼요. 인간과 인간의 관계를 통해 깊은, 궁극적으로 영혼의 문제에 부딪쳐야 합니다. 그게 쉬운 작업은 아니지요. 그러나 그것이 예술가가 할 일이요 작가가 할 일입니다."[5]라고 말한 바 있는데, 이러한 깊은 작가적 자의식이 그로 하여금 한국 소설의 뚜렷한 거장의 반열에 오르게 했을 것이다. 특별히 '숭고'에 대한 열정을, 황순원은 장편『움직이는 성(城)』에 이르러 그 완성한 바 있다. 거기에는 진리에 뿌리 내리지 못하면서 유랑하는 이들을 통해 우리 고유의 종교적 자의식이 나타난다. 그 유랑의 한시성을 극복하고 구원의 모습을 탐색하는 작가의 원근법은, 시편 안쪽에서 이미 그 원형을 예비하고 있었다고 할 수 있다. 하지만 "제게 / 더 울 수 있는 힘을 주옵소서"(「기쁨은 그냥」)라고 기도하는 그의 모습 속에도, 그러한 숭고함을 향한 열망은 여실하게 각인되어 있다. 그렇게 그에게 시는 "가까이선 빛을 알 수 없는 / 촉광 높은 별"(「고열로 앓으며」)로 존재하는 그 무엇이었던 셈이었다고 할 수 있다.

---

5 황순원, 「산실의 대화」, 『조선일보』, 1976. 10. 20.

5. 남는 문제

우리 근대문학사에서 서사에서 일급의 성취를 이룬 작가가 시를 쓴 흔적은 여럿 있다. 가령 조명희, 김동리, 황순원, 박경리, 이제하, 한승원, 윤후명, 성석제 등이 있다. 하지만 이들을 진정한 의미의 다장르 작가라고 부르기는 어렵다. 마찬가지로 만해나 백석, 고은, 김수영 등이 소설을 남겼다고 해서 그들이 '시인' 아닌 어떤 존재가 되는 것도 물론 아닐 것이다.

남는 문제가 여럿 있다. 글의 완성 과정에서 보완되어야 할 것이다. 먼저 서지 문제. 그의 전집은 여러 모로 한눈에 그의 시편을 개괄할 수 있게 해주지만, 누락된 작품들로 인하여 '시전집'이 아니라 '시선집'이 되어버렸다. 작가 생전에 시선집을 스스로 꾸몄기 때문에 자신이 뺀 작품이 더러 있다. 원전을 일일이 확인하여 황순원 초기 시작 가운데 더 강렬한 현실 지향의 의지를 담은 작품들을 복원해야 할 것이다. 그 다음으로 황순원의 예술적 단상 모음인 『말과 삶과 자유』가 황순원 시와 맺고 있는 관련성 문제. 아름다운 시적 문체에 자신의 마음의 결을 소소한 것은 그런 대로 스케일 큰 것은 그런 대로 자재롭게 발화한 이 산문을 '시적인 것'의 권역으로 흡수하여 섬세하게 분석해야 할 것이다. 마지막으로 그의 제2시집 『골동품(骨董品)』(1936)에 실려 있는 소품(小品)들에 대한 평가 문제. 그동안 논자들은 이 소품들을 통해 기지(wit)와 아포리즘의 가능성을 보았지만, 사회적 상상력이 급격하게 소거되면서 사물 자체의 인상에 즉해 펼쳐진 이 실험적 시편들에 대해서는, 작가론적 연속성에 대한 고려에 의해 행해지는 분석을 빼고는, 적극적 평가를 주저케 한다고 생각된다. 추후 이러한 문제들이 더 정치하게 구명되어야 할 것이다.

윤동주 시의 보편성과 특수성

저항시인을 넘어서

1. 저항시인의 상(像)을 넘어서

어느 사상가의 말처럼 8.15해방은 도적과도 같이 찾아왔다. 을유(乙酉) 해방은 그야말로 홀연히, 오랜 식민지 시대를 경험해온 우리에게 새로운 가능성을 충만하게 부여하면서 다가왔다. 비록 분단과 전쟁이 곧바로 이어지면서 또 다른 미궁으로 빠져들기는 했지만, 그래도 해방은 우리에게 새로운 역사의 정점을 한껏 경험케 한 사건이 아닐 수 없다. 우리가 이 날을 일러 '광복(光復)'이라는 말로 은유적 지칭을 해온 것도 이러한 신생에 대한 흔치 않은 감격 때문이었을 것이다. 어둠을 뚫고 나온 한 줄기 '빛의 회복', 이는 해방을 맞은 이들의 느낌이 얼마나 강렬했는가를 보여주는 비유적 표현이자, 앞으로 역사가 밝게 전개되기를 희망했던 이들이 명명한 낭만적 수사였을 것이다. 아무튼 광복은 우리에게 식민 체제 종언의 감격과 새로운 변혁 의지를 충만하고도 실물감 있게 안겨주었다고 할 수 있다.

해방기에 우리에게 부여된 과제는 자연스럽게 새로운 '국민국가(nation state)'의 건설로 모아졌다. 하지만 아직 내적 역량이 정비되지 못한 데다 곧바로 외세가 개입하면서 우리는 내부로부터 엄청난 갈등을 겪게 된다. 결과적으로 새로운 정치 과잉 시대가 다시 전개되었고, 정파적 차이에 따른 격돌과 상충이 끝없이 펼쳐졌으며, 궁극에는 분단과 전쟁이라는 또 다른 폭력이 뒤미처 따라왔던 것은 우리가 잘 아는 사실이다. 하지만 우리가 이 시기에 가장 근원적으로 경험한 것은, 아무래도 전면적인 모어의 회복이었다고 말해야 할 것이다. 그동안 그것을 철저하게 박탈당하고 살아온 이들에게 모어의 탈환과 회복은 새로운 정체성 탐색과 정립에 필요한 결정적 에너지를 선사하게 되었다. 시의 차원에서 생각해볼 때도, 이 시기에는 식민지 시대에 타계했던 시인들 예컨대 이육사, 윤동주, 심훈 같은 이들의 유고시집이 잇달아 간행됨으로써 모어의 탈환과 회복이라는 차원을 매우 구체화해주었다. 가령『육사시집(陸史詩集)』(1946),『하늘과 바람과 별과 시(詩)』(1948),『그날이 오면』(1949) 등의 잇따른 간행은, 이 시인들로 하여금 후배 시인들에게 일종의 전범 역할을 하게끔 했고, 그들의 작품으로 하여금 한국 시의 한 표본으로 자리 잡게끔 하였다. 그런데 이들이 우리에게 기억되어온 가치는, 우리가 잘 알듯이, '저항시인'의 몫을 핵심적 근간으로 하는 경우였다. 이육사의「절정(絶頂)」, 윤동주의「쉽게 씌어진 시(詩)」, 심훈의「그날이 오면」 등은 그야말로 저항의 정신사를 수놓게 되었고, 그것들은 자연스럽게 국민국가적 상상력 안에서 폭 넓은 교육 자료로 활용되었던 것이다.

  그 결과 우리는 식민지 시대에 여러 모양으로 행해졌던 친일 행위에 대한 적극적 반성보다는, 역사의 암흑기를 빛낸 예외적 별들로 인한 일종의 윤리적 연속성을 확인하는 효과를 거두게 되었다. 당연히 이 저항시인들의 존재는 우리 사회의 국가주의적 열정을 통합하고 확충하는 실물적 매개로 활용되었다. 말하자면 식민지 시대에 대한 반성과 청산보다는 몇몇 예외적 개인들에 의해 우리의 정치적, 언어적, 윤리적 우월성의 근거를 마련하고 곧바로 그러한 속성을 이어받자는 문학적 기억 캠페인이 제도적 틀을 통해 유통되어갔던 것이다. 그리고 우리는 그들의 언어를 통해 일종의 '암흑기'를 견디고 극복해왔던 것이다. 이처럼 그들을 과장하여 대표화함으로써 우리는 광복을 희구하면서 싸워온 자랑스러운 역사를 가지게 되었다. 이후 우리는 광범위하게 일어난 친일을 들추느니보다는 이러한 이들의 정신을 기림으로써 역사의 긍정적인 '빛'을 기억하자는 '망각-기억의 기획'은 교육적 실천 곳곳에 철저하게 반영하게 된다. 이 가운데 윤동주의 경우가 가장 징후적인데, 가령 그를 기억하는 방식은 시세계의 본령에 대한 충실한 귀납보다는, 우리 역사의 윤리적 차원을 선명하게 증명해가는 방향에서 취해지게 된다. 그 결과 윤동주는 우리 근대사를 대표하는 저항시인의 표상으로 창안되고 유통된 것이다.

사실 '저항'이란 인간으로서의 품격과 존엄성을 훼손하는 유형무형의 폭력에 대항하여 자신의 존재 값을 주장하는 일련의 행동이나 사유를 포괄하는 개념이다. 그 안에는 어떤 하나의 힘에 대한 반작용이나 역동성(逆動性)이 그 핵심 속성으로 담겨 있다. 따라서 그것은 이미 형성된 권력에 대해 반대하는 힘으로서 정당방위적 일면을 필수적으로 띤다. 반면 협의로 저항을 규정할 때는, 레지스탕스의 사례에서처럼, 정치적 투쟁과 해방을 실제적 방법과 목표로 삼는 실천적 움직임을 말하게 된다. 아이러니컬하게도 광의의 저항을 아름답게 보여준 윤동주는 협의의 저항으로 유폐되어 범주화되는 과정을 겪기도 하였다. 그 재생산의 결과가 집단적 기억으로 착근되어온 것은, 아까도 말했듯이, 윤동주를 그렇게 기억함으로써 그와는 전혀 다른 욕망 체계로 움직였던 행태들에 대한 망각을 동반할 수 있었기 때문이다. 이제 우리는 그 윤동주를 제자리로, 그리고 풍부한 사실적 육체로 돌려놓아야 한다.

잘 알다시피 윤동주는, 한 사람의 시와 삶이 결코 분리되지 않는다는 것을 뚜렷하게 증명해준 시인이다. 그의 순결한 언어와 이미지 그리고 그의 비극적 죽음 모두가 이러한 결과를 선명하게 증언한다. 그는 이렇듯 불멸의 삶과 죽음 그리고 그것의 결정(結晶)인 시편들을 남기고 갔다. 그 기억의 구체적 표지(標識)가 되어준 것이 바로 해방기에 발간된 유고시집 『하늘과 바람과 별과 시』일 것이다. 이 시집을 출간한 정음사는 1928년에 외솔 최현배가 창설하여 일제의 억압 속에서도 한글을 지키는 출판 활동을 벌여온 출판사이다. 정음사에서는 외솔의 『우리말본』을 비롯하여 1930년대에도 꾸준하게 한글 관련 책을 출간하였다. 바로 그 출판사에서, 일본 후쿠오카 감옥에서 '사상불온, 독립운동'의 죄목으로 싸늘하게 옥사한 비극적 청년 시인의 유고시집이 출간된 것이다.

이후 윤동주 시편은 우리의 근대가 펼쳐지면서 비례적으로 커져간 내면의 황폐함을 견디게 해준 치유와 위안의 언어가 되었고, 우리는 그것이 우리가 잃어버린 순결한 그 무엇을 담고 있었다고 보아야 한다. 우리는 윤동주가 가진 '그 무엇'이, 가파른 근대를 관통하면서 우리가 상실한 어떤 원형 같은 것이라고 생각할 수 있다. 그중에서 취할 것이 많겠지만, 그 핵심에는 바로 시편 구석구석에서 오롯이 빛나고 있는 그의 '사랑'과 '부끄럼'의 힘이 있다고 생각해본다. 그런데 유감스럽게도 윤동주를 바라본 시각은 이러한 힘보다는 한 지식인 청년의 저항적 생애에 초점을 맞추어왔던 것이다. 그래서 우리는 이제 윤동주로부터 저항의 무게를 덜어내고, 그의 시편이 가지는 단단한 미학적 자질과 그로부터 번져오는 치열하고도 충실한 자기 입법 과정을 들여다보아야 한다. 그 결과 스스로의 존재 가치를 간단없이 유지하고 확장하는 광의의 저항이 윤동주의 호환할 수 없는 보편적 브랜드라는 점에 도달할 수 있을 것이다. 타자를 향한 지극한 사랑과 자기완성을 향한 끊임없는 반성적 인식이야말로 윤동주 시가 전형적인 서정 양식으로, 모어의 아름다움을 가장 높은 수준에서 재현한 언어의 보고(寶庫)로, 어두운 역사를 외적 싸움이 아닌 내면의 격 높은 갈등으로 대응했던 첨예하고도 이색적인 저항의 한 양상으로 기억되게끔 작용하는 가장 커다란 이유이기 때문이다.

2. 윤동주 시의 원천으로서의 북간도

한국 근대사에서 '북간도(北間島)'가 환기하는 이미지는 대개 수난과 저항의 이중주로 특징지어진다. 가령 우리의 기억 속에 북간도는, 안수길 대하소설 『북간도』에 나타난 것처럼 민족의 각별한 수난과 저항의 형상으로 각인되어 있다. 안수길은 일제강점기 때 북간도로 생활 터전을 옮겨 거기서 얻은 체험을 대하소설로 썼지만, 윤동주는 북간도에서 태어나 자란 생래적 이력을 가지고 있다. 윤동주는 염상섭, 박팔양, 윤극영, 강경애, 유치환, 김달진, 서정주 등 만주 체험 문인들과는 전혀 궤를 달리하는 속성을 지녔던 셈이다. 파평윤씨 집안 증조부 윤재옥이 북간도로 이주했을 때는 우리 민족이 북간도로 이주하는 초창기였다. 그 초기 이주 세력 가운데 하나인 윤하현의 외아들 윤영석과 동만(東滿)의 대통령이라 불렸던 김약연의 누이 김용 사이에서 태어난 윤동주는 그 점에서 생래적인 북간도의 시인이었다. 그의 영혼에는 해란강과 일송정 그리고 수난과 저항의 이미지로 착색된 북간도 풍경이 짙게 담겨 있다. 그래서 북간도는 윤동주를 길러낸 양도할 수 없는 우리의 땅이 된다. "기독교와 민족주의가 튼튼히 결합하고 있었던 간도의 정신적 풍토"[1]가 윤동주의 시와 삶에 미친 영향은 여러 군데서 충분히 확인되고 남음이 있다. 여기서 우리는 윤동주를 매개로 하는 공간 확장의 기억 단위에 대한 필요성을 생각하게 된다. 말하자면 그는 지금은 중국 땅이 되어버린 북간도에서 태어나 북한(숭실중학교)과 남한(연희전문학교)에서 공부하였고 일본에서 공부하다가 죽음을 맞았고 다시 고향으로 돌아와 묻힌, 동아시아 전체에

---

[1] 홍정선, 「윤동주 시 연구의 현황과 문제점」, 『現代詩』 제1집, 문학세계사, 1984, 194면.

걸친 공간 편력을 가지고 있다. 그리고 한중일(韓中日)에 모두 시비가 놓여 있는 유일한 시인일 터이다. 그래서 우리는 앞으로 윤동주가 동아시아 지형에 대해 가감 없는 매개로 중요한 역할을 할 것으로 보고, 그것이 윤동주 시의 보편성과 특수성을 말해주는 핵심 표지가 될 것이라 예감하게 된다.

아닌 게 아니라 윤동주 시 연구에서 북간도는 큰 비중을 차지한다. 정지용은 "아아, 間島에 詩와 哀愁와 같은 것이 醱酵하기 비롯한다면 尹東柱와 같은 世代에서부텀이었고나!"라고 『하늘과 바람과 별과 시』(정음사, 1948) 초판 '서(序)'에서 말함으로써, 윤동주 시를 북간도와 관련지어 이해하는 시각의 단초를 제공하였다. 이러한 정지용의 언급 이후 윤동주 시 연구는 북간도의 특성과 강하게 결합되는 양상을 보이기 시작한다. 그런데 윤동주의 북간도는 다른 작가들의 작품에서 드러난 특성인 '만주 유토피아'와는 전혀 다른 맥락으로 표현되어 나타난다. 앞에서도 말했듯이, 북간도와 관련 있는 근대 문인들이 대부분 타지(他地)에서 태어나 북간도로 이동한 것과는 달리, 윤동주는 북간도에서 태어나고 자라난 생래적 이력을 지니고 있기 때문이다. 이에 대해 김열규는 "그의 고향 땅 북간도는 망명의 땅이요, 유척의 땅이요, 끝내는 이방의 땅이었다. 고향이 될 수 없는 고향, 조국이 될 수 없는 땅이 그의 고향 북간도였다. 여기서 고향을 에우고 동주의 비극이 있다."[2]라고 지적한 바 있다. 그의 말처럼 북간도는 이름 자체에서부터 역사적 비극성을 내포하고 있었다. 그렇게 '사잇섬' 사람들은 당시 서구 열강과 중국 그리고 일본의 틈에서 일종의 중간자적 처지를 감당해야 했고, 그 사이에 낀 채로 수난을 온몸으로 견뎌야만 했기 때문이다. 이렇게 볼 때 북간도의 비극성은 윤동주의 운명과 맞물리면서 자연스럽게 일종의 디아스포라 견해들을 도출하게 된다. 결국

---

2 김열규, 「윤동주론」, 『국어국문학』 제27호, 국어국문학회, 1964, 96면.

북간도는 윤동주처럼 '길 위'에서 살아간 비극적 운명들이 태어나고 자란 '디아스포라의 땅'으로 결론지을 수 있다. 그리고 이러한 북간도 공동체의 일원으로서 윤동주는 태어나고 자랐고 살았고 또 묻혔다.

우리 남매는 3남 1녀였다. 내 위로는 누님(惠媛), 아래로 동생(光柱)이 있다. 용정에서 난 동생 광주를 제외한 우리 남매들이 태어난 명동집은 마을에서도 돋보이는 큰 기와집이었다. 마당에는 자두나무들이 있고, 지붕 없은 큰 대문을 나서면 텃밭과 타작 마당, 북쪽 울 밖에는 30주(株) 가량의 살구와 자두의 과원, 동쪽 쪽대문을 나가면 우물이 있었고, 그 옆에 큰 오디나무가 있었다. 우물가에서는 저만치 동북쪽 언덕 중턱에 교회당과 고목나무 위에 올려진 종각이 보였고, 그 건너편 동남쪽에는 이 마을에 어울리지 않도록 커보이는 학교 건물과 주일학교 건물들이 보였다.[3]

동생 윤일주는 당시의 풍경을 이렇게 회상하였다. 우물과 학교와 교회로 둘러싸인 공간에 자리 잡은 윤동주 집은 두 가지 의미를 암시한다. 하나는 윤동주 집안이 경제적으로 어렵지 않았다는 것이다. 윤동주 유고시집 초판 서문에서 정지용과 윤일주가 주고받는 대화에서도 '소지주'라는 말이 가감 없이 등장한다. 이 같은 경제적 상황은 그들이 꿈꾼 공동체를 실현 가능하게 하는 물리적 밑거름이 되었고, 자녀들에게 양질의 교육을 시킬 수 있는 기회를 열어주었다. 그래서 실제로 윤동주는 평양 숭실중학, 서울 연희전문학교, 일본의 릿쿄대학, 도시샤대학 등으로 유학을 갈 수 있었고, 어렵지 않게 유년 시절 내내 잡지와 시집들을 읽을 수 있었던 것이다.

---

3 송우혜,『윤동주평전』, 서정시학, 2014, 21-22면.

다른 하나는 윤동주 집이 북간도의 민족주의 성격을 상징적으로 드러낸다는 것이다.[4] 북간도 공동체는 기독교를 수용함으로써 수탈과 소외 속에서 '고난받는 민족공동체'를 상상하고 또 회복하려고 하였다. 윤동주는 이 같은 북간도 공동체의 구성원이었다. 물론 윤동주는 그 나름대로 새로운 민족 공동체의 구심을 구상해갈 수 있었겠지만 여전히 소수 집단에 그칠 수밖에 없음을 선명하게 인식하지 못했을 것이다. 그러다가 윤동주는 평양 숭실중학으로 편입하기 위해 처음으로 북간도를 떠나면서 북간도의 객관적 현실과 상황을 인지하게 된다. 평양 숭실중학에 입학하지만 신사참배 문제로 곤경에 빠진 학교의 모습을 보고 식민지 조선의 현실을 인지한 후, 윤동주는 거의 최초로 '조선-북간도'의 지리학과 '제국-식민'의 정치학에 눈을 뜨게 된다. 그리고 연전에 진학하기 위해 북간도 공동체를 떠나면서 다시 한 번 북간도 공동체의 처지를 뚜렷하게 알게 된다. 오문석은 이러한 시각을 가지기까지 윤동주가 경험했던 조선 유학과 일본 유학도 매우 중요한 기준으로 포함시켰다.[5] 이러한 시각은 윤동주가 북간도 공동체를 떠난 것에 주목하고 있다. 하지만 평양과 경성에서 바라본 북간도야말로 일종의 디아스포라의 현실을 인식하게끔 해준 체험적 전기가 되었다고 할 수 있을 것이다. 그러다가 일본에서 발견하는 '조선-북간도'의 현실이 3중의 현실인식을 낳게 된다는 것이 중요하다고 할 수 있다. 따라서 우리는 앞으로 윤동주를 통해 '북간도-평양-경성-일본'이라는 공간 확장의 기억 단위를 가질 수 있을 것이다. 윤동주의 현재성은 이러한 동아시아적 공간 확장성에서 온다.

---

4 이에 대해서는, 김치성, 「윤동주 시 연구」, 한양대학교 박사학위논문, 2016 참조.
5 오문석, 「윤동주와 다문화적 주체성의 문학」, 『한국근대문학연구』 제25호, 한국근대문학회, 2012, 160면.

3. 북간도에서 일본까지

　윤동주는 1917년 12월 30일 북간도 화룡현 명동촌에서 태어났다. 아버지 윤영석은 명동학교에서 신학문을 시작하여 북경과 동경으로 유학을 한 인텔리였다. 윤동주는 아명은 해환으로서, 해, 달, 별이 그 형제들의 돌림자였다. 1931년 명동소학교를 졸업할 당시만 해도 '윤해환(尹海煥)'이라고 불렸다. '윤동주'는 은진중학교에 진학하면서부터 쓴 이름인 셈이다. 고종사촌 형 송몽규(1917-1945)는 3개월 먼저 나서 한 달 늦게 옥사하여 윤동주와 생과 사를 같이하였다. 동주와 혜원(惠媛), 일주(一柱)는 명동에서 났고, 광주(光柱)는 용정에서 났다.

　두루 알다시피 북간도는 고구려와 발해의 고토(故土)로서 선조들의 삶과 역사가 어린 역사적 특수성을 띤 공간이다. 지금 그곳은 연변 조선적 자치주인데, 주로 관북 지역 사람들이 이주하여 건설한 곳이다. 윤동주 집안도 마찬가지다. '헤는' 같은 함경도 방언이 그러한 뿌리를 암시하는 좋은 예라고 할 수 있다. 명동은 이들에 의해 유학적 기풍과 기독교 정신이 혼재하게 되었다. 윤동주가 다닌 명동학교는 처음에 명동서숙으로 시작하여 명동학교로 개칭하였는데, 이때 명동학교는 정주 오산학교나 평양 대성학교처럼 신민회(新民會)의 이념적 영향력 아래 운영되었다. 시베리아 교포 자제들도 올 정도로 융성했다고 한다. 윤동주는 1925년 아홉 살 나이로 여기 입학하였다. 이 학교는 이른바 불령선인(不逞鮮人)의 소굴로 일제가 인식하고 있었는데, 1920년을 기화로 명동학교의 기운이 쇠잔하게 되었다. "네 용정 사투리"(유영, 「창밖에 있거든 두드려라」, 『하늘과 바람과 별과 시』, 정음사, 1948)를 기억하고 있는 친우의 증언처럼, 그의 사유와 감각과 언어는 북간도 용정 산(産)이었던 셈이다. 친구인 김정우의 다음 증언에 그 당시 풍경이 잘 녹아 있다.

명동촌의 자연 풍경을 설명해야겠다. 이 마을은 사방이 산으로 둘러싸여 있는 아늑한 큰 마을이다. 동북서로 완만한 호선형(弧線形) 구릉이 병풍처럼 마을 뒤로 둘러 있고, 그 서북단에는 선바위란 삼형제 바위들이 창공에 우뚝 솟아 절경을 이루며 서북풍을 막아주고 있다. 그 바위들 뒤에는 우리 조상들의 싸움터로 여겨지는 산성이 있고 화살 같은 유물들이 가끔 발견되곤 하였다. 이 삼형제 바위는 명동 사람들의 공원이기도 하였다. 동쪽에서 뻗어오던 장백산맥이 오랑캐령인 오봉산과 살바위란 날카로운 산들을 원점으로 하여 서남쪽으로 지맥이 이루어지면서 마을 정면에는 고산준령이 첩첩이 뻗어 선바위를 스쳐간다.[6]

이 절경과 싸움터가 공존하는 날카로운 땅에서 윤동주는, 명동소학교 4학년 때 『아이생활』이라는 잡지를 서울로부터 구독하여 읽었고 송몽규 역시 『어린이』를 읽었다. 그들은 5학년이 되면서 『새 명동』이라는 등사판 월간 문예지를 만들기도 하였다. 윤동주는 1931년 3월 25일 명동소학교를 졸업하였다. 그리고 송몽규, 김정우와 함께 명동에서 동쪽으로 10리가량 떨어진 대랍자의 관립한족소학교에 6학년으로 편입하였다. 그들은 날마다 10리 길을 걸어 통학했고, 1931년 늦가을 윤동주 집안은 용정으로 이사하였다. 고향이란 무릇 '타관' 또는 '객지'라는 타자를 체험 속에 거느릴 때 강한 영상으로 부각되는 실체일 것이다. 자신의 원형이 형성된 곳이기에 늘 추억과 그리움의 대상이 되지만, 또한 자신의 한계를 만들어놓은 원죄 공간이기도 할 것이다. 북간도는 그렇게 윤동주에게 다가왔다.

윤동주는 1935년 9월 어른들을 설득하여 평양의 미션계 숭실중학으로 옮겨간다. 윤동주의 시 「공상」은 1935년 10월에 발간된 『숭실활천(活泉)』에 발표되었다. 1935년 12월에 동시 창작을 시작하여 「조개

---

6 송우혜, 앞의 책, 67면.

껍질」 등을 썼는데, 연희전문 1학년 때까지 동시 창작을 계속하였다. 윤동주는 숭실 폐교 이전에 자퇴하였고, 숭실은 그로부터 2년 후인 1938년 3월 19일에 폐교되었다. 1936년 4월 윤동주와 문익환은 각각 4학년과 5학년으로 광명학원 중학부에 편입하였는데, 광명은 처음에 한국 기독교인의 손에 운영되다가 뒷날 이른바 '대륙낭인'이라고 불리는 일본인에 의해 장악된 친일계 학교였다. 숭실에서는 한국어로 강의했지만, 광명에서는 일본어로 강의가 이루어졌다. 광명 시절 윤동주는 많은 시를 창작하였다. 특별히 당시 연길에서 발간되던 월간 어린이잡지 『카톨릭소년』[7]에 다섯 편의 동시를 발표하였다. 그리고 1937년 광명중학을 졸업하였다. 그의 부친은 윤동주에게 대학만은 의과로 가라고 간곡히 부탁했으나 그는 1938년 봄 연희전문학교 문과에 입학하게 된다.

그는 원한경 교장 재직 시에 연전에 입학하여 윤치호가 교장으로 부임하고 나서 졸업하였다. 유억겸, 손진태, 이양하, 김선기, 최현배 등의 스승과 김삼불, 강처중, 허웅, 유영 등의 친우가 함께 학교에 있었던 시절이다. 그의 대학 입학은 성년식으로서의 의미를 띠는데, 그는 줄곧 "늙은 敎授의 講義"(「쉽게 씨워진 詩」)[8]와 늙은 의사의 진단 ["나의 늙은 의사는 젊은이의 病을 모른다. 나안테는 病이 없다고 한다. 이 지나친 試鍊, 이 지나친 疲勞, 나는 성내서는 않된다."(「病院」)]에, 다시 말해 근대적 학문과 근대적 합리성의 체계에 자신의 실존을 맡기지 않고, 스스로 자발적 '피로(疲勞)'와 '침전(沈澱)'을 택한다. 1941년 11월 『하늘과 바람과 별과 시』에 19편의 시를 친필로 써서 남

---

[7] 윤동주가 작품을 실었던 『카톨릭소년』은 만주 연길교구에서 낸 것이다. 용정에서 간행되었다.
[8] 이하 윤동주 시편은 모두 『사진판 윤동주 자필 시고전집』(왕신영 외 편, 민음사, 2002)에서 인용.

겼는데, 이는 결국 그의 유고시집이 되고 만다. 창씨개명을 통해 '平沼東柱[히라누마 도오쥬]'라는 이름으로 1942년 4월 2일 릿쿄대학에 입학하였는데, 입학이 결정되고 나서 쓴 「참회록(懺悔錄)」은 부끄럼 자체가 부끄럼의 대상이 되는 시편이 된다. 그 해 10월 윤동주는 교토의 도시샤대학 영문과로 편입한다. 1943년 7월 여름방학을 맞자 집에 다녀오려고 차표까지 사서 짐까지 부쳐놓고 떠나오려던 때, 치안유지법 위반 혐의로 피체되어, 1944년 6월에 사상불온, 독립운동, 비일본 신민, 서구사상 농후 등의 죄목으로 2년형을 언도받고 후쿠오카 형무소에 수감되었다가 거기서 옥사한다.

윤동주가 일본에서 마지막으로 노래한 "남의 나라"(「쉽게 씨워진 시」)는 매우 중의적이어서 그 안에는 타국과 객지의 느낌이 매우 강렬하게 묻어난다. 그런가 하면 마지막 시편 「봄」은 솟구치는 생성 이미지를 하고 있다. 이들을 포함한 일본 시편 다섯 편은 모두 동경 시절의 것이다. 그는 결국 1945년 2월 16일 운명하여 한 줌의 재가 되어 부친의 품에 안겨 돌아와 고향 땅 용정에 묻혔다. 거기에 가족들은 '시인윤동주지묘(詩人尹東柱之墓)'라는 글귀를 새겨 넣었다. 청년 윤동주가 '시인 윤동주'로 태어나는 기념비적 순간이 아닐 수 없다. 1946년 가을, 유작인 「쉽게 씌어진 시」가 『경향신문』에 발표되었고, 1948년에 유고 30여 편이 담긴 『하늘과 바람과 별과 시』가 정음사에서 나왔다. 1955년 10주기를 맞아 전(全) 유고를 모아 다시 같은 제목으로 시집이 출간되었다.

4. 윤동주 시가 남긴 유산

윤동주는 1917년 12월 30일 북간도에서 태어나 서울에서 전문학교를 마치고 일본 도쿄와 교토에서 짧은 유학 생활을 하다가 독립운동 죄목으로 체포되어 차가운 감옥에서 1945년 2월 16일 젊은 날을 마감하였다. 27년 1개월 남짓의 짧은 삶이었다. 이러한 생애를 거느린 윤동주는 그동안 저항시인이라는 브랜드로 기억되고 유통되어왔다. 이제 우리는 윤동주라는 기억 단위를, 국민국가 바깥으로 모든 것을 밀어내려는 담론 기획과는 전혀 다른, 말하자면 '기원의 기억 상실'을 극복하는 자료로 간직해야 한다. '기원의 기억 상실'이란 기억과 망각의 장을 통해 기원이 은폐되고 자연화하는 것을 말한다. 이 자연화한 기억은 계급과 성(性) 그리고 인종의 위계적 차별화를 지움으로써 한 개인을 동질화된 집단으로 호출하는 이데올로기적 호명 기제를 말한다. 그것은 식민지 경험을 '원경(遠景)'으로 처리하는 이데올로기적 작동을 멈추지 않는다. 그 점에서 윤동주는 이중적 망각 곧 '식민지'와 '언어'에 대한 망각에 대해 저항하는 '기억의 정치학'을 아름답게 보여주는 자료로 일정한 항구성을 가질 것이다. 결국 윤동주는 저항시인으로 획일화하는 것과는 전혀 다른, 내면의 저항이라는 실존적 언어 행위와 함께 기억의 정치학 자료를 부단히 생성해내는 각별한 현재성을 지니고 있는 것이다.

잘 알려져 있듯이, 『하늘과 바람과 별과 시』는 해방 후에 가장 널리 애송된 윤동주의 유고시집일 뿐만 아니라 문학사적으로도 일제 말기의 어둠을 밝혀준 한 줄기 빛으로 은유되고 있는 작품집이다. 이 시집에 실린 가편들 이를테면 「자화상(自畵像)」, 「십자가(十字架)」, 「또 다른 고향(故鄕)」, 「별 헤는 밤」, 「쉽게 씌어진 시(詩)」, 「참회록(懺悔錄)」, 「간(肝)」 등은 지금도 한국 현대시사에서 수준작으로 손꼽히고 있을 뿐만 아니라, 많은 앤솔러지에도 빠짐없이 등재됨으로써 많은 이들의 기억과 경험의 소중한 일부를 이루고 있다. 윤동주는 이 작품들을 통해 치열하고도 충실한 그리고 정직한 자기 응시와 자기 입법으로서의 '부끄럼'을 가장 섬세하고 아름답게 보여준, 그래서 자기 확인이나 성찰이 얼마나 성실한 내적 변증을 이루면서 한 사람의 삶에 개입해 들어오는가, 그리고 그 개입의 순간이 삶을 얼마나 순결하게 만드는가

하는 실증을 우리에게 보여준 시인이다. '부끄럼'을 소녀 취향의 유약한 정서로 치부할 수 없는 까닭이 바로 여기에 있거니와, 그것은 섬약한 것이 아니라 오히려 '자기 부정-긍정'이라는 부단한 성찰의 소산인 것이다. 그 '부끄럼'은 그의 시집 곳곳에서 "無花果 잎사귀로"(「또 太初의 아츰」) 가려진 아담과 하와의 원죄적 '부끄럼'으로, "돌담을 더듬어 눈물 짓다"(「길」) 생겨나는 생래적 '부끄럼'으로, "人生은 살기 어렵다는데 / 詩가 이렇게 쉽게 씨워지는 것은 / 부끄러운 일이다"(「쉽게 씨워진 시」)에서 나타나는 시인으로서의 자기 정체성 탐구로, "그때 그 젊은 나이에 / 웨 그런 부끄런 고백을 했든가"(「참회록」) 하는 인생론적 되새김질로 변형되어 간단없이 나타나고 있다.

  이러한 독법의 결과를 토대로 우리는, 때늦은 변명만 있고 깊은 반성은 없는 우리 시대에, 윤동주의 시가 우리의 반성 불감증을 치유하는 항체가 될 수 있으리라 믿게 된다. 이러한 자기완성을 향한 반성적 성찰이야말로 윤동주 시가 자기 회귀성이 강한 전형적인 서정양식으로, 민족어의 아름다움을 가장 높은 수준에서 재현한 절창으로 기억되게끔 작용하는 가장 커다란 이유일 것이다. 이제 우리는, 그러한 가치를 일상에서 되찾으면서도 그를 문학적으로 감싸안고 또 넘어서는 몇 겹의 역할을 해야 할 것이다. 그 지점이 윤동주 스스로 건너간 "아름다운 또 다른 故鄕"(「또 다른 고향」)이자 "내를 건너서 숲으로 / 고개를 넘어서 마을로"(「새로운 길」) 나아가야 할 우리의 '새로운 길'이기도 할 것이다. 이처럼 윤동주의 '사랑'과 '부끄럼'의 힘은, 스스로에 대한 실존적이고 윤리적인 준거로 작용하면서, 동시에 자기희생의 이미지를 불러오기도 한다. 윤동주가 보여준 사랑과 부끄럼의 힘을 기저로 하는 이 성찰과 희생의 힘은, 두고두고 그와 그의 시를 불멸로 만들어줄 가장 생생한 현재성이 아닐 수 없을 것이다. 먼저 그가 스스로 묶은 자필 시집의 서시를 읽어보자.

죽는 날까지 하늘을 우르러
한점 부끄럼이 없기를,
잎새에 이는 바람에도
나는 괴로워했다.
별을 노래하는 마음으로
모든 죽어가는것을 사랑해야지
그리고 나안테 주어진 길을
거러가야겠다.

오늘밤에도 별이 바람에 스치운다.
1941. 11. 20.

  아마도 우리가 서정시를 자기표현의 발화 양식으로 인정하는 한, 이 작품은 한국 시문학사에서 하나의 정상 시편으로 그 위치를 굳건히 지켜갈 것이다. 어조와 구성에서 이렇듯 완벽하고도 단아하게 짜여 진 자기 고백을 우리가 달리 들을 길은 별로 없기 때문이다. 섬세하고 치열한 자기 고백적 양식을 띠고 있는 이 시편은 윤동주의 시정신을 웅변적으로 보여주는 그의 대표작이다. 그 시정신이란 다름 아닌 윤리적, 실존적 감각이라고 달리 표현할 수 있는데, 이 시편 역시 어김없이 그의 섬세하고도 치열한 실존 감각과 윤리적 의지가 결합하여 표출된 작품이라고 할 수 있다. 이 작품은 전체가 자연 현상의 이미지와 시인의 관념이 각각 대등하게 결합된 형태로 이루어져 있다. 또한 시제를 중심으로 볼 때, 과거, 미래, 현재의 세 단락으로 구성되어 있다. 이 시편에 나타난 이러한 구조적 완결성과 시인의 성실성 그리고 사물과 인간과 우주까지 넘나드는 상상력의 활달함은 이미 여러 논자들에 의해 논증된 바 있다. 이러한 그의 도덕적 자아와 시적 자아의 통합, 그리고 창조적 상상력과 실존적 감각의 결합은 이 시편 외에도 그의 다른 작품들에서 한결같은 빛을 발한다.

이 작품에서 그가 노래하는 "죽는 날까지 하늘을 우르러 / 한점 부끄럼이 없기를, / 잎새에 이는 바람에도 / 나는 괴로워했다."는 것에서 우리가 받는 감동은 "한점 부끄럼이 없"이 살겠다는 윤리적 의지에서 생겨나는 것이 아니라, "한점 부끄럼이 없기를" 끊임없이 괴로워했던 성찰적 행위에서 생겨난다. 그러한 양심의 가치는, 윤리적 완성을 이룬 자가 보이는 넉넉한 품과는 전혀 다른, 다시 말해 세계내적 존재로서의 인간의 한계나 운명 같은 것을 "죽는 날까지" 짊어지고 갈 수밖에 없는 모습을 가장 정직한 고백으로 보여주었다는 데 있다. 그래서 시인은 "별을 노래하는 마음으로 / 모든 죽어가는것을 사랑해야지" 하는 운명애(運命愛)와 "그리고 나안테 주어진 길을 / 거러가야겠다."는 삶의 불가항력적 운명과 그럼에도 불구하고 내면에서 간단없이 솟아나는 생의 의지를 노래한 것이다. 그 시적 자아를 사이에 두고 "하늘과 바람과 별"은 둘째 연에서 서로 화창(和唱)하며 서로 갈등하면서 흔들리는 이 세계를 함께 걷고 있는 것이다. 그의 시집 제목이 『하늘과 바람과 별과 시』라는 것도 우연만이 아니라, 자연스럽게 시인의 이러한 우주적 상상력이 반영된 것일 터이다. 결국 이 작품에 나타난 그의 시정신은 자기 성찰과 운명애 그리고 세계와 마주서 있는 자신에 대한 실존적 의식 등으로 읽어낼 수 있다. '자기 연민'과 '자기 긍정(운명애)'이라는 일견 모순되어 보이는 두 가지 의식은 비극적 존재로서의 실존에 대한 승인과 그에 대한 저항이라는 이중적 태도를 필연적으로 낳게 된다. 그 점에서 이 작품은 그의 또 다른 대표작 「자화상」의 구조 곧 '자기 확인-자기혐오-자기 연민-궁극적 자기 긍정'이라는 회로를 따라가면서 그것을 더욱 응축된 자연 형상으로 나타낸 절편(絶篇)이라고 할 수 있다.

쫓아오든 햇빛인데

지금 敎會堂 꼭대기
十字架에 걸리었습니다.

尖塔이 저렇게도 높은데
어떻게 올라갈 수 있을까요.

鐘소리도 들려오지 않는데
휘파람이나 불며 서성거리다가,

괴로왓든 사나이,
幸福한 예수 · 그리스도에게
처럼
十字架가 許諾된다면

목아지를 드리우고
꽃처럼 피여나는 피를
어두어가는 하늘밑에
조용이 흘리겠읍니다.
一九四一. 五. 三一.

― 「십자가(十字架)」 전문

  이 작품에 나타난 '십자가(十字架)'는 기독교의 상징적 의미를 넉넉히 함축하고 있다고 할 수 있다. 사실 윤동주 시의 저항의식은 부끄럼과 괴로움을 주조로 하는 것이다. 그러나 이러한 것이 가장 높은 경지로 발전했을 때, 그것은 이 작품에서와 같이 기독교적 세계관에 바탕을 둔 자기 희생 의지로 나타난다. '십자가'는 기독교의 수난의식과 속죄양의식의 익숙한 상징이다. 1, 2연에서 '십자가'는 구원에 다다르는 길로 표상되고 있다. 그것은 '첨탑(尖塔)'의 날카롭고 높은 이미지와 연결되어서 좀처럼 다다르기 힘든 대상이 되고 있다. 그렇기 때문에 시적 화자는 구원의 희망을 잃고 단지 서성거릴 뿐이다. 그러나 4연에서 화자는 '십자가'의 상징적 의미를 변화시켜 인식하기 시작한다. 그것은 모든 인류의 괴로움을 지고 괴로워했던 예수 그리스도의 희생의 이미지와 연결된 것이다. 따라서 자신도 기꺼이 그리스도와 같은 속죄양이 되겠다는 결의를 보여주고 있다. 특히 "十字架가 許諾된다면" 속에 담긴 신의 의지와 그에 대한 순응의식은 바로 그러한 자기희생의 불가피성과 그것을 자신의 운명으로 받아들이는 시적 화자의 결의를 담고 있다. 5연은 그 수난과 희생의 장면을 뚜렷하게 보여주고 있다. 이처럼 우리는 이 작품에서 윤동주의 성찰의 힘이 자기희생의 역사적, 실존적 결단에까지 이어짐을 볼 수 있다.

결국 윤동주는 길지 않은 우리 현대시사에서 남다른 삶과 죽음으로 그리고 시적 개성으로 숨 쉬고 있는 시인이다. 그의 시는 원초적으로 시와 삶의 분리불가능성 속에서 태어나고 귀결된다. 어쩌면 시인의 삶 못지않게 그의 죽음 역시 그 극적인 성격으로 오히려 역설적으로 불멸이 되고 있다. 그래서 그의 시는 시대와 상황을 초월하여 보편적 감동으로 살아 있다. 이른 나이에 운명한 이의 불가피한 미완성을 충분히 염두에 두고라도, 윤동주의 청순하고 아름다운 시편들은 우리에게 잃어버린 '하늘'과 '바람'과 '별'과 '시'를 회복시키고 탈환시키는 시의 보고가 되어줄 것이다. 이러한 보편성과 특수성을 가진 시사적 자산을 수용자들에게 매개시킴으로써, 우리는 오롯한 실존적, 윤리적 의미를 오늘의 정신사적 상황에 되살릴 수 있을 것이다. 그것도 철학적 개념이 아닌 시적 형상을 통해서 말이다. 이 모든 것이 윤동주의 시가 가지는 특수성과 보편성을 암시하고도 남음이 있을 것이다.

이제 『하늘과 바람과 별과 시』가 세상에 나온 지도 70년이 되어간다. 일본에서도 윤동주 시읽기 모임이 성행하고 있고, 그의 모교 교정을 방문하여 윤동주 시비를 순례하는 일본인들이 적지 않고, 오무라 마쓰오(大村益夫) 같은 학자가 윤동주에 대한 여러 사료를 발굴하고 체계화하고 있을 정도로, 윤동주는 가해국이었던 일본에서 더 깊이 기억되고 있다. 그야말로 적국(敵國)에서 역사의 '기념비(monument)'로 남는 거의 유일한 경우가 되고 있는 것이다. 정지용이 윤동주 유고 시집 서(序)에서 "무시무시한 孤獨에서 죽었고나! 29歲가 되도록 詩도 發表하여 본적도 없이!"라고 기억했던 그 오롯한 '고독'이 윤동주를 불멸의 시인으로 남게 한 것이다.

원래 서정시는 언어로 이루어지는 예술로서 발화를 전제로 한다. 이때 시적 화자는 시작품 속에 존재하여 청자에게 말을 건네는 사람이다. 그래서 시 속에 있는 화자는 사물에 대한 태도와 목소리를 가지는데, 이때 사물에 대한 태도는 그에 어울리는 역할을 하게 된다. 시의 화자가 시의 내용에 대해 가지는 견해나 청자에 대한 자세, 화자 그 자신에 대한 인식이 곧 화자의 '태도'인데, 윤동주의 경우 이러한 시적 화자의 태도는 시인의 표정이나 목소리와 그대로 겹칠 정도로 실물감이 높다. 곧 자연인으로서의 시인과 거의 유사한 화자가 시 안에 나타나는 것이다. 상식적으로 말해 시의 표면에 등장하는 시적 화자는 실제 자연인인 '시인'과 전혀 같지 않다. 김소월 시의 여성 화자라든가 정지용 초기 시에 나타나는 유년 화자 등이 그 시인과 같다고 판단하는 사람은 거의 없다. 그들의 시에는 시가 구현하려고 하는 주제 또는 내용에 따라 그에 걸맞은 일종의 '퍼스나(persona)'가 방법적으로 설정된 것뿐이다. 그런데 윤동주 시에 나타나는 시적 화자의 목소리는 아무래도 시인 자체가 직접 화자가 되어버리는 속성이 강하다고 볼 수 있다. 그만큼 윤동주 시의 특성은 강한 자기 고백성에 있다. 그것은 이 시인이 시를 하나의 발표 양식으로 생각하거나 전문적 독자를 의식하고 창작 행위를 한 것이 아니라, 자기 스스로가 자기의 제일의적(第一義的) 독자가 되어 시를 썼기 때문에 나타난 형식이라고 해야 할 것이다. 그의 시편들은 이러한 '고백'과 '자기 성찰[自省]'의 기록이 아닐 수 없다. 윤동주의 이러한 힘은, 종교적 상상력에 바탕을 둔 원죄의식, 낙원상실 그리고 끊임없이 들려오는 하나님의 말씀(계시), 자신의 삶에 대한 부끄럼, 고통스럽지만 땀 흘리며 살아가야 함[「또 태초(太初)의 아츰」]에 대한 지속적인 윤리적 준거로 작용하게 된다. 그 윤리적 준거가 윤동주에게는 '자기희생'의 이미지를 선사하고 우리에게는 '자기 성찰'의 변용된 에너지를 선사한다.

이제 우리는 윤동주를 '저항시인'으로 획일화하는 것과는 전혀 다른, '사랑'과 '부끄럼'이라는 인류 보편의 윤리적 가치와 그것으로부터 비롯된 '저항'이라는 실존적 행위를 함께 기억해가야 한다. 이러한 반응을 통해 우리는 정체성 위기(identity crisis)를 자기 발견의 계기로 삼은 윤동주의 투명한 시선과 언어를 만날 수 있을 것이다. 이때 그의 시선과 언어는 자기성찰보다는 자기도취로 종종 기울어지는 현대인의 영혼을 깨우치고 항체를 제공하는 맑은 자양이 될 수 있을 것이다. 그렇게 윤동주는 좁은 의미의 저항 텍스트에서 벗어나, 좀 더 넓은 예술적 차원에서, 극적 생애와 죽음을 결속하면서, 그리고 민족적 특수성과 인류적 보편성을 아울러 지닌 매혹의 텍스트로 기억되어갈 것이다.

김광균과 방법적 모더니즘

1. 모더니즘과 근대문학사

우리 근대문학사에서 '1930년대'가 가지는 중요성에 대해서는 많은 이들이 두루 공감하고 있다. 이 시기는 그 전후 기간과 확연히 변별되는 문학사적 속성을 강하게 구현한 우리 근대문학의 난숙기라고 할 수 있다. 다양하게 출몰한 문예사조 및 창작 방법들, 그리고 전대에 비할 때 폭증한 매체들, 작가군(群)만 보더라도 이 시기의 역동성과 확장성은 매우 독자적인 것이라고 해도 틀린 말이 아닐 것이다. 물론 이러한 판단을 시사에 한정해도 사정은 마찬가지이다. 이 시기에 이르러 우리 근대시는 시 장르 본연의 몫을 인식하면서 민족적 현실과 예술적 형상의 결합을 비로소 성취하게 되기 때문이다. 이 시기에 하나의 뚜렷한 문학운동으로 각인된 모더니즘 시운동도 이러한 흐름과 깊은 연관성을 가진다.

모더니즘 운동은 근대 사회의 성립에 따른 미학적 반응의 소산이었다. 그것은 기본적으로 도시의 경험을 반영하는 사유 및 표현의 양식으로 등장하였다. 따라서 농촌을 바탕으로 한 전통 서정시 개념은 '모더니즘'이라는 서구 충격의 여과를 거쳐 새롭게 굴절된다. 이러한 서정시 개념의 확장은 우리 근대시의 발전에 커다란 자양을 부여했을 뿐더러, 시가 비로소 시대적인 동시에 미학적인 실체임을 자각하게 하는 계기가 되었다.

모더니즘은 원래 서구에서는 아방가르드나 입체파 운동 또는 다다이즘, 초현실주의 등의 전위적 운동으로 나타났다. 하나의 미학적 공통성으로 포괄할 수 없을 정도로 다양한 진폭의 움직임을 보인 것이 모더니즘 운동이었던 셈이다. 하지만 1930년대 한국 시의 모더니즘은 이미지즘이나 주지주의로 한정되어 나타났는데, 이는 시인들이 의식적 자각을 가지고 창작에 임했던 준거는 방법적 모더니즘이었지 세계관 변혁을 수반하는 전위 운동의 형태가 아니었기 때문이다. 실질적으로 우리 시사의 맥락에서는 다다나 미래파, 입체파 또는 쉬르 등의 전위적 실험 양상을 뚜렷한 실체로 찾아보기 힘들다.

1930년대의 한국 모더니즘시는 전대 낭만주의시가 구현했던 자연발생적 시관에 대한 반명제로 출발한다. 현실의 비극을 자각하고 방법적 긴장을 시적 언어에 부여하여 감정 일변도의 서정시 개념을 확장하려 했던 미적 인식의 변화가 이 운동을 한결같이 견인했다고 할 수 있다. 따라서 1930년대 모더니즘 시에 이르러 우리는 현대의 내면 의식과 언어적 감각을 동시에 체득하였다고 할 수 있다. 김광균(1914-1993)은 우리가 한국 근대시의 이러한 창작방법을 논구하려 할 때 꽤 의미 있게 거론되는 시인이다. 그는 1920년대 우리 근대시가 지녀온 병폐, 곧 편내용주의와 감상성을 방법적으로 극복한 1930년대 모더니즘 운동의 실천적 시인이었으며, 그 성과는 김기림, 정지용 등과 더불어 고평 받고 있는 것이 저간의 문학사 서술이 보여준 대체적인 모습이기 때문이다. 더불어 그는 장만영, 장서언, 박재륜, 이한직 등으로 이어지는 한국적 이미지즘 시에 선구적 길목을 트며 영향을 끼쳤다는 점에서도 사적으로 주목을 받고 있다. 이 글에서는 이러한 김광균의 시사적 의미망을 시대 현실과의 유추적 연관성을 중심으로 살펴보기로 한다.

2. 상실감과 비극성의 의미

올해로 탄생 100년을 맞는 김광균 시는 감각적 충실성과 비애의식의 결합으로 어느 정도 설명되어왔다. 거기 나타나는 정신적 기저는 근원적 상실감이라고 할 수 있는데, 이러한 상실감이 당대 시인 가운데 김광균에게서만 나타나는 것은 물론 아니다. 어쩌면 그것은 식민지 근대를 살아갔던 당대 시인들이 공유하고 있던 정신적 기조였다는 것이 더 적실할 것이다. 특히 1930년대는 프로문학의 위축과 시인들의 내성화로 인해 이러한 상실감이 매우 근원적이고 동질적인 것으로 편재하던 것이었을 터이다. 다음 시편은 그러한 상실감의 물리적, 정신적 상황을 잘 보여준다.

차단―한 등불이 하나 비인 하늘에 걸녀 있다
내 호을노 어델 가라는 슬픈 信號냐

긴―여름해 황망히 날애를 접고
느러슨 高層 창백한 墓石갖이 황혼에 저저
찰난한 夜景 무성한 雜草인양 헝크러진 채
思念 벙어리 되여 입을 담을다

皮膚의 바까테 숨이는 어둠
낫서른 거리의 아우성 소래
까닭도 없이 눈물겹고나

空虛한 群衆의 행렬에 석기여

내 어듸서 그리 무거운 悲哀를 지고 왓기에
길―게 느린 그림자 이다지 어두어

내 어듸로 어떠케 가라는 슬픈 信號기
차단―한 등불이 하나 비인 하늘에 걸니여 잇다.

―「와사등(瓦斯燈)」 전문

  이 작품의 배경은 근대 문명을 받아들인 식민지 근대 수도 경성이다. 그것은 오랫동안 유지되어오던 자기동일성을 파괴하는 이질적 공간으로 나타난다. 이러한 변화는 당대 주체들에게 적지 않은 충격적 경험으로 각인된다. 이상이나 박태원에 의해 식민지 시대 경성은 그 박람적 충격이 소설적으로 형상화된 바 있는데, 그 문명은 현란한 변화와 함께 또 다른 식민지적 모순의 착근이라는 이중적 속성을 띤 것이었다. 거기서 자연스럽게 파생되는 정서는 존재론적 상실감이었을 것이다.
  이 작품은 감각적 이미지에 깊이 의존하면서, 찬란한 도시의 밤풍경 속에서 뿌리를 잃고 부유하는 현대인의 슬픔을 잘 살려낸다. 대개 '등'이라는 제재는 어둠 속에서 방향을 잃은 이들을 인도하는 역할의 상징으로 많이 쓰이는데, 여기서는 색다른 함의를 지닌 '차단―한' 등불로 나타난다. 더구나 그것은 도시의 희뿌연 거리를 연상시키는 '가스등'이다. 이것은 이미 긍정적 의미의 기능을 상실한 '슬픈 신호(信號)'에 지나지 않는다. '차단―한 등불 / 비인 하늘 / 슬픈 신호' 등의 이미지를 통해 우리는 흐릿한 가스등만이 빛나는 황량하고 쓸쓸한 1930년대 식민지 도시의 외관을 연상할 수 있다. 여기서 '차단―한'이란, 흐릿하고 아득한 감각을 전해주는 김광균 특유의 조어인데, 이 어휘를 통해 시인은 자신의 상실감과 슬픔을 효과적으로 드러내고 있다. "내 호을노 어델 가라는 슬픈 信號냐"라는 구절은 식민지 도시의 암담하고 비애 어린 상황 속에서 방향 감각을 잃고 방황하는 도시인의 절규로 읽을 수 있을 것이다.

여기에 한 가지 더 주목을 요하는 부분이 "내 호을노 어델 가라는"과 "내 어듸로 어떠케 가라는"이라는 두 수식어의 중첩 사용이다. 이 시행이 첫 연과 마지막 연에서 반복되는 것은 이 작품의 서정성을 잘 드러내주는데, 그것은 시인의 지향이 아무런 방향 감각이 없는 채로 부동(浮動)하고 있음을 보여준다. 따라서 시인이 도회를 커다란 무덤으로 인식하는 것도 무리가 아닐 것이다. 그만큼 이 시편은 '고층(高層) / 묘석(墓石)', '야경(夜景) / 잡초(雜草)'의 대비 속에서 도회의 메마르고 황량한 이미지를 잘 드러낸다. 또한 이 작품은 이러한 상실감이 식민지 근대의 중압감으로부터 기인함을 선연하게 보여준다. 늘어선 고층의 밤풍경이 묘석 주위의 잡초 같다는 인식은 근대 문명이 가지는 찬란한 외양보다는 그 안에 내재해 있는 죽음의 이미지를 추출해 내는 시인의 인식을 암유하고 있다고 할 수 있을 것이다. 그리고 '사념(思念) 벙어리'라는 표현은 도시의 중압감에서 오는 상실감의 표현이다. 이 관념적 표현은 사실상 이 작품의 주제에 해당하는데, 시인은 1939년 오장환의 시집 서평에서 "무형한 하늘을 향하여 내어젓는 조그만 생활 모색의 촉수 부단히 변색하는 자기 위치와 가치관에의 회의와 자소 상실한 '이데아'에의 향수"[1] 등 자신의 시관을 밝히고 있는데 이 작품이야말로 자신 스스로 밝힌 상실과 이데아에의 향수를 잘 드러낸다고 할 수 있다. 따라서 이 작품 제목인 '와사등'은 어둠 속에서 희미하게 소멸되어가는 향수의 이미지를 거느리고 있는 것이다. 그런가 하면 시인은 외계와의 소통이 일방적으로 단절된 상태를 감각적으로 경험하는데, 그것이 '벙어리'라는 표현에 집약되어 있다. 그것은 실존적인 비애 의식과 함께 역사적 맥락의 슬픔을 동시에 환기한

---

[1] 김광균, 「헌사 - 오장환 시집」, 『문장』, 1939. 9.

다. 왜냐하면 찬란하지만 쓸쓸한 도시는 이 작품의 단순한 '배경'이 아니라 시인의 주관과 교섭하는 '환경'의 의미를 띠고 있기 때문이다. 뒤이어 이 작품은 공감각적 심상의 제시, 공허한 군중 속의 고독, 공허감과 비애, 어둠이 환기하는 불안의식 등을 표현하고 있다. 마지막 연은 첫 연의 행 배열을 도치시킨 형태로 끝나는데, 이는 등불의 소멸 이미지를 더욱 선명히 해준다. 결론적으로 이 시편은 신뢰할 곳 없는 어두운 현실 속에서 어디론가 떠나야 하는 식민지 지식인의 고독감과 불안 의식을 '와사등' 이미지로 표현한 가편이라 할 것이다.

이처럼 1930년대 모더니즘은 '도시'야말로 자본주의 모순의 온상이라고 인식하고 그것을 자본주의의 고유한 본질적 경향이 고도화된 공간으로 바라보면서 그 안에 은폐되어 있는 자본주의적 모순을 감각적으로 바라본다. 김광균의 '슬픔'의 시학은 자신을 둘러싸고 있는 도시라는 환경과의 상호 교섭에 의한 매개성을 충족하면서, 소통 결핍, 타자 부재, 상실 의식을 통해 역사적 토대와의 연관관계를 퍽 감각적으로 형상화했다고 할 수 있을 것이다.

그런가 하면 김광균은 '죽음'에 대한 의식을 시적 제재로 많이 활용하였다. 그는 어려서 아버지와 자매를 잃었고, 이러한 유년기의 개인사적 체험은 김광균에게 일종의 정신적 외상을 남겼고, 그의 정서에 나타나는 짙은 상실 의식의 원형질로 자리하고 있다. 하지만 그의 시에 나타나는 어린 시절이 그러한 상실과 고통만으로 그려지지는 않는다. 훼손되기 이전의 어린 시절의 추억은 상실 의식을 보상해주는 자기동일성의 회복 공간으로 채색되기도 한다. 이러한 측면은 백석으로 대표되어 긍정적, 부정적 평가를 양쪽에서 받아왔지만 특히 김광균에게는 시적 리얼리티를 통한 자기동일성 추구보다는 절대 행복에 잠시 잠기어 현실의 고통을 위안하는 성격이 적극 부각된다. 행복한 유년 시절에 대한 회상은 시인의 세계 인식 속에 '고통스런 현재 / 행복했던 과거' 내지는 '가치 상실의 비애 / 가치 회복의 근원'이라는 이

분법적 도식을 가져왔고, 시인은 과거 지향의 목소리와 고향에 대한 아련한 추억을 통해 현실 세계에 존재하지 않는 '다른 세계'로의 몰입을 수행하였다. 그런데 한 가지 첨언할 것은 김광균의 시에도 현실적인 고향을 보여주는 현실 인식의 시편들이 보인다는 것이다.

저므러오는 陸橋 우에
한 줄기 황망한 기적을 뿌리고
초록색 람프를 다른 貨物車가 지나간다

어두은 밀물 우에 갈매기떼 우짖는
바다 가까히
停車場도 주막집도 헐어진 나무다리도
온―겨울 눈 속에 파무처 잠드는 고향

산도 마을도 포프라 나무도 고개 숙인 채
호젓한 낮과 밤을 맞이하고
그곳에
언제 꺼질지 모르는
조그만 生活의 초ㅅ불을 에워싸고
해마다 가난해가는 고향 사람들

낡은 비오롱처럼
바람이 부는 날은 서러운 고향
고향 사람들의 한 줌 희망도
진달내빛 노을과 함께
한 번 가고는 다시 못 오기

저므는 都市의 옥상에 기대여 서서
내 생각하고 눈물 지움도
한 떨기 들국화처럼 차고 서글프다.

—「향수(鄕愁)」전문

이 작품은 김광균 시에서 보기 드물게 경험적 직접성이 생활의 체취를 풍기며 다가오는 풍경화이다. '향수'는 당대의 일반적인 시적 주제였는데 대부분이 상실되기 이전의 고향을 그리거나 아니면 자신의 속되고 훼손된 삶의 카운터 이미지로서 고향을 그리기 마련인데 이 작품에서도 그러한 일반적 양상은 그대로 나타나 있다. 1연에는 김광균 특유의 원경 처리가 나타나 있다. 그것은 실제 풍경일 수도 있고 작위적인 전경일 수도 있다. 2연에서는 이 시편의 정신적 바탕이 나타나는데, 그것은 "조그만 生活의 초ㅅ불"이라는 은유가 함축하고 있는 고향의 풍경으로서, 시인은 고향 사람들의 실제적 생활의 체취가 풍기는 누추함과 그 피폐함을 효과적으로 감각화하고 있다. 따라서 이 작품에 나타나는 '차고 서글픔'이라는 정서는 자연 발생적 감상벽이 아니라 역사의 격동에서 유추 가능한 시인의 무력감과 환경 변화에서 나타나는 비극미의 한 양상이라고 읽을 수 있다.

우리 시사에서 1930년대의 모더니즘은 참신한 시적 이미지에 의한 내면 풍경의 제시, 그리고 투명한 시적 조형성으로 1920년대의 센티멘털리즘과 경향시의 사상 편향성을 방법적, 미학적으로 극복했다고 평가받아왔다. 더구나 '이미지즘'을 가장 시적으로 완성도 높게 구현한 시인으로 김광균을 꼽고 있는 것이 사실이다. 물론 그는 우리의 재래적 서정이라고 일컬을 수 있는 비애의 정조를 전면화시켜 전대의 낭만주의의 1930년대적 변용으로 읽힐 만큼 센티멘털리즘[2]의 충실한

---

[2] 당대의 비평가 최재서는 그의 논문 「센티멘탈론」(1937년)에서 당대 문학의 센티

연장선상에 있다. 하지만 앞서 이야기했듯이, 그의 비애의 정서는 무매개적인 감상벽과는 차원이 다르다. 이미지 조형을 방법적으로 원용하여 한 시대의 슬픔과 주체의 부적응성을 일관되게 형상화하고 있기 때문이다.

등불 업는 空地에 밤이 나리다
수업시 퍼붓는 거미줄갓이
자욱―한 어둠에 숨이 자즈다

내 무슨 오지 안는 幸福을 기다리기에
스산한 밤바람에 입술을 적시고
어느 곳 지향 업는 地角을 향하여
한 옛날 情熱의 蹌踉한 자최를 그리는 거냐
끝업는 어둠 저윽이 마음 서글퍼
긴― 하품을 씹는다

아― 내 하나의 信賴할 現實도 없이
무수헌 年齡을 落葉갓이 띄워 보내며

멘털리즘 유행 현상을 서구의 문학사와 견주어 합리적으로 설명하고 있다. 특히 그는 센티멘털리즘이 오히려 지적 우월성을 가지고 있는 지식인들에게 찾아올 수밖에 없는 필연성을 논증하고 있는데 막연히 모더니즘을 지성의 편에서 해석하여 반(反)센티멘털리즘으로 단순화하는 것보다 적절성이 있어 보인다. "要컨대 센티멘탈리즘은 情操의 偏重한 作用이다. 情操의 對象이 實在할 때 情操는 適當히 處理되고 말지만 그 對象이 없을 때엔 生理의 必然性에 依하여 情操는 더욱 濃密하여진다. 이것이 센티멘탈리즘이다. 現代 인테리겐챠가 文化와 敎養, 理想과 幸福에 대한 情操를 가지고 있는 限, 그리고 그 情操가 現實世界에 있어 늘 蹂躪을 當할때 그는 그 空虛를 센티멘탈리즘으로서 느끼지 않을 수 없다." 최재서,「센티멘탈론」,『문학과 지성』, 인문사, 1938, 218면.

茂盛헌 追悔에 그림자마자 갈갈히 찌겨

이 밤 한 줄기 凋落헌 敗殘兵 되여
주린 이리인양 비인 空地에 호을노 서서
어느 먼— 都市의 上弦에 창망히 서린
腐汚한 달빛에 눈물 지운다

—「공지(空地)」 전문

    1920년대 시인들이 보였던 감상과 영탄의 방출이 현실 부정과 환멸의 소산이었듯이, 김광균의 비애나 눈물 역시 식민지의 타율적 도시화의 양상에 절망하고 그것을 부정하는 정서에서 유래된 것은 틀림없다. 이 작품에서도 시인의 심적 고통을 가져오는 사회적 역학은 나타나 있지 않고, 다만 일방적인 소외 의식 및 소통 가능한 타자의 부재 그리고 그로부터 유래하는 밀폐감과 내면적 황폐감 등이 감각적 은유를 통해 잘 나타나고 있다.
    이 작품의 배경 역시 도시의 밤이다. 김광균 시에 나타나는 시간적 배경은 '아침'은 거의 없고 '오후 / 황혼 / 밤'이 대부분인데, 이는 그것들이 생성의 시간이 아닌 소멸과 침잠의 시간이기 때문이고, 김광균이 딛고 있는 서정적 충동의 모티프가 생성 지향적 의식보다는 소멸 지향적 의식에 있기 때문이다. 따라서 이 작품에는 "어느 곳 지향 업는 地角"을 '추회(追悔)'에 싸여 걷고 있는 '패잔병(敗殘兵)'의 의식 세계가 도시의 '부오(腐汚)'에 오버랩되면서 슬픈 소시민의 초상이 드러나고 있을 뿐이다.
    주지하듯, 현실이 본질과 가치를 결여하고 훼손과 상실이 가득한 것으로 보일 때 인간의 삶은 이데아를 열망하는 것으로 의의와 가치를 가진다는 것이 낭만주의적 세계 인식이다. 김광균 시편들은 한결같이 그러한 속성과 태도를 보인다. '지금 여기'가 아닌 '먼 저기'를 지향하는 것도 그러한 현실 인식이 낳은 시적 지향의 하나일 것이다. 그 점에서 그는 이미지스트이자 낭만주의자이다. 하지만 그는 1930년대의 경성이라는 도시 공간이 던져준 공허감과 소외 의식 또는 타자 부재와 상실 의식 등을 통해 한 시대의 비극적 초상을 선명하게 그려낸 공적을 가지고 있다. 이 점에서 김광균 시편들은, 명징한 이미지만을 추구했던 정지용의 초기 이미지즘시나 도시적 명랑성을 노래한 김기림 초기 시편보다 훨씬 내면적 정직성과 서정적 비극성을 잘 형상화한 결실로 보아야 할 것이다.

3. 이미지즘의 수용과 변형

모더니즘은 당대 현실에 대한 위기의식과 현실에 대한 부정의 세계관으로 생성된 미학 이념이다. 따라서 거기에서 사회성을 탈각시킬 경우 그것은 기법 위주의 형식주의로 탐닉할 위험성을 가지게 된다. 1930년대의 한국 모더니스트들은 시의 내용보다는 대상을 감각적으로 표현하는 방법에 심혈을 기울였는데, 그러한 일반적 흐름과는 달리 김광균은 독자적인 시적 개성, 곧 자신의 정서와 시적 의장을 결합시키려는 열정을 가진 시인이었다. 김광균에게 모더니즘은 자신의 그러한 비애와 소외를 방법적으로 그려내는 일종의 미적 의장이었다고 할 수 있다. 물론 이미지는 실체의 단순한 모사나 재생으로는 형성되지 않는다. 설사 이미지가 대상을 충실히 모사하는 것에 목표를 둔다고 하더라도 시 속에 형상화된 이미지는 시인 스스로 주관적 목적에 의해 선택되고 상징적 조작을 거쳐 배열된 것이다. 이러한 선택, 배열, 변형 등 이미지 형성의 일련 과정에 결정적으로 개입하고 있는 것은 말할 것도 없이 시인 자신의 주관이다. 현상학적으로 이야기하면 시인의 의식은 언제나 '어떤 것에 대한 의식'으로서의 지향적 의식이다. 따라서 시 속에 나타나는 이미지는 대상과 의식의 복합물로 보아야 한다. 이럴 경우 그간 문학사에서 뛰어난 이미지를 구사했다고 평가받아온 김광균의 감각적, 이국적 이미지는 시인의 주관적 정서 및 의식을 담아내는 그릇으로서, 그리고 시대 현실과의 유추적 관련성을 보여주는 거울로서의 기능이 강했다고 할 수 있을 것이다.

카―네슌이 허터진 石壁 안에선
개를 부르는 女人의 목소래가 날카롭다

동리는 발밑에 누어
몬지 낀 揷畵갗이 고독한 얼골을 하고
露台가 바라다보이는 洋舘의 집웅 우엔
가벼운 바람이 旗幅처럼 나브낀다

한낮이 겨운 하늘에서 聖堂의 낫종이 굴너나리자
붉은 노―트를 낀 少女 서넛이
새파―란 꽃다발을 떠러트리며
해빛이 퍼붓는 돈대 밑으로 사라지고

어듸서 날너온 피아노의 졸닌 餘韻이
고요한 물방울이 되여 푸른 하늘에 스러진다

牛乳車의 방울 소래가 하―얀 午後를 실고
언덕 넘어 사라진 뒤에
수풀 저쪽 코―트 쪽에서
샴펜이 터지는 소래가 서너 번 들녀오고
겨오 물이 오른 白樺나무 가지엔
코스모쓰의 꽃닢갗이

해맑은 흰구름이 쳐다보인다

—「산상정(山上町)」 전문

이 시는 '양관(洋舘)', '성당(聖堂)', '피아노', '샴펜' 등 이국적 이미지들이 내적 필연성 없이 환상적으로 구성된 하나의 화폭이다. 객관적인 이미지 조형에 노력한 시편이라고 보기에는 이국정조가 미화되어 있고, 시인 스스로 살았던 현실과 아무런 유추점도 주지 못하는 작위적 현실이 되고 말았다. '산상정(山上町)'은 그가 신혼 생활을 한 군산의 한 지명인데, 시인은 거기서 구체적인 로컬리티보다는 식민지 도시의 일반적인 애상적 이미지를 구축하였다. 이 점, 시적 구체성에서 한계로 지적될 만하나, 여전히 그는 도시 문명이 가져다주는 이물감과 시적 주체의 부적응성을 감각적으로 잘 전달하고 있다.

비인 방에 호올노
대낮에 體鏡을 대하여 안다

슬픈 都市엔 日沒이 오고
時計店 집웅 우에 靑銅 비듥이
바람이 부는 날은 구구 우렀다

느러슨 高層 우에 서걱이는 갈대밧
열없은 標木 되여 조으는 街燈
소래도 없이 暮色에 저저

열븐 베옷에 바람이 차다
마음 한구석에 버래가 운다

황혼을 쪼처 네거리에 다름질치다
모자도 없이 廣場에 스다

—「광장(廣場)」전문

이 작품 역시 경험적 구체성과는 무관한 시적 의장으로 가공된 풍경화이다. 대낮에 홀로 방에 앉아 거울을 마주하고 있는 시인은 밀폐감에 의한 슬픔을 토로하고 있다. 사실 '비인 방'의 사물은 외계와의 통로가 차단된 폐쇄적 이미지를 가지고 있다. 거기서 거울을 마주보고 있는 시인은 무력감에 빠져 있는 자아를 대면하고 있다. 그것은 자기성찰이라는 능동적 자아 찾기와는 무관한 의미 없는 행위일 뿐이다. 2연에서 그는 '청동(靑銅) 비듬이'라는 시적 상관물로 표상된다. 시인은 슬픔에 못 이겨 방으로부터의 외출을 꾀한다. 이상의「날개」나 박태원의「소설가 구보 씨의 일일」에 빈번한 모티프로 나오는 외출 이미지와 산책 이미지가 이 작품에 그대로 관류한다. 이 시인의 또 다른 작품「창백(蒼白)한 산보(散步)」에서도 이어지듯이, 그것은 소통의 또 다른 주체로서의 타자 부재의 인식과 자신을 둘러싸고 있는 환경과의 부적응성의 좌증이다. 따라서 그가 도달한 '광장(廣場)'도 타자를 회복할 수 있는 생성적 공간은 되지 못하고, 그저 마음 한 구석에서 벌레가 우는 황량한 공간일 뿐이다. 그러한 결핍 또는 부재의 시적 인식은 다음 작품에서 가장 뛰어난 형상을 얻는다.

落葉은 포―란드 亡命政府의 紙幣
砲火에 이즈러진
도룬市의 가을 하날을 생각케 한다
길은 한 줄기 구겨진 넥타이처럼 푸러저
日光의 폭포 속으로 사라지고
조그만 담배 연기를 내어 뿜으며

새로 두시의 急行車가 들을 달린다

포프라 나무의 筋骨 사이로

工場의 집웅은 힌니빨을 드러내인 채

한 가닭 꾸부러진 鐵柵이 바람에 나브끼고

그 우에 세로팡紙로 만든 구름이 하나

자욱―한 풀버레 소래 발길로 차며

호을노 荒凉한 생각 버릴 곳 없어

허공에 띄우는 돌팔매 하나

기우러진 風景의 帳幕 저쪽에

고독한 半圓을 긋고 잠기여 간다

―「추일서정(秋日抒情)」 전문

　자연 그대로의 사상(事象)이 아닌 조형적 형상이 이 작품에서도 그 면모를 드러낸다. 사실 이미지스트의 시는 시각적 이미지를 중요시하기 때문에 표현에 크게 제약을 받는다. 그것은 시의 한 요소는 될 수 있을지언정 인간 경험이라는 그 복잡한 전체를 표현하기에는 한없이 부족하다. 시각적 이미지 위주의 시가 간단한 풍경의 스케치 같은 인상을 줄 뿐, 내면적으로 깊은 감동을 주지는 못하는 이유가 거기에 있다. 또 시가 선명한 시각적 영상만을 강조할 때, 시의 기능이 축소되어 묘사로 치우치고 사상성이 배제될 수 있기 때문이다. 이미지즘의 시가 교묘하게 채색된 회화가 되거나 또는 몇 장면의 연속된 인상의 투영도가 되어, 독자는 시인의 묘사의 기술과 언어의 구사에 감탄은 할지언정, 사상과 감정이 일체가 된 인간의 깊이 있는 체험 세계에는 참여할 수 없는 이유도 거기에 있을 것이다. 하지만 이 작품은 그러한 사상성의 약화에도 불구하고 시각적 이미지를 통한 도시 문명의 정서적 비판에 일정하게 성공하고 있다.

　이 시편은 돌연하면서도 이국적인 비유로 시작된다. '낙엽(落葉)-지폐(紙幣)'의 은유적 전이는 시편의 제목인 가을에 대한 시인의 기본적 태도를 드러내준다. 이 첫 부분은 1939년 9월 1일 독일의 폴란드 침공과 점령이라는 역사적 사실과 관련되어 있다. 이 침공은 처참한 제2차 세계대전의 시작을 의미하는 것인데, 여기에서 '망명정부(亡命政府)의 지폐(紙幣)'란 화폐로서의 생명을 잃은 무가치성을 말한다. 이 상실감은 '포화(砲火)에 이즈러진 / 도룬시(市)의 가을 하날'이 빚어내는 황폐감과 결합되어 이 작품에 특유의 메마르고 황량한 분위기를 만들어낸다.

시의 둘째 부분(4행-7행)은 두 개의 문장, 두 개의 장면 곧 '길'과 '급행차(急行車)'의 상황으로 이루어져 있다. 길은 풀어져 있고 사라져가고 있는데, 이는 시인의 눈앞에 펼쳐진 길이기도 하지만 자신의 삶의 상황 곧 소멸의 이미지를 나타내기도 한다. 급행차는 존재의 급박한 상황을 암시하고, 멀리서 바라본 조그만 담배연기 같은 기차 연기 역시 소멸을 본성으로 하고 있다. 이 부분에서는 특히 '새로 두시'라는 대목이 눈에 띄는데, 이는 하루 중의 때늦은 시간 오후 두 시를 가리키기도 하고, 달리는 기차처럼 빨리 흘러가버리는 시간에 대한 강박관념을 환기하기도 한다. 셋째 부분은 포플라 나무, 공장, 구름 등의 황량한 풍경인데, 이 역시 도시의 현대문명이 주는 황폐감과 상실감을 짙게 드리우고 있다. 특히 '근골(筋骨)', '니빨', '철책(鐵柵)' 등의 물리적 이미지로 삭막함을 강조하고 있다. "세로팡紙로 만든 구름이 하나"라는 표현은 인간의 꿈마저 인위적 이미지로 변화시키는 현실의 모습을 은유적으로 보여준다. 넷째 부분에서는 앞서 제시된 눈앞의 풍경에 대해 시인이 어떤 행위를 보여주려 한다. 그것은 황량감, 상실감의 정서가 행위화한 표현이다. 시편의 화자는 풀벌레 소리 들리는 풀섶을 공연히 차보는가 하면 허공에 돌팔매를 던져보기도 하는데, 돌팔매는 황량하고 쓸쓸한 느낌의 여운을 남기며 반원을 그리고 사라져간다. 궁극적으로 이 시편은 '기우러진 풍경(風景)' 속에서 인물마

저도 황량한 풍경의 일부가 되어 흔적도 없이 스러져가는 순간을 표현하면서, 모든 존재들이 소멸되어가는 가을의 공간에 대하여 우울하게 묘사한 풍경화라 할 것이다. 이같이 이미지 위주로 쓴 그의 시편에서도 시적 주체의 소시민적 부유의식은 공통적으로 나타나고 있다.

여기서 우리는 김광균이 방법적으로 채택해온 이미지즘의 한국적 변용이 그의 뛰어난 언어 구사 솜씨와 역사적 문맥 속에서의 비애의 정조로 구체화되어 나타났다고 말할 수 있다. 그래서 김광균 모더니즘 시학의 의미는 한국 근대시에 시의 방법적 자각을 일깨우고 당대의 서정적 충동을 감각적으로 언어화하는 데 성취를 거두고 있다는 것으로 모아질 수 있을 것이다. 그 점에서 그의 시를 1920년대 낭만주의의 계승이라고 보는 시각은 시에 나타나는 주조로서의 정신적 문맥만을 추출하여 그것을 환경과의 매개적 범주로 해석하지 않고 전대와 등치시킨 인식의 오류인 것이다.

이제까지 우리는 김광균이 1930년대에 창작했던 작품들이 가지는 세계 인식과 창작방법의 관련 양상을 살폈다. 그것은 그동안 모더니즘의 실천적 기수로만 긍정적 평가를 받아왔거나 아니면 감상 과잉의 엘레지 시인으로 평가받아왔던 것을 반성적으로 검토하여 그의 비극적 세계 인식이 사실은 식민지 시대의 타율적 도시화에 따른 일방적 소외와 상실 의식을 방법적 이미지즘에 의해 형상화한 시적 전략이었다는 것으로 요약할 수 있다. 상실 의식의 외화로서의 감각적 이미지 수용, 그 보상으로서의 비극적 세계 인식, 실체의 미적 변용으로서의 감각적 이미지, 이국적 이미지 사용이라는 축들로 그의 세계가 구성됨을 알 수 있었다. 언어의 관습성에 대한 미적 저항 역시 그의 문학사적 몫이라 여겨진다. 그의 이러한 이념적 비판 의식은 그의 시에서 감각적인 문명 비판적 성격으로 표출된 것으로서, 따라서 우리는 김광균 시편들이 전해준 공허감, 타자 부재, 상실 의식이 당대의 시적 주체들이 겪은 시대적 비애에서 유래한 것임을 적극 재해석해야 할 것이다.

4. 보유

다음 제시하는 대담 자료는, 이번에 새로이 발견한 정말 희귀하고도 가치 있는 텍스트이다. 이미 카프 좌장으로 문단에서 그 영향력과 인지도를 크게 쌓아올렸던 임화가 모더니즘의 신진에서 막 중견으로 넘어가는 위치에 있던 김광균과 대등하게 대담을 나눈 것 자체도 놀랍지만, 비애와 회감의 정서로 일관했던 모더니스트 김광균에게 이러한 논객적인 면모가 있었다는 점이 다른 한편 놀랍기도 하다.

두루 알려져 있듯이, 일제 말기의 임화는 자신의 내적, 외적 행동의 준거였던 카프가 해소되는 시기를 맞아 자신의 이론과 창작에서 커다란 전회를 시도한 바 있다. 그것은 이른바 '낭만 정신'으로 대표되는 시적 변화, 그리고 문학사 서술이라는 논리적 이월로 나타난다. 여기에는 식민지 파시즘에 맞닥뜨려 새로운 고투를 치러내는 임화만의 우울하고도 정직한 태도가 반영되어 있다. 이를테면 그때 임화는 "아무 곳으로도 길이 열리지 않는 암흑한 계곡"(「암흑의 정신」)에서 "새로운 심정으로 문학을 다시 시작"(「어떤 청년의 참회」, 『문장』, 1940. 2.)할 수밖에 없는 내외적 환경을 맞이했던 것이다. 그는 시집 『현해탄』에서 '현해탄'이 가지는 양가적 운명을 노래하였는데, "시인의 입에 / 마이크 대신 / 재갈이 물려질 때, / 노래하는 열정이 / 침묵 가운데 / 최후를 의탁할 때"(「바다의 찬가」), '시'와 '정치' 사이에 날카로운 접점이 풍부하고도 구체성 있게 형성될 수 있다는 유력한 실례를 보여주었다. 그에게 '현해탄'이란 식민지 지식인의 근대 체험 통로로서의 의미와, 식민 모국에 저항할 수 있는 마르크스주의를 유입하는 경로로서의 의미를 띠었다. 그가 "리얼리티란 결코 일개 죽은 언어가 아니다. 개인과 현실과의 항쟁의 진실성! 고조된 열도 속에 만들어지는 인간적 운명의 박진성, 그것을 리얼리티라 부른다."(「현대문학의 정신적 기축」, 『문학의 논리』, 학예사, 1940)고 선언할 때 이러한 '현해탄'

의 이중성은 더욱 풍부하게 나타난 것이다. 그리고 그가 이 시기에 꿈꾸었던 민족문학 개념은 민족의식의 자각과 민족어의 통일적 형상이라는 문화적 조건 없이 성립할 수 없는 '근대문학'으로서의 내포를 띠는데, 그런 의미에서 그가 제창한 '낭만 정신'이라는 것도 낭만주의의 현실 일탈적 환(幻)의 성격보다는 역사와 현실의 발전에 대한 신뢰의 표현이라 할 것이다.

그런가 하면 김광균은 첫 시집 『와사등』을 오장환이 경영하던 남만서점에서 1939년 8월 1일에 출간하였다. 그리고 1940년 2월에는 「서정시의 문제」라는 문제적 아티클을 『인문평론』에 실으면서 모더니즘의 한편에서 일종의 대표성을 가지면서 논쟁적 면모를 보이고 있음을 알 수 있다. 이 글에서 김광균은 "오늘 우리가 가장 큰 관심을 가지고 대할 문제 중의 하나로 '시가 현실에 대한 비평정신을 기를 것'이 있다. 이것이 현대가 시에게 요구하는 가장 긴급한 총의(總意)이겠다."라고 말하였는데, 그만큼 그에게 '비평정신'이란 매우 중요한 문학적 태도 가운데 하나였던 것이다. 아닌 게 아니라 김광균은 해방 직후에 매우 중요한 논객으로 활동한 시인이다. 모더니즘 시운동을 회화와 결부시켜 소개한 글을 비롯하여 다소 논쟁적인 글도 여러 편 씀으로써, 그는 좌우의 격렬한 논쟁 구도 속에서 자신만의 개성적인 논리적 목소리를 발화한 중요한 비평가이기도 하였다. 이 점, 이번에 출간될 전집에 중요하게 갈무리되어 있는 평문들로 입증되리라 생각된다. 어쨌든 이러한 시대적, 체질적 배경 속에서 진행된 이 대담 자료는 우리에게 흥미로운 당대의 몇 국면을 선명하게 보여준다 할 것이다.

'경향파와 모더니즘'이라는 부제를 단 대담 첫 회 연재분에서 김광균은 시종 모더니스트답게 "새로운 맛"을 강조하고 있고, 임화는 놀랍게도 "구체적으로 感受할 수 있는 그 어떠한 感銘"의 문제가 중요하다는 의외로운 언급을 한다. 그리고 김광균이 "모던이즘의 明朗性"이 소진된 것에 대한 아쉬움을 표하자, 임화는 "작품 자체가 堅實한 永續性

을 가져야 될 것"을 주문함으로써 일종의 고전주의적 면모를 보여주기도 한다. 두 사람의 모더니즘에 대한 견해는 이처럼 김광균이 '새로움'과 '명랑성'을 중시함으로써 그것이 퇴색한 것에 대한 비판적 진단을 내린 반면, 임화는 '구체성'과 '영속성'을 강조함으로써 새로움만을 좇는 것에 대해 일정하게 경계하는 모습을 보여준 것으로 요약된다. 그리고 그 다음으로 특이한 것은 '경향시'에 대한 임화의 질문에 대해 김광균이 "경향시가 技術的으로서는 최근의 작품보다 拙劣했던 것은 사실"이지만, "激烈한 生活의 行爲에서 나온 자기의 '모랄', 자기의 倫理를 追窮한다는" 태도에서는 최근 시인들이 배울 점이 많다는 점을 강조한 점이다. 사실 김광균이 초기에 카프시에 비견되는 시편들 예컨대 「실업자(失業者)의 오월(五月)」(『대중공론』, 1930. 6.)이나 (「소식(消息)-우리들의 형(兄)님에게」, 『음악과 시』, 1930. 8.) 등을 쓴 것으로 미루어보면, 그가 경향시에 대해 일정하게 우호적일 개연성은 경험적으로 크지만, 경향시에서 최근 시인들이 본받아야 할 요소로 '모랄'의 문제를 들고 나온 것은 이 장면이 김광균 시학의 중요한 구심으로 비칠 개연성을 제공한다고 할 수 있다. 그리고 임화는 김기림이 강조한 '기교주의(技巧主義)와 내용주의(內容主義)의 조화(調和)'에 대해 언급을 이어나가면서, 경향시와 모더니즘의 총합을 기도했던 김기림의 기획을 "기교주의에 대한 하나의 反省"으로 해석하고 그 실례를 "죽은 李箱"에서 찾는다. 임화는 이상이 정지용이나 김기림과는 판이하다면서 "기교주의를 역사적으로 반성하는" 세계를 보였다고 긍정적으로 갈파한다. 김기림이 이미 말한 바 있는 "최초의 모더니스트 정지용, 최후의 모더니스트 이상"에 준하는 발언이라 할 수 있을 것이다. 어쨌든 김광균이 이상을 '데카당티즘'으로 해석한 반면, 임화는 '모던이즘'에서는 찾아볼 수 없는 세계를 이상에게서 찾으면서, 기교주의에 대한 통렬한 반성적 사례로 평가하는 장면이 이채롭다.

그 다음 연재분에서 두 사람은 일종의 세대론을 이어간다. 이는 아마도 당시 문단 전체에서 일어났던 논쟁, 곧 유진오로 대표되는 기성 세대와 김동리로 대표되는 신세대 간의 논쟁을 후경(後景)적 구도로 삼은 것이라 할 수 있다. 임화는 당시 신진들이 "고독과 비애로서 充滿"해 있다면서 그 까닭을 그들이 돌아가야 할 "華麗한 過去"를 가지지 못했고, 그 점에서 경향시나 모더니즘의 세례를 받은 자신들 세대와는 다르다고 진단한다. "마음의 故鄕"이 없기 때문에 그저 그들이 고독과 비애 속에 침잠했다는 것이다. 하지만 김광균은 모더니스트답게 "현대에 執着하고 거기서 前進하든가 退却하든가 하는 길밖에 없는 것은 신세대의 자랑할 수 있는 資格"이라고 반문하면서, 그들이 가진 "현실을 享受하는 態度의 차이"에 주목한다. 임화 역시 "시대에 대한 순수한 체험은 확실히 신세대의 强點"이라고 맞장구를 치면서도, 그는 "신세대가 현대에서 물러서고 있는 것은 아직 그들이 자기의 체험을 하나의 精神에까지 組織化하지 못한 때문"이라고 분석한다. 이러한 언급은 김광균이 20세기를 "摸索과 실험의 세기"라면서 New Country 운동에 대한 적극적인 관심을 표명하면서 어느 정도 그들 사이의 접점을 찾게 된다. 말하자면 '경향시와 모더니즘'의 대화답게 그들은 '현실'을 인식하는 태도에서 당대의 순수서정이나 민족주의적 열정보다는, 현실을 적극적으로 감수하려 했던 경향시적 기율과 표현상의 미학적 세련을 추구했던 모더니즘적 기율의 결합을 소망했던 것이다.

마지막 연재분에서는 임화 특유의 문학사적 감각이 빛을 발한다. 그는 현대시가 재래 전통문학에서 받은 영향이 있느냐는 김광균의 질문에 다음과 같이 답한다.

遺産보다도 전통문학과의 關係가 더 긴급하겠지요. 조선의 新詩가 영향을 받은 외국시는 內地文壇을 통해서 輸入된 歐羅巴詩일 것입니다. 누구는 時調에서 신시가 받은 영향이 많다고 하였는데 이것은 잘못 안 것이라고 생각합니다. 신시의 선구는 唱歌입니다. 讚頌歌나 學徒歌나 校歌 같은 것 말입니다. 그리고 창가는 李朝時代의 歌詞에다가 西洋曲을 붙이는 데 시작된 것입니다. 그러므로 신시는 전통문학보다도 서구시의 영향에서 誕生한 것입니다.

임화는 "個人的인 곳에서 社會的인 곳으로 移動한 것이 즉 19세기 이후 신시가 開拓한 境地일 것"이라며 그 특유의 이식문학론을 이어 나간다. 물론 우리는 그의 이식문학론이 당위적 차원이 아니라 실재적 설명 구도 차원에서 나온 것임을 잘 알고 있다. 그러한 견해가 그 나름의 실물적 적실성을 얻고 있음이 이 자료의 여러 언급에서 입증되고 있는 것이다. 그리고 이들 논의는 상징주의나 당대의 동인지들로 넘어간다.

이처럼 이 대담 자료는 경향시의 거장 임화와 모더니즘의 중견으로 진입하던 김광균 사이에 벌어진 매우 중요한 실물적 논의라고 할 수 있다. 여섯 살 터울의 선후배가 대등하게 벌인 이 대담에서 우리는 '경향시', '모더니즘', '현실', '새로움', '명랑성', '윤리', '전통' 등의 차원에 대한 유력한 대표적 견해들을 엿들을 수 있을 것이다. 물론 '대담'이라는 형식적 제약, 그리고 분량상의 제약 등 심층적 논의에 이르기에는 여러 모로 아쉬움이 있는 자료이지만, 이 대담은 일제 말기 우리 시사의 구도와 지형을 일별하는 데 매우 중요한 자료로 거듭 읽힐 것이다. 그 점에서 매우 중요한 발굴 자료가 아닐 수 없다. 다음은 자료 전문이다.

문단 신년의 토픽 전망 – 임화·김광균 대담회
시단의 현상과 희망(상)
경향파와 모더니즘

金光均: 『望鄕』, 『太陽의 風俗』, 『촛불』 등 시집을 최근에 읽었는데, 전보다 새로운 맛이 적더군요. 다시 말하자면 시대의 距離를 느끼게 되요.

林和: 구체적으로 感受할 수 있는 그 어떠한 感銘이 없단 말이지요.

金: 물론 한 시대 전 것에 비해서는 확실히 새로웠으나, 요즘에 읽으면 역시 그것조차 모던이즘의 明朗性이란 것도 벌써 그대로 享受되지 않습니다. 이것은 아마도 所謂 詩精神의 變遷이라는 것이 아닐까요?

林: 그야 어느 시대를 물론하고 새로운 詩가 나올 때는, 전 시대의 것보다는 新鮮한 것이 사실입니다. 그러나 이것을 수년 후에 다시 읽어도 발표 당시의 新鮮 潑剌한 감명이 있게 하자면 무엇보다도 작품 자체가 堅實한 永續性을 가져야 될 것입니다.

金: 그러니까 時代性이란 것에 있어서 健康 문제가 論爲될 수 있겠지요.

林: 물론입니다. 그런데 형식의 신선미에 비해서 內容의 强固는 어떻게 생각하십니까?

金: ○○서 나는 작자가 작품을 취급하는 態度부터 判異해졌다고 느꼈습니다. 즉 얼마 전만 하더라도 시인들은 감정이나 정서 그대로가 詩였습니다만 최근에 와서 시인은 一步 나아가 일단 받아들인 것을 한번 分析한 연후에 再綜合하는 것이 아닐까 이렇게 느꼈습니다.

林: 芝溶이나 李箱이나 片石村보다 한 시대 前 것은 어때요?

金: 그저 骨董品的인 아름다움뿐이지 뭐 별로…….

林: 巴人의 詩를 요즘에 읽으면 어떻습니까?

金: 『國境의 밤』 前後의 것에서는 당시의 그 어떠한 時代的인 呼吸을 느끼고 얼마간 感動할 수도 있지만, 그 이후의 작품에 있어서는 정말이지 아무러한 感激도, 느낌도 얻을 수 없더군요.

林: 몇해 전에 傾向文學이 한참 旺盛하던 시절에 발표되던 소위 傾向詩라는 것은 어떻게 생각하십니까?

金: 경향시가 技術的으로서는 최근의 작품보다 拙劣했던 것은 사실입니다. 그러나 작자가 늘 激烈한 生活의 行爲에서 나온 자기의 '모랄', 자기의 倫理를 追窮한다는 — 즉 作詩態度에 있어서는 今日의 시인은 배울 점이 많다고 생각합니다.

林: 片石村이 언젠가 『人文評論』에서 '技巧主義와 內容主義의 調和'란 말을 썼는데, 그건 어떻게 생각하십니까?

金: 허허, 이건 對談會가 아니라 一問一答會군요.

林: 아따, 아무럼 대수요, 그저 서로 얘기하면 그게 대담회지.

金: 글쎄—. 그것은 아무래도 '모던이즘'에 있어서 言語의 技巧와 또는 社會詩에 있어서 社會性이 서로 '타이업'되어 나간다는 말을 한 것 같은데, 내 생각 같아서는 같은 사회성에 있어서도 '리베랄리즘'인 것과 傾向的인 것이 다를 것 같아요. 좀 더 사회성이란 것에 대해서 그 내용을 충실히 規定해주었으면 좋겠더군요.

林: 이러한 提唱은 기교주의에 대한 하나의 反省이 아닐까요? 기교주의와 내용주의의 조화를 의미한다는 結論부터서 뒤집어 생각해본다 하더라도 반성의 제창이라고 할 수가 있지 않을까요?

金: 그렇죠. 그렇게도 생각할 수 있지요.

林: 그런데 과연 기교주의의 반성은 누구에게서 시작했을까? 즉, '反省하는 詩人'은 누굴까?

金: …….

林: 죽은 李箱이가 아닐까?

金: 글쎄 그렇게도 생각할 수 있지요. 그의 晩作「危篤」前 것에서 느끼는 것 같은 것은 확실히 現代靑年의 生活追求의 所産이라 할 수 있지요.

林: 李箱은 片石村이나 芝溶과는 확연히 다르죠. 그가 시험한 것은 기교주의적 詩風에 대한 反撥은 아니었을까요?

金: 태도에 있어서 전체적으로 自意識의 分裂이었고, 絶望하는 思想의 苦悶이었다고 나는 생각합니다.

林: 말하자면 李箱의 詩는 기교주의를 역사적으로 반성하는 미○적인, ○○○적인 작품이 아닐까요?

金: 李箱은 시대나 생활에서 不安을 느끼고 혹은 ○○를 ○고서 '데카당티즘'으로 떨어진 시인이지요. 그러나 이 시인의 '데카당티즘'은 아주 ○○해버린 그것이 아니라 늘 향상을 ○○하고 계획하는, 말하자면 향상하려는 '데카당티즘'이지요. 이 점에 있어서 風景이나 혹은 '이메-지'의 新鮮만을 취한 '모던이즘'과는 구별되어야 할 것입니다.

林: 본시 '이메-지'의 新鮮이 '모던이즘'의 '프린시플'이니까―그러나 李箱의 '데카당티즘'을 가지고 向上的인 것이었다고 速斷할 수는 없지 않을까요? 그에게 있어서는 '잃어버린 人間이 恢復될 可能性'이 보이지 않았지요. 그보다도 李箱에게는 '모던이즘'에서는 볼 수 없는 슬픈 悲哀가 있었지요.

金: 물론 李箱의 시에서는 '슬픈 悲哀'를 더 많이 찾을 수가 있습니다. 그러나 그 속에도 이유 없이는 울지 않는 明朗한 一面이 있지 않을까요?

林: 비애 이야기가 나왔으니 말이지만 최근에 발생되는 시를 보면 擧皆가 孤獨과 비애를 읊은 것들뿐이더군요.

金: 그것도 生理的인 것으로부터 오는 고독이나 비애가 아니지요.

林: 吳章煥이나 李庸岳 같은 이의 작품을 읽을 때 우선 느끼는 것은 명랑성의 缺如에요. 그래도 경향시나 '모던이즘'시는 지금 비해서 여간 명랑한 것이 아니었지요.

金: 경향시는 명랑했다기보다도 懷疑 이전의 생리적 健康이지요.
林: 그러니까 기교주의의 건강성이 '모던이즘'의 명랑성이 ○○들어서 비애의 세계로 들어왔다고 할 수 있지요.

(조선일보, 1940. 1. 13.)

시단의 현상과 희망(중)
이 시대의 성격과 정신

林: 요즘 등장하는 신인들의 작품이 대개 고독과 비애로서 充滿하여 있다는 데는 이러한 근거를 들 수 있지 않을까요? 그들 신인은 일찍이 華麗한 過去를 가지지 못하였다는 것입니다. 그러므로 같은 현대에 直面하고 있는 시인으로서도 경향시나 '모던이즘'의 洗禮를 받고온 사람은 만일의 경우에는 다시 한 번 과거로 돌아갈 수 있으나 그러한 소위 마음의 故鄕을 갖지 아니한 新人은 그저 고독하고 漠漠하고 비애만을 갖게 되는 것입니다. 이 점에서 나는 오늘의 신인들이 체험하고 있는 切迫한 심정에다 일종의 期待를 갖습니다.

金: 좌우간 지금의 시인들이 과거를 못 가졌다는 것은 확실한 損失이지요. 그러나 과거로 돌아갈 수 없는 대신 현대에 執着하고 거기서 前進하든가 退却하든가 하는 길밖에 없는 것은 신세대의 자랑할 수 있는 資格이지요.

林: 그렇습니다. 이 점에서 나는 '만하임' 같은 사람의 말을 재미있게 생각합니다. 民族精神은 遺傳되고, 時代精神은 習得되고, 世代精神은 體驗을 통해 形成된다는데, 새로운 體驗을 위하여는 항상 새로운 背景이 필요한 것입니다. 현재 우리의 신세대라고 볼 사람들도 5,6年 前과는 확실히 다른 環境에서 산다는 것은 사실입니다.

金: 그러나 30년대의 시인들과 우리가 사상이나 感情이나 感覺이 근본적으로 다르다고는 할 수 없지 않을까요? 그러나 30년대에 나온 이들과 그 뒤에 나온 사람들과의 사이에 현실을 享受하는 態度의 차이가 있음은 사실이겠지요.

林: 시대적인 希望 '쎈스'나 思考方式의 差異 같은 것이겠지요. 그러니까 文學上에서 이런 차이를 世代의 形式을 빌려 이야기할 수 있습니다.

金: 장래에는 문학정신이나 世界觀上의 차이에까지도 발전할 수 있을 것입니다.

林: 그러므로 시대에 대한 순수한 체험은 확실히 신세대의 强點일 것입니다. 언젠가 徐寅植氏가『朝鮮日報』학예면에서 "인제 舊世代는 갈 데로 갔다. 그러므로 그들은 不可避的으로 현대를 낡은 입장에서 생각하게 된다."고 말하였는데 傾聽할 의견이라고 생각했습니다. 오늘의 신세대가 현대에서 물러서고 있는 것은 아직 그들이 자기의 체험을 하나의 精神에까지 組織化하지 못한 때문이지요. 그러므로 신세대의 정신적 成熟을 促進하고 助力하는 것은 구세대의 성실한 義務의 하나일 것입니다.

金: 그렇습니다. 그러므로 우리가 구세대에 바라는 것은 전시대의 遺産을 整理해서 신세대의 정신적 自己形成의 土臺를 준비해주었으면 하는 것입니다.

林: 그러므로 신세대의 정신적 내용이 貧弱하다고 그냥 ○○을 懷疑하는 것은 구세대의 일종의 怠慢입니다. 구세대가 그 이상 더 나갈 수 없는 어떤 障壁에 當面했을 때 그것을 變改할 만한 雰圍氣가 釀成되는 것을 보고 이것을 적극적으로 받들고 바르게 引導하는 것은 誠實한 문학자의 태도라고 생각합니다.

金: 물론 그렇습니다. 그러므로 신세대로 비록 기술적으로는 未熟하다고 하더라도 眞摯하게 現代를 살아가려는 ○神을 떠나서 좋은 作을 쓰려고 해서는 안 될 것입니다.

林: 그리고 이것은 좀 딴 문제입니다만 현대시에서 形式的 完成이 가능할까요? 즉 말하자면 20세기 詩의 古典이 될 수 있는 美라든가

金: 글쎄요.

林: '괴-테'의 詩라든가처럼 完成된 形式의 美 말입니다.

金: 어렵겠지요. 시인이 하루바삐 自己思想의 位置를 確定하고 거기에 安住하기 전에는, 말하자면 混沌된 시기에 있어서는 완성된 형식미는 바라긴 어려울 것 같습니다. 小說 같은 것은 20세기의 소설이라고 評價할 수 있는 일종의 典範이 있으나 시는 그렇지 못하지 않아요. 아마 이 점에 현대시의 困難이 있을 것입니다. 그러므로 역시 현대시는 不斷한 實驗過程을 걸어가야 할 것 같습니다. 20세기는 實驗의 세기라고 하지 않아요? 어떠한 의미에서이고 현대는 摸索과 실험의 세기라고 생각합니다. 이 점에 있어 나는 英國의 (New Country) 일파운동을 특히 의의 있는 운동이라고 생각합니다. 기회만 있으면 이 운동 全貌를 소개하여 새로운 ○○도 試○하고 싶습니다. 아마 영국 같이 시의 전통이 강한 나라는 세계에 드물 것입니다. 그럼에도 불구하고 30년 ○○에 '오-텐', '스펜서', '데이·루이스' 등을 중심으로 시단에 있어서 세기적인 운동인 (New Country)운동이 이러났다는 것은 지금의 우리로서는 여간 주목할 점이 아니라고 생각합니다. 언제나 근본적으로 새로운 정신이 발견되어야 형식이고 내용이고 救出될 것입니다.

(『조선일보』, 1940. 1. 16.)

시단의 현상과 희망(하)
쌤볼리슴 · 동인지

金: 그런데 임 선생은 현대시가 在來 傳統文學에서 받은 影響이 있다고 생각하십니까?

林: 遺産보다도 전통문학과의 關係가 더 긴급하겠지요. 조선의 新詩가 영향을 받은 외국시는 內地文壇을 통해서 輸入된 歐羅巴詩일 것입니다. 누구는 時調에서 신시가 받은 영향이 많다고 하였는데 이것은 잘못 안 것이라고 생각합니다. 신시의 선구는 唱歌입니다. 讚頌歌나 學徒歌나 校歌 같은 것 말입니다. 그리고 창가는 李朝時代의 歌詞에다가 西洋曲을 붙이는 데 시작된 것입니다. 그러므로 신시는 전통문학보다도 서구시의 영향에서 誕生한 것입니다.

金: 신시에 있어서 行을 뗀다든지, 聯을 나눈다든지 하는 것은 결국 서구의 '쌈보리즘'에서 배웠고 또한 아직 '쌈보리즘'의 형태에서 벗어나지 못하고 있지 않아요.

林: 그것은 사실일 것입니다.

金: '쌈보리즘' 이후에는 시대를 特定지을 만한 固有한 형식을 못 가졌다는 데 20세기 詩形式의 약점이 있고, 조선의 시가 '쌈보리즘'에서 더 발전 못한 것도 여기 原因이 있겠지요.

林: 最近年엔 약간 '폴말리즘'의 영향을 받았으나 역시 壓倒的으로 영향을 준 것은 아무래도 '쌈보리즘'일 것입니다. 그런데 이것은 우스운 소리지만 현대의 詩人은 왜 戀愛詩를 못 쓸까요?

金: 前 시대의 연애나 현대의 연애가 내용이 달라진 때문이 아닐까요?

林: 그런 점도 있을 것입니다만 전체로 19세기 이후 詩가 인간의 幸福을 노래하는 데서 떠난 때문이겠지요. 연애는 인간적 행복의 중요한 것의 하나니까 입니다. '괴-테'가 행복을 노래하여 세계 시인이 된 대신 그는 苦惱를 노래했습니다.

金: 연애보다도 더 切迫한 것 즉 時代라든가, 人間이라든가, 그들의 葛藤이라든가가 詩的 思考의 對象이 된 때문이겠지요.

林: 그렇습니다. 그런 의미에서 個人的인 곳에서 社會的인 곳으로 移動한 것이 즉 19세기 이후 신시가 開拓한 境地일 것입니다.

金: 그리고 현대 시인이 抒情을 못 쓰는 것은 결국 經濟的인 變動에서

起因한 것이리라고 생각합니다. 즉 安逸한 生活精神이 喪失되고, 거기에 따라서 인간의 감정이나 정서가 複雜해지고 暗鬱해졌으니까 자연히 시인이 대상에서 보고 느끼는 角度가 달라진 것이겠지요. 이제부터라도 抒情詩가 다시 ○○을 ○○하자면 시인은 우선 自己存在에 不安을 느끼지 않고, 이를 내다볼 수 있는 透明한 정신이 定立되어야 할 것입니다.

林: 이것은 딴 이야기입니다마는 요즘 詩同人誌에 모두 개성이 없는 것 같은데……

金: 그것은 동인지로서의 뚜렷한 그 무슨 主張이 없는 때문이겠지요.

林: 그래서야 꼭 一般文學雜誌의 縮小版에 불과합니다.

金: 그 동인지 이외의 딴 곳에서 들 수 없는 주장이 없는 게 제일 원인이지요. 어떠한 주장이 없으니까 동인지를 떠들어보아도 별로 색다른 것을 느낄 수 없고, 그저 신문이나 잡지에 날 것을 한 군데 모아놓은 것 같아요.

林: 일반으로 前 시대의 影響을 脫出해서 자기 세계를 만들어보겠다는 노력이 없더군요.

金: 정말 동인지다운 동인지가 되려면 確固한, 일정한 主張 下에서 출발해야 할 것입니다.

(『조선일보』, 1940. 1. 17.)

오장환 시의 흐름과 위상

1. 문제제기

　식민지 시대로부터 해방기를 거쳐 월북 후까지 지속적 창작 활동을 했던 오장환(吳章煥, 1918-1951)은, 여러 모로 한국 근대시의 자장을 넓히고 그 안에 커다란 개성적 자성을 불어넣은 시인이었다. 그의 시집을 소장했다는 이유 하나만으로 한 국어교사가 용공으로 몰려 고초를 겪은 이른바 '오송회 사건'이 말해주듯이, 오장환은 분단 시대를 살았던 이들에게 오랫동안 금단의 영역에 유폐되어 있었다. 그러던 것이 1980년대 후반에 행해진 월북작가 해금을 통해 그의 문학과 행적이 일반에 공개되었고, 이제 그의 고향인 충북 보은에서는 해마다 '오장환문학제'가 열리고 있을 정도로 그의 대중적 명성은 많이 회복되었고 또 그만큼 널리 유통되고 있다. 이러한 금석지감의 변화 위에서 이제 오장환에 관한 연구는 어느 정도 양적, 질적 축적이 충실하게 이루어진 듯하다. 이제 우리의 과제는 오장환의 생애를 철저하게 재구하는 일, 그의 시편들을 온전하게 발굴하여 제대로 된 전집을 만드는 일, 그리고 미학적으로 꼼꼼하게 그의 전 작품을 분석해내는 일로 모아진다고 할 수 있을 것이다.

오장환은 1930년대에 그야말로 혜성처럼 등장하여 이용악, 서정주과 함께 촉망받는 신진 시인으로 평가받았다. 그는 등단 후 『시인부락』, 『낭만』, 『자오선』의 동인으로 활동하였고, 『성벽』(풍림사, 1937)과 『헌사』(남만서방, 1939) 등을 잇달아 펴내면서 당대 최고의 성가를 누렸다. 해방기에는 조선문학가동맹에 가담하여 활동하였고, 월북하여 1951년 타계할 때까지 지속적 창작을 함으로써 짧은 생애에도 불구하고 방대한 작품을 남겼다. 이러한 그의 편력을 두고 모더니즘(식민지 시대)에서 리얼리즘(해방기)으로 옮겨갔다고 평가하는 시각이 그동안 우세했다고 할 수 있다. 초기에는 전통 부정과 유랑 의식 그리고 실험적 형식 의지로 모더니즘의 색채를 강렬하게 풍기다가, 해방기에는 현실 지향의 상상력으로 전회하여 리얼리즘의 창작 방법으로 나아갔다고 보는 시각이 대종을 이루는 것이다.

하지만 우리는 오장환이 '리얼리즘'과 '모더니즘'이라는 대립 자체를 자신의 언어 안에서 철저하게 허구화한 시인이라는 규정으로 바뀌어야 한다고 생각해본다. 그것은 오장환의 시가 리얼리즘이나 모더니즘이라는 프리즘으로 규정되기에는 그 안에 너무 많은 이질적 요소를 함유하고 있기 때문이기도 하고, 그가 초기에서 후기까지 지속적으로 주체의 개진 문제와 현실과의 접점 문제를 늘 고민하면서 그 양상을 시적으로 실천해왔기 때문이기도 하다. 이러한 관점에서 볼 때, 우리는 오장환을 모더니즘의 한 극단이면서 동시에 리얼리즘의 충동이기도 한 현실 비판 기율을 가지고 있는 '아방가르드'의 시인으로 읽어볼 필요와 마주치게 된다. 그는 식민지 자본주의의 모순에 대해 남다른 반응을 하였고, 그것의 전면적 부정과 비판에 자신의 시적 촉수를 드리웠기 때문이다. 하지만 이러한 그의 비판적 안목과 성찰의 힘은 해방기에 이르러 "네 품에 아무리 춤추는 바보와 술 취한 망종이 다시 끓어도 / 나는 또 보았다 / 우리들 인민의 이름으로 씩씩한 새 나라를 세우려 힘쓰는 이들"이라는 외침으로 바뀌어가는데, 말하자면 아방가르드의 미학적 저항보다는 현실의 직접성에 뛰어들려는 정치적 전위로서의 의지가 더욱 도드라지게 강조되는 쪽으로 경사해간 것이다. 따라서 이제 우리가 이러한 회로와 도정을 거느린 오장환의 시와 생애를 재구성하고 그것을 한국문학사의 오롯한 정치적, 예술적 저항의 방식으로 정향하는 것은, 매우 중요한 시사적 과제로 새롭게 대두되고 있다고 보아도 좋을 듯하다.

이 글에서는, 오장환의 이러한 미학적 지향이 당대의 어떤 인적, 매체적 영향관계에 의해 구성된 것이 아닐까 하는 가설에 바탕을 두려고 한다. 말하자면 오장환을 가능하게 했고 또 제약했던 상황적 독법을 통해 그의 미학적 지향이 생성되고 변형되며 귀착되어간 도정을 살피려는 것이다. 물론 이는 영향과 답습 관계를 함의하는 선명한 계보학을 짜기보다는, 광범위하게 연루된 수원이자 배경이자 동반자로서의 존재를 생각해보려는 것이다. 여기서 우리가 이런 존재로 각인할 수 있는 이가 바로 임화(林和, 1908-1953)이다. 가설은 다음의 세 가지이다. 첫째, 임화가 1930년대 후반에 자신의 낭만주의론(論)을 펼쳐갈 때 자신의 시론적 지향과 가장 상부하는 존재로 오장환을 적극적으로 발견하고 호명하였고, 이때『풍림』이라는 문예지와『낭만』이라는 동인지가 중요한 위상을 차지한다는 생각이다. 둘째, 오장환이 1930년대 후반에 발표한 시와 산문을 통해 임화의 생각과 맞닿는 정서와 사유를 여러 번 피력함으로써 1930년대 후반 신진시인 가운데 유난히 임화와 근친성을 가졌다는 생각이다. 마지막으로 해방기와 월북 시기까지 임화와 매우 가까운 노선과 경향을 띰으로써 임화와 오장환의 귀착지가 같았다는 생각이다. 물론 이는 일방적 영향관계라기보다는 오장환의 시적 편력이 펼쳐지는 가운데, 임화의 변모 양상이 일종의 참조항이 되면서 오장환의 변화를 견인했으리라는 가설

---

1 오장환,「병든 서울」,『병든 서울』, 정음사, 1946.

인 셈이다.

2. 오장환의 시적 편력

1936년 오장환의 가족은 안성에서 경성으로 이주하여 종로구 운니정 24번지에서 하숙을 경영하며 살았다. 『낭만』과 『자오선』 동인을 함께했던 민태규는 오장환의 운니동 시절을 "빈민촌 한복판으로 확실히 폭이 넓은 개울이 시커멓게 찌든 모래 바닥을 드러내고 겨우 흐르는지 괴어 있는지 분간하기 어려운 오수(汚水)가 군데군데 있을 뿐으로 정말 보잘 것 없는 더러운 곳 - 이 개천가에 도저히 상상조차 하기 드물 정도로 말쑥하게 지어놓은 2층집. 후원이 있고 그 넓은 후원에는 실로 취미와 실용을 겸했다는 듯이 '카네이션' '리라' '아스파라가스' 등의 이름 모를 양화초(洋花草)를 가꾸고 있다."2라고 재현하면서 오장환 특유의 미적 감각을 묘사한 바 있다. 이때 오장환은 『시인부락』에 참여하면서 서정주, 김광균 등과 교류하였고, 『낭만』을 통해 임화 등 카프 시인들과 만났다. 1937년에는 김광균과 함께 『자오선』을 주도하는 등 적극적이고 활발한 활동을 하며 시단의 주목을 받게 되는데, 『자오선』의 명칭은 오장환의 「선부(船夫)의 노래」3에 나오는 "사막으로 가는 자오선(子午線)"에서 따온 것이다. 『자오선』에는 오장환과 김광균 말고도 이육사, 신석초, 민태규, 이병각, 이성범, 함형수, 여상현, 서정주 등이 참여하였고, 그 창간호에 이상(李箱)의 유고 「파첩(破帖)」이 실렸다.

1937년 8월 오장환은 첫 시집 『성벽』을 간행하는데, 『시인부락』 창간호의 말미 광고에는 원래 『성벽』이 '종가(宗家)'라는 이름으로 나오

---

2 민태규, 「시집 『헌사』를 읽고」, 『시학』, 1939. 9.
3 『자오선』, 1937. 11.

려 했다는 것을 보여준다. 그런데 그것이 불발되고 결국 오장환은 풍림사 홍구(洪九)의 후의로 시집이 나오게 되었다고 술회하고 있다.⁴ 1938년 7월 부친이 타계하고 오장환은 종로구 관훈정에 '남만서방'을 열어 주로 일본에서 사온 시집, 화집을 비롯하여 문학과 철학 서적을 전문으로 팔면서 자신의 제2시집 『헌사』와 김광균의 첫 시집 『와사등』, 서정주의 첫 시집 『화사집』을 여기서 간행한다. 이 무렵 오장환은 동경과 경성을 분주하게 오가면서 지냈는데, "동경 있는 문인으로 여름에 귀조(歸朝)했든 이로 안함광, 김기림, 한식, 오장환 등 제씨가 있는데 벌써 다시 동경으로 돌아갔고."⁵라는 기사에서도 그것을 확인할 수 있다. 오장환은 남만서방을 경영하면서도 사업에는 신경을 쓰지 않고 이봉구, 김광균 등과 어울리며 자유분방하게 방황하다가 결국 나중에 그의 사인(死因)이 되는 신장병을 얻게 된다.

1941년부터 해방이 될 때까지 오장환의 작품 발표는 현저히 줄어들지만, 이 시기 작품들은 1947에 출간되는 『나 사는 곳』에 묶이게 된다. "『나 사는 곳』의 시절은 1939년 7월부터 동 45년 8월, 역사적인 15일이 올 때까지다. 불로소득을 즐기고 책임 없는 비난을 일삼던 그때의 필자가 인간 최하층의 생활을 하면서도, 아주 구할 수 없는 곳에까지 이르지 않았던 것은 천만다행으로 시를 영위하였기 때문일 것이다."⁶라고 토로하고 있는 그 순간에도 그는 자신의 최상의 시편을 쓰고 있었던 것이다. 이 무렵 임화, 이육사, 김기림 등과의 교유는 오장환을 가능하게 했던 원질이었을 것으로 추측된다. 1930년대 후반에 이미 오장환은 '시인'이기 이전에 '참다운 인간'이기를 선택한다면서, 문학은 "문학을 위한 문학이 아니라 인간을 위한 문학"이라야 하며 자

---

4 『성벽』 재판, 아문각, 1946. 7.
5 『청색지』, 1938. 11.
6 오장환, 「'나 사는 곳'의 시절」, 『나 사는 곳』, 헌문사, 1947.

신은 이러한 의무를 이행하는 문학을 하고자 한다고 강조한 바 있다.[7] 이러한 태도는 일제 말기에도 제국에 협력하지 않고 소극적이나마 양심을 지키고자 한 그의 자세로 이어졌고, 해방기에 조선문학가동맹을 통한 활동을 하는 동안에도 지속되어간다. 해방과 함께 오장환은 『병든 서울』에 실리게 되는 시편들을 써내면서 1946년 조선문학가동맹에 가입하여 서울 지부 사업부 위원으로 활동하였고, 문화공작대 사업에도 참여하면서 점차 직접 시적 주체가 육성으로 들려주는 시를 써간다. 1946년 해방기념조선문학상 후보에 올랐으며, 5월에 번역시집 『예세닌 시집』을 간행하였고, 7월에는 세 번째 시집 『병든 서울』과 『성벽』 재판을, 1947년 6월에는 네 번째 시집 『나 사는 곳』을 간행하였고, 강화 출신의 여인 장정인(張正仁)과 결혼하였다. 당시 남쪽의 정세는 미군정의 좌익 탄압이 공식화하면서 남로당이 지하로 잠입함에 따라 조선문학가동맹의 입지 또한 극히 불리해지고 있었는데, 오장환은 이러한 정세 변화로 인해 1948년을 전후하여 월북한 것으로 추측된다.

이후의 행적은 몇몇 단편적 자료들에서 찾아볼 수 있는데 월북 이후 북쪽에서의 생활은 그리 순탄치 않았던 것 같다. 조기천 등 소련파의 지지를 받았던 것으로 보이며, 신병 치료를 위해 소련에 다녀왔고, 「모다 바치자」, 「씨비리 달밤」, 「김일성 모스크바에 오시다」, 「레닌묘 앞에서」 등의 시를 발표하였고, 1950년 12월 마지막 시집 『붉은 기』를 간행하였다.[8] 6.25전쟁 중에는 종군작가단으로 내려왔는데, 이때 오장환을 만났던 김광균의 증언에 의하면 『붉은 기』를 보여주었고 건강 상태가 지극히 나빴다고 한다.[9] 결국 오장환은 1951년 6월경

---

[7] 오장환, 「문단의 파괴와 참다운 신문학」, 『조선일보』, 1937. 1. 28-29.
[8] 『남북한문학사연표』, 한길사, 1990, 22-40면 참조.
[9] 김광균은 "그의 생활에 대한 태도나 생각하는 생리는 옛날과 별로 달라진 것이 없

신장병의 악화에 따라 짧은 생애를 마감하였다. 한편 남쪽에서의 호적은 1971년 5월 누이 열환(烈煥)에 의하여 실종 신고되어 제적되게 된다. 이처럼 오장환은 역류하는 식민지 근대의 억압적 질서와 격동하는 해방기의 소용돌이 속에서 시쓰기를 통한 현실과의 대응에서 끊임없이 고뇌하면서 열정적으로 살다 간 지식인의 한 전형에 해당한다고 할 수 있다.

3. 오장환과 임화

오장환의 시를 통관해볼 때, 초기시라고 할 수 있는 식민지 시대의 시편에는 강렬한 비애와 죽음 의식 그리고 유랑 의식이 구비되어 있다. "해변가로 밀려온 소라 속처럼 나도 껍데기가 무척은 무거웁고나. 수통하고나."(「성씨보」)라고 자신을 위악적으로 묘사했던 그는 「성벽」, 「종가」, 「정문」 같은 작품에서 자기 동일성의 위기 국면을 노래하면서도, 동시에 다른 작품들 예컨대 「해항도」, 「어포」, 「해수」 등을 통해서는 항구로 상징되는 근대의 탁류에 자신을 내던지는 유랑 의식을 선보였다. 이때 그가 닿은 '항구'는, 어둠을 삶의 등가물로 경험하는 선원들의 삶이 집약된 공간이다. 이처럼 고향을 떠나 떠돌고 결국 고향으로 귀일하려는 떠돌이로서의 정체성이 바로 '항구'로 대변되는 근대의 속물성에 도전한 오장환 특유의 음역으로 번져간 것이다. 초기작인 「고전」 같은 작품에서 보이는 도시 노동자들의 궁핍상에 대한 비판적 묘사나, 「북방의 길」, 「모촌」, 「붉은 산」 등에 나타나고 있는 농촌 해체 양상에 대한 비판적 관심 역시, 그의 시를 미학적 부정 정신의 총화로서의 모더니즘보다는 당대 현실과의 매개를 끊임없이 모

어 세상에서 제일 급 빨갱이 시인이라는 오장환의 허망한 말로에 매우 놀랐다."라고 말한다. 김광균, 「이미 죽고 사라진 사람들」, 『동서문학』, 1988. 8, 51면.

색해온 세계로 읽게끔 하는 유력한 자료가 되고 있다.

　　추레한 지붕 썩어가는 추녀 위엔 박 한 통이 쇠었다.
　　밤서리 차게 내려앉는 밤 성성하던 넝쿨이 사그러붙던 밤. 지붕 밑 양주는 밤새워 싸웠다.
　　박이 딴딴히 굳고 나뭇잎새 우수수 떨어지던 날, 양주는 새 바가지 꿰어 들고 추레한 지붕, 썩어가는 추녀가 덮인 움막을 작별하였다.
　　　　　　　　　　　　　　　　　　—「모촌(暮村)」 전문

　　눈 덮인 철로는 더욱이 싸늘하였다
　　소반 귀퉁이 옆에 앉은 농군에게서는 송아지의 냄새가 난다
　　힘없이 웃으면서 차만 타면 북으로 간다고
　　어린애는 운다 철마구리 울듯
　　차창이 고향을 지워버린다
　　어린애가 유리창을 쥐어뜯으며 몸부림친다
　　　　　　　　　　　　　　　　　　—「북방의 길」 전문

　　가도, 가도 붉은 산이다.
　　가도 가도 고향뿐이다.
　　이따금 솔나무숲이 있으나
　　그것은
　　내 나이같이 어리고나.
　　가도 가도 붉은 산이다.
　　가도 가도 고향뿐이다.
　　　　　　　　　　　　　　　　　　—「붉은 산」 전문

　　이 짧은 세 편의 초기작은 오장환 시의 절편을 이룬다. 저물어가는

촌락에서 박이 쇠어가는 풍경을 통해 농촌 붕괴의 장면을 은유적으로 형상화한 첫 작품은, "추레한 지붕, 썩어가는 추녀가 덮인 움막"을 떠나는 부부의 모습을 한 시대의 서사적 전형으로 묘사하고 있다. 그리고 「북방의 길」에서는 고향을 떠나 간도 등 북방으로 떠나는 유이민의 모습을 실물적으로 형상화하였다. 이는 임화 주도의 이른바 단편 서사시와는 전혀 다른 서사 지향의 시편들로서, 오장환 시편의 정점 중 하나로 평가될 수 있다. 마지막 제시된 「붉은 산」은, 오장환 단시(短詩)의 한 범례(範例)로서 "가도, 가도 붉은 산"이었던 식민지 시대의 고향을 노래하고 있다. "이따금 솔나무숲이 있으나 / 그것은 / 내 나이같이 어리고나." 같은 구절은 기억에 값하는 당대의 사실적 보고서이기도 하다. 또한 다음 시편은 오장환의 어느 시집에도 실리지 않았지만, 오장환이 1930년대의 한 아방가르드로 규정되기에 손색이 없다는 점을 잘 알려준다.

> 수부의 화장터는 번성하였다.
> 산마루턱에 드높은 굴뚝을 세우고
> 자그르르 기름이 튀는 소리
> 시체가 타오르는 타오르는 끄름은 맑은 하늘을 어지러놓는다.
> 시민들은 기계와 무감각을 가장 즐기어한다.
> 금빛 금빛 금빛 금빛 교착(交錯)되는 영구차
> 호화로운 울음소리에 영구차는 몰리어오고 쫓겨간다.
> 번잡을 존숭(尊崇)하는 수부의 생명
> 화장장이 앉은 황천고개와 같은 언덕 밑으로 시가도(市街圖)는 나래를 펼쳤다.
>   ─「수부(首府)」 중에서

이 이채로운 장시(長詩)는 식민지 자본주의와 근대 문명의 내파(內

破) 양상을 잘 보여준다. 이 시편은 1930년대를 풍미했던 보편적인 문명 비판적 경향과는 사뭇 다른, 예컨대 식민지 근대를 집약하고 있는 도시 경성에 대한 구조적이고 근본적인 비판적 안목을 담은 작품이다. 그가 바라본 식민지 근대의 수부 경성은 "지도 속에 한낱 화농된 오점"으로 비칠 정도로 식민주의의 이해관계가 철저하게 관철되고 있는 주변부 자본주의 공간이다. 이러한 날카로운 시각과 화법은, 그를 리얼리즘의 현실 인식과 모더니즘의 미학적 저항을 통합하여 구현한 흔치 않은 사례로 부각시키기에 모자람이 없을 것이다. 그러다가 오장환은 두 번째 시집 『헌사』를 낸 후 일제 말기의 전시체제에서도 꾸준히 작품을 발표한다. 초기의 두 시집에 대한 평을 보자.

> 씨는 새 타입의 서정시를 세웠다. 거기 담겨 있는 감정은 틀림없이 현대의 지식인의 그것이다. 현실에 대한 극단의 불신임, 행동에 대한 열렬한 지향, 그러면서도 이지와 본능의 모순 때문에 지리멸렬해가는 심리의 변이, 악과 퇴폐에 대한 깊은 통찰, 혼란 속에서도 어떠한 질서는 추구해마지 않는 비극적인 노력, 무릇 그러한 煉獄을 통과하는 현대의 지식인의 특이한 감정에 표현을 주었다.[10]

> 장환의 첫 시집 『성벽(城壁)』에서 보여주던 사랑스러운 데카당과 좋은 풍속 묘사와 풍자에서 느끼는 신선한 스타일에서 헌사(獻詞)의 혼탁과 회의의 길에 여기 우리 젊은 시가 가진 여러 가지 문제가 임신되었다.[11]

앞에서도 암시하였듯이, 『낭만』 창간호(1936. 11.)에 오장환은 임화, 박세영, 이찬, 김해강, 이정구 등 카프계, 이용악, 민태규, 이병각

---

10 김기림, 「'성벽'을 읽고」, 『조선일보』, 1937. 9. 18.
11 김광균, 「오장환 시집 '헌사'」, 『문장』, 1939. 9.

등의 신예들과 함께 참여하였다. '낭만'이라는 제호가 당시 광범위하게 문단을 잠식했던 쟁점적인 개념인 데다가, 임화를 비롯한 카프계 시인들이 합류했다는 점에서 이 동인지는 임화의 주도 아래 창간된 것이라고 짐작해볼 수 있다. 또 하나 우리가 중요하게 보아야 할 매체는 『풍림』인데, 이는 1936년 12월에 창간되어 이주홍과 홍구가 편집을 맡았고 편집인 겸 발행인은 홍순열이었다. 풍림사(風林社)라는 출판사를 두어 오장환의 첫 시집을 펴내기도 했고, 1937년 5월에 6호를 끝으로 종간되었다. 『풍림』은 "이것은 동인지도 아니요, 어떤 종파적 집필을 특생으로 하는 것도 아니요, 누구나 문학이면 다 쓸 수 있는 여러분의 것이다"[12]라는 창간사에도 불구하고 이기영, 임화 등 카프 해소 이후의 카프계 맹장들의 주요 발표 지면 노릇을 톡톡히 했다. 특별히 2호에 실린 임화의 「진보적 시가의 작금(昨今)」은 매우 중요한 카프 회고의 글이고, 여기에 임화와 오장환은 거의 매호 작품을 발표하고 있다. 이 무렵 정지용이 이상을, 김기림이 백석을 발견했듯이, 임화는 시단의 혜성 오장환을 발견하고 주목하게 된다. 임화는 『헌사』를 언급하면서 다음과 같이 오장환 시의 비극성을 평가한다.

이것은 현대에 생을 향유한 것 자체가 비극의 알파요 오메가인 심정, 바꿔 말하면 생이 그냥 슬픔인 현대 서정시의 중요한 측면의 표현이다.
吳君은 그런 의미에서 자기의 시적 세계 가운데 일반적 가치의 일부분을 함유하고 있는 시인이다.
서정시가 소설이나 희곡과 달라 객관적인 현실성 - 산문은 이 객관적인 현실성을 통하여 일반적 가치 표현에 도달하는 예술이다 - 을 가지고 있지 않고, 주로 주관적인 감정과 상념의 표현을 유일의 수단으로 하고 있음에도 불구하고 능히 소설과 희곡에 필적할 수 있음은 실로 시가 내

---

[12] 『풍림』, 1936. 12.

면적으로 일반 세계와 관계하기 때문이다.¹³

임화는 오장환의 시에 나타난 '비극', '슬픔'의 지향을 높이 샀다. 서사나 극이 보여주는 현실성과는 달리 서정시의 내면적 비극성이 세계를 암시적으로 드러낼 수 있음을 임화는 오장환의 초기 시에서 발견한 것이다. 아닌 게 아니라 오장환 역시 『풍림』에 실은 백석론(論)을 통해 "김기림이 백석 옹호의 논리로 삼았던 센티멘털리즘의 극복, 즉 무감상성(無感傷性)"¹⁴을 비판함으로써 낭만적 감상성이 가지는 생성적 속성에 주목하였다. 이 점, 강력하게 이 시기 두 사람을 묶는 미학적 입장의 공유 지점이 아닐 수 없을 것이다. 임화는 1930년대 기교주의 논쟁에서 1920년대 낭만주의 시가 가지는 긍정성에 주목하면서, 낭만주의가 암울한 현실에 대항하는 하나의 방법으로 선택되었고 그것이 카프 문학에도 깊은 영향을 주었다고 보았고, 오장환 역시 낭만적 성취가 서정시에서 기여하는 몫을 정당하게 옹호한 것이다. 또한 오장환은 "조선에 새로운 문학이 수입된 지 30년 가차운 동안 어느 것이 진정한 신문학이었느냐고 한다면 그것은 '백조' 시대의 신경향파에서 '카프'에 이르기까지 그들의 그룹이 가장 새로운 문학에 접근한 것이었다고 생각된다."¹⁵라고 말함으로써 임화의 문학사 인식과 궤를 함께하게 된다.

잘 알려져 있듯이, 임화는 1930년대 중반 이후 창작과 비평에서 하나의 전회를 시도한다. 그것이 바로 '낭만 정신'으로 대표되는 시의 변모와 문학사 정리라는 비평의 정치화 과정이다. 여기에는 단순한 의

---

13 임화, 「시단의 신세대」, 『조선일보』, 1939. 8. 18.
14 장만호, 「백석 시와의 연관성을 통해 본 오장환의 초기시」, 『한국 시와 시인의 선택』, 서정시학, 2016.
15 오장환, 「문단의 파괴와 참다운 신문학」, 『조선일보』, 1937. 1. 28-29.

미의 전향으로 포괄하기 어려운, 식민지 근대가 파시즘과 공고하게 결합하는 순간을 맞이한 한 정치적 전위의 우울한 내면세계가 잘 드러나 있다. 그 세계란 말하자면 "새 옷을 갈아입으며, / 들창 너머로 불현듯 / 자유에의 갈망을 느끼려는 / 나의 마음"(「새 옷을 갈아입으며」)일 것이다. 이는 임화 스스로 지적한 바 있듯이,[16] 만주사변 이후의 정세 변화, 검열 강화로 인한 출판 사정의 악화, 군국주의 팽창에 따른 정세의 악화에 의해 나타난 급격한 변화 양상이다. 그래서 그는 "의심할 것도 없이 이 시대적 암운이 우리들의 마음에 꺾은 지울 수 없는 감정으로 언어의 기념비를 세우는 것만이 정말 시인의 명예"[17]라고 말한 것일 터이다. 임화가 이 시기 시편을 모은 『현해탄』(1938)에는, '현해탄'이라는 바다의 양가적 운명을 집중적으로 노래한 시편들이 모아져 있는데, 물론 '현해탄'이라는 이중의 비유 표상은 임화 스스로에 대한 간접화된 은유이기도 할 것이다. 근대의 표상으로서의 현해탄과 제국주의의 엄청난 파고로서의 현해탄, 이 모두를 은유하고 있는 '바다'는 임화 시편들이 결국 '비극성'이라는 거대한 형상으로 나타날 것임을 암시하는 매우 구체적인 표상이다. 그래서 임화 스스로 인정했듯이, 이 시기의 시세계가 "미래를 폐쇄 당한 인간의 불가피적으로 당도하는 감상주의의 하나일 것"[18]임은 어느 정도 예견된 일이었을 것이다. 그 점에서 임화가 제창한 '낭만 정신'도 낭만주의의 현실 초월적 성격보다는 역사와 현실의 발전에 대한 신뢰의 표현으로 나타나게 된 것일 터이다. 이러한 과정에서 비극성과 낭만성의 형상적 결합을 성취한 오장환의 시적 성취가 임화의 시선에 들어왔던 것이다. 오장환이 "나는 / 동경에서 신문배달을 하였다 / 그리하여 붉은 동무

---

16 임화, 「진보적 시가의 작금」, 『풍림』, 1937. 1.
17 임화, 「담천하의 시단 일년」, 『신동아』, 1935. 12.
18 임화, 「진보적 시가의 작금」, 『풍림』, 1937. 1.

와 / 나날이 싸우면서도 / 그 친구 말리는 붉은 시를 썼다."(「나의 길」) 라고 노래함으로써 자신의 시적 기원을 암시하거나, "信賴할 만한 現實은 어디에 있느냐"(「여수(旅愁)」), "港口여! 눈물이여! / 나는 終是 悲哀와 憤怒 속을 航海했도다."(「해수(海獸)」) "항구, 항구, 들르며 술과 계집을 찾아다니는 시꺼먼 얼굴. 윤락된 보헤미안의 절망적인 心火."(「매음부」)라고 노래할 때에도 임화가 수없이 발화했던 격정과 장소성이 눈에 띄게 되는 것이다.

물론 임화가 발견한 것은 오장환만이 아니다. 임화의 전회는 단편서사시의 편재적 영향력이 소진되고 낭만성을 기축으로 한 새로운 방향을 암중모색하던 터였다. 이때 임화는 1935년도 조선중앙일보 당선작인 안용만(1916-?)의 「강동의 품」에 대해 "나는 이 작품 일편을 생각할 때 이 일년을 무단히 보냈다고 생각지 않는다. 이 詩는 여태까지의 조선 프롤레타리아 詩의 최초의 발전을 볼 수 있다."라고 말함으로써, 그 이전 단편서사시를 넘어설 수 있는 가능성을 발견하기도 하였다. 안용만은 일찍이 『신소년』, 『별나라』 등에 동시를 발표하다가 「강동의 품」이 당선되면서 문단의 주목을 받았는데, 이 시편 역시 단편서사시와는 무관한 낭만적 정조와 삶의 비극성 그리고 그 너머의 진보에 대한 당찬 심회를 반영한 것이었다. 그만큼 임화의 절실했던 자기 개진 과정에서 두 사람의 돋보이는 신진시인이 발견되었던 것이다.

4. 해방기의 오장환

해방기는 임화는 물론, 우리 문인들에게 혹독한 내적 반성과 통일된 자주적인 민족국가 건설이라는 이중적 과제를 부여한 시기이다. 임화는 이때 극단적 친일 문인을 배제한 문단의 좌우통합에 매진하는 발빠른 운동가의 모습을 보인다. 이때 임화는 이른바 '봉황각 모임'(1945. 12. 31.)이라고 불렸던 한 자리에서 자신을 철저하게 반성하는 용기의 필요성을 역설하면서 윤리적 선편까지 잡는데, 임화가 주창한 자기반성의 의지는 「9월 12일」이라는 작품을 비롯하여 「길」 등에도 지속적으로 그 형상이 나타나게 된다. 이 작품들은 해방이라는 새로운 전기를 맞은 전환기적 지식인이 취해야 할 자기 검색의 한 표본을 제시하였다. 하지만 그것도 잠시, 임화는 남로당의 정강 및 이념에 철저하게 복무하는 이론가로, 또 그것을 실천하는 선동가로 자신의 위상을 견고히 하게 된다. 이 시기에 집중적으로 창작한 '선전선동시'들이 그의 이러한 활약을 알려준다.

노름꾼과 강도를 / 잡든 손이 / 위대한 혁명가의 / 소매를 쥐려는 / 욕된 하늘에 / 무슨 旗ㅅ발이 / 날리고 있느냐 // 동포여! / 一齊히 / 旗ㅅ발을 내리자 // 가난한 동포의 / 주머니를 노리는 / 외국 商館의 / 늙은 종들이 / 廣木과 통조림의 / 밀매를 의논하는 / 廢 王宮의 / 商標를 위하여 / 우리의 머리 우에 / 國旗를 날릴 / 필요가 없다 // 동포여 / 一齊히 / 旗ㅅ발을 내리자 // 살인의 자유와 / 약탈의 神聖이 / 晝夜로 방송되는 / 남부조선 / 더러운 하늘에 / 무슨 旗ㅅ발이 / 날리고 있느냐 // 동포여 / 一齊히 / 旗ㅅ발을 내리자

―「기(旗)ㅅ발을 내리자」(『현대일보』, 1946. 5. 19.)

임화는 9월 총파업을 다룬 「우리들의 전구(戰區)」, 10월 인민항쟁을 다룬 「높은 산봉우리마다」 등에서 이 같은 '선전선동'이라는 시의 현실적, 정치적 효용가치를 극단까지 밀어붙이는데, 임화의 탐색 의지가 가장 정치와 이념에 근친성을 보이는 시기가 바로 이때이다. 위의 작품 역시 현실 비판에 이어 '새로운 깃발을 올리자'는 이면의 메시지가 담겨 있는 반어적 표현의 작품이다. 이를 일러 "임화의 선전선동시가 가진 그 단순성, 짧은 호흡에 담겨 있는 엄청난 폭발력, 금속처럼 날카로운 그 전투성은 이 부문에 있어서는 그 뒤 아무도 그를 뛰어

넘지 못했다고 해도 지나치지 않을 것"[19]이라고 상찬하는 시각이 존재한다. 이처럼 이 시기 그의 시는 한 행의 길이가 현저하게 짧아지면서 비장미의 회복이 두드러진다. 그리고 시의 호흡은 거칠어지고, 강렬한 정치 지향성이 시의 분위기를 압도하게 된다. 이러한 전통은 해방기의 오장환과 유진오로 이어지고, 나아가 1960년대의 신동엽이나 1980년대의 김남주의 시로 고스란히 이월되어 문학사의 한 줄기를 형성하게 된다.[20] 이처럼 오장환의 이 시기 변모는 매우 이례적이면서 주목할 만한 가치가 있다. 김기림, 정지용, 이태준과 함께 우리에게 보여준 그의 변화는, 당시의 문학운동이 과거의 모더니즘이나 순수문학 계열까지 적극적으로 참여했던 전(全)문단적인 스케일을 띠었던 것임을 암시해준다.

깽이 있다 / 깽은 高度한 資本主義 國家의 尖端을 가는 職業이다 / 성미 급한 이 땅의 젊은이는 / 그리하여 이런 것을 받아들였다 / 알콜에 물탄 洋酒와 / 댄스로 정신이 없는 / 장안의 구석구석에 / 그들은 그들에게까지 이러한 사실을 알려주었다 // 아 여기와는 상관도 없이 / 또 장안의 한복판에서 / 이 땅이 解放에서 얻은 北쪽 38도의 어려운 住所와 / 숱한 "야미"꾼으로 完全히 막혀진 서울길을 / 비비어 뚫고 그들의 幸福까지를 위하여 / 全國의 人民 代表들이 모였다는 사실을…… // 그러나 / 깽은 끝까지 職業이다 / 全國의 生産이 完全히 쉬어진 오늘에 / 이것은 確實히 新奇한 職業이다 / 그리하여 점잖은 衣裳을 갖추운 資本家들은 / 새로이 이것을 企業한다 // 그리하여 그들은 그들의 번창해질 장사를 위하여 / "韓

---

19 신경림, 「역사의 격랑 속에 침몰한 혁명시인」, 『신경림의 시인을 찾아서』, 우리교육, 1998, 133면.
20 유성호, 「비극적 근대시인의 시적 경로」, 문학과사상연구회, 『임화문학의 재인식』, 소명출판, 2004, 177면.

國"이니 "建設"이니 "靑年"이니 / "民主"니 하는 간판을 더욱 크게 내건다.
— 오장환, 「깽」 전문(1945. 11.)

이 시편은 해방기 당시의 부정적 정황에 대한 날카로운 제유적 형상을 담고 있다. 대자본가가 경영하는 기업과 테러 집단이 운영하는 '깽'의 폭력을 나란히 병치시키면서, 그 둘을 내적으로 연관시키는 방법을 취하고 있다. 여기서 시인은 "洋酒와 댄스"로 표상되는 자본주의 퇴폐 문화에 대해서도 비판적이지만, 그보다는 "번창해질 장사"이기도 한 '깽'을 "高度한 資本主義 國家의 尖端을 가는 職業"으로 인식하면서 당대의 폭력성에 대한 날카로운 인식을 보여준다. 이처럼 오장환은 해방이 찾아왔음에도 불구하고 여전히 암약중인 자본주의의 폭력성과, 민족적 합의에 의한 출구를 찾지 못하고 있는 암담한 민족적 상황에 대한 근원적 비판을 보여주고 있다. 어법과 정조에서 임화가 보여준 변화와 거의 맥을 같이 한다. 그 밖에 김광현, 상민, 김상훈, 유진오, 이병철, 박산운, 설정식, 최석두 같은 신진시인들의 위상 역시 매우 이채로운 것이었는데, 이들은 해방 후에 창작 활동을 시작하여 가장 전위적이고 투쟁적이며 동시에 서정적인 시를 써서 해방기의 시단을 뜨겁게 달군 이들이었다. 유진오는 『창』(1948), 상민은 『옥문이 열리던 날』(1948), 설정식은 『종』(1947), 『포도』(1948), 『제신(諸神)의 분노』(1948) 등을 펴냈다. 그중 유진오는 가장 전위적이고 투쟁적인 시를 써서 '인민의 계관시인'이라는 칭호를 얻기도 했다. 그의 대표작인 「누구를 위한 벅차는 우리의 젊음이냐?」(1946. 9.)는 해방 후 최초의 필화 사건을 겪으면서, 짧으면서도 격렬하고 긴박한 느낌을 주는 리듬 속에 단순하고도 명쾌하게 구분된 아(我)와 적(敵)의 대립 구도, 적에 대한 강한 증오심과 동지에 대한 한없는 연대의식 등을 보이면서, 오장환 해방기 시와 상동성을 이룬다. 나아가 당위적인 관념과 혁명적인 열정이 좀 더 강렬하게 전달되도록 해주는 시적 장치를 택하고 있다. 이후 유진오는 「창」이나 「한없는 노래」 등에서 이러한 민족 주체 의식과 시적 주체의 서정성을 통합한 가편들을 써서, 해방기 전위 시인 중 가장 독자적인 득의의 음역을 획득하게 되는데, 그 점에서 유진오 시편은, 임화와 오장환을 심층에서 빼닮은 세계를 보여주었다고 할 수 있다. 그래서인지 오장환은 여러 편의 산문을 통해 구속된 유진오의 석방을 강렬하게 요구하면서, 그의 시편을 높이 상찬하였다.[21]

이때 조선문학가동맹은 조선시의 새로운 발전과 그것의 확고한 가능성을 창조적으로 표현한 과도기 시의 한 달성으로 『병든 서울』을 평가하면서, 1946년도 문학상을 수여하게 된다.[22] 조선문학가동맹의 주류로부터 온전한 평가를 받는 순간으로서, 이는 임화와 오장환이 가지는 지향이 제도적으로 한 몸이 되기에 족한 것이다. 이때 집중적으로 발견되는 두 사람 사이의 상사성은 임화의 「찬가」와 오장환의 「찬가」, 임화의 「9월 12일」과 오장환의 「병든 서울」에서 잘 나타난다. 또한 이 시기에 오장환에 주목한 비평가는 김동석이었는데, 그는 "현해탄은 처음부터 끝까지 줄글로 내리써도 조금도 어긋나는 데가 없을 것이다."(김동석, 「시와 행동 – 임화론」, 『예술과 생활』)라고 임화를 비판하면서도 "'탁류' – 나비들은 역사를 이렇게 본다 – '탁류'를 마음껏 오래하라. 조선시단이 '탁류의 음악'을 낳을 수 있다면 장환이 누구보다 기대되는 바 클 것이다."(김동석, 「탁류의 음악 – 오장환론」)라면서 오장환의 음악성과 탁류에의 증언을 높이 샀다. 그러다가 오장환은 임화와 함께 북으로 가서 『영광을 스탈린에게 – 이. 브. 스탈린 탄생 70주년』(북조선문학예술총동맹, 1949)에 임화, 이찬, 박세영, 이정

---

21 「시인의 박해」(『문학평론』, 1947. 4.), 「굶주린 인민들과 대면」(『문화일보』, 1947. 7. 10), 『남조선의 문학예술』(조선인민출판사, 1948. 7.)
22 조선문학가동맹, 46년도문학상심사위원회, 「문학상심사경과급결정이유」, 『문학』, 1947. 4.

구 등과 함께 참여한다. 임화의 영향이 직접적으로 그의 월북에 새겨지는 장면이다.[23] 나중에 우리는 임화-오장환-박인환으로 이어지는 낭만적 데카당의 흐름과 임화-오장환-신동엽으로 이어지는 짧은 격문을 연상시키는 시형의 흐름을 더 깊이 탐색할 수 있을 것이다.

또한 우리는 해방기의 오장환이 후배 전위시인들의 건강하고 야심에 찬 의지와 자신의 이울고 병든 육체를 비교하면서도, 식민지 시대의 정치적 그늘이 전혀 없는 정치적 전위들이 해방기를 맞아 불퇴전의 전투적 언어를 내보이는 순간을 자산으로 하는 문학사의 연속성을 강조한 부분을 주목할 수 있다. 이 시기에 김광현, 김상훈, 박산운, 유진오, 이병철 등이 참여한 『전위시인집』(노농사, 1946)은 고스란히 임화, 권환, 김창술, 박세영, 안막이 참여했던 『카프시인집』의 격세(隔世)적 재현물이었기 때문이다. 또한 이러한 발언은 어쩌면 이는 식민지 시대의 부채감을 한쪽에 이고 다른 한쪽에는 나이가 주는 무게를 이고 있던 선배 시인으로서의 심리적 단층을 반영한 것일지도 모른다.

여기 다만 가쁘게 숨소리만 나는 이 땅이 다함께 가쁜 呼吸을 하면서도 어딘지 모르게 치밀한 계획이 있어 보이고 물러서지 않는 鬪志가 숨어 보이고 모든 것은 測定되어 오직 目的하는 곳으로 매진하려는 機關車와 같이 多情하고 우람한 詩人들이 있다. 그들은 靑年들이다. 萬사람이 靑春이라야만 가질 수 있는 勇氣와 自由에의 不絶한 希求를 이들은 몸과

---

[23] 서정주는 "여류작가 지하련과 절친했던 오장환은 자연히 그녀의 남편 임화와 어울리게 되었고, 8.15 후에도 이 영향으로 월북의 계기가 되었을 것"이라고 말한 바 있다. 또한 미당은 당시 검사였던 오장환의 형인 성환(晟煥)도 8.15 후 월북했다고 하였는데 오장환의 월북과 어떤 관계가 있는지 여부는 알 길이 없다. 한편 현수가 쓴 『적치 6년의 북한 문단』(부산국민사상지도원, 1957)의 161면과 한국비평문학회가 엮은 『혁명전통의 부산물 - 납월북 문인 그 후』(신원문화사, 1989)의 237면에서도 임화와의 관계가 월북의 계기라고 적고 있다.

마음 모든 條件으로 具備하고 있다. (중략)

前衛란 年齒나 經歷을 云謂함이 아닌 줄도 이들은 잘 안다. 그리고 어떠한 戰鬪에 있어서나 前衛가 져야 될 任務와 그 役割을 이들은 그들 成年期에 있어서의 苦難의 매가 能히 先輩들보다도 많은 단련을 주었다.

詩壇의 決死隊. 이런 말을 할 수 있다면 여기에 나온 詩人들이 바로 決死隊의 隊員들이다. 그리하여 이 中에 한 동무는 벌써 그 노래로 하여금 몸을 囹圄에 빠지게 하였으며 또 참으로 오랜 동안 感激을 모르던 이 땅의 青年들에게 그의 한 篇의 詩로 하여금 萬雷의 共鳴을 일으키게 하였으며 일찍이 詩人들이 차지하였던 아테네의 榮光을 弱冠으로 이 땅에서 다시 찾은 것 같은 느낌을 주게 하였다.[24]

오장환은 치밀한 계획과 물러서지 않는 투지를 가진 그들을 기관차처럼 매진하는 형상으로 묘사하였다. 그 청년 시인들은 자신과는 달리 용기와 자유에 대한 끊임없는 희구를 가진 것이다. 이들에게서 오장환이 아테네의 영광을 재현할 전위 집단의 속성을 읽은 것은 매우 자연스럽다. 그는 이들 전위시인에게서 "萬雷의 共鳴"을 가져다줄 에너지를 기대하면서, 자신 세대와는 질적으로 전혀 다른 맥락에 공명하고 있다. 이때 우리는 『전위시인집』의 발문을 오장환이 그리고 서문을 김기림이 맡았다는 것을 통해, 조선문학가동맹 측에서 이 시인들에게 말 그대로 "詩壇의 決死隊" 역할을 기대했음을 알게 된다. 그 점에서 "그들 成年期에 있어서의 苦難의 매가 能히 先輩들보다도 많은 단련을 주었다."는 오장환의 고백은 자연스럽게 전해져오고, 우리는 오장환의 글에서 선배들과는 다른 새로운 시적 기원(起源)을 기대하는 모습을 강하게 느낄 수 있다. 이때 우리는 오장환이 이미 임화의 입장에서 후배들을 호명하면서, 조선문학가동맹의 중심에 서 있음을

---

24 오장환, 「발」, 이병철 외, 『전위시인집』, 노농사, 1946.

알게 된다. 나아가 해방기 시사에서 또 하나 덧붙인다면, 우리는 소월 시에 대한 초기 비평가로서의 그의 면모가 더해질 필요가 있다고 생각한다. 소월 시의 음악성과 상징성을 일찌감치 통찰한 비평가로서의 면모 역시 오장환의 중요한 몫이기 때문이다. 우연이겠지만, 오장환은 소월과 똑같이 서른셋의 나이로 타계하였다.

5. 맺음말

서양미학사에서 '아방가르드'는, 제1차 세계대전을 계기로 확산된 자본주의 문명에 의한 인간 소외에 대하여 비판하고, 계몽 이성이나 진보적 세계관에 의한 근대 기획에 대해 반성하면서 제기된 이념적, 방법적 범주이다. 따라서 그것은 근대 부르주아의 세계관과 가치 체계가 막다른 길에 도달해 있다는 위기의식의 역사적 산물이며, 이성, 노동, 주체 등의 계몽적 기획에 파산을 선고하고 욕망, 무의식, 비합리의 세계에서 새로운 진리를 구하고자 했던 낭만주의적 반동이기도 하다. 또한 아방가르드는 재현을 포기한 자기 반영적 미학이고, 나아가 근대의 속물적 평균주의에 저항하는 미학적 엘리티즘의 한 형식이라고 할 수 있다.

오장환의 시가 식민지 근대로부터 해방기의 혼란을 거치면서, 근대 문명의 숱한 적폐와 모순의 구조들을 적출하고 그것들을 가능케 했던 힘들에 대해 예술적 저항을 시도했다는 점에서, 오장환 시의 아방가르드적 성격은 비교적 분명해 보인다. 특히 식민지 시대에 씌어 졌던 시편들에 우세하게 나타나는 형식 실험의 의지와 그에 걸맞은 주변부 자본주의의 여러 생리에 대한 구조적 비판은, 그 자체로 근대를 내파하고 새로운 근대를 지향하려 했던 아방가르드 정신의 외화라고 평가할 수 있을 것이다. 따라서 우리는 오장환의 시를 근대 미학의 한 축인 모더니즘이나 리얼리즘의 교체 형식보다는, 근대 기획에 저항하면서 새로운 근대를 꿈꾸는 아방가르디즘으로 표상하는 것도 비교적 타당한 관점이 될 수 있다고 본다. 이러한 성격은 「전쟁」이나 「수부」 등에 잘 나타나 있는데, 이들 작품에 나타난 날카로운 시각과 화법은 그를 리얼리즘의 현실 인식과 모더니즘의 미학적 저항을 통합하여 구현한 흔치 않은 사례로 부각시키기에 모자람이 없을 것이다. 또한 초기작 「고전」 같은 작품에서 보이는 도시 노동자들의 궁핍상에 대한 비판적 묘사나, 「북방의 길」, 「모촌」 등에 나타나고 있는 농촌 해체 양상에 대한 비판적 관심 역시, 그의 시를 미학적 부정 정신의 총화로서의 모더니즘보다는 당대 현실과의 매개를 끊임없이 모색해온 세계로 읽게끔 하는 유력한 자료가 되고 있다. 이러한 과정을 통해 우리는 한 탁월한 근대 시인으로서의 오장환을, 그리고 우리 시사적 전통에서 이례적인 아방가르드 시인으로서의 오장환을, '모더니즘/리얼리즘'의 타성적 분법(分法)을 넘어선 치열한 시정신의 전범으로서의 오장환을 기록해갈 수 있을 것이다. 이 모든 것이 탄생 100주년을 맞아 그의 시가 더욱 문제적인 풍요로움을 띠고 다가오는 순간을 말해주는 것이 아닐 수 없다.

박목월 문학과 문학장(場)

1. 자기 확인의 노정기(路程記)

박목월(朴木月, 1915-1978)[1]은 우리 근대시사에서 단형 서정시의 완성자로서, 그리고 자연 속에 수런대는 감각적 실재와 형이상학적 의미를 형상화한 시인으로서, 무엇보다도 '청록파(靑鹿派)'라는 유파적 명칭의 한 구성원으로서 널리 기억되고 있는 시인이다. 그의 이러한 넓은 인지도는, 그가 남긴 시편들이 여러 계층 사람들의 교양 체험 속에 깊이 뿌리를 내리고 있다는 증거인 동시에, 몇몇 고정된 해석 및 평가가 그의 이러한 인지도 주위를 강력하게 감싸고 있을 것이라는

---

[1] 박목월은 1915년생이다. 한양대학교에 세워진 시비나 여러 문헌 기록에 1916년생이라는 적시가 있지만, 1915년 1월 6일이 맞다. 이제까지 간행된 각종 출판물에서는 박목월의 출생년도를 1916년으로 줄곧 표기해왔다. 하지만 유족 박동규 교수는 부친의 생년월일이 1915년 1월 6일이라 확인해주고 있고, 호적에도 1915년 1월 6일 출생으로 되어 있다. 박목월 원적부(原籍簿)에도 대정 4년 1월 6일(4248년 1월 6일 병기)로 기재되어 있고, 한양대학교 재직 인사기록부와 신분증명서에도 1915년 1월 6일로 씌어져 있다. 문청 시절을 함께 보낸 친우 김동리도 박목월 묘비명에서 목월의 출생년도를 1915년으로 기재하고 있다. 왜 각종 연보에 1916년으로 적기 시작했는지는 알 수 없으나, 1915년으로 바로잡는 것이 옳다.

추측을 가능하게 한다. 특히 한번 시사적 명명을 얻으면 좀처럼 그 세계에 대한 재해석이 쉽지 않은 우리 강단 비평의 관행으로 볼 때, 지금까지의 박목월에 대한 주된 평가가 그의 첫 시집이기도 한 3인 공동시집 『청록집(靑鹿集)』(1946)에 실려 있는 초기 시편에 한정되어 있다는 것은 그에 대한 새로운 해석을 더욱 어렵게 만드는 요인이라 할 수 있을 것이다. ㅍ

그러나 최근 박목월 연구는 그의 시작 전체로 그 범위를 넓혀가고 있다. 특히 초기 시편들보다 미학적으로 한 단계 아래 취급을 받곤 하였던 중기 및 후기 시편에 대한 일정한 긍정적 재평가가 활발하게 진행중에 있는데, 이는 전체적인 박목월 상(像)의 정립을 위해서도 바람직한 일이 아닐 수 없다. 물론 개별 시편들의 시적 완성도나 미학적 성취에 의미 부여를 할 경우, 초기 시편의 성취는 우리 시사에서 단연 우뚝 선 자리에 있다. 그러한 초기의 서정 단시에 비하면 후기의 시로 올수록 시적 긴장은 풀어지고 수사적 의장 또한 소박해지는 것이 사실이다. 그러나 이 두 세계 사이를 일정하게 퇴행으로 바라보는 시각 역시 서정 단시 위주로 시사적 주류를 삼아왔던 그동안의 문학사적 감각과 무관하지 않을 것이라는 점이, 이러한 연구의 반성적 거점이 되어주었다. 따라서 우리에게는, 박목월 시의 전체 편력을 바라보는 새로운 안목과 논거가 불가피하게 요청되고 있다 할 것이다.

박목월 시는 자연의 신성성에서 사물의 구체성으로, 그리고 그것을 통해 관념의 비의(秘義)를 드러내는 작법에서 체험의 직접성으로 그 무게중심을 옮겨갔다. 그러나 초기 시편의 낭만적 동경이나 중기 시편의 사랑과 연민, 후기 시편의 신성 긍정은 모두 그 나름의 어떤 일관된 기율의 구현 양상이라고 보아야 한다. 우리는 박목월 시가 초기 시편의 순조로운 심화보다는, 역동적이고 모순율적인 자기 갱신을 부단히 추구했으며, 그것은 시적 주체의 전면화를 통한 산문성의 수용, 일상성의 시화, 생활적 구체와 신성의 질서를 자연스럽게 묵수(墨

守)하고 승인하는 궤적을 밟았다고 할 수 있다. 따라서 우리는 박목월 시의 전개 과정을 통해 근대시의 한 첨예한 자기 변모 양상을 접할 수 있을 것이다. 이러한 변모의 궤적은 "주관으로서 도색하지 않고 신이 이룩하신 세계를 그것으로 바라볼 수 있을 만큼 소란스런 핏줄이 가라앉"²기를 기다려온 순수서정 시인이 걸어온 자기 확인의 노정기(路程記)라 할 수 있을 것이다. 이처럼 박목월 시편은 그 전개 과정에서 인식론적 단절이나 비약보다는 이형동궤의 순수서정이 자연, 일상, 신성의 구체성과 결속하면서 드러난 세계였다고 보는 것이 알맞을 것이다. 그리고 그러한 순수서정을 담아내고 그것의 결실을 제도적으로 각인해가는 과정에서 그는 일관된 문학장에 대한 인지 및 실천을 수행했다고 할 수 있다.

2. 박목월 문학의 원류

주지하듯 1922년 방정환의 주도로 '어린이 날'이 제정되고 이때부터 '아동문학'이라는 특수 장르가 개척되었다는 사실은 이제 문학사의 상식이 된 감이 없지 않다. 이때로부터 방정환의 「형제별」, 한정동의 「따오기」, 윤극영의 「반달」, 서덕출의 「봄편지」, 유지영의 「고드름」과 같은 동시(동요)가 나오면서, 나라를 잃은 슬픔을 어린이로 하여금 노래를 통해 느끼게 한 다음 은연중 민족의식이나 독립 정신까지를 고취시켜보자는 애상적 충정이 나타나게 된 것이다.³ 이 시대에는 즐겁고 밝은 노래를 부르고 싶어도 부를 수 있는 노래가 없었는데, 이때 동시와 동요는 어린이들의 감정이나 심리를 나타낸 노래로 폭

---

2 박목월, 「후기」, 『청담(晴曇)』, 일조각, 1964.
3 이재철, 「한국현대동시약사소고」, 『단국대학교 대학원 논문집』, 단국대학교, 1977 참고.

넓은 대중성을 확보하게 된다.

박목월은 이러한 시대적 배경 속에서, 1933년에 윤석중이 편집하던 개벽사의 잡지 『어린이』에 동시 「통딱딱 통딱딱」이 특선하면서 동시를 창작하는 길에 들어선다. 그리고 그해 6월에 『신가정』에 동요 「제비맞이」가 당선하였다. 유경환은 그를 일러 "문학으로서의 동시에 운과 율을 새롭게 살려낸 우리 나라 최초의 동시인(童詩人)"⁴이라고 규정하였는데, 이러한 이력으로 시작된 '동시인 박목월'로서의 정체성은 『초록별』(을유문화사, 1946), 『박영종 동시집』(조선아동회, 1946), 『현대 동요선』(한길사, 1949), 『현대 명작 동요선』(산아방, 1950), 『동시 교실』(아테네사, 1957), 『산새알 물새알』(문원사, 1962), 『동시의 세계』(배영사, 1963), 『소년소녀문장독본』(보진재, 1963) 등을 잇달아 출간하면서 더욱 강화되어간다. 이러한 과정에서 씌어진 그의 동시는, 크게 보아 자연 사물에 대한 천진하고도 긍정적인 관찰과 묘사, 그리고 구체적인 생활적 실감으로 나누어 고찰해볼 수 있다.

눈만 뜨면 엄마를
찾고 우는걸
아가를
우리는 해바라기라지요.

엄마 얼굴 따라서
두 눈이 도는걸
아가를
우리는 해바라기라지요.

---

4 유경환, 『한국현대동시론』, 배영사, 1979, 189면.

엄마 얼굴 뵈이면
언제나 웃는걸
아가를
우리는 해바라기라지요.
　　　　　　—「해바라기」 전문(『동아일보』, 1934. 10. 21.)

나루에 잔물결 잔 잔 잔
꼬추쟁이 잔 잔 잔

사공 몰래 쟁이가 배를 탔다
사공 등 뒤 앉아서
소르르 꼬박,

손님은 단 한 분 눈 머언 손님,
사공도 노 저으며 소르르 꼬박

실바람 솔 솔
나룻배 스르르

사공 몰래 쟁이가 배를 내리고
쟁이 따라 장님도 배를 내리고

나루에 나룻배 잔 잔 잔
꼬추쟁이 잔 잔 잔
　　　　　　—「잠자리」 전문(『소년』, 1937. 9.)

이러한 시편들에 반영된 것은 자연 사물에 의탁하는 시인의 천진하고도 긍정적인 시선이다. 이때 우리는 목월 동시가, 사물과 삶을 복합적으로 보면서 거기서 여러 가지 모순된 의미를 발견하는 것보다는, 단순하고 소박하지만 사물과 삶의 참 이치가 되는 것을 명료하게 노래하는 세계라는 것을 알 수 있다. 그렇기 때문에 그 주제는 복잡하지 않고 단순하며, 모호하지 않고 명료한 어린이다운 시선을 반영하고 있다. 가령 '해바라기'를 두고 시인은 엄마를 찾아 울고 엄마 얼굴 따라 두 눈이 돌고 엄마 얼굴 보면 웃는 아가로 비유하고 있는데, 모자간의 일체감과 상호 투영이 '해바라기'라는 밝은 심상을 통해 집약되고 있다. 또한 '잠자리'를 두고는 잔물결에 띄운 나룻배에 사공 몰래 타고 눈 머언 손님과 함께 내리는 '꼬추쟁이'로 비유한다. 여기서 "잔 잔 잔"이라는 첩어는 잔잔한 물결과 함께 잠자리의 모양을 동시에 형상화하고 있다. 목월 동시에 주로 나타나는 반복의 수사학, 그리고 '소르르 / 스르르 / 솔 솔 / 잔 잔 잔' 등의 시어들이 대상의 감각성을 한결 증폭시키면서 노래로서의 속성과 경험적 실감을 높여주고 있다.

아버지는
마차에 타고
말은
내가 몬다,
낄, 낄, 낄,

말은 웃으며
두 눈
부릅뜨고
힁 힁 하지만
낄, 낄, 낄,

아버지는
십 리 길 졸고
말은
내가 몬다,
낄, 낄, 낄.

— 「아버지와 나」 전문(『소년』, 1938. 6.)

마름집은 쪽대문,
진사댁은 열두 대문,
성 아래 오막집은,
싸리나무 꼬마대문.

한길가 주막집은
대문 없다 없다.
아무나 쉬어 가게
대문 없다 없다.

— 「주막집」 전문(『소년』, 1939. 2.)

    이러한 작품 역시 목월 시편의 생활적 구체성과 그 실감을 잘 보여준다. 아버지와 아들의 절묘하고도 다정한 대조와 공존이 아름다운 하모니를 이루는 작품이 먼저 제시되었다. 두 사람은 마차에 탄 채 "낄, 낄, 낄,"이라는 의성어로 서로 결속한다. 말도 웃으며 상응한다. 아버지는 조시고 어린 화자인 '나'가 말을 모는 장면이 애틋하고 정답다. 다음 작품은 '주막집'의 정경을 옮겨놓았는데, '마름집 / 진사댁'과 '성 아래 오막집'의 대조 속에서 '주막집'이 대문도 없고 아무나 쉬어 가게 해준다는 정다운 전언이 한 시대의 풍경 속에 숨쉬고 있다. 그것을 박목월은 부정적이고 전복적인 시선이 아니라 긍정적이고 화해로운 마음으로 바꾸어놓는다. 박목월 동시의 주제들이 갈등보다는 화해, 분열보다는 친화에 가까운 것도 이러한 마음에서 연원하는 것일 터이다.

또한 우리는 미 군정기부터 3차 교육과정까지 국어 교과서에 실린 동요나 동시 중 박목월 작품(11편)이 윤석중(55편), 강소천(44편)에 이어 세 번째로 많다는 사실[5]에 상도할 수 있다. 이는 해방 후 국어 교과서 편찬과 정전의 구성 과정에서 박목월의 비중이 지대했다는 것을 말해준다. 박목월과 친했던 윤석중의 작품이 가장 많이 실려 있고, 그의 동시에 대해『동시 교실』에 소개된 내용이 2차, 3차 교육과정에 걸쳐 4, 5, 6학년 국어 교과서 본문에 그대로 실려 있다는 것[6]도 동시 창작과 동시 교육에 그가 절대적 영향력을 행사하였음을 알려준다. 따라서 박목월의 동시론과 그 핵심을 이루는 '실감론'[7]은 개인적 차원의 문학적 독해를 넘어 해방 이후 아동문학 교육과정 편성과 정전 구성 과정 속에서 조망할 때 비로소 그 실체가 분명하게 드러나지 않을까 한다.

---

[5] 최은경, 「초등 교과서에 수록된 동요·동시의 현황과 특징」, 『아동청소년문학연구』 13호, 한국아동청소년문학학회, 2013, 261면.

[6] 최은경, 위의 글, 264면.

[7] 박목월은 시종 '실감'을 중시하는 견해를 보여준다. 이 '실감론'이 지닌 이론적 함의를 좀 더 심도 있게 규명하기 위해서는 그 개념의 역사적 연원이나 영향 관계 등을 함께 밝힐 필요가 있다. 가령 박목월을 비롯한 청록파가 정지용 추천으로 『문장』을 통해 등단한 점을 감안할 때, 박목월의 동시론은 『문장』을 중심으로 이루어진 담론과 무관하지 않을 것이다. 말하자면 정지용의 '감각적 묘사를 통한 시어의 혁신'이나 이병기의 '실감실정론' 그리고 이태준의 『문장강화』 등이 박목월에게 영향을 끼쳤을 것이다. 정끝별, 「박목월의 동시론에 나타난 '실감(實感)' 연구」, 박목월 선생 탄생 100주년 기념 학술 심포지엄 발표문, 한국언어문화학회, 2015. 참조.

물새는
물새라서 바닷가 바위 틈에
알을 낳는다.
보얗게 하얀
물새알.

산새는
산새라서 잎수풀 둥지 안에
알을 낳는다.
알락달락 알록진
산새알.

물새알은
간간하고 짭조름한
미역 냄새,
바람 냄새.

산새알은
달콤하고 향긋한
풀꽃 냄새,
이슬 냄새.

물새알은
물새알이라서
날갯죽지 하얀
물새가 된다.

산새알은

산새알이라서

머리꼭지에 빨간 댕기를 드린

산새가 된다.

―「물새알 산새알」 전문

　박목월의 대표작으로 일컬어지는 이 시편은 '물새알'과 '산새알'을 통해, 자기에게 주어진 운명에 따라 피어나는 생명의 신비를 노래하였다. 시각과 후각의 결속을 통해 실감을 강화하였고, 특별히 음률적 배려를 통해 율독성을 강화하였고, 감각적 선명함으로 기억의 밀도를 높였다. 이는 표면적이고 현란한 사물의 외관보다는 깊은 마음속에서 피어나는 꿈이랄까 희망이랄까 하는 가장 근원적인 것에 대한 관심을 어린이들의 눈으로 묘사한 결과이다. 이처럼 우리는 서정의 원형으로서의 박목월 동시를 통해 우리 삶에서 가장 긍정적이고 근원적이며 보편적인 소재와 주제를 경험하게 된다. 그렇게 목월 동시는 서정의 원형을 구성해간 것이다. 그 동시 창작에 대해 시인 자신은 다음과 같이 고백한 바 있다.

　동시를 왜 쓰느냐고 누가 묻는다면 내 대답은 간단하다. ― 즐겁기 때문에 그렇다. 동시를 쓰는 것만큼 즐거운 일은 없다. 왜 즐거우냐고?
　빗방울 한 개에서 세계를 돌아다니며 시시덕거리는 장난꾸러기의 마음을 느낄 수 있고, 밤에 가만히 딸기 밭을 뒤지는 바람에 손을 느낄 수 있고, 또한 얼굴이 갸름한 딸기의 표정을 읽을 수 있는 ― 이것이야말로 이 세상의 모든 것과 친구로 사귀는 일이기 때문이다.[8]

---

8 박목월, 『산새알 물새알』, 문원사, 1962. 후기. 여기서는 유경환, 앞의 책에서 재인용.

우리가 살핀 것처럼, 목월 동시는 서정의 원리를 가장 충실하게 형상화하면서 화해로운 세계를 추구한 결과이다. 시인 스스로 "시야말로 우리의 가장 아름다운 꿈을 기록하는 일이며, 또한 가장 착한 뜻이나 생각을, 혹은 참된 느낌을 기록하는 일이다."[9]라고 말한 것도 이러한 점을 함의한 것일 터이다. 이처럼 목월의 동시는 부드럽고 밝고 은은한 감각으로 감싸여 있다. 이때 박목월의 바람직한 시적 도정을 주문한 당시 정지용의 당시 혜안은 거듭 새길 만하다.

북에 김소월이 있었거니 남에는 박목월이가 날 만하다. 소월의 톡톡 불거지는 삭주 구성조는 지금 읽어도 좋더니 목월이 못지않아 아기자기 섬세한 맛이 좋다. 민요풍에서 시에 진전하기까지 목월의 고민이 더 크다. 소월이 천재적이요, 독창적이었던 것이 신경감각, 묘사까지 미치기에는 너무도 민요에 종시하고 말았더니 목월이 요적(謠的) 데쌍 연습에서 시까지의 콤포지슌에는 요(謠)가 머뭇거리고 있다. 요적 수사를 다분히 정리하고 나면 목월의 시가 바로 조선시다.[10]

목월의 장점이자 아킬레스건이 바로 동요적 기질과 속성이었음을 정지용은 예감했을 것이다. 물론 정지용은 '동요시인 박영종'을 미리 알고 있었을 것이고, 그 점에서 그것의 탈피 내지는 다른 세계로의 이월을 새삼 강조하였을 것이다. 아닌 게 아니라 이후 박목월은 이러한 요적 속성을 충실하게 덜어내면서, 동시가 지향하는 근원 지향의 밝고 은은한 색상을 후경으로 두른 채 자신만의 건실한 시적 진화를 이루어간다. 초기시를 굳건하게 디디면서도 후기에 그 나름의 진경을 구축해간 드문 시사적 실례를 그가 이루어낸 것도, 이처럼 형식에서

---

9 박목월, 「머리말」, 『동시의 세계』, 송원문화사, 1980.
10 정지용, 「시선후」, 『문장』, 1940. 9, 94면.

동요적 속성을 차츰 덜어내면서 그 저류에 밝고 아름답고 은은한 동시적 음역을 고집한 것이 가장 중요한 비밀로 작용했던 것이 아닐까 한다. 이 점, 목월 동시를 그의 시세계 전반에 흐르는 원류로 보게 하는 한 근인이 아닐 수 없다.

3. 해방 직후의 박목월

우리는 해방 후에 창간된 잡지『예술부락(藝術部落)』2, 3집에 각각 실린 박목월 시편들을 만날 수 있다. 그동안 학계에 전혀 알려지지 않았던 것들이다. 두루 알려져 있듯이『예술부락』은 평론가 조연현이 주재하던 잡지다. 그 제호(題號)는 저 식민지 시대의『시인부락(詩人部落)』을 연상케 하는 아우라를 지녔는데, 혹시 그 후신(後身)을 욕망했던 것은 아닐까? 어쨌든『예술부락』은 경영난으로 인해 3집으로 끝난 단명의 잡지였지만, 우리에게는 김수영의 첫 작품「묘정(廟庭)의 노래」가 실린 매체로 이미 유명하다. 실제로 김수영은 2집에 작품을 실었는데, 이 잡지의 주요 멤버가 조연현, 곽종원, 조지훈, 이한직 등이었다는 점에서 김수영 캐스팅은 퍽 이례적이다.[11] 어쨌든 박목월이『문장(文章)』출신인 조지훈, 이한직 등과 깊이 연관된다는 점에서, 그리고 그가 해방 직후 조선청년문학가협회를 조연현 등과 함께 했다는 점에서, 박목월 작품이『예술부락』에 두 편이나 실렸다는 점이 전혀 의외롭지만은 않다.

---

11 김수영의 아내 김현경은 최근 조지훈에게 그 작품을 김수영이 건넸다고 증언한 바 있다. "김수영 시인이「묘정의 노래」를 써서 조지훈 선생님께 가져다 드린다고 하면서 보여주었어요. 그래서 읽어보았는데 작품이 좋았어요. 조지훈 선생님이 그 작품을『예술부락』에 발표했어요." 김현경,「김현경의 회고담 – 해방 전후의 김수영」,『푸른사상』, 2014년 겨울, 250면.

『예술부락』은 시, 수필, 평론, 소설 등을 모두 실었던 종합 문예지다. 1946년 1월 1일에 제1집이 나왔으며, 3월 1일에 제2집이, 그리고 6월 5일에 제3집이 나왔다. 거의 격월간 수준으로 출간된 것이다. 제1집이 18면, 제2집이 19면, 제3집이 11쪽으로서 매우 얇은 잡지였다. 창간호는 무려 1만부가 나갔다고 한다. 이 잡지에 작품을 발표한 문인으로는 조연현, 윤곤강, 서정주, 박용구, 조지훈, 정태용, 김용호, 김수영, 박노춘, 최태웅, 박목월, 박두진, 서정태, 이정호, 김달진, 곽하신 등이 있었는데, 대부분 해방 직후의 우파 진영을 자처한 문인들이었다. 잡지의 규모상 단형 서정시가 주로 실렸으며, 수필이나 소설도 분량이 짧은 것들이 실렸다. 평론은 주로 조연현 것이 실렸는데, 그는 「새로운 문학의 방향」(1집), 「오장환론-원시적 시인」(2집), 「순수의 위치」(3집) 등을 발표하여 당시 우파 진영의 논리를 대변하였다. 그만큼 이 잡지는 해방기에 좌파 문단에 동조하지 않는 우파 진영의 문단을 형성하는 데 힘을 보탰다고 할 수 있다.

1946년 4월, 당시 우파의 젊은 문인을 망라한 '조선청년문학가협회'가 결성되었다. 청문협은 그 강령을 통해 "일체의 공식적, 예속적 경향을 배격하고 진정한 문학정신을 옹호"한다고 선언하였다. 조연현은 청문협에서 평론 분과를 맡아, 회장인 김동리와 함께 이 조직의 논리를 창출하는 역할을 하였다. 그는 『예술부락』을 창간한 데 이어 1949년 『문예(文藝)』, 1955년 『현대문학(現代文學)』 등을 잇달아 창간하는 매체적 집착과 선구적 역동성을 줄곧 보여주었다. 『예술부락』은 이러한 맥락에서 피고 진 짧은 섬광과도 같은 존재였다고 할 수 있다. 그 섬광의 주체는 조연현이었고, 박목월은 청문협이라는 커다란 틀에서 그와 함께 활동해온 이로서 응당 작품을 주었으리라 판단할 수 있을 것이다.

먼저 실린 작품은 「산(山)은 구강산(九江山)」(2집, 1946. 3. 1.)이다. 그 제목은, 우리가 잘 아는 「산도화(山桃花)」의 첫 구절과 똑같다. '구강산(九江山)'이라는 제목의 시편은 박목월의 첫 개인 시집인 『산도화』(영웅출판사, 1955)에 세 편이나 실려 있다. 그렇다면 이 작품은 어찌된 것일까? 먼저 작품 전문을 읽어보자.

山은
九江山
桃源가는 길가에

길은
초로길
九曲八折 絶壁에

물은
玉流洞
봄눈녹어 흐르는대

사슴은
암사슴
발을 씻고 있었다

한번 읽어보면, 그의 대표작 「산도화」의 초벌이라 곧바로 생각될 전도로 유사성이 짙다. "桃源"이란 도연명 작품에 나오는 가상의 선경(仙境)이고, "초로길"이란 '소로(小路)'의 방언이며, "九曲八折 絶壁"이란 구불구불 가파르게 꺾인 절벽을 말한다. 박목월은 그렇게 '구강산'이 가진 이미지를 궁극적 이상향처럼 그려놓은 채, 막상 거기로 가는 '길'은 좁고도 가파르게 만들어놓았다. 그리고 거기 봄눈 녹아 흐르는 '물'과, 그 물에 암사슴이 발을 씻는 아늑한 풍경을 이어 붙였다. 에누리 없이 1, 2연은 시선이 먼 곳을 향하는 원경(遠景)이고, 3, 4연은 지근의 거리에서 묘사한 근경(近景)이다. 그런데 우리가 처음 접하게 된 이 작품은, 시집 『산도화』에 다음과 같이 변형되어 실리게 된다.

    山은
    九江山
    보랏빛 石山

    山桃花
    두어 송이
    송이 버는데,

    봄눈 녹아 흐르는
    옥 같은
    물에

    사슴이
    내려와
    발을 씻는다.

  초벌보다 훨씬 정제된 시형에, 시종 단아한 이미지로 그 틀이 바뀌었다. 1연만 원경이고, 2, 3, 4연은 근경으로 바뀌었다. 2연이 새롭게 등장함으로써 시적 완성도를 한층 높였고 '산도화'라는 새로운 제목을 충족시켰다. '도원(桃源)'은 '보랏빛 석산(石山)'으로 그 이미지가 더욱 선연하게 바뀌었다. 비록 "朴木月의 자연은 훨씬 더 상상된 자연이라고 할 수 있다. 결론적으로 말하면 그의 詩의 풍경은 자연과 인간의 진정한 混融의 소산이 아니라, 주관적인 욕구에 의하여 꾸며낸 자기

만족의 풍경"[12]이라고 하는 지적이 있었는데, 이처럼 박목월 시의 공간은 궁극적 근원으로서의 본향(本鄕)의 형상을 띠었다고 할 수 있다. 그런데 『산도화』에 「산도화 1」로 실려 있는 이 작품은, 박목월이 생전에 손수 펴낸 『박목월 자선집(自選集)』(삼중당, 1973)에서는 마지막 연이 바뀌게 된다.

    사슴은
    암사슴
    발을 씻는다.

결국 시인은 직접 자신의 손으로 『예술부락』 소재작과 『산도화』 수록작을 결합하여 최종 완성작을 정본으로 제시한 셈이다. 그리고 4연에서 '암사슴'으로 다시 돌아온 것이다. 박목월 시편에는 "고운 암노루"[「삼월(三月)」]나 "눈 먼 처녀"[「윤사월(閏四月)」], "머언 처녀들"[「갑사댕기」], "가시내사 가시내사 가시내사"[「연륜(年輪)」], "새색씨"[「구황룡(九黃龍)」], "웃말 색시"(「밭을 갈아」) 등과 같은 여성 편향 소재가 빈번하게 눈에 띈다. 이 잘 다듬어진 최종 시편에서 그는 '암사슴'을 다시 들여앉힘으로써 이러한 자신의 여성적, 정태적 시풍을 완성한 것이다. 그래서 우리는 「산(山)은 구강산(九江山)」 → 「산도화(山桃花) 1」 → 「산도화(山桃花)」로 그 흐름이 변형되어간 사정과 분명하게 만나게 된다. 그리고 『예술부락』 3집에 실린 작품은 「무궁화」(3집, 1946. 6. 5.)다. 전문은 다음과 같다.

    무궁화 흰바탕은
    젊은이 맘

---

12 김우창, 「한국시와 형이상」, 『궁핍한 시대의 시인』, 민음사, 1987, 55면.

퍼갈쑤록 속으로
걸어가는 보라빛은
쑤집많은 우리나라
고운 색시가
남홀래 간직한
섧게 타는 꿈
조선의 색시야
무궁화 색시
보라빛 꿈속에서
기인 뒷머리

이 시편은 시집 어디에도 수록된 적이 없고, 다른 작품으로 개작된 사례도 없는 듯이 보인다. 박목월은 '흰색'과 '보라색'이 섞여 있는 '무궁화'를 두고, 우리 나라의 젊은 마음 특별히 "쑤집많은 우리나라 / 고운 색시가 / 남홀래 간직한 / 섧게 타는 꿈"으로 형상화하고 있다. 그래서 "조선의 색시"를 두고 "무궁화 색시"라고 명명한 뒤, "보라빛 꿈속에서 / 기인 뒷머리"를 바라보게 된다. '무궁화'가 일찍이 우리 나라를 대표하는 꽃이었다는 점에서 박목월이 일종의 전통 감각을 노래한 것이라고 보아도 좋을 듯하다. 박목월은 "박꽃 아가씨"(「박꽃」)나 "햇살 아씨"(「산도화 2」) 같은 은유적 표현을 즐겨 썼는데, "무궁화 색시"도 그 계열체의 표현인 셈이다. '보랏빛'에 대해서 박목월은 자신의 산문에서 이렇게 적은 바 있다.

『청록집』에 수록된 초기 작품에서는 청색을 유달리 좋아하였다. 청노루, 청운사, 자하산, 맑은 눈, 흰 구름. 이 작품의 모든 이미지가 청색 계열이다. 이것은 중기(中期)의 보랏빛과 통하며, 나의 작품 세계에 일관된 기본적인 색조이다. 그런 면에서 나의 작품을 이해할 수 있는 본질

적인 비밀이 간직되어 있는 것이라 할 수 있다.[13]

박목월은 자신의 초기 시편에서 "보랏빛 石山"(「산도화 1」), "보라빛 은은한 기운"(「산도화 2」), "仙桃山 / 水晶그늘 / 어려 보랏빛"(「모란여정(牡丹餘情)」)을 이어갔다. 그러니 꼭 '보랏빛'이 중기만의 전유물은 아니었을 것이다. 결국 그는 1958년에 펴낸 자신의 자작시 해설집 제목을 '보랏빛 소묘'라고 붙인다. 그 연원이 위에 소개한 두 작품 「산은 구강산」과 「무궁화」였다고 할 수 있을 것이다. 이처럼 해방 직후의 한 풍경을 통해 박목월은 자신의 매체적, 시적 형상의 한 방면을 드러내고 있었다. 그 세계는 자연과 전통이 어우러진 단형 서정시를 통해 제시되었으며, 그것은 그의 초기 시세계를 감싸는 실례들이었다고 할 수 있다.

4. 『청록집』과 박목월

두루 알다시피, 『청록집』은 을유문화사에서 1946년 6월에 출간되었다. 청록파 시인들이 펴낸 이 시집은, '자연'을 근대시의 주요한 대상으로 아름답게 재현해낸 독자적 성취라고 할 수 있다. 그리고 우리 말의 리듬과 이미지를 높은 예술적 형상 속에서 구현함으로써 이 시기의 가장 화려한 사화집으로 등극되었다. 박목월은 자연을 신성 단계까지 끌어올리는 상상적 미학의 시편을 썼고, 박두진은 특유의 메시아니즘과 유토피아주의를 보여주었고, 조지훈은 고전에 대한 감각과 자연에 대한 내밀한 서정을 통해 그만의 시적 격조를 보여주었다. 당시 조선문학가동맹과는 비판적 거리를 취하면서 시의 순수성과 미학적 차원에 초점을 맞추었던 이 시인들은, 정치의식을 시의 표면에

---

13 「환상의 지도」, 정민 편, 『달과 고무신』, 태학사, 2015, 134면.

서 최대한 걷어내고 서정성을 제고했다는 점에서 긍정적으로 평가받을 만하다. 이들은 모어의 미학적 탐구를 통한 높은 예술성 개척, 보편적인 인생론적 성찰, 자연이나 일상에 대한 천착 등을 주제로 하는 시편들을 쏟아내어 우리 현대시의 자기 성숙에 깊이 기여하였다고 할 수 있다. 앞에서도 말했듯이, 이들 세 시인은 모두 1939년 창간된『문장』으로 등단하였다. 물론 박목월은 그 전부터 동시를 창작한 이력을 가지고 있었지만, 『문장』을 통한 등단이 시단에 정식으로 '목월(木月)'이라는 이름을 등재한 순간이었다고 할 수 있다. 그 전에는 동시를 쓰는 박영종(朴泳鍾)으로 활동하였다. 조지훈이나 박두진은 오로지 『문장』을 통해 세상에 자신의 언어를 내놓기 시작하였다.

여기서 기억할 만한 삽화가 하나 있다. 해방 직후 박두진은 을유문화사에 취직하여 교정 위원으로 있었다. 을유문화사는 1945년 12월 민병도, 정진숙, 조풍연, 윤석중이 세운 유서 깊은 출판사이다. 을유(乙酉) 해방을 맞아 그네들이 의기투합한 셈이다. 박두진은 좌우익 사이에 벌어지는 혼란의 시대에 『문장』 출신 시인들의 사화집을 계획하였다. 을유문화사 주간이었던 조풍연의 폭 넓은 교유관계가 이때 한 몫 하였다. 김종한은 타계하였고, 박남수는 평양에 있었고, 이한직은 일본에 있어 참여하지 못했다. 그때 박두진은 경주에 내려가 있던 박목월과 조지훈에게 강하게 요청하여 세 사람이 한데 어울려 시집 한 권을 을유문화사에서 내자고 제의하였다. 이때를 재현하는 박목월의 기억은 다음과 같다.

조 씨(조풍연-인용자 주)는 두진에게 3인 시집을 제안하였으나 두진과 나 그리고 또 한 사람을 누구로 선정하느냐가 문제였다. 박남수는 이북에 있고 김종한은 작고하였으므로, 『문장』 추천 시인으로서 우리 두 사람 이외에 한직과 지훈이 있을 뿐이었다. 하지만 이한직은 우리들과는 시세계가 판이하게 이질적인 것이었다. 조지훈과 셋이 3인 시집을 내

기로 하였다.¹⁴

그렇게 세 명이 모여, '백록담'의 정지용 추천으로 나왔으니 사화집 제목을 '청록'이라 하자고 합의하였다. 사실 을유문화사에서『지용시선』은 1946년 5월 30일에 근원(近園) 김용준(金瑢俊)의 장정으로,『청록집』은 그로부터 꼭 1주일 후 그러니까 6월 6일에 역시 김용준의 장정, 김의환(金義煥)¹⁵의 삽화로 간행되었다. 그러한 순서를 따른 것이다.

그런데 책의 표지에 실린 저자들의 이름은 박목월, 조지훈, 박두진의 순으로 나오게 된다. 나이 순이라면 박목월, 박두진, 조지훈의 순서가 맞고, 초회 추천 순이면 조지훈, 박두진, 박목월이 맞다. 그리고 요즘 하는 식으로 가나다순을 취하면 박두진, 박목월, 조지훈이 맞다. 그런데 순서는 박목월, 조지훈, 박두진이었다. 이는 박두진이 자신이 계획하여 펴내는 책에서, 그것도 자신이 있는 을유문화사에서 내는 책에서, 자신의 이름을 제일 뒤로 뺀 것이다. 다만 판권 난에 저자 대표에는 자신의 이름을 적어 넣었다. 그래서『청록집』표지에는 제일 뒤로 빠졌던 혜산의 이름이, 그리고 시집 체재에서도 가장 뒷부분에 시편이 실렸던 혜산의 이름이, 마지막 페이지에 "著者代表 朴斗鎭"이라고 씌어 있고 박두진 개인 도장이 찍힌 인지를 붙이게 된 것이다.

그러니까 저자 이름 순서를 작품의 질적 판단에 의한 편집자의 구성이었다고 보는 것은 전혀『청록집』발간 내력을 모르고 하는 소리가 된다. 가령『문장』체재에서 당시 편집인이었던 이태준이 자신의 작품을 대부분 제일 나중에 싣는 것과 같은, 자기가 내자고 제의했던 당사자로서 취한 일종의 겸양적 뒷자리였다고 할 수 있다. 늘 꼿꼿하

---

14 「학 같던 두진」, 정민 편,『달과 고무신』, 태학사, 2015, 102면.
15 삽화가 김의환은 코주부 김용환의 동생이다.

고 강직한 이미지였던 박두진의 인간적 면모가 부각되는 순간이 아닐 수 없다. 박두진이 에디터로서의 권력을 빌미삼아 『청록집』 저자 이름을 '박두진 외 2인'이라고 표기했거나, '박두진 박목월 조지훈' 순으로 펴냈다면 우리는 지금도 그런 저자 표기 순서를 준용했을지도 모를 일이다.[16]

5. 박목월 문학과 문학장의 의미

박목월은 개벽사 윤석중이 편집하던 『어린이』에 본명으로 투고하여 동요 시인으로서 출발하였다. 동시 「통딱딱 통딱딱」이 특선하면서 동시를 창작하는 길에 들어선 것이다. 그리고 그해 6월에 『신가정』에 동요 「제비맞이」가 당선하였다. 몇 년 후 그는 전혀 다른 이름인 '목월'로 『문장』에 작품을 투고하여 정지용의 선택을 받았다. 그리고 그는 해방 직후에 을유문화사에서 『청록집』을 펴냈는데, 이때 윤석중이 펴내던 『주간 소학생』을 통해서도 활발한 동요 동시 창작 활동을 이어갔다. 『초록별』(을유문화사, 1946), 『박영종 동시집』(조선아동회, 1946) 등은 이 당시의 산물이었다. 이 시기의 이러한 궤적을 통해 우리는 박목월이 동시 창작과 동시 교육에 커다란 영향력을 행사하였음을 알게 된다.

그리고 박목월은 전쟁 전후 『시문학』으로의 매체적 전신을 꾀하면서 문단의 중심에 서게 된다. 박용철이 20여 년 전 펴냈던 순수서정의 미학적 아이콘 『시문학』의 제호를 다시 따서 잡지를 창간한 것이다.[17]

---

16 유성호, 「『시문학』과 『청록집』 그리고 박목월」, 『문학의 오늘』 16호, 은행나무, 2015 참고.

17 유성호, 「순수서정의 지속과 심화 - 『詩文學』(1950-1951) 해제」, 『근대서지』 4호, 근대서지학회, 2011 참고.

전쟁기에는 『전선문학(戰線文學)』에 가담하였는데, 두루 알려져 있듯이 반공의 아성이었던 이 잡지는, 육군종군작가단에서 1952년 4월 10일 창간하여 1953년 12월 1일 통권 7호를 끝으로 폐간하였다. 『전선문학』 창간호에 박목월은 산문 「노상(路上)의 시(詩)」를 실었는데, 전쟁과는 전혀 무연한 평화로운 기억과 시정(詩情)을 그 글에 담았다.[18] 그렇게 박목월의 시적 성정과 감각은 애잔한 적막과 황홀한 고독 그리고 가혹한 상황에서의 타자에 대한 가없는 연민으로 천천히 흘러간 것이다. 그리고 그는 1973년 『심상(心象)』을 창간하였고 『심상』 출신 시인들을 모아 '신감각파' 동인 활동을 하게 하였다. 그 사이로 육영수 여사 전기를 쓰기도 하였다. 이처럼 순수서정의 시인이라는 외관에도 불구하고 박목월은 일관된 매체적 지향을 당대의 문학장 안에서 보여주었다. 순수서정의 한 대척점에 그의 문학장 대응 방식이 길목마다 가로놓여 있었던 셈이다. 이 점, 매우 중요한 박목월 문학의 배경적 원리가 아닐 수 없겠다.

---

18 유성호, 「전쟁의 냉혹함과 따뜻함 - 박목월 산문과 관련하여」, 『문학의 오늘』 6호, 은행나무, 2013 참고.

박두진의 시적 형이상학

1. '청록파'에 대한 평가의 두 갈래

한국문학의 근대성을 논의하는 과정, 특별히 시를 거론하는 과정에서 '자연', '전통', '정신'이라는 범주는 언제나 그 중심에서 벗어나지 않았다. 1990년대 이후 한국문학의 근대성을 평가하는 자리에서도 자연 서정이나 정신주의, 생태주의 등은 한국 시의 전통 지향성과 자연 친화성에 대한 새로운 반성의 기회를 제공하였다는 평가를 받아왔다. 더욱이 동아시아 전통 논의와 더불어 1990년대 이후 '자연'과 '정신(주의)'의 문제는 한국문학을 검토하는 중요한 테마로서 견고하게 자리를 잡아갔다. 이러한 상황은 자연, 정신(주의) 등의 용어가 전통이나 반근대의 측면과 결부되면서 근대성과의 어떤 경계적 위치에 놓여 있기 때문에 발생하는 것일 터이다. 또한 생태주의의 시선에서 바라보면, 자연 서정과 정신주의는 반근대적이면서 동시에 탈근대적인 위치를 확보하고 있다고 할 수 있다. 탈식민주의 혹은 다문화적 글쓰기라는 시각에서 접근하더라도 이들은 동아시아적인 전통과 밀접한 범주로 인식됨으로써 역시 근대성을 넘어서는 글쓰기의 한 축으로 평가되기도 하였다. 이러한 항목들을 우리 근대 시문학사에서 가장 전면적으로 받아들이면서 높은 예술적 성취를 이룬 그룹으로 우리는 다름아닌 '청록파'를 예거할 수 있을 것이다.

물론 청록파의 시를 현실에 대한 도피나 의도적 자기 망각으로 저평가하면서 그 미학적인 한계를 지적하는 경우는 왕왕 있어왔다. 말하자면 청록파의 자연 탐닉, 복고 취향, 이상주의 등을 비판하는 방향으로 많은 연구가 진행되어온 것이다. 하지만 근대성과 결부된 방향에서 미학적 실체를 검토하거나 한국문학의 전통, 자연, 정신의 공과를 평가하는 작업에서도 '청록파'는 매우 중요한 긍정적 자료로 거론될 공산이 여전히 크다. 그동안 청록파에 관한 연구가 대부분 형식 미학에 관련되었다는 사실은, 청록파 연구의 편향과 빈곤을 보여줌으로써 이러한 연구의 필연성을 어느 정도 뒷받침하고 있다고도 할 수 있다. 일례로 김우창의 논문 「한국시의 형이상(形而上)-하나의 관점」은 한국의 자연 서정시를 동양적 조화의 가치관에 안주함으로써 분열된 세계에 대한 미학적 대응에 실패한 것으로 간주하고 있다는 점에서 청록파에 대한 가장 징후적인 독법을 선구적으로 보여준 바 있다.[1] 특히 그의 청록파 평가는, 그들이 김소월의 감정주의와 정지용의 정신 기술의 방법으로서의 이미지즘을 결합시켰지만 결국 한국문학의 전반적 붕괴 속에서 단편적인 피난처를 구한 결과일 뿐이라고 규정한 바 있다. 이러한 평가의 관행을 넘어 우리는, 청록파의 자연 탐구와 서정의 문법을 새롭게 탐구해야 할 요청과 맞닥뜨리게 된다. 그것은 여전히 그들의 '자연'이 무엇이었느냐 하는 것과 그들이 이후 한국 근대시에 드리운 계보에 관한 것일 터이다.

---

1 김우창, 『궁핍한 시대의 시인』, 민음사, 1973 참조.

2. 역동적인 생명력의 원천으로서의 자연

올해 2016년은 혜산(兮山) 박두진(朴斗鎭, 1916-1998)의 탄생 100주년이 되는 해이다. 박두진은 1939년부터 시를 쓰기 시작하여 시력(詩歷) 갑년을 꼭 채웠다. 그동안 박두진은 "자연의 발견"(김동리)을 역동적으로 이루어낸 '청록파' 시인으로 범주화되어왔다. 혜산은 24세 되던 해인 1939년 『문장(文章)』에 정지용에 의해 추천을 받아 본격적으로 시단에 발을 들여놓았다. 이때 정지용은 "박 군의 시적 체취는 무슨 삼림에서 풍기는 식물성의 것"이라면서, 시단에 하나의 '신자연(新自然)'을 소개한다고 말한 바 있다. 정지용에 의해 선발된 세 사람의 시인이 모두 '자연'을 형상화한 공통점이 있지만, 박목월이나 조지훈의 자연과 혜산의 그것은 차원이나 어조가 매우 다르다. 가령 신성의 상상적 모형으로서의 자연을 박목월이 노래했다면, 조지훈은 시 창작의 배경으로서의 자연을 적극 받아들였다. 박목월 초기 시편은 신성의 모형으로서의 완전한 자연, 자연과 조화되는 신성한 존재들, 그리고 그에 대비되는 유한자로서의 실존적 자각 등을 담고 있었다. 이때 자연은 박목월에 와서 매우 중요한 창조 및 변용을 부여받았다고 할 수 있다. 왜냐하면 그것은 전원주의나 지배 이념의 설파, 그리고 현실 사회의 알레고리적 비판이라는 전통소(素)들을 훌쩍 벗어난 창조적 자연이었기 때문이다. 그리고 조지훈에게 자연은 의식의 외부에 독립적으로 존재하는 고요한 사물들의 세계이며, 인간의 정신이 경험의 대상으로 삼는 물상계와 그 현상을 일컫는 개념으로 활용되었다. 또한 그 영역에는 우주 전체와 같은 광대한 비생물적 세계와 풀꽃이나 달팽이 같은 미세한 생물적 세계가 함께 포괄된다. 요컨대 조지훈의 자연은 인식 주체의 외부에 경험적 지각의 대상으로 존재하는 자연경관 및 자연물을 일컫는 개념으로 한정되었다.

그런가 하면 박두진이 추구한 자연은 정신과 이상을 구현하는 관념의 매개체이자 그것에 형식과 육체를 부여하는 우의적(寓意的) 대상으로 줄곧 나타난다는 점에서 퍽 이색적이다. 그가 그리는 이데아의 세계, 그것이 모든 인간적 갈등을 해소한 이상향이라면, 자연은 그의 이러한 의식이 침전된 대상물(代償物)이자 거기에 우리의 역사와 삶을 빗대고 상징하려는 시인의 시적 전략의 근원이기도 하다. 특별히 그가 추구한 자연은 생성과 소멸 과정이 이루는 자연의 순환 반복적 섭리를 긍정적으로 수용할 수 있는 자세에서 비롯된 것이다. 그는 시의 대상을 거시적이고 조화를 지향하는 자연의 존재 차원으로 이끌어 투시함으로써 시의 예술성을 사회적 울타리에 가두지 않고 생태윤리적 자연을 향해 열어놓았다. 여기서 존재 차원이란, 대상화된 물리적 공간으로서의 자연이 아니라, 선험적으로 실재하면서 주체의 정신을 견인한다는 의미를 함축한다.

이처럼 청록파 세 시인의 시사적 공적 가운데 가장 큰 것은, '자연'이라는 대상으로 하여금 한국 시의 담론으로 들어오게끔 한 데 있을 것이다. 이들에 의해 한국 시는 비로소 자연과 만나고 자연을 사유하게 되고 자연을 현실과 연관하여 다룰 수 있게 되었다. 그 자연의 함의는, 인간과 대립하는 실체가 아니라 인간을 둘러싸고 인간과 공존하는 존재로 나타난다. 고대에는 자연과 인간이 형이상학적으로 전혀 다른 실체이며 서로 이해관계가 엇갈리고 대립하는 존재로 파악해 왔고, 그만큼 자연은 필연적으로 인간에게 위협의 근거이고 불안의 요소이며 인간에 의해 정복과 지배 그리고 약탈의 대상으로 나타났다고 해도 과언이 아니다. 이러한 자연관은 이원론적 형이상학과 인간중심적 세계관을 함축하고 있었다. 그런데 차츰 인간과의 공존적 자연관이 대두하게 되었고, 자연과 인간을 통합의 개념으로 파악하는 관점이 생성되기 시작하였다. 다시 말해 자연은 우주 전체, 존재 전체를 지칭하는 개념으로 확장되어간 것이다. 이때 자연은 '환경'은 물론이고 '생태계'보다 더 포괄적이 된다. 이들이 펴낸 3인 사화집 『청록집

(靑鹿集)』은 이러한 자연관의 변화를 그 중간 결절 지점에서 보여주는 뜻 깊은 실례로 다가온 역사적 실례일 것이다. 올해는 이 사화집 70년을 동시에 맞고 있으니 그렇게 그들의 70주년은 돌올하다. 거기 실린 박두진의 여러 초기 시편은 그의 이채로운 자연관을 온전하게 담고 있다.

가지마다 파아란 하늘을
받들었다.
파릇한 새순이 꽃보다 고웁다.

靑松이래도 가을 되면
홀 홀 落葉진다 하느니,

봄마다 새로 젊은
자랑이 사랑웁다.

낮에 햇볕 입고
밤에 별이 소올솔 내리는
이슬 마시고,

파릇한 새 순이
여름으로 자란다.

─「낙엽송(落葉松)」 전문[2]

---

2 여기서 인용하는 박두진 시편은 모두 『박두진』(홍신선 편, 지식산업사, 1988)에 의거하기로 한다.

박두진이 추구한 초기시의 '자연'은 생태학적 관점에 의거한 환경으로서의 자연이나 문명 비판적 대안으로서의 자연으로 나타나지 않는다. 그것은 그의 정신과 이상을 구현하는 관념의 매개체이자 그것에 형식과 육체를 부여하는 대상으로 줄곧 나타난다. 이 작품에 현상된 자연 역시 서경적 자연이나 환경론적 자연이 아니라 시인의 관념을 매개하는 자연으로 나타나고 있다. 이 작품은 박두진의 가장 초기작으로서, "가지마다 파아란 하늘을 / 받들"고 서 있는 낙엽송을 노래하고 있다. 그 나무는 "파릇한 새순이 꽃보다" 고운데 시인은 "靑松이래도 가을 되면 / 홀 홀 落葉진다"면서 나무의 일생이 가지는 화려함과 쓸쓸함을 동시에 관조하고 있다. 하지만 "봄마다 새로 젊은 / 자랑이 사랑웁다"면서 시인은 계절의 순환을 따라 생성과 소멸을 견고하게 거듭하는 청송의 자태를 칭송하고 있다. 동시에 "낮에는 햇볕 입고 / 밤에 별이 소올솔 내리는 / 이슬 마시고" 사는 낙엽송의 모습이 우주의 화창(和唱)으로 인해 가능했음을 암시한다. 그것은 시인의 의식 속에서 선택되고 재구성된 자연의 모습이다. 마지막으로 "파릇한 새 순이 / 여름으로 자란다."는 결구(結句)는 이 생명의 아름다운 활력을 그리는 동시에, 곧 '가을'로 향해 가서 "홀 홀 落葉"짐으로써 생애를 마칠 낙엽송의 미래를 바라보고 있는 것이다. 이처럼 이 시편에서 '낙엽송(落葉松)'은 우리 인생의 젊음과 노경 그리고 죽음을 동시에 우의(寓意)하면서, 박두진 초기 시편의 맹아를 충실하게 보여주고 있다. 여기서 그의 '신자연'은 인간 주체와 분리되는 객관적 실체나 심미적인 대상으로서의 자연이 아니고, 인간의 내면과 교응하는 주관적 변이의 대상만도 아니며, 바로 시인의 의식 속에서 선택되고 재구성된 '관념화된 자연'임에 우리는 주목하여야 한다. 이러한 자연 형상의 본격적 개화를 가능하게 했던 것이 바로 『청록집』이었던 것이다.

1

부여안은 치맛자락, 하얀 눈바람이 흩날린다. 골이고 봉우리고 모두 눈에 하얗게 뒤덮었다. 사뭇 무릎까지 빠진다. 나는 예가 어디 저 北極이나 南極 그런 데로도 생각하며 걷는다.

파랗게 하늘이 얼었다. 하늘에 나는 후- 입김을 뿜어 본다. 스러지며 올라간다. 고요-하다. 너무 고요하여 외롭게 나는 太古! 太古에 놓여 있다.

2

왜 이렇게 자꾸 나는 山만 찾아 나서는 겔까? — 내 永遠한 어머니 …… 내가 죽으면 白骨이 이런 양지짝에 묻힌다. 외롭게 묻어라.

꽃이 피는 때, 내 푸른 무덤엔, 한 포기 하늘빛 도라지꽃이 피고, 거기 하나 하얀 山나비가 날러라. 한 마리 멧새도 와 울어라. 달밤엔 杜鵑! 杜鵑도 와 울어라.

언제 새로 다른 太陽, 다른 太陽이 솟는 날 아침에, 내가 다시 무덤에서 復活할 것도 믿어본다.

3

나는 눈을 감어본다. 瞬間 번뜩 永遠이 어린다. ……人間들! 지금 이 땅 위에서 서로 아우성치는 數많은 人間들이, 그래도 滅하지 않고 오래오래 世代를 이어 살아갈 것을 생각한다.

우리 族屬도 이어 자꾸 나며 죽으며, 滅하지 않고, 오래오래 이 땅에서 살아갈 것을 생각한다.

언제 이런 雪岳까지 왼통 꽃동산이 되어, 우리가 모두 서로 노래치며, 날뛰며, 진정 하로 和暢하게 살아볼 날이, 그립다. 그립다.

—「설악부(雪岳賦)」 전문

이 시편은 태고의 모습을 지닌 자연으로 '설악'을 제유하고 있다. 설악을 찾은 시인은 주체와 대상이 융합하는 과정에서 도래하는 새로운 차원의 세계를 열망한다. 가령 그것은 인류 역사와 관련된 설악의 의미 확장과 연관되는 것이다. "언제 새로 다른 太陽, 다른 太陽이 솟는 날 아침"은 시인이 믿는 부활의 아침이기도 하다. 암울한 일제 말기의 상황에서 박두진은 죽음을 넘어 부활에 이르는 거대한 스케일의 시편을 구상하고 실천하였다. 한겨울 눈으로 덮인 산의 모습에서 태고의 신비를 느끼며 산에 영원한 모성을 부여한다. 자연 친화적 태도와 민족의 항구적인 봄날을 꿈꾸는 시인의 이상주의가 여기서 시작된다. 수난을 넘어 새로운 태양을 맞는 이상 세계를 희원하는 시인의 마음이 깊이 담긴 명편이 아닐 수 없다. 여기서도 자연은 관념을 덧입는 대상으로 현현한다.

이처럼 혜산의 초기 시편은 자연을 제재로 했으면서도 현실에 대한 도피처로서의 자연이나 심미적인 체관적(諦觀的) 자연이 아니라 역동적인 생명력의 원천으로서의 자연을 노래했다는 점이 특징적이다. 그뿐만 아니라 그의 시는 비극적인 시대를 관통해오면서도 미래에 대한 강한 희망을 노래하고 있다. 여기에는 메시아사상의 영향이 작지 않은데, 그의 초기 시는 현실의 고통을 참고 메시아가 올 것을 믿고 기다리는 자의 환희를 힘 있게 표현하고 있다고 말할 수 있을 것이다. 이는 "'산'과 '해'를 통하여 선생은 생명과 정열을 노래하였고, '산'과 '해'를 통하여 보다 밝은 앞날을 예언하였다. 그것은 한마디로 자유의지의 실현이자 메시아의 동경"[3]이라는 의견을 충족한다. 그 점에서 박두진은 존재 차원의 자연을 통해 자신만의 시적 윤리를 수행했다고 할 수 있다. 그의 다른 대표작 「묘지송(墓地頌)」, 「향현(香峴)」 등과 더불어 일제 말기의 이례적인 풍경이 아닐 수 없다.

3. 자연 형상 안에 드리운 심미적 격조

해방 직후 을유문화사에 취직한 박두진은 좌우익 사이에 벌어지는 혼란 가운데서 『문장』 출신 시인들의 사화집을 계획하여 실천하였다. 그 결과가 그 유명한 3인 사화집 『청록집』이었다. 이 제호는 정지용의 그 유명한 '백록담'이라는 시집 제호와 맞서는 형국을 만들어낸 것이다. 그런가 하면 정지용의 『지용시선(芝溶詩選)』은 『청록집』이 나오기 꼭 일주일 전인 5월 30일에 출간되었다. 이 또한 스승에 대한 박두진의 배려였을 것이다. 올해는 바로 이 『청록집』이 나온 지 70년이 되는 해이기도 하다. 그 사화집에는 해방 전의 육성이 해방 후 짧은 시간 동안 세련된 예술적 의장에 의해 잘 갈무리된 시편이 다수 실려 있다. 해방 직후의 목소리를 담은 혜산의 다음 시편도 거기 실려 있다.

    산새도 날러와
    우짖지 않고,

    구름도 떠가곤
    오지 않는다.

    인적 끊인 곳,
    홀로 앉은

---

3 박철희, 「혜산 시, 다시 읽기」, 박두진, 『당신의 사랑 앞에』, 홍성사, 1999, 207면.

가을 山의 어스름.

호오이 호오이 소리 높여
나는 누구도 없이 불러 보나,

울림은 헛되이
빈 골 골을 되돌아올 뿐.

산그늘 길게 늘이며
붉게 해는 넘어가고,

黃昏과 함께
이어 별과 밤은 오리니.

生은 오직 갈수록 쓸쓸하고,
사랑은 한갓 괴로울 뿐.

그대 위하여 나는, 이제도 이,
긴 밤과 슬픔을 갖거니와,

이 밤을 그대는, 나도 모르는
어느 마을에서 쉬느뇨.

—「도봉(道峰)」전문

    이는 혜산이 매우 드물게 존재론적 고독과 사랑의 비애를 노래한 초기 명편이다. 이 시편은 '산새'도 '구름'도 '인적'도 모두 사라져버린 어스름의 '가을산'에서 홀로 느끼는 쓸쓸함과 그리움을 담고 있다. 혜산은 "호오이 호오이 소리 높여 / 나는 누구도 없이" 불러보노라고 말하는데, 그때 메아리는 산 속을 깊이 돌아오고, 붉은 해는 서서히 지고, 어스름은 어느새 밤으로 몸을 바꾼다. 이 깊은 밤에 시인은 "生은 오직 갈수록 쓸쓸하고 / 사랑은 한갓 괴로울 뿐"이라고 말한다. 시인의 쓸쓸함과 괴로움을 촉발한 것은 '삶 / 사랑'에 대한 의지였던 것이다. 이때 '그대'는 시인에게 끊임없는 '쓸쓸함'과 '괴로움'을 선사하는 존재이지만, 시인은 '그대' 없이 홀로 겪어야 하는 "긴 밤과 슬픔"을 통해 '그대'를 향한 '삶 / 사랑'의 깊이를 완성해간다. 혜산 시편의 전경(前景)이 「해」의 밝고 역동적인 세계였다면, 「도봉(道峯)」의 쓸쓸한 그리움의 세계는 그 확연한 후경(後景)이었던 셈이다. 이처럼 서정적인 시편은 혜산 미학의 '자연'이 관념의 대상일 뿐만 아니라, 그 자체로 물활적으로 살아나는 감각적 실재임을 동시에 알려준다. 그래서 그의 시에 나타나는 심미적 격조는 그리 간단한 것이 아니다.

하늘이 내게로 온다.
여릿 여릿
머얼리서 온다.

하늘은, 머얼리서 오는 하늘은,
호수처럼 푸르다.

호수처럼 푸른 하늘에,
내가 안긴다. 온몸이 안긴다.

가슴으로, 가슴으로
스미어드는 하늘,
향기로운 하늘의 호흡.

따가운 볕,
초가을 햇볕으론
목을 씻고,
나는 하늘을 마신다.
자꾸 목말러 마신다.

마시는 하늘에
내가 익는다.
능금처럼 내 마음이 익는다.

―「하늘」 전문

　박두진의 맑고 감각적인 서정이 잘 나타난 그의 대표작 가운데 하나이다. 시인은 '하늘'과 '나'의 거리가 좁혀지고 멀어지는 과정을 통해 하늘의 푸르고 향기로운 상태를 만끽하고 있다. 그렇게 여릿 여릿 멀리서 다가오는 하늘은 호수처럼 푸르기만 하다. 온몸이 하늘에 안기는 순간, 초가을 햇볕으로 목을 씻고, 급기야 하늘을 마시는 과정에 이르기까지 시인은 하늘과 동화되어간다. 이를 두고 시인은 "능금처럼 내 마음이 익는다."고 표현한 것이다. '하늘=호수=능금'의 전이 과정은 그 자체로 감각과 형상이 서로 결속하는 순간을 잘 보여준다. 이처럼 그의 시는 비유컨대, 감각적인 언어적 재치와 육화된 언어 능력이 얼마나 다른 것인가를 실증하는 핵심적인 사례일 것이다.

　―한 마리만 푸른 새가 날아오르라. 碑. ……한 마디만 길다랗게 소릴 뽑으라.

　千年 二千年을 三千年을 조으는 것, 이끼마다 눈이 되어 꽃잎으로 피라. 이슬처럼 꽃잎마다 녹아 흐르면, 아득한 하늘 밖에 별이 내린다.

碑. 오오, 돌. ……무엇을 呼吸는가. 오래 숨이 겹쳐지면 깃쭉지가 돋는가. 목을 뽑아 鶴처럼 구름 밖도 나는가. 비바람과 눈포래와 내려쬐는 뙤약볕. 미쳐 뛰는 歲月들이 못을 박는다. 정을 박는다.

 ―月光. ……또는, 별이 글성 배어내려, 거울처럼 맑아지면 다시 네게 오마. 넌즛 한 번 내어밀어 손을 쥐어 다오. 벌에 혼자 너를 두고 훌훌 내가 간다.

―「碑」 전문

오랜 전통을 지니고 수난의 역사를 묵묵히 살아온 민족의 정체성과 자유를 비유하는 전후(戰後)의 작품이다. 이 시편은 온전한 자유의 회복이 지연되고 오히려 전화(戰火) 속에서 민족의 극단적 분열과 동족상잔의 처절한 죽음의 현장과 상처를 목격한 결실이다. 그리고 시인으로서의 깊은 고뇌 가운데서 온전한 자유의 회복과 그 참된 삶의 도래를 갈구하는 보다 강렬한 생명의 부활과 자유에 대한 의지를 보여준다. 이때 '빛'의 이미지는 끊임없이 자유를 억압하고 생명을 위축하는 어둠에 대응하여 그의 시에 초월적 공간을 부여하는 절대적인 생명의 힘으로 작용한다. 무구한 시간을 묵묵히 지탱하고 서 있는 '비(碑)'의 견고한 모습에서 시간을 초월하여 생명의 의지를 감지하는 시인은 그 '비'의 내면에서 깊은 잠에서 깨어나는 푸른 '새'의 비상을 고대하며, '비'에 새로 돋는 '이끼'와 '별'의 교감조차 느낀다. 이제 수직적 초월을 의미하는 새롭게 올린 '깃쭉지'는 결코 찢겨지지 않는 시인의 내면적 단련을 의미한다. '푸른 새'의 비상과 '학(鶴)'의 승천이 주는 상승과 초월의 역동적 이미지 역시, '비'로 하여금 졸음과 이끼 속에 망각되고 비바람과 눈보라와 뙤약볕으로 마멸되어온 무생물로부터 역동적 이미지를 가지는 생명의 힘으로 전화(轉化)하게 한다. 곧 시인이 '비'에게 비상과 승천을 요구하는 것은 오랜 세월의 역사적 경험이 높고 맑은 새로운 정신적 삶으로 승화될 수 있으며, 또 그렇게 되어야 한다는 믿음을 나타낸 것이다. 이처럼 관념을 구상으로 드러내는 공통점에도 불구하고, 또 그것이 산이든 돌이든 모두 속기(俗氣)를 말끔히 벗어버린 격조(格調)를 지향하고 있다는 공통점에도 불구하고, 박두진의 시적 방법은 원심적 확장에서 구심적 응축으로 변이를 겪게 된다. 이에 대하여 박목월의 '사력질(砂礫質)', 조지훈의 '돌의 초상'도 맥락적 검토가 가능할 것이다. 이러한 자연 형상 안에 드리운 심미적 격조를 통해 외연을 확장해간 혜산 시학의 과정 또한 존재 차원의 자연을 통한 윤리적 투시의 외화 작업이었을 것이다.

4. 역사의 흐름에 대한 대응으로서의 윤리적 원리

이러한 박두진의 시관은 1960년대에 발간된 『거미와 성좌(星座)』, 『인간밀림(人間密林)』, 『하얀 날개』 등에서 지속적으로 나타나게 된다. 마치 구약의 선지자들이 민족적 죄악을 폭로하고 경고하듯이, 그 또한 예언자적 풍모를 강하게 띠며 세상을 질타하고 오롯한 정결성을 축조하는 데 시적 정열을 쏟는다. 이때 '거미'나 '별'이 알레고리적 외피가 되어 종교 관념을 담는 그릇 역할을 하는 것, 이를테면 '거미'가 타락한 인간 군상이 되고 '성좌'가 신의 뜻을 매개하는 상관물이 되고 있는 점은 자연스러운 귀결이다. 그가 현실의 위기와 폐허됨을 증거하기 위해 자주 차용하는 '골짜기'나 '벼랑', '무덤' 같은 소재 역시 단연 구약적인 기원을 가지는 이미지다. 그것은 보편적 인생론의 시각에서 볼 때 위기, 절망, 추락 등을 암시하지만, 현실에 그것을 대입할 때는 신성을 몰각한 타락한 사회라는 상징적 유추가 가능한 소재들이다. 또한 혜산 시에서 이것들은 성서적 인유(引喩)로 포섭되면서, 초월적 열망을 상징하는 언어로 화육(化肉, incarnation)하고 있다. 이러한 방법이 역사 인식과 감각적으로 결합된 수작이 「강 2」일 것이다.

이 작품은 역사의 흐름으로서의 '강'의 표상을 선명하게 보여주는 실례일 것이다.

> 나는 아직도 잊을 수가 없다
> 그날 江물은 숲에서 나와 흐르리.
>
> 비로소 彩色되는 悠悠한 沈默
> 꽃으로 水葬하는 내일에의 날개짓,
>
> 아, 흥건하게 江물은 꽃에 젖어 흐르리
> 무지개 피에 젖은 아침 숲 짐승 울음.
>
> 일체의 죽은 것은 떠내려가리
> 얼룽대는 배암비눌 피발톱 독수리의,
>
> 이리떼 비둘기떼 깃쭉지와 울대뼈의
> 피로 물든 일체는 바다로 가리.
>
> 비로소 햇살 아래 옷을 벗는 너의 全身
> 江이여. 江이여. 내일에의 피 몸짓.
>
> 네가 하는 손짓을 잊을 수가 없어
> 江 흐름 핏무늬길 바다로 간다.
>
> ―「강(江) 2」 전문

여기서 '강'은 역사의 흐름을 은유하는 표상으로 등장한다. 이 시편은 바로 그 역사의 흐름이 고통과 분열, 갈등과 증오를 극복하는 과정임을 증언한다. 모든 부정적인 것이 극복되고 치유될 때 새로운 소망이 이루어진다는 내용이 예언자적 어조와 강렬한 언어로 시화되고 있다. 그런데 이 시편에서 1행의 현재시제의 목적어는 2행의 미래시제를 그 내용으로 하고 있다. 일종의 모순 어법으로 인해 미래의 상상적 장면이 더욱 생생한 현장성을 얻고 있는 것이다. 그렇게 역사적 격동의 과정을 거쳐 이른 "그날"을 이 시편은 보여주는데, 비록 '강'이 옷을 벗고 전신을 드러내지만 그것은 순진무구한 모습이 아니라 적나라한 '피'로 물든 모습이라는 것이다. 또한 일체의 짐승들의 잔해로 가득한 모습을 띤 '강'은, 역사의 미래가 고통과 죽음의 시대를 통과해야 가능하다는 것을 암시한다. 여기서 '꽃'과 '피'의 이미지는 서로 대립되는 것이 아니라 서로 융합되면서 결속한다. 가령 '꽃'은 찬란한 미래의 상징이면서 거기에 도달하기까지 치러야 하는 '무지개 피'의 이미지에 겹쳐지는 것이다. 그래서 "날개짓"과 "피 몸짓"은 '강'이 치러내는 시련의 상징이 되고, 그렇게 시련을 껴안고 '강'은 "핏무늬길 바다"로 흘러가는 것이다. 이처럼 혜산 시편에서 '강'은 도도한 역사의 흐름과 그 과정을 예언자적이고 묵시록적인 이미지와 어조로 표상한 작품이라 할 것이다.

그의 시에서 나타나는 이러한 생동하는 빛과 사물은 근대적 이성주의에 매몰된 인간 내면에 잠재된 영성적 시원성(始原性)을 들춰내어 자연에 새로운 생기를 불어넣는 감각과 이미지로 작용한다. 그는 그만큼 현실인식이나 진보적 역사관이 아니라, 윤리적 태도와 근원적 원형을 사유했던 시인인 셈이다. 그래서 우리는 "1960년대를 전후하여 박두진은 역사적 현실과 만난다. 이 현실에 대한 태도는 사도의식을 바탕으로 저항과 비판의 일관된 몸짓을 보여준다. 물론 이 저항과 비판 역시 그 바탕에는 완전한 현실과 미래에 대한 기대와 약속이 마련되어 있다. 또한 사도의식은 그에게 남다른 고고의 개별의식을 부풀리기도 한다. 후기에도 이 같은 태도는 지속되지만 관념에 침윤되기 시작하여 신비화하고 형이상의 모습을 띠어간다."⁴는 의견을 수용하게 된다.

> 마지막 내려덮는 바위 같은 어둠을 어떻게 당신은 버틸 수가 있었는가? 뜨물 같은 恥辱을, 불붙는 憤怒를, 에어내는 悲哀를, 물새 같은 孤獨을, 어떻게 당신은 견딜 수가 있었는가? 꽝 꽝 쳐 못을 박고, 槍끝으로 겨누고, 채찍질해 때리고, 입맞추어 背叛하고, 매어달아 죽이려는, 어떻게 그 怨讐들을 사랑할 수 있었는가? 어떻게 당신은 强할 수가 있었는가? 波濤같이 밀려오는 勝利에의 欲望을 어떻게 당신은 버릴 수가 있었는가? 어떻게 당신은 敗할 수가 있었는가? 어떻게 당신은 弱할 수가 있었는가? 어떻게 당신은 이길 수가 있었는가? 방울방울 땅에 젖는 스스로의 血滴으로, 어떻게 萬民들이 살아날 줄 알았는가? 어떻게 스스로가 神인 줄을 믿었는가? 커다랗게 벌리어진 당신의 두 팔에 누구나 달려들어 안길 줄을 알았는가? 엘리…… 엘리…… 엘리…… 엘리…… 스스로의 목숨을 스스로가 매어달아, 어떻게 당신은 죽을 수가 있었는가? 神이여! 어떻게 당신은 人間일 수 있었는가? 人間이여! 어떻게 당신은 神일 수가 있었는가? 아!…… 방울방울 떨구어지는 핏방울은 잦는데, 바람도 죽고 없고 마리아는 우는데, 마리아는 우는데, 人子여! 人子여! 마지막 쏟아지는 瀑布 같은 빛줄기를 어떻게 당신은 주체할 수 있었는가?
> ─「갈보리의 노래 2」 전문

신약성서에 나타난 예수의 못 박힘과 부활 서사를 인유하고 있는 이 시편은, 근대적 이성주의에 매몰된 인간 내면에 잠재된 영성적 시원성을 들추어내는 또 한 편의 드라마를 보여준다. 혜산은 예수의 고뇌와 죽음과 승리를 통해 우리 시대에 가장 긴요한 윤리적 태도와 근

---

4 홍신선, 「상승과 초월의 변증법」, 홍신선 편, 앞의 책, 298면.

원적 원형을 다시금 사유한 것이다. "마지막 내려덮는 바위 같은 어둠" 속에서 치욕과 분노와 비애와 고독을 견디면서, 못과 창과 채찍질과 배반을 일삼은 원수들을 사랑했던 예수의 초상을 통해, 박두진은 궁극적으로 가장 강한 윤리적 원리를 상상한다. 그것은 스스로 신이면서도 땅에 젖는 스스로의 혈적으로 견뎌낸 예수의 고통에 있고, 나아가 그 고통을 통해 사람들을 살릴 것을 예감하는 예수 부활의 서사에 있다. 마지막 쏟아지는 폭포 같은 빛줄기처럼, 그 윤리적 과정이 박두진에게 다가오고 있는 것이다. 이처럼 박두진은 예언자적 풍모를 강하게 띠며 시를 써간다. 이는 물론 정치적 직접성을 띠지 않고 종교적 윤리성의 매개를 한결같이 거친다. 그 점에서 여전히 박두진은 사실주의적 기율이나 민중시적 시법과는 무연한 곳에 정신주의적 견결함을 내보이는 독자적 시학으로 우리 앞에 우뚝하게 서 있다. 역사의 흐름에 대한 대응으로서의 윤리적 원리를 상상한 것이다.

5. 시적 형이상학의 계보

박두진 시는, 그가 노경(老境)에 접어들면서부터, 좀 더 근원적인 질서에 대한 집착과 통찰로 이월해간다. 관념을 넘어서면서도 관념 자체를 배제하지 않고, 구체성을 획득하면서도 쇄사(鎖事)에 집착하지 않고, 영혼과 육체를 동시에 굴착하려는 의욕을 보였던 그로서는 추상과 보편으로의 침잠이 불러올 구체성의 사상(捨象), 질감의 이완 그리고 초시간적 탈역사성의 시비로부터 자유롭기 어려운 영역을 지향하게 된 것이다. 그가 후기의 신앙시집으로 기획한 『사도행전(使徒行傳)』과 『수석열전(水石列傳)』, 『포옹무한(抱擁無限)』은 그러한 변화와 지속적인 기독교 의식의 심화를 일러주는 소산인데, 『사도행전』은 인간의 구원과 부활과 영생을, 『수석열전』은 절대자의 섭리를, 『포옹무한』은 무한한 종교적 법열을 테마로 삼고 있는 일련의 신앙시집들이다. 이 시기에 그가 지향한 태초부터 영원까지, 꽃 한 송이에서 광활한 우주까지의 시공간의 성층(成層)은 그야말로 헤아리기 어려운 깊이와 너비를 지닌다. 어쩌면 그는 시를 통해 언어 자체가 가지는 물리적, 외연적 한계를 넘어서서 언어가 사라져버리는 신성의 세계로 잠입하고 싶은 욕망을 가졌는지도 모른다. 이러한 그의 근원과 신성에 대한 탐구를 구상적으로 가능케 한 이미지이자 매개체는 다름 아닌 '수석(水石)'일 것이다. 그리고 혜산은 이러한 광활하고도 근원적인 것을 몰각한 시대를 다음과 같이 비판한 바 있다.

추상과 관념, 형이상적인 것, 정신적인 것보다는, 즉 물적 형이하적인, 찰나적인 것을 좋아하게 됩니다.
진리와 옳은 것에 대한 몰아적인 탐구와 개성적인 지향보다는, 참이든 거짓이든, 자기 이외의 누군가에 의해서 강요받는 몰개성적이며 무저항적인 동의와 동조에 만족합니다.
물량 대중시대, 집체 권력중심주의가 빚어내는 오늘날의 속물주의, 이른바 기술, 과학, 산업시대의 인간무력화 현상은 그러므로 그 개개인으로 하여금, 깊고 엄정한 사색과 정연한 논리를 싫어하고, 정의와 선에 대한 가치관과 당위성에 대한 신념과 참과 옳은 일에 대한 책임감을 가질 수 없게 합니다. 이상과 그 실현에 대한 열의와 성실성을 점점 더 견지할 수 없게 합니다.
불멸의 진리, 영원한 가치, 몸과 목숨을 바쳐서 의를 이루는 일에 대한 참뜻과 긍지에 아무런 감동도 의욕도 가지지 않게 됩니다.
개인의 개성, 자기의 자아의식이 점점 더 흐려져서 몽롱해 가고, 그러면서도 왜 그렇게 되는가에 대한 원인이나 이유에 대한 성찰도 기피, 망각함으로써 모르게 되는 상태에 우리는 빠져들고 있습니다.[5]

---

5 박두진, 「귀뚜라미와 우주」, 『문학적 자화상』, 한글, 1994, 281-282면.

이 글에서 혜산이 강조한 것은, 인간이 지향하는 속된 가치들에 대한 경계이다. 물리적이고 형이하적인 것, 찰나적인 것을 좋아하는 인간은 궁극적으로 진리 편에 서지 못하고 "자기 이외의 누군가에 의해서 강요받는 몰개성적이며 무저항적인 동의와 동조"를 향해 갈 뿐이다. 그러니까 자연스럽게 속물주의가 승하게 되고, 사람들은 "불멸의 진리, 영원한 가치, 몸과 목숨을 바쳐서 의를 이루는 일에 대한 참뜻과 긍지"에서 한참 멀어지게 된다. 박두진은 이 점을 깊이 우려하면서, 개성과 자아의식을 바탕으로 한 진리 추구의 형이상학적 의지를 새삼 강조한 것이다.

박두진은 『수석열전』에서 '돌'의 상상력을 바탕으로 이러한 형이상학적 지향을 종합해간다. 그래서 그의 시는 우리 시사에서 밝고 힘찬 종교적 신앙의 깊이를 불어넣어 주었다는 독자적인 의의를 가지게 되는 것이다. 그렇기 때문에 형이상학적 전통이 척박하기 그지없는 우리 문학사에서 그의 자취는 결코 가볍지 않을 것이다. 형이상학적 전율이 부재한 우리 시사에, 신성이라는 것이 지성의 포기가 아니라 인식론적 한계를 넘어서는 한 방법임을 암시하고 있는 혜산 시편들은 이성을 중요시하는 관념론적 차원과 감각과 육체를 중요시하는 경험론적 차원을 넘어, 그 스스로의 표현을 빌면, 이른바 '당시대적 대결'과 '영시대적 탐구'의 모순적 양립을 결합하여 추구한 시적 역정이었던 것이다.

이러한 박두진 시의 계보를 정리한다면 정지용으로부터 분기된 산문시적 형식으로 시작할 수 있을 것이다. 정지용의 2행 1연의 단형이 주로 박목월과 조지훈에 의해 계승되었다면 시집 『백록담(白鹿潭)』의 유장한 시형은 그대로 혜산 초기 시편에 이어진 것을 말할 수 있기 때문이다. 그리고 우리는 혜산이 정지용과는 전혀 다른 활달하고 다이내믹한 자연 형상을 스스로 창출함으로써 정지용을 넘어서는 과정을 보여주었다고 부가할 수 있을 것이다. 나아가 혜산 시편의 위의와 자연 형상이 후진들에게 이어진 흔적을 살핌으로써, 박목월과 조지훈의 기억 방식과는 전혀 다른 혜산만의 외따롭고 고독한 초상을 해명하는 것은 더없이 중요한 문학사적 과제일 것이다.

결국 이 논문은 청록파 시인들에 대한 수평적 비교 속에서 박두진의 역동적 생명의 원천으로서 자연을 노래하는 특성을 규명하려고 하였다. 특히 박두진이 사물에서 자연의 초월성을 감지해내는 윤리적 투시를 포착하고자 하였다. 다만 영성과 윤리성에 대한 논의를 더욱 선명하게 부각하여 논리화해야 한다는 과제를 남겼다고 할 수 있다. 더불어 이 논문은 박두진의 시세계가 한국 근대시의 전개 과정에서 어떤 의의를 지니는지를 공시적, 통시적 관점에서 설명하였다. 공시적 관점에서는 박두진의 시세계의 고유성에 대해 기존의 관점과는 다른 방식으로 좀 더 내재적 분석에 입각해 시세계의 특질에 대해 설명하였다. 또한 통시적 관점에서는 박두진 시세계의 전개 양상과 변화 양상을 포괄하면서, 박두진의 시세계가 동시대의 다른 시인들의 시세계와 어떤 영향 관계를 대타적으로 형성하면서 발전되어갔는가를 설명하였다. 마지막으로 이 논문은 박두진의 시를 형이상학시의 계보에 위치시키면서, 그의 시가 자연과 윤리를 어떻게 결합시켰는가에 주목함으로써 종교적 차원에서 해명되던 기존 연구를 심화하고자 하였다. 특히 정지용과의 연관성을 한 축에 놓고 다른 한 축에 박목월과 조지훈과의 유사점과 차이점을 드러냄으로써, 박두진 시의 계보화를 시도하려 하였다. 존재 차원의 자연을 통한 윤리적 투시를 기저로 하는 이러한 계보학적 탐구가 이어져 혜산 시학의 큰 줄기가 선명하게 나타나기를 바란다.

유성호

연세대학교 국문과와 같은 대학원을 졸업하고, 서남대학교 국문과와 한국교원대학교 국어교육과를 거쳐 현재 한양대학교 국문과 교수로 재직하고 있다. 서울신문 신춘문예 문학평론 당선 후 문학평론가로 활동하고 있으며, 지은 책으로『한국 현대시의 형상과 논리』,『현대시 교육론』,『서정의 건축술』등이 있다.

근대의 심층과 한국 시의 미학

초판 1쇄 발행 | 2020년 6월 25일

지은이 유성호
펴낸곳 (주)태학사
등록 제406-2020-000008호
주소 경기도 파주시 광인사길 217
전화 031-955-7580
전송 031-955-0910
전자우편 thspub@daum.net
홈페이지 www.thaehaksa.com

편집 최형필 조윤형 김성천
디자인 이보아 이윤경
마케팅 안찬웅
경영지원 정충만
인쇄·제책 영신사

ⓒ 유성호, 2020. Printed in Korea.

값 22,000원

ISBN 979-11-90727-14-3 93810

이 도서의 국립중앙도서관 출판예정도서목록(CIP)은 서지정보유통지원시스템
홈페이지(http://seoji.nl.go.kr)와 국가자료종합목록 구축시스템(http://kolis-net.nl.go.kr)에서
이용하실 수 있습니다.(CIP제어번호: CIP2020024201)